भवन निर्माण सामग्री
(MATERIALS OF CONSTRUCTION)

भवन निर्माण सामग्री

[MATERIALS OF CONSTRUCTION]

(डिग्री, डिप्लोमा तथा आई. टी. आई. के विद्यार्थियों के लिए पाठ्य-पुस्तक)

गुरचरन सिंह

स्टैण्डर्ड पब्लिशर्स डिस्ट्रीब्यूटर्स

1705-B, नई सड़क, दिल्ली-110006

पोस्ट बाक्स न. : 1066 दूरभाष : 3262700, 3285798

प्रकाशक :
ए. के. जैन
स्टैण्ड्र्ड पब्लिशर्स डिस्ट्रीब्यूटर्स
1705-B, नई सड़क, दिल्ली-110006

First Edition : 1973
Sixth Edition : 2000
Reprint : 2003
Reprint : 2006
Reprint : 2009
Seventh Edition : 2010
Ninth Edition : 2011
Reprint : 2012
Reprint : 2013
Reprint : 2015
Reprint : 2017
Reprint : 2018

Price Rs. 150-00

ISBN 978-81-8014-160-7

लेज़र टाइपसैटिंग :
भार्गव लेज़र प्रिंटर्स, दिल्ली।

मुद्रक : लोमस ऑफसेट प्रैस, दिल्ली।

प्रस्तावना (प्रथम संस्करण)

प्रस्तुत भवन निर्माण सामग्री पुस्तक राजस्थान, उत्तर प्रदेश, मध्य प्रदेश, बिहार व दूसरे सभी प्रांतों के इंजीनियरी डिग्री और डिप्लोमा स्तर तक के पाठ्यक्रम के अनुसार लिखी गई है। लेखक द्वारा लिखित दूसरी पुस्तकों की भाँति, इस पुस्तक की भाषा भी सरल एवं सुबोध रखने पर विशेष प्रयत्न किया गया है।

सभी तकनीकी शब्द भारत सरकार द्वारा प्रकाशित हिन्दी शब्द संग्रह पर आधारित हैं। विषय को अच्छी तरह समझने व समझाने के लिए सभी तकनीकी शब्दों को ब्रैकिट में अंग्रेजी में भी लिख दिया गया है।

पुस्तक में प्रूफ पढ़ते समय गलतियां सुधारने के लिए बहुत ध्यान रखा गया है। फिर भी जहां-तहां कुछ प्रिंटिंग गलतियों का रह जाना स्वाभाविक है। इस तरह की गलतियां व पुस्तक के सुधार हेतु यदि सुझाव लेखक के ध्यान में लाए जाएं तो लेखक इनका स्वागत करेगा तथा आभारी रहेगा।

अन्त में लेखक श्री नेमचन्द्र जैन, स्टैंडर्ड पब्लिशर्ज डिस्ट्रीब्यूटर्ज, 1705-B नई सड़क, दिल्ली-6 का बहुत आभारी है, जिन्होंने पुस्तक को बड़े ही अच्छे ढंग से प्रस्तुत किया है।

गुरचरन सिंह
बीकानेर

अगस्त, 1973

प्रस्तावना (सप्तंम संस्करण)

पुस्तक में जहाँ-तहाँ नई सामग्री जोड़ दी गई है, तथा कई खराब चित्रों को बदल दिया गया है। और भी अन्य छोटी-मोटी सामग्री जो पूर्व में पुस्तक में नहीं थी जोड़ दी गई हैं। पुस्तक को तकनीकी शिक्षा बोर्डों के नये वार्षिक पाठ्यक्रम के अनुसार बना दिया गया है।

गुरचरन सिंह

प्रस्तावना (तीसरा संस्करण)

पुस्तक में कुछ चित्र नए चित्रों द्वारा बदल दिए गए हैं। पूरी पुस्तक की भाषा और सरल बना दी गई है। सभी अध्यायों में उपयोगी सामग्रियां जहाँ-तहाँ जोड़ी गई हैं। आशा है पुस्तक अब और अधिक उपयोगी सिद्ध होगी। आपके सुझावों का हमेशा स्वागत रहेगा।

गुरचरन सिंह
जगदीश सिंह

जनवरी : 1985 जोधपुर

प्रस्तावना (चतुर्थ संस्करण)

पुस्तक के नए संस्करण में ईंट तथा चूने के बारे में I.S.I. द्वारा प्रकाशित अन्तिम प्रस्ताव दिए गए हैं। ईंटों का तथा चूने का सबसे अन्तिम वर्गीकरण जोड़ दिए गए हैं। इसके अलावा पुस्तक में चित्र भी जो अच्छे नहीं थे नए चित्रों द्वारा बदल दिए गए हैं। पूरी पुस्तक में जहाँ-तहाँ नई सामग्री जोड़ी गई है। आशा है पुस्तक पहले से भी अधिक उपयोगी सिद्ध होगी।

गुरचरन सिंह
जगदीश सिंह
बीकानेर

प्रस्तावना (पंचम संस्करण)

पुस्तक में जहाँ-तहाँ नई सामग्री जोड़ दी गई है तथा कई खराब चित्रों को बदल दिया गया है। और भी अन्य छोटी-मोटी सामग्री जो पूर्व में पुस्तक में नहीं थी जोड़ दी गई हैं। पुस्तक को तकनीकी शिक्षा बोर्डों के नये वार्षिक पाठ्यक्रम अनुसार बना दिया गया है।

गुरचरन सिंह
जगदीश सिंह

मई : 1993 अलवर

विषय-सूची

1

पत्थर

[STONE]

1·1. परिचय (Introduction)

बहुत पुराने समय से ही पत्थर एक महत्त्वपूर्ण निर्माण सामग्री रही है । भारत में स्थित प्रायः सभी धर्मों के धार्मिक स्थान पत्थरों के ही बने हुए हैं । ताजमहल, लाल-किला, जामा मस्जिद जैसे प्रसिद्ध भवन सब पत्थर के ही बने हुए हैं । मिस्र के प्रसिद्ध पिरामिड, ग्रीस व रोमन समय के भवनों के अवशेष सभी पत्थरों के ही बने हुए हैं । इन सब तथ्यों से सिद्ध होता है कि पुराने समय से ही सम्पूर्ण विश्व में पत्थर एक महत्त्वपूर्ण निर्माण सामग्री रही है ।

आज नये-नये आविष्कारों से ईंट व कंक्रीट जैसे पत्थर के समकक्ष पदार्थ सामने आए हैं, जिससे पत्थर की महत्ता में पहले से काफी कमी हुई है । नीचे कुछ कारण दिए हुए हैं, जिनकी वजह से पत्थर के उपयोग में कमी आई है ।

I. पत्थर एक भारी पदार्थ है । इसकी खुदाई, घड़ाई, ढुलाई, बहुत कठिन कार्य है, पत्थर की घड़ाई खास तौर पर बड़ी कठिन होती है ।

II. पत्थर की ढुलाई कठिन होने के कारण, पत्थर से निर्माण कार्य वहीं किया जा सकता है, जहाँ यह स्थानीय रूप से उपलब्ध होता है ।

III. पत्थर की शिल्पी घड़त बहुत महँगी होती है जिसमें पत्थर के भवनों की शिल्पी दिखावट बनाना बहुत महँगा रहता है । ईंट व कंक्रीट के ब्लॉक किसी भी सुन्दर रूप में बनाए जा सकते हैं तथा अपेक्षाकृत बहुत कम लागत से भवन दिखने में सुन्दर बनाए जा सकते हैं ।

IV. R.C.C. का उपयोग आज बहुत अधिक होने लगा है । R.C.C. से बने निर्माण कार्य पत्थर से अधिक मजबूत और अधिक देर तक चलने वाले होते हैं ।

1·2. पत्थर के उपयोग (Uses of Stones)

पत्थर, दीवार बनाने, फर्श बनाने, धरन, लिंटन; इत्यादि सभी कार्यों में काम आता है । सिंचाई के लिए बाँध भी पत्थरों की चिनाई से बनाए जा सकते हैं । पत्थर में सभी अच्छे गुण ही नहीं हैं, इसमें कुछ कमियाँ भी हैं, जैसे ईंट व कंक्रीट की भाँति पत्थर तनाव लेने में बहुत कमजोर होता है । ईंट व कंक्रीट में लोहा डालकर इन्हें तनाव में मजबूत बनाया जा सकता है लेकिन पत्थर को इस तरह मजबूत नहीं बनाया जा

सकता। अभी भी कुछ ऐसी परिस्थितियाँ हैं जहाँ पत्थर के अलावा कोई दूसरा पदार्थ उतना प्रभावशाली सिद्ध नहीं होता, जितना कि पत्थर। नीचे कुछ परिस्थितियाँ दी हुई हैं, जहाँ पत्थर काम में लिया जाता है।

I. सीमेंट कंक्रीट में डाली जाने वाली रोड़ी पत्थर की होती है। टूटी हुई ईंटों की रोड़ी भी काम में ली जा सकती है, लेकिन सबसे अच्छी व मजबूत रोड़ी पत्थर की ही होती है। R.C.C. में हमेशा पत्थर की रोड़ी ही काम में ली जाती है।

II. रेलवे लाइन पर डला बालास्ट भी पत्थर का ही सबसे अच्छा समझा जाता है और प्रायः सभी महत्त्वपूर्ण मार्गों पर काम में लिया जाता है। सड़क निर्माण इत्यादि में भी पत्थर की रोड़ी सबसे अच्छी समझी जाती है।

III. भवनों की दीवारें, स्तम्भ, डाट कार्य, पुलों के अबटमेंट व पाए, इत्यादि सब पत्थर के ब्लॉकों से बनाए जा सकते हैं। वीयरों व गुरुत्व बाँधों के निर्माण में भी पत्थर के ब्लॉक अधिकतर काम लिए जाते हैं।

IV. भवनों के सामने के भाग को शिल्पी सुन्दरता देने के लिए पत्थर के भाटों व पट्टियों का उपयोग किया जाता है। इसके लिए संगमरमर जो कि एक पत्थर है अधिकतर काम में लिया जाता है।

V. पत्थर की मोटी पट्टियाँ छत के लिए व कम मोटी पट्टियाँ फर्श बनाने के लिए काम में ली जाती हैं। माल गोदामों व दूसरी ऐसी स्थितियों में जहाँ बड़े भारी भारों का आवागमन रहता हो, पत्थर की पट्टियों के ही फर्श बनाए जाते हैं।

VI. पिसे हुए पत्थर को रेत के रूप में काम में लिया जा सकता है।

VII. संगमरमर पत्थर (चूने के पत्थर) को जलाकर चूना व सीमेंट जैसी महत्त्वपूर्ण निर्माण सामग्री तैयार की जाती है।

1·3. चट्टानों का वर्गीकरण (Classification of Rocks)

पत्थर चट्टानों से प्राप्त किया जाता है। चट्टानें पृथ्वी के नीचे दबी हुई व सतह पर हो सकती हैं। बड़े-बड़े पहाड़ विभिन्न तरह की चट्टानों से ही बने होते हैं। चट्टान की कोई निश्चित आकृति या निश्चित रासायनिक बनावट नहीं होती और यह हर जगह एक जैसी नहीं होती है। जिन चट्टानों से पत्थर प्राप्त किया जाता है, उन्हें चार तरह से वर्गीकृत किया जा सकता है।

1. भू-विज्ञानिक वर्गीकरण (Geological classification)
2. भौतिक वर्गीकरण (Physical classification)
3. रासायनिक वर्गीकरण (Chemical classification)
4. उपयोग के आधार पर वर्गीकरण (Practical classification)

चौथा वर्गीकरण पत्थर के उपयोग के आधार पर किया गया है। इस तरह के वर्गीकरण के अन्तर्गत ग्रेनाइट (Granite), बासाल्ट (Basalt), ट्रैप (Trap), लेट्राइट (Laterite), संगमरमर (Marble), चूना पत्थर (Lime stone), बलुआ

पत्थर (Sand stone), स्लेट (Slates) और सर्पेन्टाइन (Serpentine) इत्यादि आ जाते हैं। वैसे यह चौथा वर्गीकरण इतना महत्त्वपूर्ण नहीं है। कई लेखक पत्थर के केवल पहले तीन वर्गीकरण ही देते हैं, जिनका वर्णन नीचे दिया हुआ है।

1. **भू-विज्ञानिक वर्गीकरण** (Geological Classification)—यह वर्गीकरण चट्टान किस तरह से पैदा हुई (Mode of origin) के, आधार पर किया जाता है। इस वर्गीकरण के आधार पर चट्टानों को तीन भागों में बांटा गया है।

I. आग्नेय शैल (Igneous Rocks)—इस शैल को कई बार उद्भेदी (Eruptive) शैल या अस्तरित (Unstratified) शैल भी कहते हैं। यह शैल ज्वालामुखी उद्भेदन क्रिया (Volcanic Eruption) द्वारा उत्पन्न होती हैं। पृथ्वी की भीतरी परतों में इतना अधिक तापक्रम होता है कि बड़ी मात्रा के सिलीकेट (Silicates) पिघल जाते हैं। इस पिघले हुए सिलीकेट को मैग्मास (Magmas) कहते हैं। यह मैग्मास पिघलकर पृथ्वी की सतह पर आ जाता है और जम जाता है। यदि मैग्मास पृथ्वी की सतह पर जम जाता है तो इससे प्राप्त पत्थर को हम बासाल्ट (Basalt) और ट्रैप (Trap) कहते हैं। यदि मैग्मास पृथ्वी की सतह तक पहुँचने से पहले पृथ्वी की सतह के अन्दर ही जम जाता है, तो इससे प्राप्त पत्थर को ग्रेनाइट (Granite) कहते हैं।

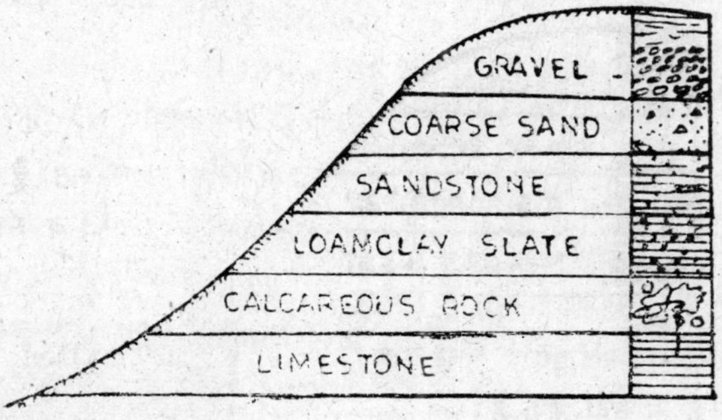

चित्र 1·1.

II. अवसादीय शैल (Sedimentary Rocks)—अवसादीय शैल को जलीय (Aqueous) शैल या स्तरीय (Stratified) शैल भी कहते हैं। हवा, कोहरा, वर्षा इत्यादि जैसे प्राकृतिक प्रभावों से पृथ्वी की सतह पर स्थित सभी पदार्थों में परिवर्तन होता रहता है। इस परिवर्तन के दौरान पृथ्वी की सतह विघटित होती रहती है। वर्षा एवं पानी से विघटित हुए पदार्थ नदी में बहते रहते हैं और मैदानों में आ जाते हैं। जब नदी के बहाव की गति कम हो जाती है तो यह पदार्थ नदी के आधार पर पतली परतों के रूप में बैठने प्रारम्भ हो जाते हैं। विघटित पदार्थों के इस तरह के जमाव से जो शैल बनती हैं, उसे अवसादीय शैल कहते हैं। अवसादीय शैल नदियों के पानी में निलम्बित विघटित पदार्थों के पतली परतों के रूप में बैठने से बनती है। यह शैल

स्तरित होती हैं और एक निश्चित खंड पर से ही उखाड़ी जा सकती हैं। पतली परतों में जमाव क्रिया हजारों साल तक चलती रहती है, जिस दौरान इन जमी परतों के ऊपर जमी दूसरी परतों के बहुत अधिक दबाव पड़ने के कारण, यह शैल का रूप धारण कर लेती है। बलुआ पत्थर (Sand stone), संगमरमर, इत्यादि इसी शैल के उदाहरण हैं। अवसादीय शैल के निर्माण प्रक्रिया चित्र 1·1. में दर्शाई हुई है।

III. **कायान्तरित शैल** (Metamorphic Rocks)—आग्नेय (Igneous) और अवसादीय (Sedimentary) शैलों पर जब बहुत अधिक ताप और दबाव का प्रभाव होता है तो इसकी कण-रचना (Texture) में तथा इसकी मूल खनिज बनावट में या इन दोनों मे परिवर्तन आ जाता है। इस परिवर्तन से जो नई शैल उत्पन्न होती है, उसे कायान्तरित शैल (Metamorphic rock) कहते हैं। नीचे कुछ इसी तरह के परिवर्तन के उदाहरण दिए हुए हैं।

ग्रेनाइट जोकि आग्नेय शैल है, जीनिस (Geniss) में बदल जाती है। इसी तरह बलुआ शैल (Sand stone) क्वार्टजाइट ((Quartztie) में चूना पत्थर (Lime Stone) संगमरमर मे तथा शैल (Shale) स्लेट के रूप में परिवर्तन हो जाता है।

2. **भौतिक वर्गीकरण** (Physical Classification)—इस वर्गीकरण अनुसार शैलें दो भागा मे बांटी जा सकती हैं। I. स्तरित (Stratified) और II. अस्तरित (Unstratified)।

1. **स्तरित शैल** (Stratified Rocks)—**इन** शैलों को यदि ध्यानपूर्वक देखा जाए तो इसमे परतें साफ दिखाई देती है। इन परतों को इनके सम्पर्क सतह से बड़ी आसानी से अलग किया जा सकता है। स्लेट, बलुआ पत्थर (Sand stone), चूना पत्थर इत्यादि इस शैल के उदाहरण हैं।

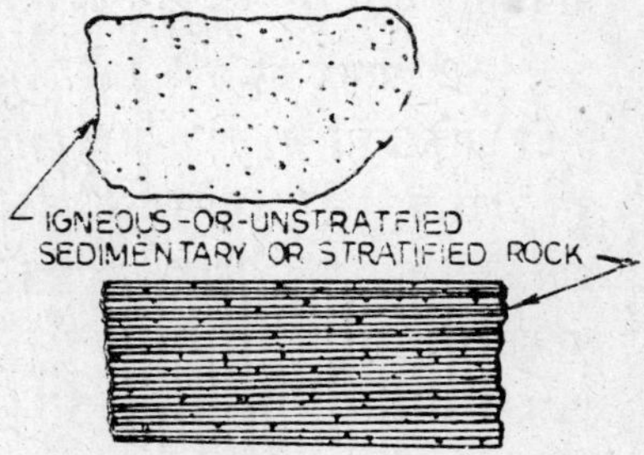

चित्र 1·2. आग्नेय तथा अवसादीय चट्टानें

II. **अस्तरित शैल** (Unstratified Rocks)—इन शैलों में ऐसी कोई सतह नहीं दिखती, जहां से इसे आसानी से तोड़ा या अलग किया जा सके। ग्रेनाइट, बासाल्ट और ट्रैप इसी शैल के उदाहरण हैं।

सभी अवसादीय शैलें स्तरित होती हैं, जबकि सभी आग्नेय शैलें अस्तरित (Untratified) होती हैं। कायांतरित (Metamorphic) शैल अस्तरित व स्तरित दोनों तरह की हो सकती है। अग्नेय या अस्तरित तथा अवसादी या स्तरित शैलें चित्र 1·2. में दिखाई हुई है।

3. **रासायनिक वर्गीकरण** (Chemical Classification)—शैल में मुख्य खनिज तत्त्व के आधार पर यह वर्गीकरण किया जाता है। इस वर्गीकरण में शैल को तीन भागों में बाँटा जा सकता है :

I. **मृण्मय शैल** (Argillaceous Rocks)—इस शैल में चिकनी मिट्टी मुख्य तत्त्व होता है। स्लेट और लेट्राईट (Laterite) इसके उदाहरण हैं।

II. **चूनेदार शैल** (Calcareous Rocks)—इस शैल में मुख्य तत्त्व चूना होता है। चूना पत्थर व संगमरमर इस शैल के उदाहरण हैं।

III. **सिलिकामय शैल** (Silicious Rocks)—इस शैल में मुख्य तत्त्व सिलिका (Silica) होता है। क्वार्टजाईट (Quartzite) और ग्रेनाइट, इस शैल के मुख्य उदाहरण हैं :

1·4 अच्छे पत्थर के गुण (Qualtities of Good Building Stones)

एक अच्छे पत्थर में निम्नलिखित गुण होने चाहिएँ :

1. **देखने में** (Appearance)—भवनों के सामने यानि सम्मुख दर्शन में लगने वाले पत्थरों के लिए यह गुण बहुत महत्त्वपूर्ण है। शिल्पी आधार पर पत्थर का रंग ऐसा होना चाहिए जो आस-पास के भवनों के साथ मेल खाता हो। गहरे रंग के पत्थर का रंग जल्दी खराब हो जाता है, इसलिए हल्के रंग के पत्थर को अधिक महत्त्व दिया जाना चाहिए। हल्के रंग के अलावा रंग एक सार होना चाहिए। पत्थर में किसी तरह के धब्बे इत्यादि नहीं होने चाहिएँ। अवसादीय शैलों में लाल व भूरा रंग, शैल में लोहे के ऑक्साइड की उपस्थिति के कारण होता है। लोहे का ऑक्साइड, यदि अधिक मात्रा में उपस्थित है तो इससे पत्थर बहुत जल्दी विच्छेदित होकर खराब हो जाता है।

2. **पत्थर की आम रचना** (General Structure)—पत्थर जब तोड़ा जाता हैं तो इसके कणों का गठन (Texture) एक सार होना चाहिए तथा दिखने में मजबूत होना चाहिए। पत्थर की संरचना स्फटिक (Crystalline structure) व एक सार होनी चाहिए। पत्थर में खोखलापन व नर्म जगहें (Soft pacthes) नहीं होनी चाहिए। सजावटी नक्काशी (Ornamental carvings) के लिए बारीक दानेदार गठन वाला पत्थर अच्छा रहता है। पत्थर की मूलतः तीन तरह की संरचनाएँ होती हैं। I. अस्तरीय (Unstratified) या इसे कई बार दानेदार (Granular) संरचना भी कहते हैं। II. स्तरीय (Stratified) और III. पत्रित बनावट (Foliated Structure)।

अस्तरीय बनावट में आग्नेय शैलों से प्राप्त सभी पत्थर आ जाते हैं। इन पत्थरों की बनावट, जैसा हम पहले बता चुके हैं, मैग्मास नामक पिघले हुए द्रव के ठंडे होने से उत्पन्न होती हैं। इनकी संरचना दानेदार है या अनाकार (Amorphous), यह मैग्मास नामक पदार्थ के ठंडे होने की दर पर निर्भर करता है। इस किस्म के पत्थर, भवन निर्माण के लिए बहुत मजबूत होते हैं।

स्तरीय संरचना वाले पत्थर पतली-पतली तहों में बने होते हैं। मूल शैल वायुमण्डलीय प्रभावों से विघटित होती हैं तथा पानी के साथ बहती हुई मैदानों में आकर

तहों में बैठती जाती हैं। इस तरह से बनी विभिन्न तहों में एक निश्चित जोड़ होता है। यह पत्थर इन जोड़ों पर से ही तोड़े जा सकते हैं। इस जोड़ वाली जगह को **स्तरण तल** (Plane of stratification) कहते हैं। स्तरण तल को **दारण तल** (Plane of cleavage) भी कहते हैं।

कायांतरित (Metamorphic) शैलों की संरचना पत्रित (Foliated) होती है। इसकी संरचना कणदार न होकर समानांतर पपड़ियों जैसी होती है, जिनकी प्रवृत्ति एक निश्चित दिशा में फट जाने की होती है। समानान्तर पपड़ियों का निर्माण निक्षेपण प्रक्रिया (Process of deposition) द्वारा नहीं बल्कि कायांतरित क्रिया (Metamorephic action) द्वारा होता है।

3. **पत्थर का भारीपन** (Heaviness)—भारी पत्थर अधिक सघन (Compact) तथा कम सरंद्र (Porous) होता है। इसका आपेक्षिक घनत्व (Specific-gravity) भी अधिक होता है। नदियों में वीयर, बैराज, बाँध बनाने के लिए तथा समुद्र में निर्माण के लिए भारी पत्थर काम में लेने होते हैं, जबकि छत बनाने के लिए हल्के किस्म के पत्थर अपनाए जाते हैं।

4. **सामर्थ्यता** (Strength)—सभी तरह के पत्थर, सामान्य परिस्थितियों में आने वाले बलों के प्रभाव को सुरक्षापूर्वक वहन कर सकते हैं। लेकिन फिर भी जहाँ अधिक बलों के आने की सम्भावना हो, अच्छी किस्म का पत्थर उपयोग में लाना चाहिए। आग्नेय शैलों से प्राप्त पत्थर प्रायः अवसादीय शैलों से प्राप्त पत्थरों से अधिक सामर्थ्यता रखते हैं। जिन पत्थरों की संरचना अधिक सघन होती है, वह उतनी ही अधिक सामर्थ्य रखते हैं।

5. **कठोरता** (Hardness)—अपघर्षण के प्रति प्रतिरोध, पत्थर की कठोरता का नाप होता है। ऐसी जगहों में जहाँ अपघर्षण बलों की सम्भावना अधिक हो, कठोर प्रवृत्ति का पत्थर उपयोग में लाना चाहिए।

6. **दृढ़ता** (Toughness)—संघटन के प्रति प्रतिरोध को पत्थर की दृढ़ता का सूचक माना जाता है। ऐसी जगहों में जहाँ कम्पन या चर भारों की सम्भावना हो, दृढ़ पत्थर काम में लेना चाहिए। सड़क निर्माण में काम लिया जाने वाला पत्थर कठोर एवं दृढ़ होना चाहिए।

7. **पत्थर पर काम करने में आसानी** (Ease of Working)—पत्थर घड़ाई में, कशीदाकारी व तराशने में आसान होना चाहिए। लेकिन ऐसा पत्थर जिस पर कशीदाकारी व घड़ाई आसानी से की जा सकती है, कठोर व दृढ़ नहीं होता है।

8. **सरंध्रता तथा पानी सोखने की क्षमता** (Porocity and Absorption)—भवनों के बाहरी भागों में अधिक सरंध्र पत्थर काम में नहीं लेना चाहिए। वर्षा का पानी जब बादलों से निकलकर पृथ्वी की तरफ गिरता है तो इसमें वायुमण्डलीय कई गैसें घुल जाती हैं, जिससे पानी हल्का अम्ल बन जाता है। यह पानी जब सरंध्र पत्थर

के सम्पर्क में आ जाता है तो पत्थर इसका कुछ भाग सोख लेता है। अम्लीय पानी पत्थर के तत्वों पर क्रिया करता है और इसे विघटित कर देता है।

ठंडे क्षेत्रों में सोखा हुआ पानी पत्थर के अन्दर ही जम जाता है। क्योंकि जमने से पानी का आयतन बढ़ जाता है इसलिए इसके जमने से भी पत्थर का विघटन हो जाता है। इसलिए सरंध्र पत्थर केवल ऐसी परिस्थितियों में काम लेने चाहिए जहाँ इसकी पानी से सम्पर्क की सम्भावना कम हो तथा इतनी ठंडक न हो कि पानी पत्थर के अन्दर जम जाए।

एक अच्छे पत्थर को अपने भार का 5% से अधिक पानी नहीं सोखना चाहिए। 10% या इससे अधिक पानी सोखने वाले पत्थर निर्माण कार्यों में काम नहीं लिए जाने चाहिए।

9. **पत्थर का पकाना** (Seasoning)—खदानों से जब ताजे पत्थर निकाले जाते हैं तो इनमें नमी की मात्रा काफी होती है। नमी के कारण पत्थर नर्म होते हैं और इनकी घड़ाई वगैरा आसान रहती है। यही कारण है कि खदानों से निकले पत्थरों की घड़ाई, जितना हो सके जल्दी-से-जल्दी कर देनी चाहिए। पत्थर में उपस्थित नमी को **क्वायरी सैप** (Quarry Sap) कहते हैं।

ताजे पत्थरों की घड़ाई वगैरा समाप्त कर इन्हें खुले शैडों में खुला छोड़ देना चाहिए ताकि खुली ताजी हवा अधिक-से-अधिक पत्थर की सतह के सम्पर्क में आए। इस तरह पत्थर के खुला छोड़ देने से क्वायरी सेप (Quarry Sap) सूख जाती है और पत्थर की सतह पर एक ऐसी परत बन जाती है जो पत्थर को बाहरी प्रभावों से बचाए रखने में मदद करती है। जहाँ तक हो सके, घड़ाई की हुई सतह की पत्थर के पकाने के बाद दोबारा घड़ाई नहीं करनी चाहिए।

10. **अपक्षयण** (Weathering)—पत्थर की सतह मौसमी प्रभावों को किस हद तक सहन कर सकती है, पत्थर का अपक्षयण कहलाता है। पत्थर के अपक्षयण गुणों का ज्ञान करने के लिए, उसी पत्थर की बनी पुरानी इमारतों का निरीक्षण करना चाहिए। जिस खदान से पत्थर निकाला जा रहा है, उसी खदान का यदि कोई भाग काफी समय से खुला पड़ा हुआ है तो यहाँ पर भी पत्थर का निरीक्षण कर, इसके अपक्षयण गुणों का ज्ञान किया जा सकता है। यदि पुराने भवन के तीखे कोने वैसे के वैसे हैं तथा खुली सतह पर घड़ाई के निशान वैसे के वैसे हैं तो यह पत्थर अपक्षयण गुणों के प्रति बहुत अच्छा समझा जाता है। महत्त्वपूर्ण भवनों के निर्माण में अच्छे अपक्षयण गुणों वाला पत्थर ही काम में लेना चाहिए।

11. **अग्निरोधी पत्थर** (Fire Resistance)—जब पत्थर आग के सम्पर्क में आता है तो इसके विच्छेदन से पत्थर की बनी इमारतें व दूसरी संरचनाएँ नष्ट हो जाती हैं। पत्थर का विच्छेदन, पत्थर में उपस्थित भिन्न खनिजों के अलग-अलग प्रसार गुणांक के कारण होता है। ट्रैप और बासाल्ट किस्म के पत्थर बहुत अच्छे अग्निरोधी

होते हैं, लेकिन स्फटिक (Crystalline) किस्म के आग्नेय व कायांतरित शैलों के पत्थर जैसे ग्रेनाइट अधिक तापमान पर, आग में बहुत जल्दी विच्छेदित हो जाते हैं । आग्नेय शैलों की ग्रेनाइट किस्म की शैल में स्वतंत्र उपस्थित क्वार्ट्ज (Quartz) बहुत हानिकारक तत्त्व होता है । यह लगभग 800°C पर एक दम से फैलता है और पत्थर को छोटे-छोटे टुकड़ों में विच्छेदित कर देता है । लगभग 800°C तापक्रम तक चूना पत्थर पर अग्नि का कोई प्रभाव नहीं होता, लेकिन इसके ऊपर तापक्रम जाते ही यह तुरन्त कैल्शियम ऑक्साइड और कार्बन डाई-ऑक्साइड गैस में विघटित हो जाता है । चूना पत्थर पर आग बुझाने के उद्देश्य से जब पानी डाला जाता है तो चूना बुझ (Slaking) जाता है, जिससे इसके आयतन में बहुत अधिक बढ़ोत्तरी होती है और पत्थर पाऊडर की शक्ल में हो जाता है तथा संरचना नष्ट हो जाती है । बलुआ पत्थर (Sand stone) बहुत अच्छे अग्निरोधी होते हैं । बलुआ पत्थर में बन्धक पदार्थ के रूप में सिलीकेट मुख्य पदार्थ होता है और सिलीकेट पदार्थ बहुत ऊँचे तापमान पर भी स्थाई रहते हैं । मृण्मय पत्थर (Clay stone) भी अच्छे अग्निरोधी होते हैं, लेकिन इनका उपयोग, इनकी बहुत कम सामर्थ्यता के कारण निर्माण कार्यों में नहीं किया जाता है ।

1·5. क्वायरी या खदान और इसकी स्थिति निर्धारण (Quarry and its Location)

जिस जगह से पत्थर निकाला जाता है, उसे क्वायरी या खदान (Quarry) कहते हैं । पत्थर निकालने की प्रक्रिया को क्वायरिंग (Quarrying) कहते हैं । खान में व क्वायरी में अन्तर है । खान भूमि के अन्दर बहुत गहराइयों में होती है तथा यह ऊपर से खुली नहीं होती है, जबकि खदान या क्वायरी ऊपर से खुली होती है तथा बहुत गहरी नहीं होती । क्वायरी के स्थिति निर्धारण में निम्नलिखित बातों का ध्यान रखना चाहिए ।

(i) सस्ते दामों पर स्थानीय रूप से, काफी मात्रा में श्रमिक उपलब्ध होने चाहिएँ ।

(ii) क्वायरी वाली जगह, सड़क व रेलों से अच्छी तरह जुड़ी हुई होनी चाहिए ।

(iii) उपयुक्त मात्रा में बिजली उपलब्ध होनी चाहिए ।

(iv) पीने का पानी जैसी आवश्यक वस्तुएँ समुचित मात्रा में क्वायरी वाली जगह के पास उपलब्ध होनी चाहिए ।

(v) यदि पत्थर निकालने की क्रिया में विस्फोटकों का प्रयोग किया जाना है तो क्वायरी के पास स्थाई भवन नहीं होने चाहिएँ ।

(vi) क्वायरी से निकला कचरा वगैरा इकट्ठा करने के लिए उपयुक्त जगह उपलब्ध होनी चाहिए ।

(vii) पत्थर की घड़ाई, पत्थर काटने इत्यादि के लिए तथा खदान से निकला पत्थर इकट्ठा करने के लिए उपयुक्त खुली जगह होनी चाहिए ।

(viii) क्वायरी में से वर्षा का पानी निकालने का उचित प्रबन्ध होना चाहिए।

(ix) जहाँ तक सम्भव हो, क्वायरी वाली जगह पत्थर खुला होना चाहिए। दबे हुए पत्थर को निकालने में खर्च बहुत होता है। खदान यदि पहाड़ी की ढाल पर स्थित हो तो, बहुत अच्छा रहता है।

(x) क्वायरी वाली जगह, बहुत अच्छी किस्म का व समुचित मात्रा में पत्थर मिलना चाहिए।

1·6. क्वायरी में से पत्थर निकालना (Quarrying of Stone)

जैसा कि पहले बताया जा चुका है, क्वायरी में से पत्थर निकालने की क्रिया को क्वायरिंग (Quarrying) कहते हैं। निर्माण कार्यों में काम आने लायक पत्थर खदानों में से निकाला जाता है। पत्थर, चिनाई के लिए, सड़क निर्माण के लिए, कंक्रीट बनाने के लिए, छत के लिए इत्यादि किसी भी कार्य के लिए हो सकता है। क्वायरिंग विधि पत्थर की संरचना व किस्म पर तथा पत्थर किस काम लेना है, पर निर्भर करती है। खदान से पत्थर निकालने की चार विधियाँ हैं जिनका संक्षिप्त वर्णन नीचे दिया हुआ है।

1. **खुदाई विधि** (Excavation Method)—इस विधि का उपयोग ऐसी परिस्थिति में किया जाता है जब खदान के पत्थर पर रेत या दूसरी मिट्टी का अधिभार पड़ा हुआ हो। गैंथी, फावड़ा, छैनी (Chisel), घन (Hammer) इत्यादि का उपयोग कर पत्थर निकाला जा सकता है। पश्चिमी समुद्री किनारे पर से पत्थर के भाटे इसी विधि से निकाले जाते हैं।

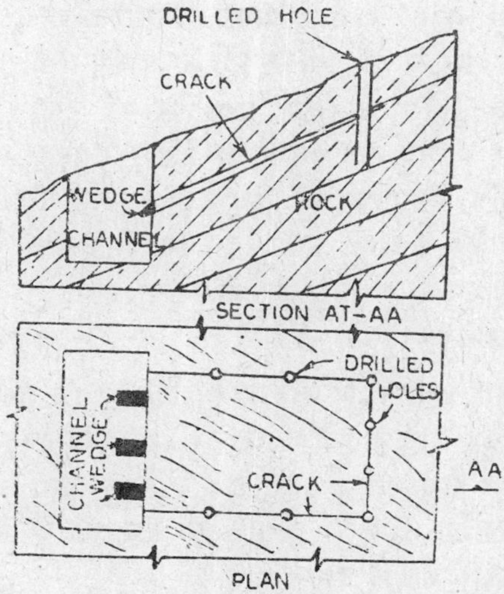

चित्र 1·3. वेजिंग से पत्थर का खनन करना

2. **पच्चड़ विधि या वेज विधि** (Wedging)—पत्थर निकालने की यह विधि नरम स्तरीय किस्म का पत्थर निकालने के काम में ली जाती है। इस विधि में कार्य, खदान में एक ऊर्ध्वाधर गहरा नाला बना कर प्रारम्भ किया जाता है। यदि खदान किसी पहाड़ी की ढलान पर स्थित है और पहाड़ी की ढाल पर प्राकृतिक रूप से ही कोई ऊर्ध्वाधर पत्थर की सतह उपलब्ध है तो इसी को गहरी नाली के रूप में काम में लिया जा सकता है। चित्र 1·3 देखो, जिसमें खदान में एक नाली दिखाई हुई है और पत्थर की विभिन्न परतें साफ दिखाई हुई हैं। लोहे की वेज तथा घन की मदद से पत्थर की दो तहों के जोड़ वाली जगह, जिसे **दारण तल** (Plane of cleavage) भी कहते हैं, में ठूंस दी जाती हैं। अब जितना बड़ा पत्थर निकालना है उसी के हिसाब से पत्थर की परिसीमा पर **लगभग** 100mm के अन्तराल पर 100 से 150 mm गहरे छेद ड्रिल कर दिए जाते हैं। यदि प्राकृतिक रूप से ही पत्थर में दरार वगैरा फटी हुई है तो इन छेदों के निकालने की आवश्यकता नहीं होती है। छेदों का व्यास 12 mm. हो सकता है। इन छेदों में लोहे की मोटी शंकुनुमा पिनें घन की मदद से ठूंस दी जाती है। सभी पिनों को तब तक ठोकते रहते है जब तक कि पत्थर दूसरे पत्थरों से उखड़ नहीं जाता। शंकुनुमा पिन की जगह कई बार प्लग और फीदर (Feather) व्यवस्था अपनाई जाती है। चित्र 1·4 देखें। प्लग एक शंकुनुमा वेज होती है जबकि फीदर एक चपटी वेज होती है जिसका ऊपरी सिरा थोड़ा मुड़ा हुआ होता है। दोनों फीदरों में प्लग डालकर ड्रिल किए छेद में डाल दिया जाता है। प्लग पर जब चोट दी जाती है तो फीदरों से पत्थर पर पार्श्व दबाव पड़ता है। सभी छेदों में लगे प्लगों पर चोटें एक साथ दी जाती हैं। इससे पत्थर, जिस रेखा पर छेद किए हुए हैं, पर से फट जाता है। अब दारण तल (Plane of cleavage) में लगी वेज पत्थर पर यदि चोट दी जाए तो पत्थर का यह भाग दूसरे पत्थरों से पूरी तरह अलग हो जाता है। इस पत्थर को जिस तरह के कार्य में काम लेना है वही रूप दे दिया जाता है। इस विधि का उपयोग स्तरीय किस्म की शैलों से छत की पट्टियाँ इत्यादि निकाने के लिए अधिकतर किया जाता है।

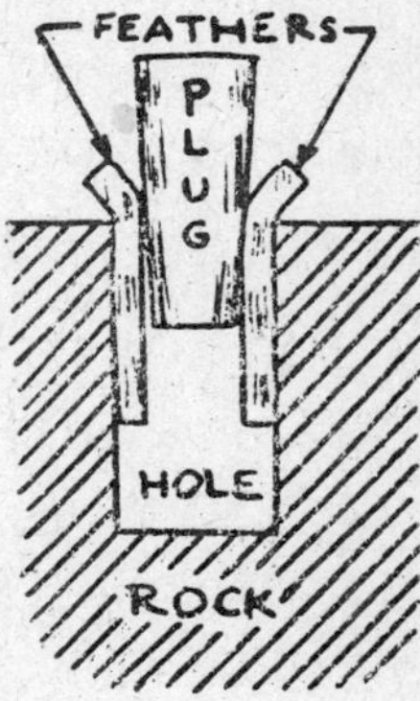

चित्र 1.4. प्लग फीदर तथा

आग्नेय शैल बहुत कठोर और सघन होती हैं। इन शैलों पर से पत्थर निकालने के लिए या तो ग्रुव काटे जाते हैं या ऊपर की भाँति निश्चित अन्तराल पर पत्थर की सतह पर छेद ड्रिल किए जाते हैं। इन छेदों में ऊपर बताए अनुसार ही शंकुनुमा पिन, और यदि ग्रूव (Groove) बना हुआ है तो वेज, घन की मदद से ठोक दी जाती हैं और पत्थरों के ब्लॉक शैल से उखाड़े जाते हैं।

3. **गर्म करके पत्थर निकालने की विधि** (Heating of Burning)—पत्थर

निकालने की यह विधि ऐसी परिस्थिति में अपनाई जाती है जब शैल पतली स्तरीय शैल हो और जहां लगभग एक ही शक्ल के छोटे-छोटे पत्थर के ब्लॉक चाहिए हों। इस विधि में पत्थर की खुली ऊपरी सतह पर कोयले या लकड़ी से आग जलाई जाती है। लगातार आग जलाते रहने से पत्थर की ऊपरी तथा निचली परतों के प्रसार में अन्तर आ जाता है, जिससे दोनों परतें एक-दूसरे से स्वतन्त्र हो जाती हैं। जब दोनों परतें एक-दूसरे से अलग होती हैं तो दबी हुई हल्की आवाज होती है। इस अलग हुए पत्थर को तोड़कर आवश्यक मापों में बदल दिया जाता है। कंक्रीट में पत्थर की रोड़ी या सड़क निर्माण में काम आने वाली रोड़ी या रेलवे लाईन पर काम आने वाली रोड़ी, इस विधि से निकाली जा सकती है। रबल चिनाई के लिए पत्थर के भाटे भी इसी विधि से प्राप्त किए जा सकते हैं।

रूस में इस विधि का उपयोग बहुत होता है। इसमें तीन परतों को एक साथ लेते हैं। तीनों परतों में से बीच वाली परत को, बिजली से गर्म करते हैं जिससे बीच वाली परत ऊपरी तथा निचली दोनों परतों से अलग हो जाती है और इस तरह ऊपरी व बीच वाली दोनों परतें उखड़ जाती हैं।

4. **विस्फोटन विधि** (Blasting Method—कायांतरित शैल बहुत अधिक

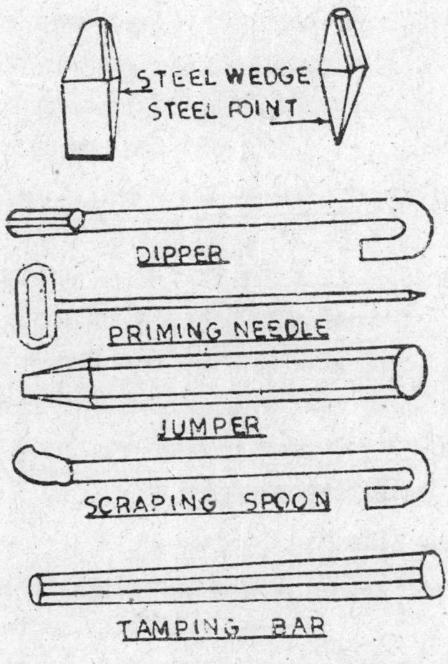

चित्र 1·5. विस्फोटन में काम आने वाले सयन्त्र

सघन और ठोस होती है और इसलिए इसे श्रमिकों द्वारा ऊपर बताई तीनों में से किसी भी विधि से नहीं तोड़ा जा सकता। यह शैल विस्फोटन द्वारा तोड़ी जाती है। वैसे भी

जब पत्थर बहुत अधिक मात्रा में निकालना होता है, तो भी इसी विधि का उपयोग किया जाता है। विस्फोटन विधि में विस्फोटक पदार्थों का प्रयोग करके पत्थर उखाड़े जाते हैं। विस्फोटन विधि में इस बात का ध्यान रखना चाहिए कि विस्फोट इतना ही हो कि चट्टानें हिल जाएँ तथा ढीली हो जाएं। बहुत जोर के विस्फोट से पत्थर बहुत छोटे-छोटे टुकड़ों में टट जाता है जो बहुत बड़े क्षेत्र में फैल जाता है और रोड़ी के अलावा किसी काम का नहीं रहता। इससे पहले की विस्फोटन विधि का विस्तारपूर्वक वर्णन किया जाए; विस्फोटन में काम आने वाले कुछ संयन्त्र जो चित्र 1·5 में दिखाए हुए हैं, के उपयोग का वर्णन किया गया है।

स्क्रेपिंग स्पून (Scraping Spoon)—यह एक लोहे की छड़ होती है, जिसके एक सिरे पर गोल प्लेट लगी होती है, जबकि दूसरे सिरे पर अच्छी पकड़ के लिए हुक बना होता है। पत्थर में बनाए गए छेदों में से पिसे हुए पत्थर को बाहर निकालने के लिए इसका उपयोग किया जाता है।

प्राईमिंग नीडल (Priming Needle)—यह एक ताँबे की छड़ होती है जिसका एक सिरा जरा तीखा होता है और दूसरे सिरे पर गोल हैंडल बना होता है। शैल में बनाए गए छेद में आवश्यक विस्फोटक पदार्थ डाल कर, मिट्टी से भरा जाता है। मिट्टी भरने के समय यह नीडल छेद में रखी जाती है। मिट्टी भरने के बाद इसे धीरे से बाहर खींच लिया जाता है ताकि इसकी जगह फ्यूज (Fuse) विस्फोटक पदार्थ तक पहुँचाया जा सके।

टैम्पिंग छड़ या ठोकनी (Tamping Rod)—यह पीतल की छड़ होती है जिसके एक सिरे का व्यास 15 mm और दूसरे सिरे पर व्यास 10 mm होता है। इस छड़ का उपयोग छेद में भरे पदार्ण को, छेद में अच्छी तरह ठोक कर भरने के लिए किया जाता है।

जम्पर (Jumper)—जम्पर और हथौड़े या घन से पत्थर में छेद बनाया जाता है। जहाँ छेद बनाना है, जम्पर का तीखा सिरा वहाँ रख कर, उस पर घन से चोटें दी जाती हैं। प्रत्येक चोट के बाद जम्पर को थोड़ा घुमा दिया जाता है। छेद निकालते समय इसमें थोड़ा पानी डालते रहना चाहिए। पानी पत्थर को नरम कर देता है तथा तोड़े हुए पत्थर के टुकड़ों के साथ पत्थर की लुगदी बना देता है। स्क्रेपिंग स्पून से यह लुगदी समय-समय पर छेद से निकालते रहते हैं।

1·7. विस्फोटन क्रिया (Blasting Operation)

विस्फोटन की पूरी प्रक्रिया को चार भागों में बांटा जा सकता है :

I. छेद बनाना (Boring the holes)

II. छेद को विस्फोटक पदार्थ से भरना (Charging with explosives)

III. विस्फोटक पदार्थ पर मिट्टी वगैरा डालकर अच्छी तरह छेद को बन्द करना (Tamping)

IV. विस्फोटक को आग देना (Firing)

I. **छेद बनाना** (Boring the Hole)—जिस शैल से पत्थर उखाड़ना है, उस पर एक निश्चित लाईन पर छेद बनाये जाते हैं। छेद, जम्पर व घन के उपयोग से बनाये जा सकते हैं।

जम्पर से छेद बनाना—जम्पर का तीखा सिरा, जहाँ छेद बनाना है वहाँ रखा जाता है और घन से इस पर चोट दी जाती है। जम्पर को काम में लेते समय वास्तव में दो आदमी काम करते हैं। एक आदमी जम्पर के निचले भाग को निश्चित जगह पर लगाये रखता है और दूसरा आदमी जम्पर को ऊपर उठाकर नीचे फेंकता है। जब जम्पर शैल से टकराता है तो इसे जरा-सा घुमा दिया जाता है। समय-समय पर छेद में थोड़ा पानी डाला जाता है ताकि शैल नरम हो जाए। स्क्रेपिंग स्पून द्वारा छेद में से टूटे पत्थर की लुगदी समय-समय पर निकालते रहते हैं। जब आवश्यक गहराई का छेद बन जाता है तो एक पतली लोहे की तार पर कोई कपड़ा वगैरह लपेट कर इसे साफ कर दिया जाता है तथा सुखा दिया जाता है। छेद का व्यास प्राय: 20 mm से 40 mm व्यास के बीच कुछ भी हो सकता है। छेद की गहराई शैल की किस्म पर निर्भर करती है। आमतौर पर छेद को गहराई 1·25 से 2·50 m तक हो सकती है।

बरमे से छेद बनाना—जब बहुत सख्त शैल की बहुत अधिक मात्रा, उखाड़नी हो, तो जम्पर की बजाए बरमों से छेद बनाये जाते हैं। बरमें यांत्रिक शक्ति या विद्युत शक्ति द्वारा चलाये जाते हैं।

II. **छेद को विस्फोटक पदार्थ से भरना** (Chorging with Explosives)—छेद बन जाने के बाद इनमें विस्फोटक की आवश्यक मात्रा भर दी जाती है। विस्फोटक पदार्थ की मात्रा निम्नलिखित बातों पर निर्भर करती है :

(a) तोड़ने वाली शैल की किस्म

(b) विस्फोटक पदार्थ की शक्ति

(c) प्रत्येक विस्फोट में उखाड़े जाने वाली शैल की मात्रा

(d) छेद की गहराई

(e) शैल के खुले फलकों की संख्या और

(f) न्यून-प्रतिरोध रेखा (Line of least resistance)

चित्र 1 6
बरमा (Drill)

मोटे तौर पर विस्फोटक पदार्थ का अनुमान आगे दिये सूत्र द्वारा लगाया जा सकता है।

विस्फोटक पदार्थ $= 0·15$ (न्यून-प्रतिरोध रेखा की मीटरों में लम्बाई)^{2}kgs।
उदाहरण के तौर पर यदि न्यून-प्रतिरोध रेखा की लम्बाई एक मीटर है तो विस्फोटक

पदार्थ की मात्रा 0·15 kg या 150 gms चाहिए। विस्फोटक की सही मात्रा इसी तरह की शैल पर परीक्षण करके तय की जाती है।

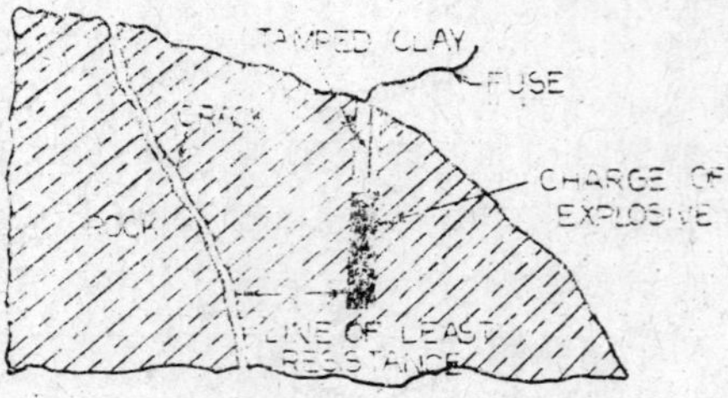

चित्र 1·7. न्यून-प्रतिरोध रेखा

III. **छेद को अच्छी तरह बन्द करना या टैम्पिग** (Tamping)—विस्फोटक डले छेद को, चिकनी मिट्टी या दूसरे इसी तरह के किसी पदार्थ से भर कर बन्द करने की क्रिया को टैम्पिग क्रिया कहते हैं। टैम्पिग क्रिया पर ही विस्फोट की क्षमता निर्भर करती है। टैम्पिग से छेद इस तरह बन्द किया जाता है कि विस्फोट होने के बाद बनी गैसें छेद में से ही होकर बाहर न निकल जायें। इन गैसों को न्यून-प्रतिरोध रेखा पर से शैल को तोड़ कर निकलने के लिए बाध्य किया जाता है।

टैम्पिग के लिए सबसे अच्छा पदार्थ जली हुई चिकनी मिट्टी है। जली हुई चिकनी मिट्टी की जगह गीली रेत भी टैम्पिग पदार्थ के रूप में काम में ली जा सकती है।

टैम्पिग, पीतल की बनी छड़ से की जाती है। टैम्पिग छड़ हमेशा पीतल की बनी होनी चाहिए, लोहे की नहीं। लोहे की छड़ से टैम्पिग करते समय हो सकता है छड़ पत्थर वगैरह से टकरा जाए और आग पैदा हो जाए, जिससे विस्फोट हो सकता है।

टैम्पिग प्रारम्भ करने से पहले प्राइमिंग नीडल छेद के मध्य में रख ली जाती है। टैम्पिग पदार्थ (चिकनी मिट्टी) छेद में से 20 से 40 mm मोटाई तक एक बार डाल कर इसकी अच्छी तरह कुटाई करके ही दूसरी तह, डालनी चाहिए। जब टैम्पिग क्रिया चल रही हो तो समय-समय पर छेद में रखी प्राइमिंग नीडल थोड़ी घुमा देनी चाहिए ताकि टैम्पिग समाप्त होने पर इसे छेद में से निकालने में कठिनाई न हो।

टैम्पिग समाप्त होते ही प्राइमिंग नीडल छेद में से बाहर खींच ली जाती है और इसकी जगह Brick ford fuse डाल दिया जाता है। Fuse की लम्बाई इतनी रखनी चाहिए कि Fuse में आग लगाने के बाद सुरक्षित जगह तक हट जाने के लिए समुचित समय मिल सके।

IV. **विस्फोटक को आग देना** (Firing) जैसा कि ऊपर बताया जा चुका है कि Fuse की लम्बाई इतनी होनी चाहिए कि आग देने वाले को इतना समय मिल

जाए कि विस्फोट से पहले वह सुरक्षित जगह पहुँच जाए । Brick ford fuse जो कि अधिकतर काम लिया जाता है प्रति मिनट एक मीटर के लगभग जलता है ।

जब विस्फोटक तक आग पहुँचती है तो इसमें एकदम से रासायनिक परिवर्तन होता है और पूरा विस्फोटक पदार्थ एकदम से जल जाता है जिसमें से गैसें निकलती हैं । इन गैसों की कोशिश बाहर वायुमण्डल में निकल जाने की होती है, लेकिन वहाँ इतनी जगह नहीं होती और न ही इनके निकलने के लिए खुला रास्ता होता है । इससे इन गैसों में दबाव बहुत बन जाता है और यह जहाँ से भी शैल कमजोर हो, वहीं से शैल को फाड़ कर बाहर निकल जाती हैं । शैल हमेशा न्यून-प्रतिरोध रेखा पर सबसे कमजोर होती है, अतः यहीं से फटती हैं । इस तरह के पत्थर भाटे, शैल से अलग हो जाते हैं । यही कारण है कि टैम्पिग का पूर्ण होना बहुत आवश्यक है । यदि टैम्पिग अच्छी तरह से की हुई नहीं होगी तो न्यन-प्रतिरोध रेखा सूराख की अक्ष ही हो जाएगी और विस्फोट के बाद सुराख में से ही गैसें बाहर निकल जायेंगी और विस्फोट का पत्थर उखाड़ने में कोई प्रभाव नहीं होगा । सफल परिणाम प्राप्त करने के लिए टैम्पिग पदार्थ द्वारा भरी गई सुराख की गहराई न्यून-प्रतिरोध रेखा की लम्बाई की लगभग $1\frac{1}{2}$ गुना होनी चाहिए ।

फ्यूज की बजाय आजकल बिजली से चालित डेटोनेटर्स (Detonators) का उपयोग बहुत होने लगा है । विस्फोटक को फ्यूज की बजाय यदि डेटोनेटर से विस्फोट कराया जाय तो यह कई गुना अधिक प्रभावी होता है ।

डेटोनेटर (Detonator) लगभग 5 mm व्यास तथा 25 mm लम्बी तांबे की ट्यूब होती है जिसमें 5 से 20 grains पारे का फलमिनेट (Fulminate of Mercury) डाला हुआ होता है । डेटोनेटर को साधारण फ्यूज से या विद्युत् धारा से डेटोनेट (Detonate) किया जा सकता है । जहाँ कई सुराखों में डले विस्फोटक को एक साथ जलाना हो वहाँ विद्युत् धारा से जलाना अच्छा रहता है । जहाँ एक निश्चित अन्तराल पर एक के बाद एक विस्फोट करना हो, वहाँ भी डेटोनेटर ही ठीक रहते हैं ।

1·8. विस्फोट करते समय ध्यान रखने योग्य बातें (Precautions)

I. शाम के समय या सुबह के समय विस्फोट नहीं करना चाहिए । विस्फोट के लिए समय निश्चित होना चाहिए और इस बात की जानकारी आस-पास के क्षेत्र की जनता को होनी चाहिए ।

II. वास्तव में विस्फोट करने से पहले साइरन बजाकर, समय पर, आम जनता को सूचित कर देना चाहिए । साइरन बजते ही खतरनाक क्षेत्र से जो मजदूर वगैरह इसी कार्य पर काम कर रहे हों, उन्हें भी सुरक्षित जगह पर चले जाना चाहिए ।

III. विस्फोट वाली जगह से लगभग 200 m की त्रिज्या पर चारों तरफ लाल झंडे लगा देने चाहिए । जिन लोगों ने विस्फोटक को डेटोनेट करना है, उनके अलावा इस क्षेत्र में और कोई जीव नहीं रहना चाहिए ।

IV. विस्फोट हो जाने पर एकदम से विस्फोट वाली जगह नहीं जाना चाहिए। इस क्षेत्र में जाने से पहले अपने आपको अच्छी तरह आश्वत कर लेना चाहिए कि जितने विस्फोट होने थे, वह सब हो चुके या कोई बाकी है। यदि कोई विस्फोट नहीं हुआ है तो इसके लिए आवश्यक सावधानी अपनानी चाहिए।

V. सभी फ्यूज उचित लम्बाई के होने चाहिए।

VI. विस्फोटक पदार्थ में डेटोनेटर लगाने के लिए जो सुराख वगैरह बनाया जाता है, वह लकड़ी की छड़ का प्रयोग कर बनाना चाहिए। इस क्रिया में किसी भी धातु की छड़ का उपयोग नहीं करना चाहिए।

VII. विस्फोटक पदार्थ को काम लेते समय, हाथों पर रबर या पोलीथीन (Polythene) के दस्ताने पहन लेने चाहिए।

1·9. यदि कोई विस्फोट नहीं हुआ है तो उसके लिए सावधानियाँ (Misfires)

I. विस्फोट करने के बाद अच्छी तरह जाँच कर लेनी चाहिए कि क्या सभी सुराखों में विस्फोट हो चुके हैं। यदि किसी सुराख में विस्फोट नहीं हुआ है तो उसे मिसफायर (Misfire) कहते हैं। मिसफायर वाले सुराख के पास जाने से पहले समुचित समय दिया जाना चाहिए।

II. जिस विस्फोटक पदार्थ का विस्फोट नहीं हुआ है वह कभी भी बाहर नहीं निकालना चाहिए। किसी तरह वहीं नष्ट कर देना चाहिए।

III. मिसफायर वाली जगह, पानी अच्छी तरह से भर देना चाहिए और जगह अच्छी तरह मार्क कर देनी चाहिए।

IV. 10 सुराखों से अधिक सुराख एक बार में नहीं लेने चाहिएँ। इन सब सुराखों में विस्फोट भी एक साथ नहीं होने चाहिए, बल्कि एक के बाद एक करके होने चाहिए।

V. यदि ऐसा शक है कि शायद विस्फोटक पदार्थ या डेटोनेटर अच्छे नहीं हैं तो यह सब सुराख से बड़ी सावधानीपूर्वक निकाल कर, प्रयोगशाला में परीक्षण के लिए भेज दिए जाने चाहिए।

VI. चार्ज हटाते समय सबसे पहले डेटोनेटर तथा फ्यूज अलग करना चाहिए और फिर डेटोनेटर को विस्फोटक से अलग करना चाहिए।

VII. विस्फोटक पदार्थ भरने से पहले सुराख को अच्छी तरह साफ कर लेना चाहिए।

VIII. Fuse हमेशा टेढ़ा काटना चाहिए और इसे डेटोनेटर में लगा कर नाइपर (Nippers) से दबा देना चाहिए, ताकि फ्यूज डेटोनेटर में अच्छी तरह फिक्स हो जाए।

IX. यदि सुराख में नमी है तो detonator और fuse का जोड़ अच्छी तरह जल-सह बना देना चाहिए। इसके लिए ग्रीस, लुक या सफेदा काम में लिया जा सकता हैं।

X. यदि विस्फोटक को वहीं नष्ट करना है तो इस सुराख से लगभग 50cm, की दूरी पर दूसरा सुराख बनाना चाहिए और इसमें दूसरा चार्ज लगाकर विस्फोट करना चाहिए। इससे दोनों सुराखों में विस्फोट हो जाता है।

1·10. विस्फोटक पदार्थों की किस्में [Types of Explosives]

1. **ब्लास्टिंग पाऊडर या बारुद** (Blaoting or Gun Powder)—बारुद में 70% कलमी शोरा (Salt petre), 15% गन्धक और 15% कोयला (Charcoal) होता है। जब इसका विस्फोट किया जाता है तो इसकी क्रिया अपेक्षाकृत धीमी होती है। यह ऊपर उठाने में बहुत प्रभावी होता है लेकिन इसका पत्थर को तोड़ कर बिखेरने (Shattering) का प्रभाव इतना अधिक नहीं होता। यह डायनामाईट (Dynamite) से सस्ता है तथा यह सूखी जगह में रक्खा जाना चाहिए। बड़े माप के पत्थर उखाड़ने के लिए इसका उपयोग किया जाता है। आग देने से इसमें विस्फोट होता है।

2. **डायनामाईट या नाईट्रो ग्लैसरीन** (Dynamite)—इसमें 75% नाइट्रो-ग्लैसरीन (Nitroglycerene) होती है जो लगभग 25% रेत से मिलाकर एक मोटी लुगदी बनाई हुई होती है। यह पेस्ट के रूप में होती है अत: प्लास्टिक के थैलों में बन्द छोटे-छोटे कारतूसों (Cartriges) के रूप में मिलती है। यह आम बारूद से लगभग छः गुणा अधिक शक्तिशाली है। इसे पानी में भी काम में लिया जा सकता है। इसे काम में लेते समय बड़ी सावधानी रखनी चाहिए क्योंकि एक झटके से भी यह डेटोनेट (Detonate) हो सकता है। ठंडे इलाकों में यह बहुत प्रभावी नहीं होता है। यह बहुत जहरीला होता है, और इसे यदि नंगे हाथों से छू भी लिया जाए तो सिर दर्द हो जाता है। यह बहुत शक्तिशाली विस्फोटक पदार्थ है और इसका पत्थर को तोड़कर फैला देने का प्रभाव (Shattering Effect) बहुत शक्तिशाली होता है। इसे डेटोनेट किया जाता है, जलाया नहीं जाता।

3. **गन कॉटन** (Gun Cotton or Blasting Cotton)—गन कॉटन को कई बार नाइट्रो-सैल्यूलोज (Nitro-cellulhse) भी कहते हैं। इसमें नाइट्रिक अम्ल में संतृप्त रूई होती है। यह डायनामाईट से भी अधिक शक्तिशाली होता है। सुखी हुई स्थिति में यह बहुत ज्वलन शील (Inflammable) है और बहुत आसानी से Detonate हो जाता है। नम स्थिति में इसे विस्फोटित करने के लिए गन कॉटन के प्राइमर में Detonating fuse का प्रयोग किया जाता है।

4. **कोरडाईट** (Cordite)—यह नाईट्रो-ग्लैसरीन और नाईट्रो-सैल्यूलोज के मिश्रण से बनाया जाता है। यह दूसरे विस्फोटों से सस्ता होता है तथा इसे बारूद के प्राइमर और फ्यूज से Detonate किया जाता है।

5. **ब्लास्टिंग जैलेटिन** (Blasting Gelatine)—93% नाइट्रो-गिलसरीन, 7% बारूदी कपास (Gun cotton) के मिश्रण से यह पदार्थ बनाया जाता है।

6. **रॉक-ए-रॉक** (Rock-a-Rock)—इसमें 79% पोटेशियम क्लोरेट (K_2ClO_3) और 21% नाइट्रो-बेन्जोल (Nitro-Benzole) होता है।

7. **गेलेगनाइट** (Gelignite)—ब्लास्टिंग जैलेटाइन (Blasting Gelignite) किसी शोषक चूर्ण (Absorbing powder) के साथ मिलाकर गेलेगनाइट (Gelignite) पदार्थ बनाया जाता है। यह एक शक्तिशाली विस्फोटक है और इसे पानी के अन्दर काम लिया जा सकता है।

8. **तरल ऑक्सीजन** (Liquid Oxygen)—इसका उपयोग भी विस्फोटक के रूप में कभी-कभी किया जाता है।

1·11. शैल की बनावट और उनके खनिज घटक [Rock Composition and their Constituent Minerals]

रासायनिक दृष्टि से शैल निम्नलिखित मुख्य घटकों की बनी होती है :

I. **खनिज मिट्टियाँ** (Mineral Earrhs)—इसके अन्तर्गत सिलिका {Silica (SiO_2)}, अलुमिना {Alumina (Al_2O_3}, चूना {Lime (CaO)} और मैग्नेशिया {Magnesia (MgO)} सब आ जाते हैं।

II. **क्षार** (Alkalies)—Soda (Na_2O) और पोटाश (Potash) (K_3O)

III. **अम्ल**—कार्बोनिक अम्ल (Carbonic acid)

इन घटकों के अलावा कई बार लोहे तथा मैंगनीज के ऑक्साइड भी शैल में उपस्थित होते हैं।

ऊपर बताई गई खनिज मिट्टियों में से किसी एक या एक से अधिक मिट्टियाँ, किसी बन्धक पदार्थ (Cementing material) की मदद से इकट्ठी जमी रहती है जिसे हम शैल कहते हैं। कुछ महत्त्वपूर्ण खनिजों का वर्णन नीचे एक-एक करके दिया हुआ है।

1. **क्वार्टज** {Quartz (Si_2O)}—क्वार्टज शुद्ध सिलिका होता है। बलुआ पत्थर, ग्रेनाइट और नीशिश (Genies) की कुछ किस्मों में यह बहुत अधिक मात्रा में होता है। यह रंग में सफेद होता है लेकिन कुछ धातुओं के ऑक्साइड पत्थर में उपस्थित होने के कारण यह कई रंगों का हो सकता है। साधारण रेत, क्वार्टज या सिलिका का एक उदाहरण है। फ्लिट (Flint), चालसडोनी (Chalcedony), एगेट (Agate), और जसपर (Jaspar) रंगदार क्वार्टज की ही अलग-अलग किस्में हैं। कणक स्थिति (Crystalline) में क्वार्टज (Quartz) पारभाषी (Transluscent) होता है। इसके कण एक समषट्-भुज प्रिज्म के रूप में होते हैं जो कण के शीर्ष पर पिरामिड बनाते हैं। कठोरता और आपेक्षिक घनत्व क्रमशः 7 और 2·6 होते हैं।

2. **फैलस्हार** {Felspar ($K_2O.Al_2O_3.6SiO_2$)}—यह सोडियम या पोटाशियम सिलिकेट के साथ एल्यूमीनियम सिलिकेट हैं। इसमें एल्यूमीनियम सिलिकेट के साथ सोडियम तथा पोटाशियम सिलिकेट का मिश्रण भी मिला हुआ हो सकता है। इसका रासायनिक सूत्र $K_2O.Al_2O_3.6SiO_2$ है जिसमें K_2O की जगह कई बाई Na_2O, और CaO हो सकते हैं। फैलस्पार सभी आग्नेय किस्म की शैलों का एक महत्त्वपूर्ण खनिज होता है। लोहे के ऑक्साइड की कुछ मात्रा उपस्थित होने के कारण इसका रंग लाल होता है। फैलस्पार में जब कैल्शियम (Ca), पोटाशियम (K) या सोडियम (Na) की मात्रा अधिक हो जाती है तो इसका विघटन जल्दी होना प्रारम्भ हो जाता है। जिस फैलस्पार में पोटाशियम हो, उसे औरथोक्लेश (orthoclase) कहते हैं। इसका रंग मास (flash) जैसा होता है। यदि फैलस्पार में सोडियम आधार घटक है तो इसका रंग धूसर (grey) होता है और इसे ऑलिगोक्लैज (oligoclase) और अलबाइट (Albite) फैलस्पार कहते हैं। यदि कैल्शियम आधार घटक हो तो इसे लैबराडोराइट (Labradorite) फैलस्पार कहते है। इसका रंग whitish grey होता है। इसकी कठोरता और आपेक्षित घनत्व क्रमश: 6 और 2·6 से 2·75 तक होती है।

3. **अबरक या माइका** (Mica)—यह एल्यूमीनियम के साथ पोटाशियम का सिलिकेट है। इसमें कई बार मैग्नेशियम (Magnesium) भी मिला हुआ हो सकता है। इसकी बहुत पतली परतें होती हैं। जो पारदर्शी (Transparent) होती हैं तथा बहुत पतली प्लेटों से भरी हुई होती हैं। यह पारदर्शी प्लेटें या पपड़ियाँ बड़ी आसानी से एक-दूसरे से अलग हो जाती हैं। अबरक की पपड़ियाँ (Flakes) खूब चमकती हैं। माइका या अबरक दो तरह का होता है। मस्कोवाइट (Muscovite) सफेद होता है जबकि बायोटाइट (Biotite) रंग में गहरा भूरा या काला होता है। किसी भी पत्थर में अबरक की उपस्थिति इसकी कमजोरी प्रदर्शित करती है। जिस पत्थर में 2% से अधिक अबरक हो तो उसे निर्माण कार्यों में काम नहीं लिया जाना चाहिए। इसकी कठोरता 2 से तीन होती है तथा आपेक्षित घनत्व 2·7 से 3·2 के बीच होता है।

4. **हार्नबलेंड** (Hornblende) [$5(Ca, Mg).6SiO_2$]—हॉर्नब्लैंड कैल्शियम और मैग्नेशियम का सिलिकेट होता है। यह कणों (crystals) में अथवा रेशों (Fibres) में होता है और यह चमकदार होता है। रंग में यह गहरा हरा, भूरा या काला होता है। यह खनिज बहुत भारी, मजबूत एवं स्थाई (Durable) होता है। यह कई आग्नेय शैलों में रेशों के रूप में अथवा चार भुजाओं वाले प्रिज्मों के रूप में होता है। यह बाहरी प्राकृतिक प्रभावों को बड़ी अच्छी तरह सहन कर सकता है। इसकी कठोरता 5 से 6 तक होती है जबकि आपेक्षिक घनत्व 2·9 से 3 0 होता है।

5. **आगाइट** (Augite) [$(Ca, Ma) SiO_3$]—यह खनिज बहुत कुछ हार्नब्लैंड की तरह का ही होता है लेकिन यह उससे भी भारी होता है और इसके कणों की

बनावट में थोड़ा अन्तर होता है । डकन ट्रैप (Deccan Trap) में यह घटक के रूप में बहुत अधिक मात्रा में पाया जाता हैं। इसे पाइरॉक्सीन (Pyroxene) भी कहते हैं। इसकी कठोरता 5 से 6 तक होती है, जबकि आपेक्षित घनत्व 2·6 से 3·6 तक होता है।

6. कैल्शियम कार्बोनेट ($CaCO_3$)—चूना पत्थरों का यह आधारभूत घटक होता है । बलुआ पत्थर एवं शैल (Shale) में यह बन्धक पदार्थ के रूप में उपस्थित हो सकता है । इसकी कठोरता 3 होती है और आपेक्षिक घनत्व 2·72 होता है।

1·12. मुख्य पत्थरों के गुण [Imporatant Properties of Common Building Stones]

1. ग्रेनाइट (Granite)—यह आग्नेय शैल से प्राप्त होता है और इसमें क्वार्टज, फैलस्पार, अबरक और हॉर्नब्लैंड, पाइरोक्सीन (Pyroxene) इत्यादि पदार्थ होते हैं। इसमें 60 से 80% तक सिलिका होता है जो बन्धक पदार्थ के रूप में काम करता है । सिलिका की मात्रा क्वार्टज से फैलस्पार के रूप में अधिक होती है । ग्रेनाइट बहुत गहराई में पाया जाता हैं इसलिए इसे पातालीय शैल (Plutonic Rock) भी कहते हैं। इस पत्थर का निर्माण पृथ्वी के काफी नीचे मैगमा नामक पदार्थ के बहुत धीरे-धीरे ठंडा होने से होता है । यह अस्तरीय किस्म का पत्थर होता है।

गुण

(i) ग्रह एक कठोर, मजबूत और स्थाई अस्तरीय पत्थर है।

(ii) यह भारी पत्थर है और इसकी S.G. 2·64 से 2·75 तक होती है।

(iii) बारीक कणदार संरचना वाले ग्रेनाइट को बहुत अच्छो तरह से पालिश किया जा सकता है ।

(iv) इसकी घड़ाई वगैरह बड़ी कठिन होती है इसलिए इसे आम निर्माण कार्यों में काम में नहीं लेना चाहिए ।

(v) इसका रंग पत्थर में उपस्थित फैलस्पार पर निर्भर करता है । आमतौर पर इसका रग धूसर (Grey), भूरा या काला होता है ।

(vi) आग के सम्पर्क में आने पर यह बुरी तरह से फट जाता है ।

(vii) इसकी अवभजक सामर्थ्य 1000 से 1400 kg/cm^2 होती है ।

(viii) ग्रेनाइट के अपक्षय गुण (Weathering Properaties) और सामर्थ्यता पत्थर में उपस्थित क्वार्टज (Quastz) की मात्रा और फैलस्पार (Felspar) की किस्म पर निर्भर करती है । जिस पत्थर में क्वार्टज की मात्रा अधिक होती है और अच्छी किस्म का फैलस्पार उपस्थित होता है, उतना ही यह मजबूत और वायुमण्डलीय प्रभावी के प्रति प्रतिरोधी होता है ।

अच्छी किस्म का ग्रेनाइट पुलों के पायों, अबटमेंटों, नदी पर वीयर, बैराज

इत्यादि जैसे महत्त्वपूर्ण कार्यों में काम लिया जाता है। यह अजमेर, झाँसी, जबलपुर, बंगलौर, सिकन्दराबाद इत्यादि स्थानों में मिलता है।

2. **निशिश या स्तरीय ग्रेनाइट** (Gnesis or stratfied granite)—यह कायांतरित शैल से प्राप्त होता है। इसकी बनावट ग्रेनाइट जैसी ही होती है क्योंकि ग्रनाइट पर ही ताप एवं दबाव के प्रभाव से निशिश का निर्माण होता है। यह पत्थर स्तरीय होता है और इसे पटियों के रूप में प्राप्त किया जा सकता है। यह पत्थर ग्रनाइट से भी मजबूत होता है।

यह पत्थर सफेद, हल्का धूसर (Light grey), Pink और हरे काले रंग में मिलता है। इसका आपेक्षिक घनत्व 2·69 होता है तथा इसकी अवभंजन सामर्थ्यता लगभग 2100kg/cm^2 होती है। यह पत्थर, निर्माण कार्यों में काम लिया जा सकता है।

इस पत्थर को फर्श की पटियों के रूप में और चिनाई में उपयोग लिया जा सकता है। यह पत्थर देखने में अधिक सुन्दर नहीं लगता इसलिए भवनों के सामने वाले भागों में इसका उपयोग नहीं किया जाना चाहिए। पिचिंग इत्यादि में भी यह पत्थर बहुत अच्छा रहता है। तोड़ा हुआ पत्थर एक अच्छी किस्म का मोटा मिलावा होता है। यह मैसूर, गुजरात, मद्रास, बिहार, महाराष्ट्र, बंगाल में पाया जाता है।

3. **ट्रैप और बासाल्ट** (Trap and Basalt)—ट्रैप और बासाल्ट दोनों ही आग्नेय शैल से प्राप्त पत्थर हैं। इनका निर्माण मैग्मा नामक पदार्थ के पृथ्वी की सतह पर एकदम से ठंडा हो जाने से होता है। इनमें 40 से 60% तक सिलिका होता है। ट्रैप में फैलस्पार और हॉर्नब्लैंड खनिज होते हैं जबकि बासाल्ट में फैलस्पार और पाइरोक्सीन (Pyroxene)। जब पत्थर में Olivine उपस्थित हो तो शैल को Olivine Basalt कहते हैं।

यह पत्थर बहुत कठोर, सघन और दृढ़ होते हैं। इनका आपेक्षिक घनत्व 3·0 होता है तथा संपीडन में चरम क्षमता 1530 से 1890 kg/cm^2 तक होती है। यह पत्थर Amorphus Texture का होता है इसलिए इसे ब्लॉकों के रूप में नहीं निकाला जा सकता है। इसका रंग धूसर, गहरा धूसर (Dark Grey) हरा, नीला, काला, लाल और पीला होता है।

इनका उपयोग फर्श में, सड़क की रोड़ी के रूप में तथा कंक्रीट में मोटे मिलावा के रूप में किया जाता है। लाल और पीले रंग की किस्में जोकि नरम होती हैं, सजावटी कार्यों में काम ली जा सकती हैं। कशीदाकारी व शिल्पी कार्यों के लिए यह पत्थर उपयुक्त नहीं है। जहाँ यह काफी मात्रा में निकलता है वहाँ इसे चिनाई के काम में भी लिया जा सकता है। इस पत्थर की घड़ाई करना बड़ा कठिन है इसलिए जहाँ भी घड़ाई वगैरह करने की आवश्यकता पड़ती हो, यह पत्थर काम में नहीं लिया जा सकता। यह पत्थर महाराष्ट्र, बंगाल, बिहार, मध्य प्रदेश तथा राजस्थान में मिलता है। अजन्ता, एलोरा और एलीफेंटा की गुफाएँ इसी पत्थर की बनी हुई हैं।

4. **बलुआ पत्थर** (Sand Stone)—बलुआ पत्थर अवसादी शैल होती है। इसमें रेत या क्वार्टज मुख्य घटक होता है जो चूना, मैग्नेशिया, चिकनी मिट्टी, लोहे के ऑक्साइड इत्यादि से जमा हुआ होता है। इस पत्थर में कई बार अबरक की पपड़ियाँ (Flakes of Mica) या चूना पत्थर के भाटे या फैलस्पार भी उपस्थित होता है जो पूरी शैल में समान रूप से वितरित रहते हैं। बन्धक पदार्थ के आधार पर इस पत्थर की कई किस्में हो सकती हैं। उदाहरण के तौर पर चूना युक्त बलुआ पत्थर (Calcraeous Sand Stone) मृण्मय बलुआ पत्थर (Argillaceous Sand Stone) और लोहमय बलुआ पत्थरों (Ferruginous Sand Stone) में क्रमश: चूना, चिकनी मिट्टी और लोहे के ऑक्साइड मुख्य पदार्थ होते हैं। Calcareous Sand Stone बाहरी वायुमण्डलीय प्रभावों को अच्छी तरह सहन नहीं कर सकते। जिस पत्थर में चिकनी मिट्टी होती है तथा सरंध्र (Porous) होता है, बह सबसे कमजोर बलुआ पत्थर होता है।

बलुआ पत्थर की बनावट बारीक कण-आकार (Fine Grained) से लेकर मोटे कण-आकार (Coarse Texture) की होती है। बारीक कण-आकार वाला पत्थर नक्काशी (Carving) के लिए अच्छा रहता है। मोटा कण-आकार (Coarse Grained) वाला बलुआ पत्थर बहुत कठोर होता है।

यह पत्थर रबल चिनाई व संगीन चिनाई दोनों में काम आता है। फर्श बनाने के लिए ब्लॉक, छत की पट्टियाँ, कंक्रीट में काम आने वाली रोड़ी, इस पत्थर से प्राप्त की जा सकती है। इसका आपेक्षिक घनत्व 2.65 होता है और संपीडन में चरम क्षमता लगभग 650 kg/cm^2 होती है।

फ्लैग पत्थर (Flag Stone) पतली पट्टियों के रूप में बलुआ पत्थर होता है। इसका रंग धूसर (Grey) या नीला धूसर (Bluish Grey) होता है। यह बहुत कठोर और सघन होता है। टाईल पत्थर (Tile Stones) भी फ्लैग पत्थर की तरह ही होता है जो बहुत पतली पट्टियो के रूप मे मिलता है और छत पर टाइल के रूप में काम में लिया जाता है। जिस पत्थर पर छैनी और घन से स्वतन्त्रतापूर्वक कार्य किया जा सके, उसे Free Stone कहते हैं। बलुआ पत्थर पर घड़ाई वगैरह बड़ी आसानी से की जा सकती है। पत्थर की घड़ाई से प्राप्त पत्थर की बारीक मिट्टी को ग्रिट (Grit) कहते हैं। बलुआ पत्थर सड़क की रोड़ी के रूप में या रेलवे बालास्ट के रूप में काम नही लेना चाहिए क्योंकि रगड़ (Abrasion) में यह पत्थर बहुत कमजोर होता है। यह प्रायः सभी निर्माण कार्यों में काम आता है।

यह पत्थर गुजरात, राजस्थान, पंजाब U.P., M.P., मद्रास और प्रायः पूरे भारत में मिलता है।

5. **चूना पत्थर** (Lime Stone)—यह पत्थर भी अवसादीय प्रवृत्ति का है। कैल्शियम कार्बोनेट ($CaCO_3$) इसमें मुख्य तत्त्व होता है। कई तरह के चूना पत्थर

मिलते हैं जिनकी बनावट गठन (Texture), कठोरता इत्यादि में बहुत अन्तर होता है। चूना पत्थर निम्नलिखित तरह का हो सकता है। सघन चूना पत्थर (Compact lime stone), दानेदार चूना पत्थर (Granular lime stone) मैग्नीशियम चूना पत्थर (Magnesium lime stone) और कंकर (Kankar) इसकी मुख्य किस्में हैं।

(i) **सघन चूना पत्थर** (Compact Lime Stone)—इसमें कैल्शियम कार्बोनेट शुद्ध रूप में या फिर रेत या चिकनी मिट्टी के साथ सम्मिश्रण के रूप में उपस्थित होता है। यह प्रायः अनाकार (Amorphous of Non-crystalline) होता है। रंग में धूसर नीला, या काला होता है। यह पत्थर निर्माण कार्यों के लिए उपयुक्त है तथा इसकी घड़ाई आसानी से की जा सकती है। औद्योगिक शहरों में इसे काम में नहीं लेना चाहिए क्योंकि इन शहरों का वायुमण्डल अम्लीय प्रवृत्ति का होता है। फर्श कार्यों में व हल्के ट्रैफिक वाली गाड़ियों में इसे काम में लिया जा सकता है। भारत में मोटे चूने या बिना बुझे चूने का स्रोत यही पत्थर है। धमन भट्टियों में, चमड़ा रंगने इत्यादि जैसी दूसरी संस्थानों में, यह पत्थर बहुत काम आता है।

(II) **दानेदार चूना पत्थर** (Granular Lime Stone)—इसकी बनावट दानेदार होती है। कैल्शियम कार्बोनेट के कण, सिलिका या चिकनी मिट्टी के साथ मिले कैल्शियम कार्बोनेट से बंधे रहते हैं। इसके कण काफी बड़े होते हैं। कुछ कणों का माप मटर के दाने के माप के बराबर हो सकता है। रंग में यह सफेद, हल्का पीला या हल्का भूरा होता है। यह पत्थर प्रायः नरम, हल्का और पानी सोखने वाला होता है। यह पत्थर खुली स्थितियों में काम नहीं लेना चाहिए। अन्दर की स्थितियों में इसे निर्माण कार्यों में काम लिया जा सकता है। 24 घंटों में यह 4% से 12 % तक पानी सोख लेता है।

(II।) **मैगनेशियम चूना युक्त पत्थर** (Magnesium Lime Stone)—इस पत्थर में चूने तथा मैगनेशियम के कार्बोनेट मुख्य तत्त्व होते हैं। बहुत कम मात्रा में लोहा, सिलिका और चिकनी मिट्टी भी उपस्थित होती है। जिस चूना पत्थर में चूने तथा मैगनेशियम के कार्बोनेट की लगभग बराबर मात्रा में उपस्थित होती है, उसे डोलोमाइट (Dolomite) कहते हैं। इसका रंग आमतौर पर पीला या हल्का भूरा होता है। पत्थर में मैगनीशिया की जितनी मात्रा अधिक होती है यह पत्थर उतना ही अधिक स्थाई (Durable) होता है। इस पत्थर में यदि सिलिका की मात्रा अधिक हो तो यह बाहरी प्रभावों के प्रति उतना अच्छा नहीं रहता है।

(IV) **कंकर** (Kankar)—यह अशुद्ध चूना पत्थर होता है जिसमें लगभग 30% तक चिकनी मिट्टी व रेत मिली हुई होती है। भारत के उत्तरी और मध्य भागों में, पृथ्वी की सतह से थोड़ी गहराई पर यह अनियमित-शक्ल के नोडूलस (Irregular Shaped Nodules) के रूप में व ठोस परत के रूप में मिलता है। रंग में यह धूसर (Grey) या खाकी तथा संरचना में सरंध्र होता है। ब्लॉक कंकर यदि कठोर हो

तो इसे निर्माण सामग्री के रूप में काम लिया जा सकता है। नोडूलर कंकर को जब जलाया जाता है तो इससे बहुत बढ़िया किस्म का Hydraulic Lime प्राप्त होता है। नरम प्रवृत्ति के कंकर में मिट्टी वगैरह बहुत मिली होती है। अतः भारी यातायात वाली सड़कों पर इसकी रोड़ी का उपयोग नहीं किया जाना चाहिए।

सभी किस्म के चूना पत्थरों का आपेक्षिक घनत्व 2·0 से 2·75 के बीच होता है तथा इनकी संपीडन में चरम क्षमता लगभग 550 kg/cm^2 होती है।

चूना पत्थर की पट्टियाँ फर्शों में तथा छतों में काम आती है। आम निर्माण कार्यों में भी इसका उपयोग होता है। चूना तथा सीमेंट के निर्माण में यह एक मुख्य घटक होता है। यह पत्थर राजस्थान, पंजाब, M.P., U.P., H.P., बिहार, बंगाल व गुजरात में अधिक पाया जाता है।

6. **संगमरमर** (Marble)—संगमरमर कायांतरित शैल है। इसका मूल निर्माण, पदार्थ के जमाव के रूप में ही होता है लेकिन बाद में बहुत अधिक ताप और दबाव से यह दानेदार बन जाता है। चूना पत्थर को यदि लाल गर्म किया जाए और इसमें से कोई गैस वगैरह बाहर न निकलने दी जाए तो इसे संगमर्रमर में परिवर्तित किया जा सकता है। गर्म पत्यर को धीरे-धीरे ठंडा होने देना चाहिए। गर्म करने से इसकी बनावट में कोई अन्तर नहीं आता, केवल इसका गठन बदल जाता है।

संगमरमर सफेद, धूसर (Grey) काला, लाल, भूरा, पीला, नीला और हरा इत्यदि रंगों में मिलता है। संगमरमर आरी से काटा जा सकता है तथा इसे पालिश किया जा सकता है। इसका आपेक्षिक घनत्व 2·65 तथा संपीडन क्षमता 720 kg/cm^2 होती है।

यह बहुत महँगा पत्थर है, इसलिए इसे आम निर्माण कार्यों में काम नहीं लिया जा सकता। इसका उपयोग बहुत उच्च कोटि के भवन में, यादगारें बनाने में, मन्दिर बनाने में, मकानों के सामने के भाग को सुन्दर बनाने में किया जाता है। Mosaic फर्श, में टाइलों के रूप में तथा उच्चकोटि के फर्शों के उपचार में इसे काम में लिया जाता है। खदान से निकालते समय नष्ट हुआ पत्थर व अशुद्ध संगमरमर चूना बनाने के काम के भी लिया जाता है।

7. **लेट्राईट** (Laterites)—यह अवसादीय किस्म की शैल है जो रासायनिक वर्गीकरण अनुसार मृणमय किस्म की शैल है। यह बलुआ मृणमय पत्थर (Sandy Clay-Stone) है जिसमें लोहे के ऑक्साइड की मात्रा अधिक होती है। यह गहरे भूरे अथवा लाल रंग में होती है। इसकी बनावट Cellular होती है। जब खदान से यह निकाला जाता है तो यह बहुत नर्म होता है और इसे आयताकार ब्लॉकों के रूप में बड़ी आसानी से काटा जा सकता है। बाद में कुछ हद तक यह पत्थर कठोर हो जाता है। इसका आपेक्षिक घनत्व 2·4 होता है तथा संपीडन क्षमता 18 से 32 kg/cm^2 होती है।

इस पत्थर को मोटी पत्थर की चिनाई में काम लिया जा सकता है। नोड्यूलर लेट्राईट भी लेट्राईट की एक किस्म है जिसे तोड़कर सड़क की रोड़ी के रूप में काम लिया जा सकता है। यह पत्थर बिहार, महाराष्ट्र, मद्रास, मैसूर, बंगाल और केरल में मिलता है।

8. **स्लेट** (Slates)—यह कायांतरित शैल से प्राप्त पत्थर है। मूल रूप में यह पत्थर स्तरीय किस्म का होता है लेकिन बाद में ताप और दबाव से इसमें इतना परिवर्तन आ जाता है कि इसकी विभिन्न परतों के जोड़ पूरी तरह से समाप्त हो जाते हैं और नई ही परतें उत्पन्न हो जाती हैं जिन्हें बड़ी आसानी से अलग किया जा सकता है। आधे सेंटीमीटर तक मोटाई के पत्थर इसमें प्राप्त किए जा सकते हैं।

यह पत्थर गहरे नीले, काले, गहरे धूसर, Purple और हरे रंग में मिलता है। एक अच्छे स्लेट पत्थर का रंग एक-सार और बनावट सघन होती हैं। किसी वस्तु से टकराने पर यह धातुई (Metallic) आवाज करता है।

क्योंकि इसे बहुत पतली पट्टियों व ब्लॉकों के रूप में प्राप्त किया जा सकता है इसलिए इसका उपयोग छतों पर टाइलो के रूप में बहुत अच्छा रहता है। पानी न सोखने के कारण इसे स्नानग्रहों इत्यादि में भी लगाया जा सकता है। कठोर किस्म का स्लेट पैड़ियों में काम लिया जा सकता है। इसका आपेक्षिक घनत्व 2·89 तथा संपीडन क्षमता 710 से 2110 kg/cm^2 तक होती है। यह पत्थर U.P., बिहार राजस्थान, मद्रास, मैसूर और M.P. में मिलता है।

9. **शैल** (Shale)—यह भी स्तरीय किस्म का पत्थर होता है जो चूनेदार लोहमय या कार्बनिक पदार्थों के चिकनी मिट्टी के साथ मिश्रण से बनता है। यह पतली परतों के रूप में होता है। इसकी बनावट प्लास्टिक होती है और इसके कणों के माप 0·01 mm से भी छोटे होते हैं। यह धूसर, सफेद, लाल, नीला, काला, सभी रंगों में मिलता है। यह पत्थर इंजीनियरी कार्यों में काम में नहीं लिया जाता।

10. **क्वार्टजाइट** (Quartzite)—सिलिका किस्म के बलुआ पत्थर पर जब कायांतरित क्रिया होती है तो क्वार्टजाईट (Quartzite) पत्थर प्राप्त होता है। इसमें क्वार्टज (Quartz) मूल घटक होता है। इसमें फैलस्पार (Felspar) भी हो सकता है।

यह पत्थर सफेद, धूसर रंगों में मिलता है। उसकी बनावट स्तरीय होती है तथा बहुत सघन (Compact) होती है। यह पत्थर बेतरतीब शक्लों में टूटता है इस लिए इसकी घड़ाई करना बहुत कठिन होता है।

यह पत्थर रबल चिनाई व सड़कों में काम लिया जा सकता है। कंक्रीट का मिलावा इसका बहुत अच्छी किस्म का होता है। यह राजस्थान, मैसूर, गुजरात, पंजाब, मद्रास इत्यादि जगहों में मिलता है।

11. **सकिस्ट** (Schists)—यह ऐसे पत्थरों के एक समूह का नाम है जो बड़ी

आसानी से फट सकते हैं। यह सब कायांतरित शैल होती हैं जिनके मूल घटक वास्तव में आग्नेय या अवसादीय शैलों के रूप में बने होते हैं। यह वास्तव में किसी अलग किस्म का पत्थर नहीं है।

12. **ग्रेवल** (Gravel)—यह पानी से घिसे हुए पत्थर के टुकड़े होते हैं। यह नदियों के तल पर तथा जलोड़ क्षेत्रों (Alluvial Tracts) में पाए जाते हैं। इनका उपयोग कंक्रीट के मोटे मिलावा के रूप में व सड़क निर्माण में किया जाता है।

13. **शिंगल** (Shingle)—यह भी पानी से घिसे हुए पत्थर के टुकड़े होते हैं। लेकिन इनके माप ग्रेवल स बड़े होते हैं तथा यह समुद्री किनारों के पास पाए जाते हैं।

14. **कांगलोमरेट** (Conglomerate)—जब ग्रेवल और शिंगल के छोटे-छोटे टुकड़े चिकनी मिट्टी या चूने इत्यादि से आपस में बँध जाते हैं तो कांगलोमरेट का निर्माण होता है। इन पत्थरो की संरचना दानेदार और सरंध्र होती है और इसके भाटे (Irregular) बेतरतीब शक्ल के होते हैं। यह निर्माण कार्यों के लिए उचित नहीं है। रिवेटमेट व पिचिग इत्यादि में इसका उपयोग किया जाता है।

15. **मूरम** (Mooram)—लेट्राईट नामक पत्थर के विघटन से जो पदार्थ प्राप्त होता है, उस मूरम कहते हैं। लेट्राईट पत्थर की खदानों के पास यह बहुत अधिक मात्रा में पाई जाती है। इसका रग लाल होता है और इसलिए कई बार इसे लाल मिट्टी (Red Earth) भी कहते है। इसका प्रयोग W.B.M. सड़कों पर Blindage के रूप में बहुत किया जाता है। बगीचों इत्यादि के रास्तों को सुन्दर बनाने के लिए भी यह बिछा दी जाती है।

16. **चाक** (Chalk)—यह शुद्ध सफेद चूना पत्थर है जो आसानी से पाऊडर में परिवर्तित किया जा सकता है। निर्माण कार्यों के लिए यह पत्थर अनउपयुक्त है। ग्लेजियर पुटी (Glaziers Putty) बनाने तथा सीमेंट के निर्माण में यह काम लिया जाता है। इसका उपयोग निशान लगाने और रगदार पदार्थ के लिए भी किया जाता है।

17. **कियोलीन या चिकनी मिट्टी** (Kaolin or China Clay)—आग्नेय शैलों में उपस्थित फैलस्पार के विघटन से यह पदार्थ बनता है। इसे Hydrated Silicate of Aluminium ($Al_2O_3 \cdot 2SiO_2 \cdot 2H_3O$) कहते हैं। शुद्ध कियोलीन का रग हल्का सफेद होता है और इसको छूने से साबुन की तरह का चिकनापन महसूस होता है। कप, प्लेटें इत्यादि बनाने वाले पदार्थ यानि पोरसलीन (Porcelain) का यह एक मुख्य घटक होता है।

1·13. पत्थर का प्राकृतिक नितल (Natural Bed of Stone)

वह समतल या आधार, जिस पर अवसादीय शैल सबसे पहले बननी प्रारम्भ होती हैं, पत्थर का प्राकृतिक नितल (Natural. Bed of Stone) कहलाता है। अव–

साद शैलों में प्राकृतिक नितल बड़ी आसानी से ढूंढ़ा जा सकता है, क्योंकि यह पत्थर की विभिन्न तहों के लगभग समानांतर होता है। आग्नेय शैलों में प्राकृतिक नितल का कोई महत्त्व नहीं होता है। कायांतरित किस्म की शैलों में जैसे स्लेट और नीसिस (Gneiss) में भी अलग-अलग पपडियां बड़ी आसानी से देखी जा सकती हैं। सभी महत्त्वपूर्ण कार्यों में, अवसादी या स्तरीय किस्म के पत्थर को इस तरह लगाना चाहिए कि पत्थर पर भार, पत्थर की परतों की दिशा के समकोण पर कार्य करे। पत्थर को इस पर पड़ने वाले भार की दिशा के समकोण रखने को ही, **पत्थर का प्राकृतिक नितल पर रखना** कहते हैं। पत्थर को इस तरह लगाने से भार के कारण पत्थर के फटने का डर नहीं रहता है। नमी वगैरह भी इस तरह परतों में नहीं पहुंच सकती और इसलिए पत्थर पर कोई दूषित प्रभाव नहीं होता। डाटों में लगे पत्थरों की तहें अक्षीय दिशा में होनी चाहिए ताकि डाट द्वारा संचारित बल पत्थर की तहों के समकोण दिशा में हों। कॉरनिस (Cornice) में अवसादी पत्थर इस तरह लगाना चाहिए कि इसकी

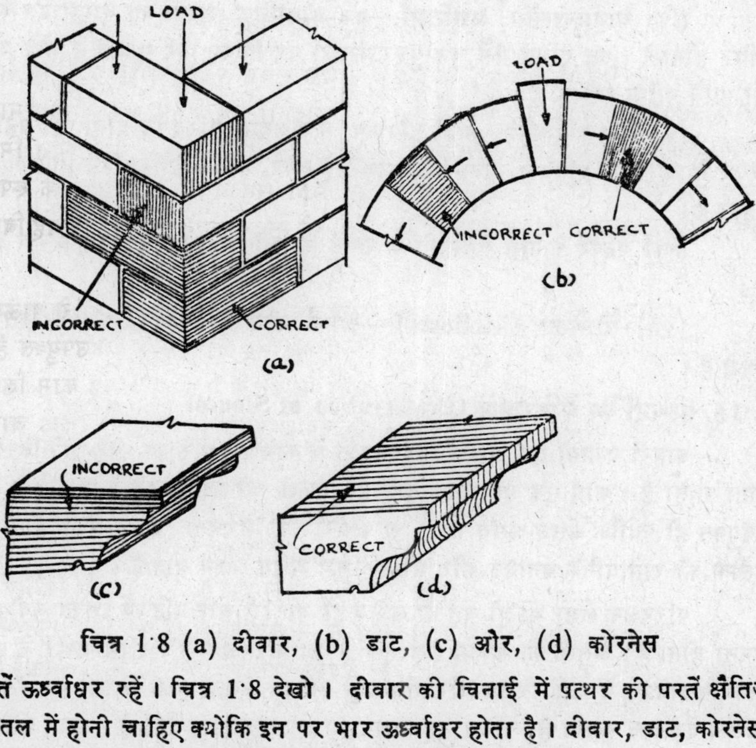

चित्र 1·8 (a) दीवार, (b) डाट, (c) और, (d) कोरनेस

परतें ऊर्ध्वाधर रहें। चित्र 1·8 देखो। दीवार की चिनाई में पत्थर की परतें क्षैतिज समतल में होनी चाहिए क्योंकि इन पर भार ऊर्ध्वाधर होता है। दीवार, डाट, कोरनेस, इत्यादि में पत्थरों की सही स्थितियां चित्र 1·8 में दिखाई हुई हैं।

1·14. पत्थरों की विघटन (Detercoration of Stones)

वायुमण्डलीय प्राकृतिक तत्त्व धीरे-धीरे पत्थर पर क्रिया करते रहते हैं जिससे

पत्थरों का धीरे-धीरे विघटन होता रहता है । निम्नलिखित कुछ तत्त्व हैं जिनसे पत्थरों का विघटन होता है ।

(i) **वर्षा**—वर्षा के कारण पत्थर भीगने से तथा फिर सूख जाने से पत्थर में आन्तरिक प्रतिबल उत्पन्न होते हैं, जिनसे पत्थर का विच्छेदन होता है । वर्षा के पानी में वायुमण्लीय गैसें घुली होने के कारण यह अम्लीय प्रवृत्ति का हो जाता है । जब अम्लीय पानी पत्थर की सतह पर बहता है तो यह पत्थर के घटकों पर क्रिया करता है, जिससे पत्थर में विघटन होता है ।

(ii) **हवा** (Wind)—हवा से वर्षा का पानी अधिक गहराई तक पत्थर के अन्दर चला जाता है जिससे इसका प्रभाव अधिक गहराई तक हो जाता है ।

(iii) **कोहरा** (Erost)—ठण्डे क्षेत्रों में पत्थर के रिक्त स्थानों में भरा पानी जम जाता है । जमने से क्योंकि पानी का आयतन बढ़ता है, इसलिए इसका भी पत्थर पर विनाशकारी प्रभाव होता है ।

(iv) **वायुमण्डलीय अशुद्धियाँ**—बड़े औद्योगिक शहरों का वायुमण्डल काफी दूषित होता है । यह दूषित गैसें चूनायुक्त पत्थरों पर क्रिया कर सकती हैं और पत्थर को हानि पहुँचा सकती हैं ।

(v) **ताप परिवर्तन**—जहाँ तापक्रम में एकदम परिवर्तन होता हो वहाँ भी पत्थर में आंतरिक प्रतिबल उत्पन्न हो सकते हैं और पत्थर के विघटित होने का डर रहता है ।

(vi) पत्थर के पास वनस्पति के उगने का भी पत्थर पर दूषित प्रभाव होता है ।

(vii) **मोलस्कस** (Molluses)—नामक जीव भी पत्थर को प्रभावित कर सकते हैं ।

1·15. पत्थरों का परिरक्षण (Preservation of Stones)

बाहरी प्रभावों एवं आन्तरिक क्रियाओं के कारण पत्थर का धीरे-धीरे विच्छेदन होता रहता है । कोई एक परिरक्षक नहीं हो सकता जो सभी तरह के पत्थरों के लिए उपयुक्त हो क्योंकि अलग-अलग तरह के पत्थरों की संरचना अलग-अलग होती है । प्रत्येक की रासायनिक बनावट और भौतिक गुण अलग-अलग होते हैं ।

परिरक्षक कैसा भी हो वह भी खराब हो जाता है और प्रतिवर्ष इसका नवीकरण करना होता है । अलसी का कच्चा तेल एक अच्छा परिरक्षक है । इससे पत्थर के प्राकृतिक दिखावेपन में कोई विशेष परिवर्तन नहीं होता । उबला हुआ अलसी का तेल कुछ अधिक देर तक चलता है, लेकिन यह पत्थर का रंग गहरा कर देता है । पत्थर की सतह पर पेंट भी की जा सकती है, लेकिन इससे पत्थर की बजाय पेंट का रंग दिखाई देता है । लुक और बिट्मन भी अच्छे परिरक्षक हैं लेकिन इनका रंग दिखने में अच्छा नहीं लगता है ।

यदि पत्थर की सतह पर $CaSO_4$ के निर्माण के कारण पत्थर का विच्छेदन हो रहा हो तो बरेटा (Baryta), $Ba(OH)_2$ को पानी में घोलकर पत्थर की सतह पर दो-तीन बार ब्रश से लगाना चाहिए। $Ba(OH)_2$, $CaSO_4$ के साथ क्रिया करता है और $BaSO_4$ और $Ca(OH)_2$ बना देता है। $BaSO_4$ पानी में अघुलनशील है और इसलिए वायुमण्डलीय तत्त्वों का इस पर प्रभाव नहीं होता है। $Ca(OH)_2$ हवा में से CO_2 लेता है और वापिस, $CaCO_3$ बना देता है। इससे पत्थर और अधिक मजबूत हो जाता है।

परिरक्षण के लिए कई बार रैनसम की क्रिया (Ransome's Process) अपनाई जाती है। सबसे पहले पत्थर की सतह पर सोडियम या पोटाशियम क्लोराइड से घोल की दो-तीन परतें ब्रश से लगाई जाती हैं। जब पत्थर की सतह सूख जाती है तो कैल्शियम क्लोराइड की एक परत ब्रश से लगा दी जाती है। इससे पत्थर की सतह पर कैल्शियम सिलीकेट की अघुलनशील परत उत्पन्न हो जाती है और पत्थर बाहरी प्रभावों से बचा रहता है।

सरलमे का घोल (Szerelmey's Stone Liquid)—इस घोल में सोडियम या पोटेशियम सिलीकेटों के साथ कैल्शियम और बेरियम क्लोराइड होते हैं। यह घोल ब्रश से दो-तीन परतों में लगाया जाता है। सरलमे घोल की परत चढ़ाने से पहले बिटूमन की एक परत पत्थर की सतह पर चढ़ा देनी चाहिए।

कई बार फिटकरी और साबुन के घोल भी पत्थर की सतह पर परिरक्षक के रूप में लगाए जाते हैं।

1·16. साँचा ढला पत्थर (Artificial or Cast Stone)

पत्थर की रोड़ी में सीमेंट और पानी डालकर तथा मिश्रण साँचों में ढालकर ब्लॉक बनाए जाते हैं। साँचा ढले पत्थरों का सबसे बड़ा लाभ यह है कि जिस नाप में भी चाहें इसके ब्लॉक बनाए जा सकते हैं, तथा ब्लॉक काम लेते समय नितल के बारे में कोई ध्यान नहीं रखना पड़ता क्योंकि अवसादी पत्थर की भाँति साँचा ढले पत्थर में कोई परतें नहीं होती हैं। भवनों का सामने का भाग सुन्दर बनाने के लिए, इन्हें किसी भी रंग एवं शक्ल में ढाला जा सकता है। आवश्यक रंग देने के लिए मिश्रण में रंगदार पदार्थ (Pigments) डाल दिए जाते हैं लेकिन इस पदार्थ की मात्रा सीमेंट की मात्रा का 15% से अधिक नहीं होनी चाहिए। सीमेंट और पत्थर की रोड़ी 1 : 3 अनुपात में मिलाए जाते हैं। कई बार ब्लॉक का मध्य भाग सीमेंट, रेत और मोटे मिलावा के कंक्रीट का बना होता है। केवल ब्लॉक के बाहरी फसलों पर 20—30 mm मोटाई में साँचा ढला पत्थर का फलक बनाया जाता है ताकि बाहर से देखने में सुन्दर लगे और देखने वाले को ऐसा प्रतीत हो कि पूरा ब्लॉक इसी तरह का बना हुआ है।

सांचा ढले पत्थरों की रगड़ाई भी वैसे ही की जाती है जैसे कि आम पत्थरों की करते हैं।

सफेद सीमेंट में संगमरमर की चिप्स तथा आवश्यक रंगदार पदार्थ डालकर फर्श बनाए जाते हैं व कई बार सामने की दीवार पर भी इसी मिश्रण से प्लास्टर कर दिया जाता है। इस मिश्रण को टैराज़ू (Terrazzo) मिश्रण कहते हैं। टैराज़ू सांचा ढला पत्थर का ही उदाहरण है।

1·17. पत्थर की घड़ाई (Dressing of Stone)

खदानों से निकले पत्थर टेड़े मेढ़े होते हैं और चिनाई कार्यों में इन्हें ऐसे का ऐसा काम नहीं लिया जा सकता। चिनाई में काम लेने से पहले पत्थरों की घड़ाई करना आवश्यक होता है। खदानों से उखाड़े पत्थरों की मोटी-मोटी घड़ाई वहीं कर दी जाती है। मोटी घड़ाई में भाटों में अनावश्यक बाहर निकले हुए कोने इत्याद हथौड़े से झाड़ दिए जाते हैं।

खदानों में ही मोटी घड़ाई कर देने के दो लाभ होते हैं। पहला लाभ यह है कि शैल-समूह से जब पत्थर उखाड़ा जाता है तो इसमें नमी होती है तथा पत्थर नर्म होता है और इसलिए इसकी घड़ाई आसान होती है। दूसरा यह है कि खदानों में ही पत्थरों के अनावश्यक कोने झाड़ देने से पत्थर हल्के हो जाते हैं जिससे इनको ढोने में सुविधा रहती है। ताजे उखाड़े गए पत्थरों में जो नमी होती है उसे क्वैरी सैप ((Quarry Sap) कहते हैं।

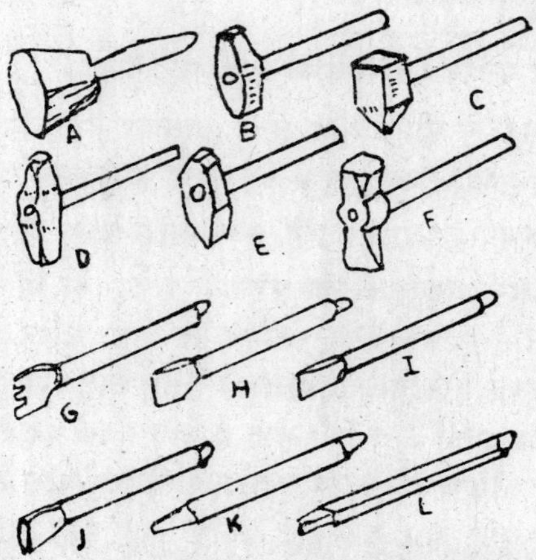

HAMMERS AND CHISELS FOR DRESSING THE STONES

चित्र 1·9

पत्थर की घड़ाई हस्त-औजारों अथवा मशीनों से की जाती है।

पत्थर की घड़ाई का स्तर पत्थर के गुण, कारीगर की कुशलता तथा पत्थर के उपयोग पर निर्भर करता है। पत्थर की घड़ाइयाँ नीचे दी गई क़िस्म की हो सकती हैं।

1. **कच्ची घड़ाई** (Scabbling)—इस गढ़ाई में पत्थर के टुकड़ों के विषम कोने झाड़कर पत्थर को कुछ चौकोर शक्ल में लाया जाता है। यह गढ़ाई खदान पर ही की जाती है।

2. **हथौड़ा घड़ाई** (Hammer Dressing)—इस घड़ाई में हथौड़े का उपयोग करके पत्थर को चौकोर शक्ल में लाया जाता है। गढ़ाई की हुई सतह खुरदरी ही रहती है क्योंकि इस पर छोटे-छोटे पत्थर के टुकड़े बाहर बढ़े हुए रह जाते हैं। यह गढ़ाई भी एक तरह से कच्ची गढ़ाई या मोटी घड़ाई कही जा सकती है। यह घड़ाई चिनाई करते समय की जाती है।

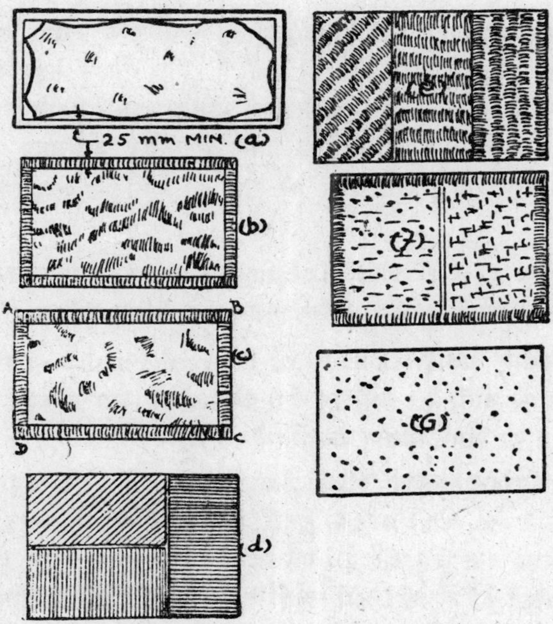

चित्र 1·10. विभिन्न तरह की घड़ाइयाँ

3. **बोस्टेड या ड्रोव घड़ाई** (Boasted or Droved Finish)—इस घड़ाई में लगभग 6 cm चौड़े मुंह वाली विशेष छैनी काम में ली जाती है जिसे बोस्टर छैनी कहते हैं। इस गढ़ाई की सतह पर छैनी द्वारा बने निशान जो क्षैतिज व नत हो सकते हैं, बने रहते हैं। छैनी के निशान एक ही पत्थर की सतह पर अलग-अलग ढंग में हो सकते हैं।

4. **टूल्ड घड़ाई** (Tooled Dressing or Finishing)—यह घड़ाई बोस्टेड या ड्रोव घड़ाई की भाँति होती है। इस घड़ाई में काम ली गई छैनी का मुँह कम चौड़ा होता है। इस घड़ाई में छैनी के निशान पत्थर की पूरी सतह पर एक ही ढग के होते हैं।

5. **नालिकाफार घड़ाई** (Furrowed Finish)—इस घड़ाई में पत्थर के चारों किनारों पर लगभग 3 cm. चौड़ाई में छैनी से एकसार घड़ाई की होती है। इसके बाद पत्थर के चारों कोनों को मिलाते हुए विकर्णी घड़ाई छैनी से की जाती है। विकर्णी घड़ाई की चौड़ाई लगभग 2 cm. होती है। पत्थर की बाकी बची सतह पर मोटी घड़ाई की हुई हो सकती है।

6. **छैनी ड्राफ्टेड घड़ाई** (Chisel Drafted Dressing)—इस घड़ाई में पत्थर के चारों किनारो पर समतल या ढालदार किनारी छैनी से बना दी जाती है। पत्थर की बाकी बची सतह पर बोस्टड या टूल्ड घड़ाई की हुई हो सकती है।

7. **पच्ड़ घड़ाई** (Punched Dressing)—पत्थर के चारों तरफ छैनी की मदद से 2 cm. चौड़ी किनारी बना दी जाती है। बीच वाली सतह की पहले छैनी से घड़ाई की जाती है, लेकिन बाद में सतह को अधिक अच्छा बनाने के लिए पंच का प्रयोग किया जाता है। पंच या सुम्बे के प्रयोग से पत्थर की सतह पर छोटे-छोटे निशान बना दिए जाते हैं जो पत्थर की सतह को अतिरिक्त सुन्दरता प्रदान करते हैं।

8. **पिच्ड घड़ाई** (Pitched Dressing)—यह घड़ाई पंच्ड घड़ाई की भाँति होती है, अन्तर केवल इतना होता है कि इसमें पंच के निशान अधिक बारीक होते हैं।

9. **निकाई घड़ाई** (Combed or Dragged Finish)—इसमें घड़ाई एक विशेष छैनी से की जाती है। कंघीदार छैनी को पत्थर में जरा ठोककर घसीटा जाता है जिससे पत्थर पर विषम निशान बन जाते हैं।

10. **जालदार घड़ाई** (Reticulated Finish)—इस घड़ाई में पत्थर के चारो तरफ 2 cm. चौड़ी समतल किनारी बनाकर बीच वाली जगह में विषम रूप में छोटे-छोटे गड्डे बना दिए जाते हैं। यह गड्डे करीब $\frac{1}{2}$ cm. गहरे होते हैं। सतह की सुन्दरता बढ़ाने के लिए छोटे-छोटे गड्ढों मे सुम्बे से छोटे-छोटे निशान भी बना दिए जाते हैं।

11. **कृमिवत घड़ाई** (Virmiculated Finish)—इस घड़ाई में भी जालदार घड़ाई की भाँति छोटे-छोटे गड्ढे बनाए जाते हैं। लेकिन इस घड़ाई में भी इन गड्ढों को और अधिक घुमाकर बनाया जाता है।

12. **मोल्डेड घड़ाई** (Moulded Finish)—पत्थर की सतह की सुन्दरता बढ़ाने के लिए, सतह पर कई तरह की कशादाकारी की जा सकती है।

13. **रगड़ घड़ाई** (Rubbed Finish)—पत्थर की सतह चमकदार बनाने के लिए, इसकी सतह की रगड़ाई की जाती है। एक पत्थर के टुकड़े को दूसरे पत्थर के साथ रगड़ा जाता है, जिससे पत्थर की सतह साफ व चिकनी हो जाती है।

14. **सतह को पॉलिश करना** (Polished Surface)—ग्रेनाइट, चूना पत्थर संगमरमर इत्यादि पत्थरों पर जिन पर पॉलिश की जा सकती है, पत्थर की सुन्दरता बढ़ाने के लिए पॉलिश की जाती है। इसमें सबसे पहले, रगड़ाई से पत्थर को एकसार कर दिया जाता है और इसके बाद रबर पैड, रेत, पानी, पूटी पाउडर इत्यादि का उपयोग कर इस पर पॉलिश चढ़ाई जाती है।

1·18. पत्थरों के परीक्षण (Testing of Stones)

निर्माण कार्य के लिए पत्थर की उपयोगिता जानने के लिए नीचे दिए कुछ परीक्षण किए जाते हैं।

1. **अवभंजन परीक्षण** (Crushing Test)—40 mm भुजा का आयताकार पत्थर लिया जाता है और इसका संपीडन में परीक्षण किया जाता है। इस परीक्षण स हमें पत्थर की चरम क्षमता का आभास हो जाता है तथा हम यह निश्चित कर सकते हैं कि यह पत्थर किसी निश्चित निर्माण में काम लिया जा सकता है या नहीं। बहुत ऊँची चिमनियों इत्यादि के निचले भाग में काम लिए जाने वाले पत्थर के लिए यह परीक्षण किया जाना बहुत आवश्यक है।

2. **पानी सोखने का परीक्षण**—इसमें एक पत्थर का ब्लॉक लेकर उसे तोल लिया जाता है। यह ब्लॉक फिर 16 घंटे के लिए पानी में डुबा कर रखा जाता है तथा इसे फिर तोल लिया जाता है। इससे पत्थर की पानी सोखने की क्षमता ज्ञात हो जाती है। जो पत्थर अधिक पानी सोखता है, वह उतना ही कमजोर होता है तथा बाहरी प्रभावों को रोकने के प्रति उतना ही कम प्रभावी होता है।

3. **मणिभीकरण परीक्षण** (Crystallization Test)—यह परीक्षण यह जानने के लिए किया जाता है कि क्या पत्थर के कण आपस में अच्छी तरह बंधे हुए हैं, क्योंकि इसी गुण के आधार पर पत्थर बाहरी प्रभावों को अच्छी तरह रोक सकता है। वाहरी प्रभावों से पत्थर के विच्छेदन का मुख्य कारण पत्थर के सरन्ध्र स्थानों में $CaSO_4$ का मणिभिकरण (Crystallization) है। 40mm. भुजा वाला एक आयत बनाया जाता है और इसे तोल लिया जाता है। इस पत्थर को 14% Sodium Sulphate के घोल में 20°C पर दो घण्टे के लिए रक्खा जाता है और बाहर निकालकर 100°C पर इसे सुखाया जाता है। आयताकार पत्थर फिर तोला जाता है। यही क्रिया 10-15 बार दोहराई जाती है। प्रत्येक बार भार तोलने से ज्ञात होता रहता है किस दर से विच्छेदन हो रहा है। जिस पत्थर के भार में कोई विशेष अन्तर नहीं आता है, वह पत्थर सबसे अच्छा समझा जाता है।

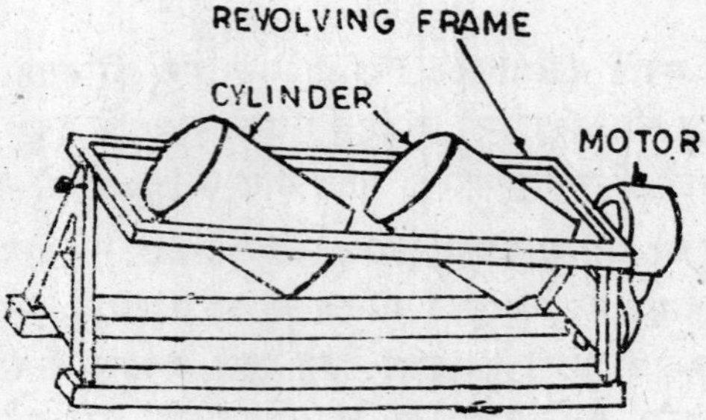

चित्र 1·11.

4. **अभिलाग परीक्षण** (Attrition Test)—रेलवे बालास्ट, सड़क की रोड़ी इत्यादि में काम आने वाले पत्थरों के लिए यह परीक्षण महत्त्वपूर्ण माना जाता है। इस परीक्षण के लिए चित्र 1·11. में दर्शाई attrition testing मशीन का उपभोग किया जाता है। इस मशीन में क्षैतिज के साथ लगभग 30° की अक्ष पर दो खोखले सिलिन्डर लगे होते हैं। खोखले सिलिन्डर 200mm. व्यास में तथा 340 mm. लम्बे होते हैं। दोनों सिलिन्डर एक फ्रेम में इस तरह लगे होते हैं कि फ्रेम सहित इन्हें 30 RPM दर से घुमाया जा सकता है।

लगभग 60 mm. नाप के पत्थर के टुकड़े लगभग 5 kg. भार में लो। इन पत्थरों को खोखले सिलिन्डर में डालकर मशीन को 30 RPM. की दर से लगभग 5 घंटे तक घुमाओं। पत्थरों के नमूने को मशीन में डालने से पहले तोल लिया जाता है तथा 5 घंटे तक घूमाने के बाद नमूने को 1·5 mm. छानने पर से छाना जाता है तथा छानने पर बचे हुए नमूने को तोला जाता है। प्रतिशत में रगड़ के कारण घीसाव निम्नानुसार ज्ञात किया जाता है।

$$\text{प्रतिशत में घिसाव} = \left(\frac{\text{नमूने के भार में हुई कमी}}{\text{नमूने का मूल भार}} \right) 100$$

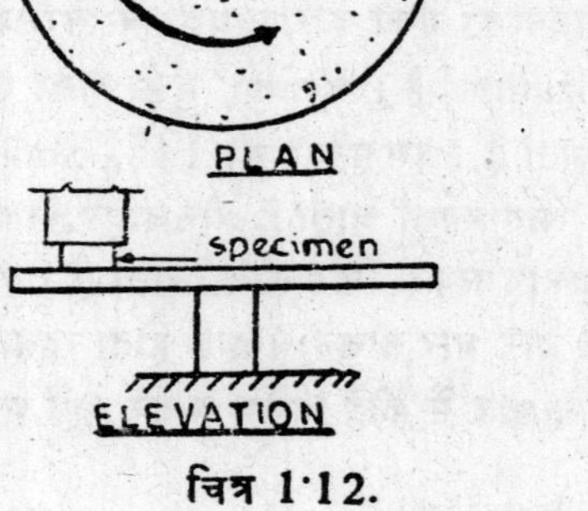

चित्र 1·12.

5. **अम्ल परीक्षण** (Acid Test)—औद्योगिक शहरों का वायुमण्डल हमेशा दूषित होता है। ऐसे शहरों के वायुमण्डल की प्रवृत्ति हमेशा अम्लीय होती है। इसलिए शहरों के निर्माण कार्यों में काम लिया जाने वाला पत्थर ऐसा होना चाहिए जो वायुमण्डल की अम्लीय प्रवृत्ति को सहन कर सके। गंधक के तेजाब और HCl तेजाब के लगभग 1% घोल में पत्थर को कुछ दिनों तक डुबोए रक्खा जाता है। घोल समय समय पर हिलाते रहना चाहिए। यदि पत्थर के किनारे व कोने घोल में डालने से पहले जितने तीखे थे वैसे ही तीखे बने रहते हैं तो यह पत्थर ऐसी परिस्थिति में बहुत अच्छा होगा। यदि पत्थर के किनारे व कोने गोल हो गए हैं तो इसका अभिप्राय यह होता है कि पत्थर में $CaCO_3$ है जिसकी वजह से यह पत्थर ऐसी परिस्थिति में किसी काम का नहीं है।

6. **आग के प्रति परीक्षण** (Fire Test)—जब किसी भवन में आग लगी होती है तो पत्थर में कई ऐसे तत्त्व होने के कारण, जिनका लम्ब प्रसार गुणांक भिन्न होता है, पत्थर में कई तरह के आंतरिक प्रतिबल उत्पन्न हो जाते हैं। यह प्रतिबल और भी अधिक भयानक हो जाते हैं, जब आग बुझाने के लिए पत्थर पर पानी डाला जाता है। इससे कई बार पत्थरों में दरारें पड़ जाती हैं और भवन गिर जाते हैं।

पत्थर का आग के प्रति प्रतिरोध वास्तव में आग से परीक्षण करके ज्ञात किया जा सकता है। यदि आग से पत्थर में दरारें फट जाती हैं तो यह पत्थर महत्त्वपूर्ण भवनों के निर्माण में काम नहीं लेना चाहिए।

7. **कठोरता परीक्षण** (Hardness Test)—इस परीक्षण में पत्थर की कठोरता ज्ञात की जाती है। इसमें चाकू की नोक से पत्थर को कुरेदा (Scratch) जाता है। जिस पत्थर पर चाकू निशान बना सकता है, उसे नर्म पत्थर माना जाता है। जब पत्थर का उपयोग सड़क या फर्श बनाने में करना हो तो यह परीक्षण किया जाता है। पत्थर की कठोरता के परीक्षण के लिए Darry's मशीन का उपयोग किया जाता है। इस मशीन में एक गोल प्लेट होती है, जिसे 28 RPM. दर से घुमाया जाता है। 25 mm. व्यास का 25 mm. ऊँचाई का बेलनाकार एक पत्थर का नमूना तैयार किया जाता है। इस नमूने को मशीन की प्लेट पर रखकर 1250 gm. दाब से दबाया जाता है तथा प्लेट को 28 RPM. दर से घुमाया जाता है। प्लेट के घूमने के दौरान प्लेट पर मोटी बालू छिड़की जाती है। प्लेट के हजार घुमाव हो जाने के बाद नमूने को फिर तोला जाता है। नमूने को प्लेट पर रखने से पहले भी तोला हुआ होता है। घुमाव के दौरान नमूने के भार में हुई कमी ज्ञात करो। पत्थर का कठोरता गुणांक निम्न सूत्र से ज्ञात किया जाता है। चित्र 1·12 देखें।

$$\text{कठोरता गुणांक} = 20 - \frac{\text{ग्राम में नमूने के भार में हुई कमी}}{3}$$

8. **वातावरणीय परीक्षण** (Weathering Test)—यह परीक्षण 60 mm.

वाले घनों या 60 mm. व्यास तथा 75 mm. लम्बे बेलन पर किया जाता है। नमूने को 105°C पर 24 घण्टे तकगर्म किया जाता है तथा तोला जाता है। मान लो यह भार W है। इसके बाद नमूने को 20 से 30°C पर डेसीकेटर में 24 घंटे तक ठंडा किया जाता है और फिर तोला जाता है। मान लो यह भार W_2 है।

इसके बाद पत्थर के नमूने का जिप्सम घोल में 105°C तक गर्म किया जाता है ताकि सम्पूण पानी भाप बनकर उड़ जाए। इसी क्रिया को 29 बार दोहराया जाता है। प्रत्येक बार ताजा पानी लिया जाता है तथा भार तोला जाता है। माना औसत भार W_3 है।

अब सादा पानी में 24 घण्टे तक नमूना रखे। मान लो पानी में रखने से पूर्व तथा बाद में भार क्रमशः W_4 तथा W_5 है।

24 घण्टे में पानी सोखने का प्रतिशत $P_1 = \frac{100(W_2 - W_1)}{W_1}\%$

पत्थरों का आयतन $V_1 = \frac{W_3 - W_2}{D}$

यहाँ D पत्थर का अपेक्षित घनत्व है।

30 बार पानी में डुबोने पर प्रतिशत में सोखा पानी P_2

$$P_2 = \frac{100(W_4 - W_1)}{W_1}\%$$

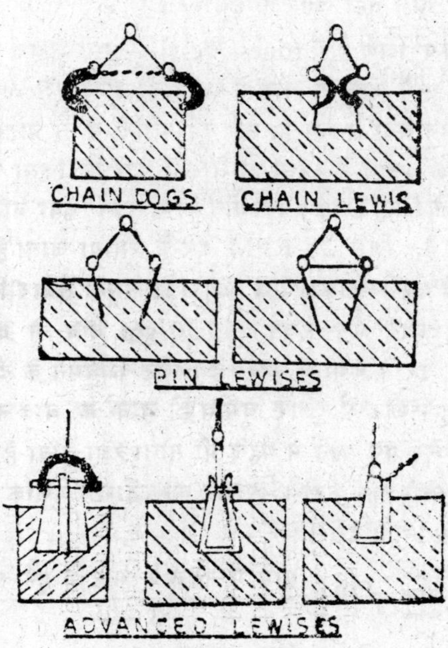

चित्र 1·13

$$V_2 = \frac{W_4 - W_5}{D}$$

$$\text{पानी सोखने की प्रतिशत में वृद्धि} = \frac{(P_2 - P_1)100}{P_1}\%$$

$$\text{आयतन में वृद्धि} \quad \left(\frac{V_2 - V_1}{V_1}\right) \times 100\%$$

9. **पानी जमने के प्रति परीक्षण** (Freezing Test)—पत्थर की कोहरे के प्रति प्रतिरोध क्षमता ज्ञात करने के लिए यह परीक्षण किया जाता है। पत्थर का नमूना लगभग 24 घण्टे तक,—12°C के जमने वाले पानी में रक्खा जाता है। नमूना निकाल कर इसे छाया में सामान्य तापमान पर रक्खा जाता है। पत्थर की सतह पर होने वाले दिख रहे परिवर्तनों का ध्यानपूर्वक अध्ययन किया जाता है। जो पत्थर अधिक परिवर्तन प्रदर्शित नहीं करते हैं, वह अच्छे व स्थाई किस्म के पत्थर माने जाते हैं।

प्रश्नावली

1. पत्थर एक बहुत महत्त्वपूर्ण निर्माण सामग्री है। इस तथ्य पर अपने विचार लिखो।
2. शैलों का भू-विज्ञानिक वर्गीकरण लिखो। इन शैलों की निर्माण पद्धति लिखो।
3. शैलों के मुख्य वर्गीकरण क्या-क्या हो सकते हैं ? पत्थर के मुख्य तत्त्व लिखो।
4. एक अच्छे पत्थर की आवश्यकताएँ लिखो। राजस्थान, उत्तर प्रदेश, बिहार, मध्य प्रदेश में कौन-कौन से पत्थर उपलब्ध हैं ?
5. क्वायरी में से पत्थर निकालने की विभिन्न विधियाँ लिखो।
6. विस्फोट द्वारा पत्थर निकालने की विधि का विस्तारपूर्वक वर्णन करो।
7. विभिन्न विस्फोटक पदार्थ जिनका पत्थर निकालने में उपयोग किया जाता है, के गुण व उपयोग में लाने की विधि लिखो।
8. पत्थर के प्राकृतिक नितल से आप क्या समझते हैं ? चित्र बनाकर दर्शित करो कि दीवार, डाट और कॉरनिस में पत्थर कैसे लगाने चाहिए ?
9. पत्थर की घड़ाई का क्या महत्त्व है ? घड़ाई की विभिन्न किस्में चित्र बनाकर दर्शित करो।
10. निम्नलिखित पर नोट लिखो :
    (a) क्वायरी सैप (Quarry Sap)
    (b) कृत्रिम पत्थर (Artificial Stone)
    (c) पत्थर की घड़ाई (Stone Dressing)
    (d) Line of least Resistance.

2
ईंटें
[BRICKS]

2. 1. परिचय

हालाँकि भारत में विभिन्न तरह का पत्थर बहुत जगह मिलता है फिर भी बहुत बड़ा क्षेत्र ऐसा रह जाता है जहाँ पत्थर उपलब्ध नहीं है। ऐसी जगहों में ईंट ही एक मात्र विकल्प है। ईंट एक ऐसा पदार्थ है जो चिकनी मिट्टी, रेत, सिलिका, चूना तथा पानी के सम्मिश्रण को उचित साँचों में ढालकर बनाया जाता है तथा सुखाकर आग में पकाया जाता है। ईंटें कहीं भी स्थानीय रूप से बनाई जा सकती हैं। लेकिन पत्थर हर जगह स्थानीय रूप से उपलब्ध नहीं होता है। बहुत भारी होने के कारण पत्थर की ढुलाई बहुत महँगी होती है, अतः पत्थर का उपयोग वहीं अधिकतर होता है जहाँ यह स्थानीय रूप से उपलब्ध हो। पत्थर की खदानों से दूर-दराज क्षेत्रों में जहाँ पत्थर नहीं जा सकता, सभी निर्माण कार्यों में ईंटें काम में ली जाती हैं। ईंटें, पत्थर जितनी मजबूत नहीं होता है, लेकिन इसके कुछ ऐसे गुण हैं जिनसे यह पत्थर से भी अधिक महत्त्वपूर्ण निर्माण पदार्थ बन गया है। पत्थर तथा ईंटों की निर्माण सामग्री के रूप में तुलना नीचे दी हुई है।

पत्थर तथा ईंटों के गुणों की तुलना (Comparison)

पत्थर	ईंट
1. यह एक प्राकृतिक पदार्थ है।	1. यह चिकनी मिट्टी, रेत और पानी के सम्मिश्रण से बनाया जाता है।
2. यह भारी पदार्थ है।	2. यह पत्थर से हल्की होती है।
3. पत्थर की घड़ाई करने तथा निश्चित माप में लाना बड़ा महँगा काम है।	3. इसे किसी भी माप व शक्ल में साँचे में आसानी से ढाला जा सकता है।
4. पहाड़ी इलाकों को छोड़ यह महँगा रहता है।	4. पहाड़ी इलाकों को छोड़ यह आसानी से स्थानीय रूप में बनाई जा सकती है, अतः सस्ती रहती है।
5. यह कम सान्ध्र होता है, अतः जलधारी कार्यों में अच्छा रहता है।	5. यह अधिक सारंध्र है, अतः जलधारी संरचनाओं में काम लेते समय इसका उपचार करना होता है।
6. यह वायुमण्डलीय प्रभाव के प्रति काफी सुरक्षित है।	6. आम परिस्थितियों में यह भी सुरक्षित है, लेकिन इन पर प्लास्टर या टीप करके इसे और अधिक सुरक्षित बनाया जा सकता है।
7. मजबूत होने के कारण इसे ऐसी जगह काम लिया जा सकता है जहाँ इस पर बहुत भारी दबाव आ रहा हो।	7. आम भारों के लिए यह सुरक्षित होती है।
8. शिल्पी प्रभाव उत्पन्न करने के लिए पत्थर पर घड़ाई बहुत महँगी होती है।	8. जैसा भी शिल्पी प्रभाव उत्पन्न करना चाहें साँचे की मदद से बड़ी आसानी से उत्पन्न किया जा सकता है।

2·2. ईंटों का वर्गीकरण (Classification)

ईंटों को दो भागों में वर्गीकृत किया जा सकता है :

1. कच्ची ईंट (Kutcha or Sundried or Unburnt bricks)
2. पक्की ईंट (Pucca Bricks or Burnt Bricks)

कच्ची ईंटों का स्थाई निर्माण कार्यों में कोई स्थान नहीं है, अतः इनका उपयोग केवल अस्थाई कार्यों में होता है।

पक्की ईंटों को इनकी पकाई, शक्ल व सामर्थ्यता अनुसार आगे फिर चार तरह की ईंटों में वर्गीकृत किया जाता है।

1. प्रथम श्रेणी की ईंटें (First Class Bricks)
2. द्वितीय श्रेणी की ईंटें (Second Class Bricks)
3. तीसरी श्रेणी की ईंटें (Third Class Bricks)
4. अति जली हुई ईंटें या झामा ईंटें (Overburnt or Jhama Bricks)

1. प्रथम श्रेणी की ईंटें (First Class Bricks)—इस श्रेणी की ईंट में निम्नलिखित गुण होने चाहिए :

(i) ईंट का माप 190 × 90 × 90 mm. होना चाहिए।

(ii) ईंटें अच्छी किस्म की मिट्टी से बनी होनी चाहिए। मिट्टी क्षारीय नहीं होनी चाहिए तथा मिट्टी में छोटे-छोटे भाटे वगैरह नहीं होने चाहिए।

(iii) ईंटें अच्छी तरह पकी हुई होनी चाहिए तथा इनका रंग एकसार लाल या पीला होना चाहिए।

(iv) इनकी शक्ल नियमित तथा चौकोर होनी चाहिए और इनके किनारे व कोने तीखे होने चाहिए।

(v) इनकी संरचना एकसार (Homageneous Texture) होनी चाहिए।

(vi) यदि दो ईंटों को आपस में टकराया जाय यो Ringing Sound उत्पन्न होनी चाहिए।

(vii) ईंटों में पत्थर के छोटे-छोटे भाटे वगैरह नहीं होने चाहिए तथा ईंटें फटी हुई नहीं होनी चाहिए।

(viii) 24 घण्टे पानी में डुबोये रखने पर इन ईंटों को अपने भार का 20% से अधिक पानी नहीं सोखना चाहिए।

(ix) प्रथम श्रेणी की ईंट की Crushing Strength 10·5 N/mm^2 से कम नहीं होनी चाहिए।

(x) पानी में भिगोने पर तथा फिर सुखाने पर ईंट में प्रस्फुटन (Efflorescence) नहीं होना चाहिए।

2. द्वितीय श्रेणी की ईंटें (Second Class Bricks)—इस श्रेणी की ईंटों में निम्नलिखित गुण होने चाहिएँ :

(i) प्रथम श्रेणी की भाँति यह ईंटें भी अच्छी तरह पकी हुई होनी चाहिए। आवश्यकता से थोड़ी अति-पकी हुई हो सकती हैं।

(ii) दो ईंटों को आपस में टकराने पर Ringing Sound उत्पन्न होनी चाहिए।

(iii) इनके नाप, शक्ल तथा रंग में मामूली विषमताएँ हो सकती हैं, लेकिन यह विषमताएँ ऐसी नहीं होनी चाहिएँ कि निर्माण कार्यों में ईंट का काम लेना असंभव हो।

(iv) इनकी बनावट (Texture) भी एकसार होनी चाहिए। ईंटों में बहुत कम मात्रा में छोटे-छोटे पत्थर के भाटे वगैरह हो सकते हैं, लेकिन चूना पत्थर और कंकट नोडूलज से यह बिल्कुल मुक्त होनी चाहिए।

(v) इनकी Crushing Strength 7 N/mm^2 से कम नहीं होनी चाहिए।

(vi) सूखी या गीली ईंट में प्रस्फुटन (Efflorescence) क्रिया तीव्र नहीं होनी चाहिए।

(vii) 24 घण्टे पानी में डुबोए रखने पर इसे अपने भार का 22% से अधिक पानी नहीं सोखना चाहिए।

3. **तीसरी श्रेणी की ईंटें** (Third Class Bricks)

(i) यह ईंटें अच्छी पकी हुई नहीं होती है। यह ईंटें न्यून या अति पकी हुई होती हैं।

(ii) इनके माप, शकल इत्यादि नियमित नहीं होते हैं। लेकिन यह अनियमितता इतनी अधिक नहीं होनी चाहिए कि इनसे समान मोटाई के चिनाई रद्दे न बनाए जा सकते हों।

(iii) 24 घण्टे पानी में डूबने पर इसे अपने भार का 25% से अधिक पानी नहीं सोखना चाहिए।

(iv) दो ईंटों को टकराने पर मंद आवाज (Dull Sound) उत्पन्न होती हैं।

(v) इनका रंग हल्का होता है और इनमें प्रस्फुटन क्रिया काफी तीव्र हो सकती है।

(vi) इनका गठन (Texture) एकसार नहीं होता है तथा इनमें पत्थर के टुकड़े इत्यादि काफी हो सकते हैं।

इन ईंटों का महत्त्वपूर्ण और स्थाई निर्माण कार्यों में उपयोग नहीं किया जाता है। केवल अस्थाई निर्माण कार्य इनसे किये जाते हैं।

4. **झामा ईंटें** (Jhama Bricks)—यह अति पकी हुई खंगरीली ईंटें (Vitrified Bricks) होती हैं। इनकी शक्ल अनियमित होती है और निर्माण कार्य से काम आने लायक नहीं होती हैं। इन ईंटों को तोड़कर बालास्ट बनाया जा सकता है

और सड़क निर्माण तथा नींवों में कंक्रीट में काम लिया जा सकता है । झामा ईंटें गौण सड़कों के सोल के रूप में भी काम ली जा सकती हैं ।

पिल्ला ईंटें (Pilla Bricks)—कम पकी हुई ईंट को पिल्ला ईंट कहते हैं । यह अर्ध पकी होती हैं तथा पीले रंग में होती हैं। इन ईंटों की सामर्थ्यता लगभग नहीं के बराबर होती है । इन ईंटों को पीसकर सुर्खी बनाई जा सकती हैं।

I.S. 1077—1957 अनुसार जब ईंटों को टैस्ट किया जाता है तो आम ईंट की कम-से-कम संपीडन क्षमता 35kg/cm^2 (3·5 N/mm^2) होनी चाहिए। जिन ईंटों की सामर्थ्यता इससे अधिक होती है, उन्हें दो ग्रेडों में विभाजित किया जाता है ।

(i) जिन ईंटों की संपीडन क्षमता 140 kg/cm^2 (14N/mm^2) से कम नहीं होती है, उन्हें Grade A ईंटें कहते हैं ।

(ii) जिन ईंटों की संपीडन क्षमता 130 kg/cm^2 (14 N/mm^2) से अधिक होती है, उसे Grade AA ईंटें कहते हैं ।

2·3· I.S. अनुसार ईंटों का वर्गीकरण (I.S. 1077-1957)

ISI ने ईंटों का वर्गीकरण तीन किस्म की ईंटों के रूप में किया है । भारी काम में ली जाने वाली ईंटों को Heavy Duty ईंटें कहते हैं और इनको H से अंकित किया जाता है । भवन के सामने लगने वाली ईंटों को F (Front or Face Work) से तथा घटिया ईंटों को L (Low) से प्रदर्शित किया जाता है । सारणी 2·1 देखें ।

सारणी 2·1

भारतीय मानक अनुसार ईंटों का वर्गीकरण (I.S. 1077-1957)

ईंट का वर्ग	kg/cm^2 में संपीडन सामर्थ्य	24 घंटों में सोखा गया पानी % में	प्रस्फुटन	आकार एवं गुण
H_I	440	5	नहीं	दो ईंटों को टकराने पर धातुई (Metalic) आवाज उत्पन्न होती है । यह चिकनी तेज कोने वाली तथा आयताकार होती है ।
H_{II}	440	5	नहीं	आकार में थोड़ा विरूपण, किनारे व फलक कुछ वक्र हो सकते हैं। दो ईंटों को टकराने पर खनक की आवाज होती है ।

(contd.)

F_I	175	13	बहुत कम	कोने तेज, चिकनी, आयताकार, दो आपस में ईंटें टकराने पर खनक की आवाज होती है।
F_{II}	175	12	कम	आकार में थोड़ा विरूपण, किनारे व फलक में थोड़ी खराबी। दो ईंटों के टकराने पर खनक की आवाज होती है।
I	70	20	बहुत कम	तेज कोने, आयताकार, चिकनी, खनक की आवाज टकराने पर।
II	70	20	कम	आकार में कुछ विरूपण, पार्श्व व किनारे में थोड़ा विरूपण, ईंटों को आपस में टकराने पर खनक की आवाज हो भी सकती है तथा नहीं भी।
L_I	35 $3{\cdot}5 N/mm^2$	25	बहुत कम	तेज कोने, आयताकार, दो ईंटों को टकराने पर खनक की आवाज हो भी सकती है तथा नहीं भी।
L_{II}	35 $3{\cdot}5 N/mm^2$	25	कम	आकार में थोड़ा विरूपण तथा दो ईंटों को टकराने पर खनक की आवाज हो भी सकती है और नहीं भी।

सारणी 2·1 में दी गई H_I तथा H_{II} ईंटें प्रथम श्रेणी की, F_I, F_{II} द्वितीय श्रेणी की तथा L_I और L_{II} तृतीय श्रेणी की ईंटें कही जा सकती हैं।

I.S. 1077-1976 अनुसार सामान्य पकी हुए चिकनी मिट्टी की ईंटों का वर्गीकरण ईंटों की औसत संपीडत सामर्थ्य अनुसार किया जाता है।

सारणी 2·2

सामान्य पकी हुई चिकनी मिट्टी की ईंटों का वर्गीकरण (I S. 1077-1976 अनुसार)

ईंटों की सामर्थ्य अनुसार वर्गीकरण	kg/cm² (N/mm²) में औसत संपीडन सामर्थ्य			
	से कम नहीं		से कम	
	kg/cm²	N/mm²	kg/cm²	N/mm²
350	350	35	400	40
300	300	30	350	35
250	250	25	300	30
200	200	20	250	25
175	175	17·5	200	20
150	150	15 0	175	17·5
125	125	12·5	150	15
100	100	10·0	125	12·5
75	75	7·5	100	10·0
50	50	5·0	75	7·5
35	35	3·5	50	5·0

प्रत्येक वर्गीकरण की ईंट को आगे A और B दो भागो मे बाँटा जाता है। यह वर्गीकरण ईंट के नापों की सत्यता (Tolerances) तथा शकल अनुसार होता है। A वर्ग की ईंटों के सभी फलक चिकने, किनारे तीखे तथा रंग एकसार होता है। B वर्ग की ईंटों के किनारे मामूली तिरछे हो सकते हैं लेकिन इतने तिरछे नहीं होते कि समान मोटाई का ईंट का रद्दा लगने में कोई कठिनाई हो। उदाहरण के लिए 200 वर्गीकरण वाली ईंटों का आगे वर्गीकरण 200A तथा 200B होता है।

2·4. ईंटों के नाप (Bricks Sizes)

IS अनुसार बिना गारे के ईंट का मानक नाप 190 × 90 × 90 mm

होता है और गारे सहित इनका माप 200 × 100 × 100 mm हो जाता है। मानक ईंट की न्यूनतम संपीडन क्षमता 35 kg/cm² (3·5 N/mm²) होनी चाहिए। कई प्रांतीय भवन निर्माण विभाग अपने अलग मापों की ईंटें काम में लेते हैं।

उत्तर प्रदेश में ईंट का नाप 240 × 114 × 70 mm है और एक घन मीटर चिनाई में लगभग 476 ईंटें लगती हैं।

पंजाब P.W.D. विभाग 230 × 108 × 70 mm ईंट का माप अपनाती है और एक घन मीटर चिनाई में लगभग 560 ईंटें काम आती हैं।

पंजाब का सिंचाई विभाग 230 × 110 × 70 mm ईंट का नाप अपनाता है और एक घन मीटर चिनाई में लगभग 560 ईंटें काम में आती हैं।

ईंटों के नाप व भार इस आधार पर निश्चित किए जाते हैं कि कारीगर पकी हुई ईंट को एक हाथ से उठाकर चिनाई में आसानी से काम ले सके। आमतौर पर ईंट की लम्बाई, चौड़ाई की दुगनी तथा एक जोड़ की मोटाई के योग के बराबर होनी चाहिए। निर्माण कार्यों में काम आने वाली ईंट यदि 1·5 m से 2 m ऊँचाई से, पक्के फर्श पर गिराई जाए तो टूटनी नहीं चाहिए।

2·5. ईंट बनाने वाली मिट्टी (Brick Making Soil)

ईंटें शेल (Shale) या मृतिका मिट्टियों से बनाई जाती हैं। शेल या मृतिका मिट्टियाँ भारत के प्रायः सभी भागों में बहुत मिलती हैं और खास तौर पर मैदानी इलाकों में यह बहुत पाई जाती है। ईंटें बनाने के लिए कच्चे माल के रूप में अवशिष्ट (Residual), हिमानी (Glacial), और अवसादी (Sedimentary) मृतिकायें बहुत अच्छी होती हैं। ईंटें बनाने वाली मिट्टी के मुख्य घटक निम्नलिखित होते हैं :

(i) **कियोलीन** (Kaoline)—आग्नेय शैल का मुख्य घटक फैलस्पार होता है जो शैल का लगभग 60% होता है। फैलस्पार की कई किस्मों में से औरथोक्लैक्श (Orthoclase) नामक फैलस्पार ($K_2O.Al_2O_3.6SiO_2$) कियोलीन उत्पादन के लिए सबसे अधिक उत्तरदायी होता है। जब आग्नेय शैलों का, वायुमण्डलीय प्रभावों तथा पानी के कारण रासायनिक अपक्षयण होता है तो औरथोक्लैश (Orthoclase) फैलस्पार विघटित होता है जिससे क्योलीनाइट (Kaolinite) नामक पदार्थ उत्पन्न होता है। पानी की मदद से जब यह पदार्थ जम जाता है तो इसे कियोलीन (Kaolin) कहते है।

(ii) **चूना और मैग्नेशिया** (Lime and Magnesih)—आग्नेय शैल के विच्छेदन से हॉर्नब्लैंड (Hornblende), पाईरोकसीन (Pyroxene) और चूना फैलस्पार (Lime Felspar) नामक कैल्शियम और मैग्नेशियम के सिलिकेट प्राप्त होते हैं। मृतिका मिट्टी में चूना-मैग्नेशिया इसी क्रिया से प्राप्त होता है।

(iii) **लोहा** (Iron)—पत्थर में उपस्थित खनिजों के विच्छेदन से प्राप्त मृतिका मिट्टी में लोहे के ऑक्साइड उपस्थित होते हैं।

(iv) **असंयुक्त सिलिका या रेत** (Uncombined Silica or Free Sand)—रेत सिलिकेट के रूप में मिलती है। जब रेत स्वतन्त्र रूप में मिलती है तो इसे फलिंट (Flint) या रेत कहते हैं। आग्नेय शैल में उपस्थित क्वारटज [SiO_2 (Quartz)] के विच्छेदन से Free Sand प्राप्त होती है। रेत के कणों के माप 0·05 mm से 1·00 mm तक हो सकते हैं। सिल्ट, मृतिका मिट्टी, और बारीक रेत का मिश्रण होता है।

(v) **दूसरे खनिज**—सोडियम, मैंगनीज, करोमियम इत्यादि खनिज भी मृतिका में उपस्थित होते हैं, लेकिन बहुत कम मात्रा में।

2·6. विभिन्न घटकों के कार्य (Functions of Various Constituents)

ईंटें बनाने वाली मिट्टी में उपस्थित विभिन्न घटकों के मुख्य कार्यों का वर्णन नीचे दिया हुआ है :

1. **कियोलीन या अलुमिना**—विभिन्न मृतिकाओं का मुख्य घटक कियोलीन है। इसमें जब पानी मिलाया जाता है तो वह प्लास्टिक हो जाता है और इसे सांचों की मदद से किसी भी शक्ल में ढाला जा सकता है। सूखने पर इसकी सुघट्यता समाप्त हो जाती है और यह बहुत कठोर हो जाता है। सूखने पर यह सिकुड़ता है तथा इसमें समावलन (Warping) होता है। कियोलीन की अधिक मात्रा से, ईंटों में दरारें भी फट सकती हैं। पकाने के लिए जब इसे आग में डाला जाता है तो इसके घटकों का गलन (Fusion) होता है जिससे यह कठोर, मजबूत और एकसार हो जाता है।

2. **सिलिका या रेत** (Silica or Sand)—यह Free Sand के रूप में या सिलिकेट के रूप में मिट्टी में हो सकता है। सिलिका बहुत ऊँचे तापक्रम तक भी नहीं गलता है, लेकिन अलुमिना और लोहे के ऑक्साईड की उपस्थिति के कारण काफी कम तापक्रम पर गल जाता है। Free Silica या रेत यदि बहुथ अधिक मात्रा में उपस्थित नहीं है तो इससे ईंट की शक्ल बनाए रखने तथा इसे ताप प्रतिरोधी बनाए रखने में मदद मिलती है। यह ईंटों को, समावलन, सिकुड़न व अनावश्यक कठोरता से भी बचाती है। बहुत अधिक मात्रा से ईंटें भंगुर (Brittle) हो जाती हैं।

3. **चूना** (Lime)—मिट्टी में यह बहुत बारीक स्थिति में होना चाहिए। जब बहुत कम मात्रा में उपस्थित होता है तो यह ईंटों की सिकुड़न कम करता है। यह सिलिका को बहुत कम तापक्रम पर गलाने में मदद करता है, जिससे विभिन्न घटकों के कणों को और अच्छी तरह बांधे रखने में मदद मिलती है। यदि अधिक मात्रा में उपस्थित हो तो पकाते समय ईंट पिघल जाती है तथा अपनी शक्ल खो देती है।

4. **लोहे का ऑक्साईड और मैग्नेशिया** (Oxide of Iron and Magnesia)—लोहे का ऑक्साईड फलक्स के रूप में काम करता है तथा सिलिका को बहुत कम

तापक्रम पर गलने के लिए बाध्य करता है। ईंट का रंग लोहे के ऑक्साईड पर बहुत निर्भर करता है—जितनी इसकी मात्रा अधिक होगी, ईंट का रंग उतना ही गहरा होगा। मैग्नेशिया तथा लोहे ने ऑक्साईड यदि दोनों ही मिट्टी में उपस्थित हो तो ईंट का रंग पीला होता है। मैग्नेशिया की अधिकता का ईंट पर दूषित प्रभाव होता है। लोहे के साथ यदि चूना मिला हुआ हो तो ईंट का रंग हल्का पीला भूरा हो जाता है। लोहा पाईराईट्स (Pyrites) के रूप में उपस्थित नहीं होना चाहिए।

2·7. ईंट बनाने वाली मिट्टी में हानिकारक घटक (Harmful Constituents)

1. **चूना** (Lime)—यह बहुत बारीक स्थिति में मिट्टी में होना चाहिए, भाटों के रूप में नहीं। चूना पत्थर में उपस्थित कैल्शियम कार्बोनेट ($CaCO_3$), जलने पर कैल्शियम ऑक्साईड (CaO) में परिवर्तित हो जाता है जो पानी के सम्पर्क में आने पर फूल जाता है, जिससे ईंट फूट जाती है।

2. **पत्थर या ग्रेवल के भाटे** (Pebbles of Stone and Gravel)—ईंट बनाने वाली मिट्टी में ग्रेवल या पत्थर के भाटे होने से मिट्टी के मिलाने में कठिनाई होती है तथा इस मिश्रण से बनी ईंटें कमजोर होती हैं। ऐसी ईंटें जहाँ चाहे वहाँ से काटी या तोड़ी नहीं जा सकती हैं। इसलिए सूखी मिट्टी में से ही पत्थर व ग्रेवल इत्यादि भाटे चुन देने चाहिए।

3. **क्षारीय तत्त्व** (Alkaline Salts)—क्षारीय तत्त्वों वाली मिट्टी ईंटें बनाने के लिए उचित नहीं होती है। क्षारीय तत्त्व फलक्स के रूप में काम करते हैं जिससे ईंटें पिघलकर समावलित हो जाती हैं। क्षारीय तत्त्वों वाली मिट्टी से बनी ईंटों में नमी सोखने की (Hygroscopic) प्रवृत्ति अधिक होती है, जिससे ईंट में प्रस्फुटन (Efflorescence) क्रिया होती है।

4. **लोहे का पाईराइट** (Iron Pyrites)—ईंटों में उपस्थित लोहे के पाईराईट का ऑक्सीकरण हो जाता है जिससे इनका मणिभीकरण (Crystallization) हो जाता है तथा ईंट टुकड़ों-टुकड़ों में फटकर नष्ट हो जाती है।

5. **मिट्टी में जैव पदार्थ व घास फूंस की उपस्थिति**—जैव पदार्थ तथा घास फूंस युक्त मिट्टी की ईंटों को यदि अच्छी तरह पकाया न गया हो तो बहुत सरंध्र ईंटें प्राप्त होती हैं। ईंटों में यह सरंध्रापन कार्बनमय (Carbonaceous) पदार्थों के जलने से उत्पन्न गैसों के कारण होती है जो जब बाहर निकलती है तो ईंटों में रिक्त स्थान छोड़ जाती हैं। यदि अच्छी ईंटें प्राप्त करनी हैं तो इन गैसों की पूर्ण निकासी ईंटों में से हो जानी चाहिए।

6. **रेह या कलर** (Reh or Kallar)—नमक और सोडियम कार्बोनेट युक्त सोडियम सल्फेट होते हैं। सोडियम सल्फेट की उपस्थिति में ईंटें अच्छी तरह पकाने में कठिनाई होती है। ईंटों के पकाने के बाद इन तत्त्वों का दोबारा मणिभीकरण

(Recrystallization) हो जाता है तथा ईंटों की बाहरी सतह पर सफेद धब्बों के रूप में दिखाई देता है। इसमें ईंट पर लगा प्लास्टर व ईंट खुद पतली-पतली परतों में विच्छेदित होकर नीचे गिरनी प्रारम्भ हो जाती है और अन्त में संरचना फेल हो जाती है। ताजे खुदे खड्डों का निरीक्षण करके तथा प्रस्फुटन के चिह्न देखकर मिट्टी में रेह या कलर (Reh or Kallar) की उपस्थिति ज्ञात की जा सकती है।

2·8. ईंट बनाने वाली मिट्टी में विभिन्न घटकों की मात्रा (Composition)

ईंट बनाने वाली मिट्टी में मृण्मय मिट्टी (Clay), सिल्ट और रेत की मात्रा निम्नानुसार हो सकती है।

मृण्मय मिट्टी (Clay)	20 से 35%
सिल्ट (Silt)	20 से 35%
रेत (Sand)	35 से 45%

यदि उपरोक्त रचना वाली मिट्टी उपलब्ध न हो तो जिस तत्त्व की मिट्टी में कमी हो वह बाहर से लाकर, मिला दी जाती है।

मिट्टी का रासायनिक संगठन निम्न हो सकता है :

1. सिलिका (SiO_2)	60% से कम नहीं
2. अलुमिना (Clay)	15% से कम नहीं
3. फैरिक ऑक्साईड (Fe_2O_3)	3% कम नहीं
4. चूना (CaO या $CaCO_3$) Lime	3% से कम नहीं
5. मैगनेशिया (MgO या $MgCO_3$)	3% से कम नहीं
6. क्षारीय तत्त्व (Alkalies, i. e. KO_2+Na_2O	4% से अधिक नहीं
7. दूसरे तत्त्व	8% से अधिक नहीं

ईंटें बनाने वाली एक अच्छी मिट्टी के भौतिक गुण निम्न होते हैं :

Liquid Limit	25 से 38%
Plasticity Index	7 से 13%
Shrinkage (सिकुड़न)	15 से 25%

2·9. ईंटें बनाना (Brick-making)

ईंटें बनाने में निम्नलिखित चार क्रियायें अपनानी होती हैं :

1. मिट्टी तैयार करना (Preparation of Clay)
2. साँचों से ईंटें बनाना (Moulding)
3. ईंटें सुखाना (Drying of Bricks)
4. ईंटें पकाना (Burning of Bricks)

1. मिट्टी तैयार करना (Preparation of Bricks)—ईंटें बनाने में सबसे पहला काम जगह का उचित चयन करना है। ईंटें बनाने वाली जगह मिट्टी की संरचना ऐसी होनी चाहिए जैसा कि 2 8 में बताया जा चुका है।

ईंटों के लिए मिट्टी उखाड़ने से पहले, लगभग 100 mm गहरी सतही मिट्टी ऊपर से हटा देनी चाहिए । सतही मिट्टी में घास-फूँस, वनस्पति, व जैव पदार्थ वगैरह उपस्थित होते हैं, जो अच्छी ईंटों के लिए हानिकारक होते हैं । अतः ऊपरी लगभग 100 mm. मोटी मिट्टी की तह काम में नहीं लेनी चाहिए ।

ईंटें बनाने के लिए मिट्टी उखाड़कर ढेर कर देना चाहिए । उखाड़ते समय मिट्टी में से पत्थर के भाटे वगैरह चुनकर निकालते रहना चाहिए । यदि सूखी मिट्टी बड़े भाटों के रूप में है तो इन्हें फावड़े से ही तोड़कर बारीक कर देना चाहिए । यदि सम्भव हो तो ईंटें बनाने वाली मिट्टी वर्षा से पहले उखाड़ देनी चाहिए ताकि वर्षा से इसका छीजन (Weatherlng) हो सके । लेकिन इतना समय देना प्रायः सम्भव नहीं होता ।

उखाड़ी हुई मिट्टी में पानी डाल कर, इसे कुछ हफ्तों के लिए छोड़ दिया जाता है ताकि मिट्टी का अच्छा तरह छीजन (Weathering) हो जाय । उखाड़ी हुई मिट्टी में पानी डालकर छीजन के लिए जितना अधिक देर तक छोड़ा जाय, उतना ही अच्छा रहता है, इससे मिट्टी के सुघट्य गुण में सुधार होता है तथा अधिक अच्छी ईंटें बनती हैं ।

अच्छी तरह छीजी हुई (Weathered) मिट्टी में यदि आवश्यक हो तो रेत वगैरह मिला दी जाती है ताकि मिट्टी में अलुमिना, सिलिका जैसे महत्त्वपूर्ण घटक उचित अनुपात में उपस्थित हों । अब यदि आवश्यक हो तो अतिरिक्त पानी डालकर सन्मिश्रण को अच्छी तरह मिला दिया जाता है । मिलाते समय मिट्टी को अपने पाँव के नीचे खूब लिताड़ना चाहिए । इस क्रिया को Tempering कहते हैं । मिट्टी के Tempering के लिए कई बार भैंसे, गाय जैसे जानवर भी मिट्टी पर चढ़ा दिए जाते हैं । आजकल Tempering के लिए पग मशीन का प्रयोग किया जाता है । Tempering से मिट्टी एक सार और सुघट्य हो जाती है । अब यह मिट्टी ईंटें बनाने के लिए तैयार है । तैयार मिट्टी एक ढेर के रूप में इकट्ठी कर दी जाती है और ऊपर से ढक दी जाती है । Tempering करते समय पानी की उतनी ही मात्रा मिट्टी में डालनी चाहिए जितनी कि आवश्यक हो । अधिक पानी वाली मिट्टी से बनी ईंटें सांचे से निकलने पर अपनी शक्ल खो देती हैं ।

पग मिल (Pug Mill)—चित्र 2·1 में पग मिल का चित्र दिखाया हुआ है । इसमें एक लोहे का सिलिंडर होता है, जिसके ऊपरी सिरे पर व्यास एक मीटर से 1·25 m और निचले सिरे पर व्यास 0·75 m से 1·0 तक होता है । सिलिंडर की ऊँचाई 1·25 m से 2 m के लगभग होती है । सिलिंडर लकड़ी के शहतीरों पर लगा होता है । ईंटों वाली मिट्टी अधिक न उठानी पड़े इसके लिए यह मिल लगभग आधी जमीन के अन्दर दबाकर लगाई जाती है । सिलिंडर के मध्य एक ऊर्ध्वाधर शाफ्ट लगा होता है, जिस पर कई क्षैतिज भुजाएँ लगी होती हैं । प्रत्येक क्षैतिज भुजा पर कई

ऊर्ध्वाधर वेज लगे होती हैं। शाफ्ट के ऊपरी सिरे एक काफी लम्बी लकड़ी की भुजा लगी होती है, जिससे ऊर्ध्वाधर शाफ्ट घुमाया जाता है।

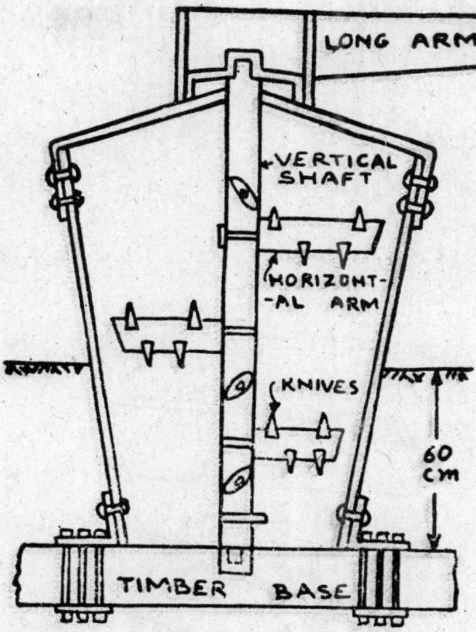

चित्र 2·1. पग मिल

सिलिंडर के ऊपरी भाग से, मिल के अन्दर मिट्टी डालकर जब ऊर्ध्वाधर शाफ्ट घुमाया जाता है तो क्षैतिज भुजाओं पर लगी वेज मिट्टी को खूब मथती है और मिट्टी ईंटें बनाने के लिए तैयार हो जाती है। सिलिंडर के निचले भाग में लगी व्यवस्था से तैयार मिट्टी सिलिंडर से बाहर निकाल ली जाती है।

ऊर्ध्वाधर शाफ्ट बिजली की शक्ति से या बैल जोतकर घुमाया जा सकता है। बैल जोतकर इस मिल से लगभग 15000 ईंटों के लिए मिट्टी प्रतिदिन तैयार की जा सकती है।

2. **सांचे में ईंटें ढालना** (Brick Moulding)—ईंटें ढालने के लिए साँचों (Moulds) का उपयोग किया जाता है। सांचे लकड़ी के या लोहे के हो सकते हैं। साँचों की लम्बी भुजाएँ थोड़ी-सी आगे-पीछे बढ़ी रहती हैं ताकि यहां से पकड़कर सांचा आसानी से काम में लिया जा सके। लकड़ी एवं लोहे के साँचे चित्र 2·2 और 2·3 में दिखाए हुए हैं। लकड़ी के साँचे के किनारे मजबूत व सही बनाए रखने के लिए कई बार साँचे के अन्दर की तरफ पीतल या लोहे की प्लेटें लगा दी जाती हैं। साँचों के लिए अच्छी तरह उपचारित लकड़ी काम में लेनी चाहिए।

तैयार ईंट के मापों से साँचों के माप जरा बड़े रखने चाहिए ताकि ईंट के सूखने व पकने में हुई सिकुड़न के बाद ईंट का मानक माप प्राप्त हो सके। ईंट के नाप का

लगभग $\frac{1}{10}$, सांचे का नाप बड़ा रक्खा जा सकता है। सांचे में यह Allowance वास्तव में परीक्षण करके ज्ञात किया जा सकता है। ईंट तीन तरह से सांचों में ढाली जा सकती है।

(i) हाथ से सांचों में ईंटें ढालना (Hand Moulding)

(ii) टेबल मोल्डिंग (Table Moulding)

(iii) मशीन से ईंटें ढालना (Machine Moulding)

(i) **हाथ से सांचों में ईंटें ढालना** (Hand Moulding)—भारत में ईंटें अधिकतर इसी विधि से बनाई जाती हैं। इस विधि में ईंटें बनाने के लिए काफी बड़े खुले क्षेत्र की आवश्यकता होती है।

सबसे पहले जहाँ ईंटें बनानी हैं, वहाँ तैयार की हुई मिट्टी का ढेर लगा देना

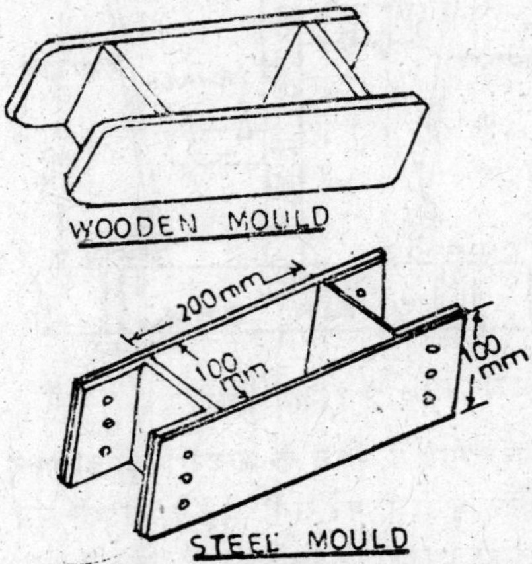

चित्र 2·2 (लोहे एवं लकड़ी के सांचे)

चाहिए। काम में लेने से पहले सांचा अच्छी तरह साफ कर लेना चाहिए और यदि आवश्यक हो तो धो लेना चाहिए। जहाँ ईंटें बनानी हैं, वह जगह अच्छी तरह समतल

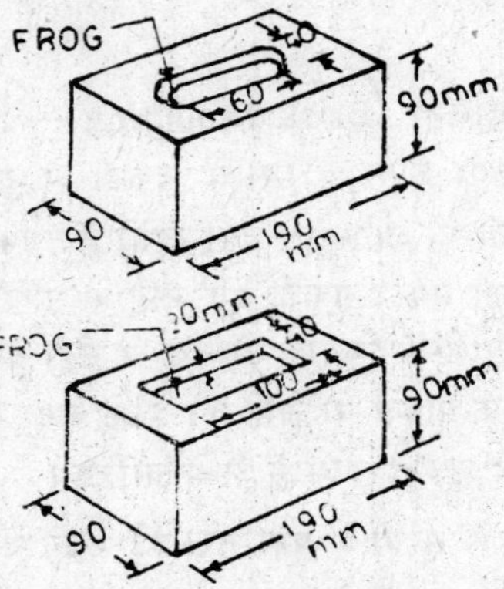

चित्र 2·3. (ईंट के नाप)

कर साफ कर देनी चाहिए। जगह को बहुत अच्छी तरह साफ कर लेना चाहिए अन्यथा गीली ईंटों के साथ फालतू की मिट्टी चिपक जाती है और ईंटें अच्छी अवस्था में नहीं रहती। अब साँचा जमीन पर अच्छी तरह समतल रक्खा जाता है और तैयार मिट्टी का लगभग ईंट के नाप का गोला बनाकर साँचे में जरा ऊपर उठाकर जोर से डाला जाता है ताकि साँचा मिट्टी से अच्छी तरह भर जाए। साँचे के कोने भरने के लिए अपनी उँगलियों का उपयोग लिया जाता है। साँचा भरने के बाद यदि फालतू मिट्टी बच जाती है तो वह साँचे में से निकाल दी जाती है और साँचे में डली मिट्टी की ऊपरी सतह अच्छी तरह साँचे के तल तक समतल कर देनी चाहिए। इस कार्य के लिए लोहे की प्लेट जिसे Strip कहते हैं, काम ली जानी चाहिए। अब साँचे को किसी लकड़ी से थोड़ा थपथपा देना चाहिए ताकि मिट्टी अपना साँचे से लगाव छोड़ दे। अब साँचा धीरे से ऊपर उठा लिया जाता है और मिट्टी की ईंट जमीन पर रह जाती है।

प्रत्येक ईंट के बाद साँचे के अन्दर की सतह पर या तो रेत लगा देनी चाहिए या पानी छिड़क देना चाहिए। ऐसा करने से साँचे में डली ईंट वाली मिट्टी साँचे की सतह से नहीं चिपकती और साँचा ऊपर उठाते ही ईंट साँचे में से निकल जाती है। साँचे के अन्दर यदि रेत लगा कर ईंटें बनाई जाती हैं तो ईंटों को Sand Moulded ईंटें कहते हैं और यदि पानी छिड़ककर ईंटें बनाई गई हैं, तो उन्हें Slope Moulded ईंटें कहते हैं।

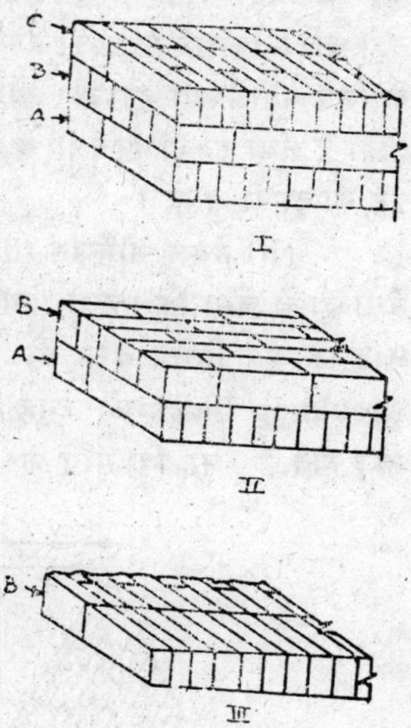

चित्र 2·4. (ईंटों के चट्टे लगाना)

यदि ईंटें जमीन पर ही बनाए जाएँ तो सूखने पर ईंटों की निचली सतह आमतौर पर एकसार नहीं रहती। दूसरा ईंटों में फरॉग (Frog) नहीं बन पाता जिसका कि ईंट की चिनाई में गारे के लिए बड़ा महत्त्व होता है। ईंटों की निचली सतह एकसार बनाने के लिए तथा फरॉग बनाने के लिए ईंटें Moulding Block पर बनाई जाती हैं। Moulding Block एक लकड़ी का पाटा होता है जिसका नाप ईंट से जरा बड़ा होता है। Moulding Block पर ऐसी जगह बनी होती है जहाँ साँचा रखा जाता है। फरॉग बनाने के लिए, तथा ईंटें बनाने वाले अपनी कम्पनी वगैरहा का नाम देने के लिए, Moulding Block पर लकड़ी का फरॉग टुकड़ा लगा देते हैं तथा इस फरॉग टुकड़े पर अपनी कम्पनी का नाम लिख देते हैं।

प्रत्येक ईंट, Moulding Block पर साँचा लगा कर बनाई जाती हैं। साँचे में मिट्टी अच्छी तरह भर देने के बाद लकड़ी का एक दूसरा समतल टुकड़ा जिसे

Pallet कहते हैं, ईंट की ऊपरी सतह पर लगा दिया जाता है और अपना एक हाथ Pallet पर रखते हुए दूसरे हाथ से Moulding Block को ऊपर उठाकर ईंट को साँचे सहित उल्टा जमीन पर रख दिया जाता है और Moulding Block सहित साँचा ऊपर उठा लिया जाता है। इससे ईंट Pallet पर जमीन पर रह जाती है। अब एक-दूसरा Pallet लेकर ईंट की ऊपरी सतह पर रक्खा जाता है और दोनों Pallet सहित ईंट को उठाकर, जहाँ ईंट सुखाने की व्यवस्था है, वहाँ ले जाकर ईंट को किनारे पर रख दिया जाता है और Pallet टुकड़े हटा लिए जाते हैं। सूखने के लिए ईंट चपटी नहीं बल्कि किनारे पर खड़ी रक्खी जाती हैं। इससे ईंटें जल्दी सूखती हैं। प्रत्येक ईंट के लिए यही क्रिया हर बार दोहरानी होती है। इस तरह बनी ईंटों में फरॉग बना होता है तथा इनकी निचली सतह उतनी ही एक-सार (Smooth) होती है जितनी की ईंट की दूसरी सतहें।

(ii) **टेबल मोल्डिंग** (Table Moulding)—ईंट बनाने की यह विधि भी वैसी ही है जैसी कि पहली। अन्तर केवल इतना है कि ईंट ढालने का कार्य जमीन पर न करके, एक विशेष तरह की मेज पर किया जाता है। इस विधि में टेबल पर Moulding Block की जगह Stock Board लगे होते हैं।। Stock Board के वही नाप होते हैं जो कि साँचे के अन्दर के माप। फरॉग के लिए Stock Board पर

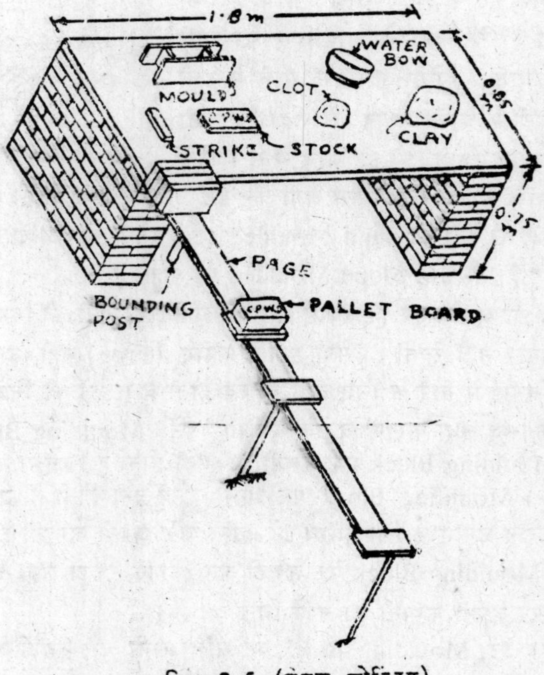

चित्र 2·5. (टेबल मोल्डिंग)

व्यवस्था लगी होती है। सबसे पहले साँचा Stock Board पर अच्छी तरह लगाया जाता है और अच्छी मिट्टी का एक गोला बनाकर साँचे में जोर से डाल दिया जाता है। मिट्टी का गोला इतना बड़ा होना चाहिए कि साँचा भरने के बाद थोड़ी मिट्टी फालतू रहे। हाथों से मिट्टी को साँचे में अच्छी तरह भरकर Strip या तार की मदद से फालतू मिट्टी ऊपर से हटा दी जाती है और Pallet साँचे पर लगा दिया जाता है। Pallet व ईंट सहित साँचा एकदम से Stock Board पर से उठा लिया जाता है और साँचे को उल्टा करके मेज पर रख दिया जाता है। अब Pallet, ईंट के नीचे रहने देते हुए साँचा ईंट में से निकाल लिया जाता है। एक दूसरा Pallet ईंट के ऊपर लगाकर, दोनों Pallet में ईंट उठाकर जहाँ सूखने की व्यवस्था होती है, वहाँ पहुँचा दी जाती है और pallet हटा लिए जाते हैं। टेबल Moulding में एक आदमी लगभग 500—1000 ईंट बना सकता है।

(iii) **मशीन मोल्डिंग** (Machine Moulding)—कई बार विशेष प्रकार की मशीनों का प्रयोग कर ईंटें बनाई जाती हैं। लेकिन ईंटें बनाने की यह विधि वहीं अपनाई जा सकती है जहाँ बहुत कम समय में बहुत अधिक मात्रा में ईंटें बनानी हों। भारत में इन मशीनों का उपयोग बहुत अधिक नहीं किया जाता, क्योंकि यहाँ श्रम बहुत सस्ता है और यह मशीनें बहुत महँगी होती हैं। तैयार मिट्टी इन मशीनों में भर दी जाती है और फिर इस मिट्टी को काफी दबाव में ऐसे रास्ते में से निकलने के लिए बाध्य किया जाता है जिसके नाप ईंट की लम्बाई और चौड़ाई के बराबर होते हैं। मशीन से निकली इस मिट्टी को तारों से निश्चित मोटाई में काटकर ईंटें बनाई जाती हैं। इन ईंटों को wire cut bricks भी कहते हैं।

कई मशीनों में सूखी या लगभग सूखी मिट्टी को निकालकर ईंटें बनाई जाती हैं। इन ईंटों को Pressed bricks कहते हैं। Pressed ईंटें अधिक सघन, मजबूत और नाप में एकसार होती है। यह ईंटें किसी विशेष कार्य के लिए ही बनाई जाती हैं, इनका आम उपयोग नहीं होता है।

3. **ईंटों का सुखाना** (Drying of Bricks)—ईंटों को पकाने से पहले इनका सुखाना बहुत आवश्यक है। गीली ईंटें यदि पकाने में काम में ली जाएँ तो यह भट्टी में लगाने इत्यादि में ही टूट जाती हैं। गीली ईंट पकाने से फट भी जाती हैं।

बनाने के बाद जब ईंटें काफी सूख जाएँ तो इन्हें लम्बे किनारे पर खड़ी कर देनी चाहिए। एक दो दिन ईंटें इसी स्थिति में रहने दी जाती हैं, ताकि सूखकर ईंटें काफी कठोर हो जाएँ। गीली ईंट को तेज धूप से बचाना चाहिए, अन्यथा वह फट सकती हैं।

इसके बाद ईंटें उचित रूप में Stack कर देनी चाहिए। ईंटों को स्टैक करते समय यह ध्यान रखना चाहिए कि ताजी हवा का आवागमन ईंट के चारों तरफ बना रहे। स्टैक थोड़ी जगह छोड़कर लम्बाई में लगी दो ईंटों जितना चौड़ा होना चाहिए,

प्रत्येक कतार में लगी ईंटों में थोड़ी जगह छोड़ी होनी चाहिए। Stack का चित्र 2·6 में दिखाया हुआ है। एक के बाद एक, कतार में ईंट लम्बाई एवं चौड़ाई में लगानी चाहिए। स्टैक में सभी ईंटें लम्बे किनारे पर रखी होती हैं। स्टैक की ऊँचाई 8 से 10 ईंटों की कतारें होती हैं। पास-पास के स्टैक में लगभग एक मीटर खुली जगह रहनी चाहिए और प्रत्येक स्टैक में ईंटें हजारों का गुणज होनी चाहिए। जहाँ तक सम्भव हो सभी स्टैक एक ही नाप के होने चाहिए। इससे ईंटों की गिनती का हिसाब-किताब रखने में बड़ी सुविधा रहती है।

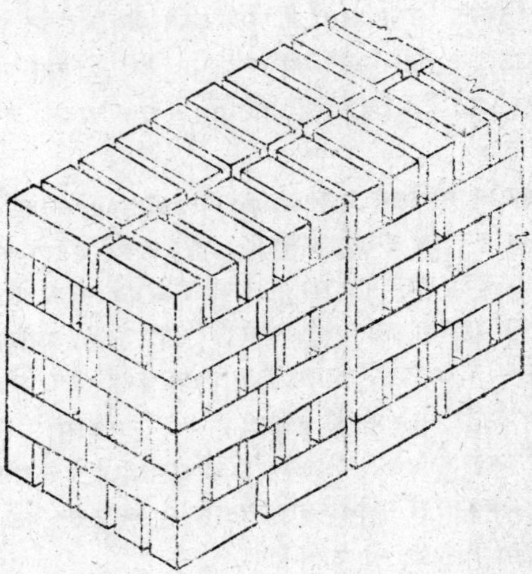

चित्र 2·6 (सूखी ईंटों का स्टैक)

ईंटें सुखाने वाला क्षेत्र बाकी आस-पास की जगह से जरा ऊँचा होना चाहिए ताकि वर्षा का पानी इनमें न भर जाए। स्टैक में लगी ईंटों को वर्षा से बचाए रखने के लिए स्टैक पर सूखी मिट्टी डाल दी जाती है और यदि यह सम्भव न हो तो बांसों इत्यादि की सिरकियाँ (Sirkies) बनाकर स्टैक ढक देने चाहिए। वैसे भारत में वर्षा ऋतु में प्रायः ईंटें बनानी बन्द कर दी जाती हैं।

भारत में ईंटों का सुखाना धूप से व हवा से होता है तथा किसी कृत्रिम व्यवस्था की आवश्यकता नहीं होती। लेकिन पाश्चात्य देशों में जहाँ वर्षा बहुत होती है तथा चमकीली धूप बहुत कम उपलब्ध होती है, ईंटें सुखाने के लिए कृत्रिम विधियों का उपयोग किया जाता है। Hotfloor Driers और Tunnel Driers दो विधियाँ हैं जिनका उपयोग कर कृत्रिम विधि से ईंटें सुखाई जाती हैं।

कृत्रिम विधि से ईंटें सुखाने में लगभग एक दिन लगता है, जब कि प्राकृतिक विधि में मौसम अनुसार 8—10 दिन लग जाते हैं।

2.10. ईंटों का पकाना (Burning of Bricks)

कठोर तथा मजबूत बनाने के लिए ईंटें पकाई जाती हैं। पकी हुई ईंटों का घनत्व अधिक होता है तथा पानी सोखने की क्षमता बहुत कम होती है।

ईंटों में से बहुत-सा असंयुक्त जल ईंट सुखाते समय ही उड़ जाता है। लेकिन सुखाते समय तापक्रम इतना ऊँचा नहीं होता कि संयुक्त जल या मणिभीकरण जल ईंटों में से हट जाए। पकाने से मणिभीकरण जल (Crystalization Water) ईंटों में से हट जाता है। जब तापक्रम लगभग 650°C होता है तो ईंटों में उपस्थित जैव पदार्थों का आक्सीकरण हो जाता है तथा इसी तापक्रम पर मणिभीकरण जल भी ईंटों में से निकल जाता है। लेकिन ईंटों का पकाना 650°C पर बन्द नहीं किया जाना चाहिए क्योंकि इन ईंटों को जब वापिस वायुमण्डलीय तापक्रम पर ठण्डा किया जाता है तो यह वापिस जलयोजित (Rehydrated) हो जाती हैं। इसलिए ईंटें इससे बहुत अधिक तापक्रम तक गर्म की जाती है। जिससे ईंट की मिट्टी के विभिन्न घटकों में रासायनिक क्रिया होती है और ईंट के सभी गुणों में परिवर्तन हो जाता है, तथा ईंटें अधिक कठोर, मजबूत और बहुत कम जल सोखने वाली बन जाती हैं।

जब तापक्रम लगभग 1100°C होता है तो ईंट की मिट्टी के दो मुख्य घटक, अलुमिना और सिलिका आपस में बंध जाते हैं, जिससे ईंट का घनत्व और सामर्थ्यता बढ़ जाती है। इस तापक्रम पर बहुत थोड़ी मात्रा में पिघलने वाला कांच (Fusible-glass) भी उत्पन्न हो जाता है जो अलुमिना या चिकनी मिट्टी के मोटे कणों को बाँधे रखता है। यदि 1100C° से तापक्रम बढ़ाया जाता है तो पिघलने वाला काँच और अधिक मात्रा में उत्पन्न हो जाता है और इस तरह की ईंटों को खंगराली (Vitrified) ईंटें कहते हैं। प्रयत्न यह करना चाहिए कि ईंटें खंगराली न हो।

ईंट पकाने के लिए विभिन्न तरह के भट्ठों का उपयोग किया जाता है। भारत के विभिन्न भागों में अलग-अलग किस्म के भट्ठे अपनाए जाते हैं। भट्ठों को तीन मुख्य वर्गों में बांटा जा सकता है :

1. अस्थाई या खुला भट्ठा या पजावा (Temporary or Open Kiln or Clamp)
2. आंतरायिक स्थाई भट्ठा (Intermittent Permanent Kiln)
3. सतृत् स्थाई भट्ठा (Bontinuous Permanent Kiln)

1. अस्थाई भट्ठा या पजावा (Temporary Kiln or Clamp)—**पजावा,** ईंटें पकाने की एक अस्थाई व्यवस्था है। प्लान में यह समलम्बाकार (Trapezoidal) होता है और यह लगभग 15° ढालू भूमि पर बनाया जाता है। समलम्ब की छोटी समानांतर भुजा, लम्बी समानांतर भुजा से नीचे होती हैं। चित्र 2·8 में उत्तरी एवं पश्चिमी भारत में अपनाए जाने वाले पजावे का चित्र दिखाया हुआ है। पजावे में घास-फूंस, गोबर और कूड़ा कचरा (Littre) और कई बार जलाने वाली लकड़ी ईंधन के रूप में काम ली जाती है।

पजावे में सबसे नीचे लगभग 75 cm. मोटी ईंधन की तह बिछानी होती है, जिस पर चार-पाँच रद्दे ईंटों के बिछा दिए जाते हैं। ईंटें हमेशा किनारे पर खड़ी लगाई जाती हैं तथा ईंटें थोड़ी जगह छोड़ कर लगाई जाती हैं। ईंटों की इन तहों पर ईंधन की लगभग उतनी ही मोटी दूसरी परत बिछा दी जाती है, और इस पर फिर चार-पाँच रद्दे ईंटों के लगाए जाते हैं। ईंधन और ईंटों की तहें इसी तरह एक के बाद एक लगा दी जाती हैं। ज्यों-ज्यों पजावे की ऊँचाई बढ़ाती जाती है, ईंधन की तह की मोटाई कम करते जाते हैं।

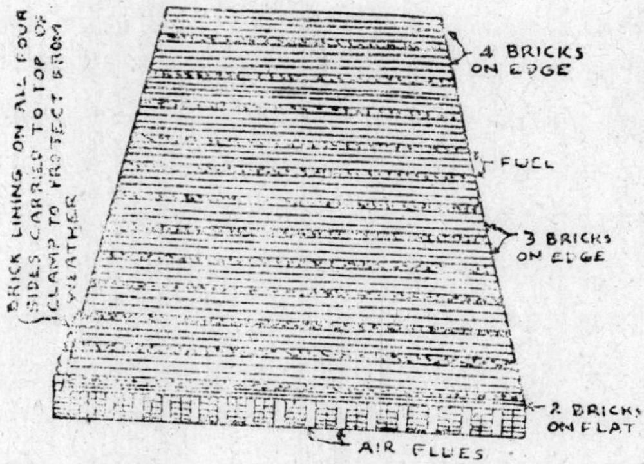

चित्र 2·7. (बंगाल में काम आने वाला पजावा या पाँजाह)

जब पजावे की पूरी ऊँचाई की लगभग एक तिहाई ऊँचाई बनकर तैयार हो जाती है तो पजावे के निचले भाग में आग दे दी जाती है। निचले भाग की ईंटें पकती रहती हैं और साथ-साथ ऊपर पजावे में ईंधन और ईंटें भरती रहती हैं। ऐसा इसलिए किया जाता है क्योंकि पूरी ऊँचाई तक ईंटें भरने के बाद यदि आग दी जाए तो

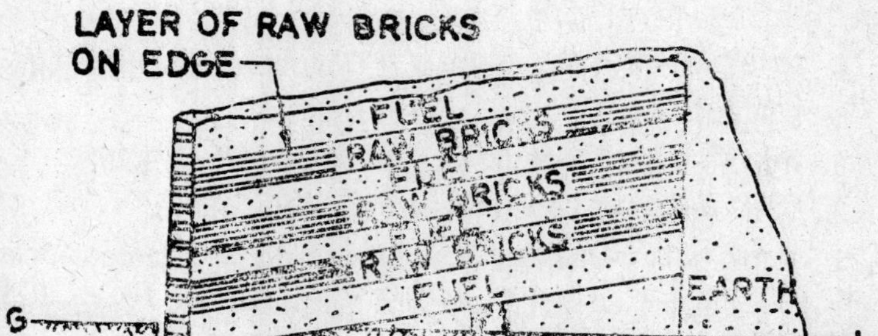

चित्र 2·8. उत्तरी तथा पश्चिमी भारत में अपनाया जाने वाला पजावा

ईंधन अच्छी तरह से नहीं जलता है, क्योंकि धुआँ निकलने के लिए ईंटों में छोड़ी जगह लगभग बन्द हो जाती है और ईंधन के जलने के लिए हवा का उचित आवागमन नहीं हो

पाता । पजावे के निचले भाग से धीरे-धीरे आग ऊपर आती है और जब तक यह आग पजावे के शीर्ष तक पहुँचती है तब तक पजावे में ईंटों का भरना समाप्त हो चुका होता है । ईंटों की भराई पूर्ण होने पर पजावा ऊपर से मिट्टी से लीप देना चाहिए ताकि पजावे में उत्पन्न ऊष्मा को बाहर वायुमण्डल में जाने से रोका जा सके । लीपने के बाद पजावे में आग अपने आप जलती रहती है और अन्त में पजावा अपने आप ठण्डा हो जाता है । ध्यान रखना चाहिए कि पजावे में आग जोर से न जले । यदि कहीं जोर से आग जलती है तो इस पर मिट्टी या राख डालकर इसे दबा देना चाहिए । पजावे में एक बार में 30000 से 300000 तक ईंटें पकाई जा सकती हैं । इसे एक बार जलने तथा ठण्डा होने में तीन से छ: महीने तक का समय लग जाता है । बंगाल में पजावे को पांजाह (Panjha) कहते हैं और यह लगभग वैसा ही होता है जैसा कि ऊपर बताया जा चुका है । चित्र 2·7. में इसका चित्र दिखाया हुआ है । इसमें भी ईंधन और ईंटें एक के बाद एक तहों के रूप में बिछाई जाती हैं । इसमें तहें क्षैतिज होती हैं, नत नहीं । ईंधन के रूप में कोयला या लकड़ी काम में ली जाती है ।

दक्षिणी भारत में अधिकतर काम लिए जाने वाले पजावे का चित्र 2·9 में दिखाया हुआ है । पजावे वाली जगह पहले अच्छी तरह समतल कर ली जाती है और चारों तरफ पानी की निकासी के लिए एक खाई बना दी जाती है । पजावे में ईंटें इस तरह भरी जाती हैं कि पजावे की पूरी चौड़ाई में लगभग 1·20 m. के अन्तराल पर 40 cm. चौड़े चूल्हे बने रहे । चूल्हों के दोनों तरफ पजावे में भरी ईंटों द्वारा बनी दीवारों को बैंच (Benches) कहते हैं । बैंचों की सबसे निचली कतार के सबसे निचले

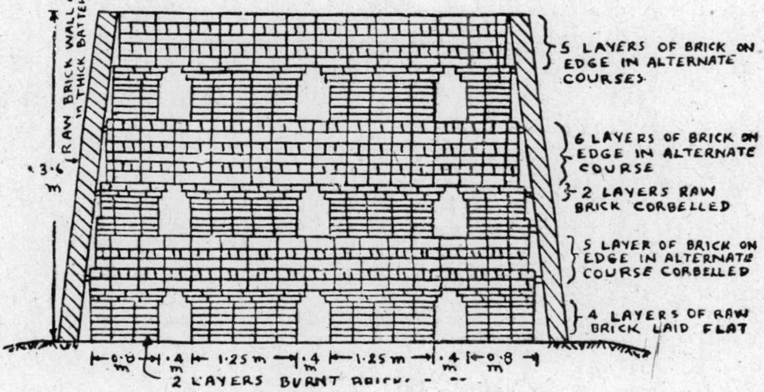

चित्र 2·9. (दक्षिण भारत में काम आने वाला पजावा)

दो रद्दे पकी हुई ईंटों के बनाए जाते हैं । चूल्हों के ऊपर से ढकने के लिए प्रत्येक बैंच के सबसे ऊपरी दो रद्दे कारबेल (Corbel) या जरा आगे बढ़ाकर लगाए जाते हैं जैसा कि चित्र 2·9 में दिखाया हुआ है । चित्र में चूल्हे की तीन परतें दिखाई हुई हैं । पजावे का ऊपरी भाग टूटी हुई ईंटों के नो रद्दे लगाकर बन्द कर दिया जाता है । पजावे के चारों तरफ 20cm. मोटी केसिंग दीवार बनी होती है ।

इस पजावे में जलाने वाली लकड़ी ईंधन के रूप में काम ली जाती है। सबसे निचले चूल्हों में सबसे पहले ईंधन जलाया जाता है और अग्नि का प्रवाह (Drought) चूल्हों को खोलकर व बन्द करके अच्छी तरह नियमित (Well regulated) किया जाता है। सबसे पहले आग चूल्हों के सबसे निचली परतें में जलाई जाती है और फिर इसी क्रम में आग चूल्हों की ऊपरी परता में दी जाती है। पजावा से जब तक सफेद धुआं निकलता रहता है तब तक आग बहुत धीमी गति से जलानी चाहिए। जब धुएँ का रग काला हो जाए तो आग तेज गति से जलानी चाहिए। जब धुएँ का रंग काला हो जाता है तो मिट्टी से पजावा ऊपर से लीप दिया जाता है और तीन दिन तक बहुत तेज़ आग दी जाती है। जब पजावा की ईंटें अच्छी तरह से पक जाती हैं तो सभी चूल्हे बन्द कर दिए जाते हैं और पजावा ठंडा होने दिया जाता है। इस विधि से एक लाख ईंटें पकाने के लिए लगभग 50 टन जलाने वाली लकड़ी की आवश्यकता पड़ती है।

2. आंतरायिक स्थाई भट्टा (Intermittent Permanent Kiln)—यह भट्टे आजकल बहुत कम काम में लिए जाने लगे हैं क्योंकि इनमें ईंधन बहुत अधिक खर्च होता है और अच्छी किस्म की ईंटे अपेक्षाकृत कम मिलती हैं। इस भट्टे का

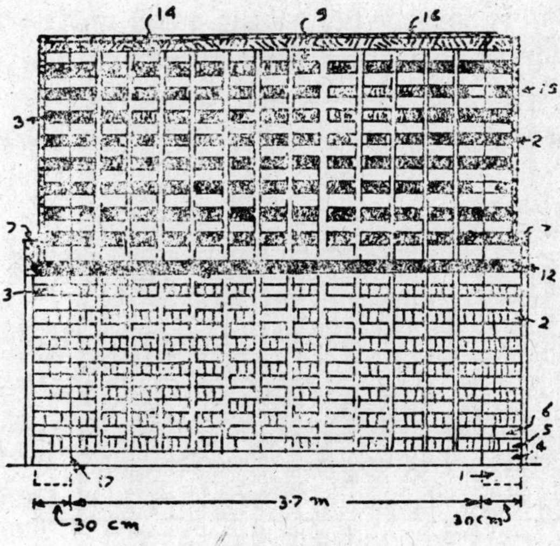

चित्र 2·10. (इलाहाबाद भट्टा)

निर्माण सबसे पहले इलाहाबाद में हुआ था इसलिए इस भट्टे को इलाहाबाद भट्टा भी कहते हैं।

यह भट्टा प्लान में आयताकार या गोल हो सकता है। यह पृथ्वी के अन्दर कुछ दबा हुआ या पूरी तरह से पृथ्वी की सतह पर, बना हुआ हो सकता है। इसमें ईंधन के रूप में लकड़ी या कोयले का उपयोग किया जाता है। इलाहाबाद भट्टे का एक चित्र 2·10 में दिखाया हुआ है।

प्रायः यह भट्टे आयताकार होते हैं। इसके विभिन्न नाप जैसे चौड़ाई लगभग 6 m, ऊँचाई 4 m और लम्बाई 15 से 20 m तक होती है। भट्टे के चारों तरफ दो ईंट से तीन ईंट मोटी दीवार पूरी ऊँचाई तक बनी होती हैं। आग देने के लिए लम्बी दीवारों में दरवाजे छोड़े होते हैं, जबकि पकी हुई ईंटें निकालने के लिए छोटी दीवारों में दरवाजे रखे हुए होते हैं।

प्लान मे लगभग 1·5 m के अन्तराल पर 30 cm. गहरी और 40 cm. चौड़ी, भट्टे की पूरी चौड़ाई जितनी लम्बी खाइयाँ बनी होती हैं। खाइयों के बीच बची जगह को Rouse कहते हैं। Rouse पर खड़ी ईंटों के 6 रद्दे लगा दिए जाते हैं। सातवें और आठवें रद्दों का Corbelling कर दिया जाता है और नौवां रद्दा Flue Opening को पूरी तरह से ढकता हुआ लगाया जाता है। नवें रद्दे पर और ईंटें भर दी जाती है लेकिन ध्यान यही रखना है कि ईंटों में थोड़ी जगह देकर लगाया जाए ताकि गर्म हवा का ईंटों के चारों तरफ बहाव सम्भव हो। ईंटें अधिकतर लम्बे किनारे पर खड़ी लगाई जाती हैं। जब ईंटों की भराई भट्टे में बढ़ती जाती है तो ईंटों में छोड़ी खाली जगह कम करते जाना चाहिए। भट्टे के ऊपर तक जाते-जाते यह जगह लगभग समाप्त हो जानी चाहिए। भराई पूर्ण हो जाने पर भट्टे पर एक या दो रद्दे कम जली ईंटों के लगा देने चाहिएँ। लेकिन इन रद्दों में लगी ईंटों मे खाली जगह छोड़ी हुई नहीं होनी चाहिए।

ईंटों की भराई समाप्त करके, चूल्हों से भट्टे में आग दे दी जानी है। आग पहले एक-दो दिन बहुत धीमी रखनी चाहिए, ताकि ईंटों में उपस्थित नमी समाप्त हो जाए। अब आग को तीव्र कर दिया जाता है और 3-4 दिन तक इसे बनाए रक्खा जाता है। जब भट्टे में ईंटें पक रही होती है तो भट्टे की ऊपरी सतह पर कुछ Flue Holes खुले रहने चाहिएँ। ईंटें पक जाने पर आग देनी बन्द कर दी जाती है और भट्टे की ऊपरी सतह पर छोड़े Flue Hole बन्द कर दिए जाते हैं और 8-10 दिन तक भट्टा ठंडा होने दिया जाता है। इसके बाद भट्टे में से ईंटें निकालनी प्रारम्भ की जाती है।

यह भट्टा आजकल काम नहीं लिया जाता, क्योंकि इसमे ईंधन बहुत खर्च होता है। भट्टा ठंडा करने के दौरान भट्टे के चारों तरफ बनी दीवारें भी ठंडी हो जाती हैं। जब भट्टा दोबारा ईंटों से भर कर आग दी जाती है तो यह दीवार फिर पूरी तरह गर्म करनी पड़ती है।

इस भट्टे मे आग देने के बाद बाहर से कुछ पता नहीं चलता कि अन्दर क्या हो रहा है अर्थात् इस पर नियन्त्रण नही रहता। उचित नियन्त्रण न रहने के कारण कहीं ईंटे बिना पकी रह जाती है तो कही अधिक पक जाती है। आमतौर पर भट्टे के निचले भाग मे अधिकतर ईंटे अधिक जली होती है जबकि ऊपरी छत के पास, यह प्रायः कम जली होती है। मध्य भाग से निकली ईंटे अच्छी हो सकती है। इस भट्टे से ईंटो की निरन्तर प्राप्ति नही होती है।

3. सतत स्थाई भट्टा (Continuous Permanent Kiln)—भारत में Bull's trench kiln और Hoflman's kiln दो भट्टे हैं जो अधिकतर काम में लाए जाते हैं। इन दोनों में से Bull's trench kiln अधिक लोकप्रिय है। दोनों ही भट्टों का वर्णन नीचे एक-एक करके दिया हुआ है।

(i) Bull's Trench Kiln—यह भट्टा भूमि में खाई खोद कर बनाया जाता है। खाई अंडाकार या गोलाकार शक्ल में बनाई जाती है। भट्टे के विभिन्न भागों में ईंटें पकाने की विभिन्न क्रियाएँ एक साथ चलती रहती हैं। भट्टे में कच्ची ईंटें भरना, पकी हुई ईंटें निकालना, ईंटों का ठंडा होना, ईंटों का जलाना इत्यादि सब क्रियाएँ एक साथ चलती हैं। चित्र 2·11 में Bull's trench kiln का चित्र दिखाया हुआ है। चित्र 2·11 (b) में इस भट्टे में विभिन्न क्रियाएँ अनुक्रम अनुसार दिखाई हुई हैं।

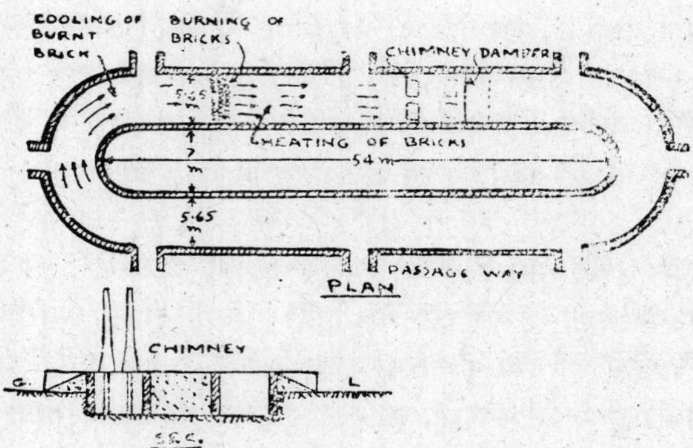

चित्र (a) 2·11 बुल भट्टा में विभिन्न क्रियाओं का प्रवाह

भाग 1. पकाई हुई ईंटें ठंडी हो रही होती हैं।

भाग 2. ईंटों में आग देकर पकाई जा रही हैं।

भाग 3. भाग 2 से आ रही गर्म गैसों से, कच्ची भरी हुई ईंटें गर्म हो रही हैं।

भाग 4. कच्ची ईंटें भट्टे में भरी जा रही हैं।

भाग 5. पकी हुई तथा ठंडी की हुई ईंटें निकाली जा रही हैं।

सभी क्रियाएँ इस तरह समजित रहनी चाहिए कि एक बार में सभी क्रियाओं में एक जैसा समय लगे। इससे भट्टे की पूरी लम्बाई का उचित उपयोग होता रहता है। जब सभी क्रियाओं का एक क्रम पूरा हो जाता है तो सभी क्रियाएँ एक-एक भाग आगे सरका दी जाती हैं। उदाहरण के तौर पर भाग 1 में जहाँ पहले पकी हुई ईंटें ठंडी हो रही थीं यह क्रिया अब भाग 2 में होनी प्रारम्भ हो जाती है। इसी प्रकार

भाग 2 में होने वाली क्रिया भाग 3 में, भाग 3 में होने वाली क्रिया भाग 4 में, भाग 4 में होने वाली क्रिया भाग 5 में और अन्त में भाग 5 में होने वाली क्रिया भाग 1 में स्थानांतरित (shift) हो जाती हैं। विभिन्न क्रियाओं का भट्टे के विभिन्न भागों में यही क्रमिक चक्र चलता रहता है तथा ईंटें निरन्तर प्राप्त होती रहती हैं। इस भट्टे में 1000 ईंटें पकाने के लिए लगभग $\frac{1}{4}$ टन कोयले का पाउडर चाहिए।

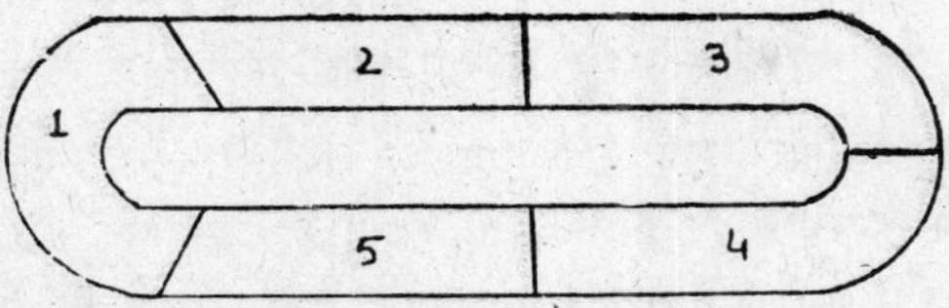

चित्र 2·11 (b) बुल भट्टे का प्लान

भट्टे में ईंटें भरते समय यह ध्यान रखना चाहिए कि प्रत्येक ईंट के चारों तरह कुछ जगह रहे, ताकि पकाते समय और बाद में ठंडा करते समय हवा का उचित आवागमन बना रह सके। ईंधन डालने के लिए लगभग 1 m के अंतराल पर ऊर्ध्वाधर flue holes छोड़ देने चाहिएँ। भट्टे में ईंटें लगभग 3·5 m लम्बे खंड में एक बार भरी जाती है, और इस एक खंड के लिए दो प्रवात चिमनियों के लिए व्यवस्था बनी होती है। भट्टे के जिस खंड में कच्ची ईंटें भरी जाती हैं भट्टे का वह भाग मिट्टी अथवा राख से ऊपर से ढक देना चाहिए ताकि ईंटें पकाते समय ऊष्मा नष्ट न हो। ईंधन डालकर और आग देकर flue holes भी ऊपर से बन्द कर दिए जाते हैं।

पकी हुई ईंटें जहाँ ठंडी हो रही हैं, वहाँ से ताजी हवा का प्रवात भट्टे में प्रवेश करता है। ईंटों को ठंडा करते-करते यह खुद भी गर्म हो जाती है। यह गर्म हवा अब जहाँ ईंटें जलाई जा रही हैं वहाँ जाती हैं तथा ईंधन को जलाने में मदद करती है, जिससे ईंटें पकती हैं। इसके बाद हवा का यहीं झोंका जहाँ कच्ची ईंटें भरी हुई हैं, उस भाग को गर्म करता है। इस भाग में हवा का तापक्रम काफी कम हो जाता है। यहीं से यह ठंडी हुई हवा चिमनियों में से बाहर निकल जाती है।

प्रत्येक क्रिया का एक चक्र समाप्त होने पर चिमनियों की स्थिति दूसरे भाग पर स्थानांतरित करनी होती है, क्योंकि प्रत्येक क्रिया के एक क्रम के बाद कच्ची भरी ईंटों के गर्म होने वाले भाग, जिसके बाद हवा चिमनी से निकल जाती है, की स्थिति बदल जाती है। प्रत्येक खंड में ईंटें पकाने में लगभग एक दिन लग जाता जाता है।

इस भट्टे के लाभ—

(i) इससे ईंटें निरन्तर प्राप्त होती रहती हैं।

(ii) ईंट जलने में खराब नहीं होती हैं तथा बहुत अच्छी ईंटें प्राप्त होती हैं।

(iii) ईंधन की बचत होती है क्योंकि ईंटें जलाने वाले भाग में प्राप्त हुई गर्म गैसों का उपयोग कच्ची ईंटों को गर्म करने के लिए किया जाता है।

(iv) भट्टे वाली जगह ईंट सुखाने के लिए आवश्यक जगह की बचत की जा सकती है क्योंकि इसमें गीली ईंटें भी भरी जा सकती हैं। गर्म गैसों से कच्ची ईंटों के गर्म करने के कारण, जलने से पहले यह ईंटें सूख जाती हैं।

भट्टे की हानियाँ—

1. इसमें निरन्तर निपुण देखभाल रखने की आवश्यकता होती है।

2. इस भट्टे को चालू करने के लिए प्रारम्भिक खर्च बहुत अधिक होता है।

(2) **हाफमैन का भट्टा** (Hoflman's Kiln)—यह एक सतत् किस्म का भट्टा है, जिसमें से लगातार ईंटें प्राप्त होती रहती हैं। इस भट्टे की प्रारम्भिक लागत ही इसकी सबसे बड़ी कमी है। लेकिन जब बहुत अच्छी किस्म की ईंटें बहुत बड़े पैमाने पर चाहिएँ तो यह भट्टा दूसरे भट्टों से सस्ता सिद्ध होता है।

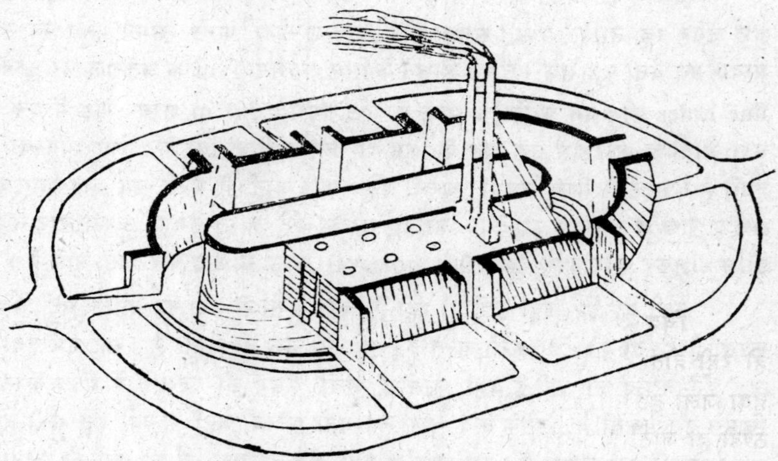

VIEW OF BULL'S TRENCH KILN

चित्र 2·12

यह भट्टा प्लान में गोल होता है। प्लान के मध्य में चिमनी लगी होती है, जिसके चारों तरफ गोलाई में 12 चैम्बर या खंड बने होते हैं। प्रत्येक चैम्बर का सम्बन्ध एक दरवाजे से बाहर खुली हवा से रहता है तथा एक Flue के माध्यम से इसका सम्बन्ध केन्द्रीय चिमनी से भी रहता है जैसा चित्र 2·12 में दिखाया हुआ है। (चित्र 2·12) चैम्बर में लगा दरवाजा जिसमें से हवा बाहर से आती है, जब चाहें ईंटों से बन्द किया जा सकता है। लोहे की प्लेटों से जिन्हें डैम्पर (Damper) भी कहते हैं, जब चाहें Flue छेदों को बन्द किया व खोला जा सकता है।

इस भट्टे में दो चैम्बरों में ईंट जब जल रही होती हैं तो इससे अगले चार चैम्बरों में ठण्डी ईंटें गर्म हो रही होती हैं और उससे अगले चार चैम्बरों में जली ईंटें

ठण्डी हो रही होती हैं। बाकी बचे दो चैम्बरों में से एक में कच्ची ईंटें भरी जा रही होती हैं तो दूसरे में से पकी ईंटें निकाली जा रही होती हैं।

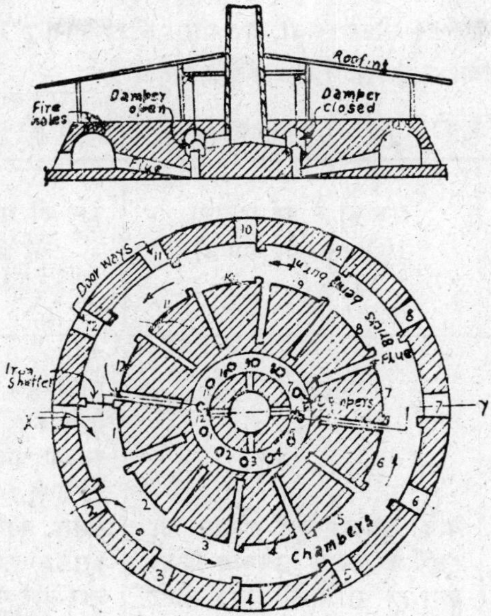

चित्र 2·13. (हॉफमैन का सतत् भट्टा)

चित्र 2·13 में 1 से चार तक चैम्बरों में वह ईंटें हैं जो जलने के बाद ठण्डी हो रही होती हैं। चैम्बर 1 से 2 के बाहरी गेट खोल दिए जाते हैं ताकी ताजी ठण्डी हवा जली हुई गर्म ईंटों में प्रवेश करे। 1 से 4 चैम्बर तक जाने में गर्म ईंटें तो जरा ठण्डी हो जाती हैं लेकिन हवा खुद गर्म हो जाती। फिर यह गर्म हवा 5 और चैम्बर में जाती है, जहाँ ईंटें जल रही होती हैं। यहाँ यह ईंधन को जलने में मदद करती है और बहुत गर्म हो जाती है, जिससे ईंटें पकती हैं। चैम्बर 6 से यह बहुत गर्म हवा 7 से 10 चैम्बरों में से गुजरती है। 7 से 10 चैम्बर में वह ईंटें भरी हुई हैं जो अभी कच्ची हैं तथा उन्हें अभी पकाना है। गर्म हवा जब इन चेम्बरों में से गुजरती है तो कच्ची ईंटें सब गर्म हो आती हैं और इनकी नमी वगैरह सब समाप्त हो जाती है। चैम्बर 10 का Flue खुला होता है ताकि गर्म हवा अब जो काफ़ी ठण्डी हो चुकी है, चिमनी में से होती हुई बाहर निकल जाए। चैम्बर 11 से पकी ठण्डी ईंटें निकाली जा रही होती हैं और चैम्बर 12 में ताजी कच्ची ईंटे भरीं जा रही होती हैं।

ईंटों के जलने में, ठण्डी होने में, भरने व निकालने में, समय एक जैसा लगना चाहिए ताकि विभिन्न क्रियाओं का क्रम निरन्तर चलता रहे।

जलाते समय ईंटों में ईंधन के लिए छोड़ी जगह में ईंधन जलाया जाता है। Bull's Trench Kiln की भाँति इस भट्टे में भी गीली ईंटें भरी जा सकती हैं और ईंटें सुखाने की जगह की बचत की जा सकती है। इस भट्टे से सबसे अच्छी किस्म की ईंटें प्राप्त होती हैं। 11 मीटर लम्बा, 45 मीटर चौड़ा और 2·75 मीटर ऊंचे चैम्बरों वाला भट्टा एक दिन में 30000 तक ईंटें दे सकता है।

ईंटों को पजावा में पकाने तथा भट्टे में पकाने की तुलना

तुलना (Comparison)	**पजावा में ईंटें पकाना** (Clomp burning)	**बुल की भट्टा या हॉफमैन के भट्टे द्वारा ईंटें पकाना** (Kiln burning)
1. बनाने की लागत	न्यूनतम	प्रारम्भिक लागत अधिक होती है लेकिन सतत कार्य करने के कारण अन्त में यह सस्ती सिद्ध होती है।
2. ईंधन का लागत खर्च	यदि ऊपले, कूड़े करकट का ईंधन के रूप में उपयोग किया गया हो तो सस्ती सिद्ध होती है। यदि जलाने वाली लकड़ी या कोयले का उपयोग किया जाता है तो महंगी सिद्ध होती है।	सतत कार्य करने के कारण इसका फर्श, छत व किनारे बार-बार गर्म नहीं करने पड़ते जिससे इसमें ईंधन की लागत कम होती है। गर्म गैसों का उपयोग करके गीली ईंटों को भी भट्टी में ही सुखाया जा सकता है।
3. मजदूरी	नियन्त्रण के लिए दक्ष मजदूर की आवश्यकता नहीं है।	नियन्त्रण के लिए दक्ष मजदूरों की आवश्यकता होती है।
4. हवा का प्रभाव	इस पर हवा का दुष्प्रभाव होता हैं क्योंकि यह किसी भी तरफ से सुरक्षित की हुई नहीं होतीं।	चारों तरफ दीवार होने के कारण हवा का कोई दुष्प्रभाव नहीं पड़ता।
5. अग्नि पर नियन्त्रण	पजावे में अग्नि पर कोई नियन्त्रण नहीं होता।	ईंटों के पकाने की सम्पूर्ण प्रक्रिया में अग्नि पर हर स्तर पर नियन्त्रण रक्खा जाता है।
6. पकाने वाली ईंटों की किस्म	कच्ची ईंटें बिल्कुल सूखी होनी चाहिए। यदि गीली ईंटें काम ली जाती है तो इनमें पकाते समय मरोड़ आ जाती है।	इसमें गीली ईंटें भी भट्टे में पकाने के लिए काम ली जाती है। भट्टे की गर्म गैसों का उपयोग ईंटें सूखाने में किया जाता है।

7. ईंटें पकाने का काल	पजावे के नाप एवं वायुमंडलीय परिस्थितियों अनुसार 2 से 6 महीने ईंटें पकाने तथा पजावे को ठंडा होने में लगते हैं ।	एक दिन में ईंटें पक जाती हैं तथा लगभग 10 से 12 दिन का समय इन्हें ठंडा होने में लगता है ।
8. प्रथम वर्ग की ईंटों का उपलब्ध प्रतिशत	लगभग 60%	80 से 90%
9. उपयोगिता	जहाँ ईंटें पकाने के लिए ईंधन समुचित मात्रा में आसानी से मिलता हो तथा ईंटों की आवश्यकता बहुत कम हो ।	जहाँ बड़ी संख्या में निरंतर ईंटों की आवश्यकता होती है भट्टे अच्छे रहते हैं ।

ईंटों के निरीक्षण और परीक्षण (Inspection and Testing of Bricks)—कार्य स्थल पर ईंट आ जाने पर इनका निरीक्षण तथा परीक्षण कर लेना चाहिए । नीचे निरीक्षण तथा परीक्षण की दी गई विशिष्टयाँ भारतीय मानक (ISI) अनुसार हैं ।

1. ईंटें हर प्रकार के दोष से मुक्त होनी चाहिएँ । इनके किनारे साफ, चिकने तला कोने तीखे होने चाहिएं । सभी ईंटों के नाप एक सार होने चाहिएँ । ईंट को यदि 1·50 m ऊँचाई से पक्की जमीन पर चपटा गिरने दिया जाए तो यह टूटनी नहीं चाहिए ।

2. ईंट की लम्बाई, चौड़ाई के परीक्षण के लिए ईंट के चट्टों में से 20 ईंटें निकाल ली जाती हैं तथा उन्हे लम्बाई, चौढ़ाई तथा ऊँचाई अनुसार लगाकर नापा जाता है । 20 ईंटी की संयुक्त लम्बाई, संयुक्त चौड़ाई तथा संयुक्त ऊँचाई निम्नानुसार होनी चाहिए ।

ईंटों की श्रेणी	लम्बाई	चौड़ाई	ऊँचाई
श्रेणी I और L	368 से 392 cm	174 से 196 cm	174 से 186 cm
श्रेणी II और L	350 से 410 cm	165 से 195 cm	165 से 195 cm

3. **संपीडन सामर्थ्य** (Compressive Strength)—ईंटों का उपयोग करने से पहले 5 ईंटों का परीक्षण किया जाता है और इनका औसत मान ईंटों की संपीडन सामर्थ्य मानी जाती है ।

ईंट को अच्छी तरह भिगोकर इनके फ्रोगों में 1 : 1 सीमेंट मसाला भर देना

चाहिए। 14 घण्टे बाद ईंटों को पानी में डाल दिया जाता है। ईंटों को बारी-बारी से मशीन में दबाकर इनकी संपीडन सामर्थ्य ज्ञात की जाती है। मशीन में परीक्षण के दौरान ईंट के ऊपर व नीचे 3 mm मोटी प्लाई लकड़ी लगाकर परीक्षण करना चाहिए।

4. **पानी सोखने के प्रति परीक्षण**—ईंटों को पहले 105°C तक गर्म किया जाता है ताकि इसका भार स्थाई हो जाए। ईंट को 105°C पर तौल लिया जाता है। मान लो ईंट का भार W_1 kg है।

अब इन्हीं ईंटों को ठंडा करके 27+2°C पर 24 घण्टे पानी में डुबोकर फिर तोला जाता है। मान लो अब ईंटों का भार W_2 kg है।

$$\text{सोखे पानी की प्रतिशत मात्रा} = \left(\frac{W_2 - W_1}{W_1}\right)100$$

पानी सोखने का प्रतिशत 125 श्रेणी तक की ईंट के लिए 20% तक इससे उच्च श्रेणी की ईंट के लिए 35% तक होना चाहिए।

5. **प्रस्फुटन के लिए परीक्षण** (Effloersence Test)—एक कढ़ाई में 25 mm गहरा पानी लो और उसमें ईंटें खड़ी करके धीरे से रख दो। यह ईंटें पानी धीरेधीरे सोखती रहेंगी और कुछ समय पश्चात् पानी समाप्त हो जाएगा। ईंटों को सूखने दिया जाता है। यदि सतह पन सफेद कोई-कोई धब्बा दिखता है तो लोनी नहीं के बराबर है। धब्बे यदि 10% सतह ढक लेते हैं तो लोनी मामूली समझी जाती है। 50% सतह ढकने पर इसे काफी समझा जाता है। यदि 50% से भी अधिक सतह धब्बों से ढक जाती है तो यह ईंटों के लिए हानिकारक समझी जाती है।

6. **ईंट की कठोरता का परीक्षण**—हाथ के नाखून द्वारा यदि ईंट पर खरोंच नहीं आती, तो इसे समुचित कठोर ईंट माना जाता है।

7. **Soundness**—एक-दूसरे से दो ईंटें टकराने पर साफ धातुई (Metallic) आवाज आनी चाहिए।

8. **संरचना**—ईंट को तोड़कर इसकी सतह का निरीक्षण किया जाता है। यह एक सार, सघन और भाटों आदि जैसे दोषों से मुक्त होनी चाहिए।

2·10. चूना बालू ईंट (Lime Sand Bricks)

यह ईंटें चून और रेत (Silica) के सूखे मिश्रण में थोड़ा-सा पानी डालकर और लगभग 105 N/mm^2 का दबाव देकर बनाई जाती हैं। मिश्रण में चूने की मात्रा 5-10% तक होती है। तैयार ईंटें Super Heated भाप में लगभग 8 घण्टों तक पकाई जाती हैं। इस तापक्रम पर कुछ चूना, रेत या सिलिका के कणों के साथ रासायनिक क्रिया पर Hydrated Silicate बनता है जो विभिन्न कणों को बांधे रखता है। पकी हुई ईंटें जब ठण्डी करके बाहर स्टैंप करके रखी जाती हैं तो मिश्रण में बाकी बचा Hydrated Lime, वायुमण्डलीय CO_2 से क्रिया करता है और

कैलिशयम कार्बोनेट ($CaCO_3$) बना देता है। इससे ईंट और भी अधिक मजबूत हो जाती हैं। इन ईंटों की सतह चिकनी, शकल एक सार और प्रस्फुटन रहित होने के कारण, यह दूसरी आम ईंटों से कई गुना अच्छी रहती हैं और कई बार बहुत महत्त्वपूर्ण भवनों के सामने का भाग सुन्दर बनाने के लिए इसका उपयोग किया जाता है।

2·11. काली मिट्टी से ईंटें बनाना (Making Bricks From Black Cotton Soil)

भारत के मध्य एवं पश्चिमी भागों में काली मिट्टी (Black Cotton Soil) बहुत पाई जाती है। यह क्योंकि बहुत सुघट्य होती है, इसलिए इससे ईंटें बनाना बड़ा कठिन है। सूखने पर इस मिट्टी में सिकुड़न बहुत होती है और यदि मिट्टी में चूना, पत्थर के भाटे वगैरह मिले हों तो जलाने पर यह फूलते हैं और ईंटें फट जाती हैं। काली मिट्टी से अच्छी किस्म की ईंटें भी प्राप्त की जा सकती हैं। विधियाँ नीचे दी हुई हैं।

(i) काली मिट्टी में 40 से 50% तक कोयलों की राख मिलाकर ईंटें बनाए। इस मिश्रण से काफी अच्छी ईंटें प्राप्त की जा सकती हैं। लेकिन ध्यान रहे कोयले की राख में बिन जला कोयला नहीं होना चाहिए।

(ii) काली मिट्टी अच्छी तरह पीस कर इसके गोले बना दिए जाते हैं। इन गोलों को आग देकर लगभग 500 से 600°C तापक्रम पर जलाया जाता है जब तक कि इनका रंग लाल न पड़ जाए। जले गोलों को वापिस पीसा जाता है और इसमें बिना जली काली मिट्टी 70 से 75% तक मिला दी जाती है। दोनों को अच्छी तरह मिलाया जाता है। पानी डालकर ईंट बनाने के लिए मिश्रण तैयार किया जाता है। ईंट बनाते समय साँचे के अन्दर लगाने वाली मिट्टी भी जली हुई मिट्टी होनी चाहिए, आम रेत नहीं। सुखाने के बाद ईंटें पकाई जाती हैं जो ठण्डा होने पर पानी में रक्खी जाती हैं ताकि सूखने के कारण फटने न पाए।

2·12. अग्निसह ईंटें (Fire Bricks or Refractory Bricks)

आम ईंटें बहुत अधिक तापमान पर अपनी शकल और सामर्थ्यता नहीं बनाए रख पाती, जबकि अग्निसह ईंटें यह सब सहन कर सकती हैं। क्योंकि यह ईंटें बहुत ऊँचे तापमान सहन कर सकतीं हैं, इसलिए इनका उपयोग चिमनियों व भट्टियों इत्यादि में किया जाता है। यह ईंटें उष्मासह मिट्टी (Refractory Clay) से बनाई जाती हैं। उष्मासह मिट्टी की संरचना भी वही होती है जो कि आम ईंटों की मिट्टी की। अन्तर केवल इतना होता है कि फलक्सिग पदार्थों (Fluxing Material), जैसे लोहे का ऑक्साइड, चूना, इत्यादि की मात्रा इसमें बहुत कम कर दी जाती है। मिट्टी में फलक्सिग पदार्थों की जितनी कम मात्रा होगी, मिट्टी उतनी ही अधिक उष्मासह होगी। उष्मासह पदार्थ, जैसे सिलिका, अल्यूमिना, मैग्नेसाईट (Magnesite), बॉक्साईट क्रोमाईट (Chromite) इत्यादि की इस मिट्टी में अधिकता होती है।

उष्मासह ईंटों को तीन भागों में विभाजित किया जा सकता है :

1. अम्लीय उष्मासह ईंटें (Acidic Fire Bricks)
2. क्षारीय उष्मासह ईंटें (Basic Fire Bricks)
3. उदासीन उष्मासह ईंटें (Neutral Fire Bricks)

1. **अम्लीय उष्मासह ईंटें** ((Acidic Fire Bricks)—इन ईंटों का उपयोग ऐसी भट्टियों में किया जाता है, जहाँ अम्लीय क्रियाएँ होती हैं। सिलिका ईंटें तथा Fire Bricks, इसी तरह की उष्मासह ईंटें हैं।

(i) Fire Bricks—यह ईंटें अग्निसह मिट्टी से बनाई जाती हैं। इस मिट्टी में प्रायः 50 से 75% सिलिका और 20 से 40% तक अलुमिना होता है। फलक्स पदार्थों की मात्रा 10% से हमेशा कम होती है। फलक्स पदार्थों की जितनी कम मात्रा होगी और अलुमिना की जितनी मात्रा अधिक होगी, ईंटें उतनी ही अधिक उष्मासह होंगी। अलुमिना की मात्रा बहुत अधिक भी नहीं होनी चाहिए अन्यथा इन ईंटों की प्रवृत्ति क्षारीय हो जाती है। 1700°C पर भी इस ईंट में नरमाई (Softness) नहीं आनी चाहिए और 1350°C पर इसकी कम-से-कम भार वहन क्षमता 2·0 N/mm² होनी चाहिए।

(ii) **सिलिका ईंटें** (Silica Bricks)—इन ईंटों में शुद्ध सिलिका 95% तक होता है। सिलिका ईंटें बनाने के लिए, शुद्ध सिलिका में लगभग 2% चूना मिला देना चाहिए ताकि ईंटें बनाने के लिए कुछ सुघट्यता उत्पन्न हो सके। यह ईंटें 1483°C पर जलाकर पकाई जाती हैं। इन ईंटों का प्रसार गुणांक बहुत अधिक होता है, इसलिए काम लेते समय इनमें काफी चौड़ा गारे का जोड़ छोड़ा जाता है। यह ईंटें 1700 से 1800°C तक तापमान सहन कर सकती हैं। इन ईंटों की चरम संपीडन क्षमता 15 N/mm² या इससे भी अधिक होती हैं। इन ईंटों का उपयोग लोहा गलाने की भट्टियों में अधिकतर किया जाता है।

2. **क्षारीय उष्मासह ईंटें** (Basic Fire Bricks)—यह ईंटें मैग्नेसाइट (Magnesite) डोलोमाईट (Dolomite), बॉक्साईट, जैसे पदार्थों से बनाई जाती हैं। अधिकतर काम आने वाली क्षारीय ईंटों का वर्णन नीचे दिया हुआ है।

(i) **मैग्नेसाईट ईंटें** (Magnesite Bricks)—इन ईंटों का मुख्य घटक मैग्नेशियम ऑक्साइड होता है, जिसमें लगभग 10% दूसरे ऑक्साइड मिले होते हैं। कार्बन डाइ-ऑक्साइड गैस निकालने के लिए मैग्नेसाइट का 800°C पर निस्तापन (Calcining) किया जाता है। इस निस्तप्त मैग्नेशियम का तापक्रम 1800°C तक बढ़ा कर ठण्डा कर लिया जाता है। 1800°C तक गर्म करके ठण्डे किए मैग्नेसाइट में, निस्तप्त मैग्नेसाइट (जो 800°C पर किया जाता है) 1% से 5% मिला दिया जाता है और मिश्रण अच्छी तरह से मिला दिया जाता है। मिलाते समय मिश्रण में पानी की बहुत कम मात्रा डालनी चाहिए। निस्तप्त मैग्नेशियम की जितनी मात्रा कम मिलाई जाती है, ईंटें उतनी ही अधिक उष्मासह होती हैं। इस मिश्रण की सुघट्यता

(Plasticity) बहुत कम होती है, इसलिए इसमें लुक (Tar) या मैग्नेशियम क्लोराइड थोड़ा-सा डाल देना चाहिए ।

सांचों में ईंटें डालकर इन्हें जरा सुखाया जाता है और फिर दबाव से दबा दिया जाता है और पकाया जाता है ।

इन ईंटों का उपयोग Bessemer Convertor, Open Hearth Furnaces, बलास्ट भट्टी (Blast Farnace) इत्यादि में किया जाता है ।

(ii) **डोलोमाइट ईंटें** (Dolomite Bricks)—यह ईंटें मैग्नेशियम ईंटों जितनी ऊष्मासह नहीं होती है । इनमें मुख्य घटक निस्तप्त डोलोमाइट (Calcined Dolomite), मैग्नेशियम कार्बोनेट और चूना है । बहुत अधिक तापमान पर, इन ईंटों में सिकुड़न मैग्नेसाइट ईंटों से अधिक होती है । इन ईंटों को भी वैसे ही सुखाया एवं पकाया जाता है जैसे कि मैग्नेसाइट ईंटों को ।

(iii) **बॉक्साइट ईंटें** (Bauxite Bricks)—बॉक्साइट को बारीक पाउडर शकल में पीसकर, इसमें 15% से 30% Fireclay मिला दी जाती है और उचित मात्रा में पानी मिलाकर ईंटें बना ली जाती हैं । हालांकि यह ईंटें काफी ऊष्मासह होती हैं लेकिन बहुत अधिक तापमान पर इसमें सिकुड़न इतनी अधिक हो जाती है कि इनको आम उपयोग में नहीं लाया जा सकता ।

3. **उदासीन ईंटें** (Neutral Bricks)—जहाँ अम्लीय और क्षारीय दोनों क्रियाएँ होना सम्भव हो, वहाँ उदासीन किस्म की ऊष्मासह ईंटें काम में ली जाती हैं । इस किस्म की ईंटें नीचे दी गई हैं ।

(i) **क्रोम ईंटें** (Chrome Bricks)—इस ईंट की मिट्टी में 30% से 40% क्रोम ऑक्साइड होता है और बाकी अलुमिनियम, सिलिकन और मैग्नेशियम के

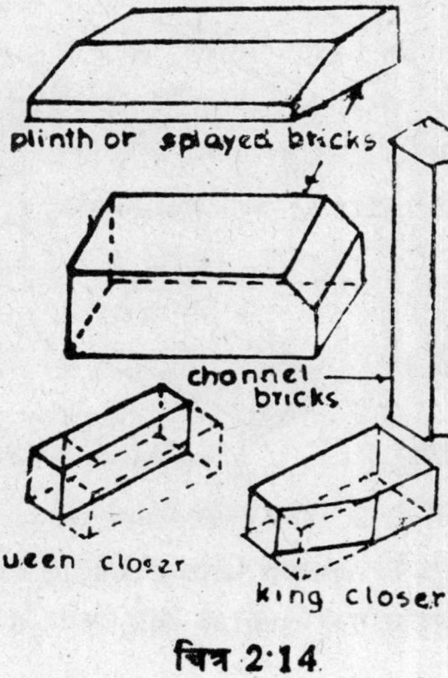

चित्र 2·14

ऑक्साइड होते हैं। यह ईंटें सलैग (Slag) और गैसों की संक्षारण क्रिया (Corrosive Action) की बहुत अच्छी रोधक होती हैं। यह ईंटें मैग्नेशिया ईंटों से कमजोर तथा कम ऊष्मासह होती हैं।

(ii) **क्रोम-मैग्नेसाइट ईंटें** (Chrome-Magnesite Bricks)—यह ईंटें क्रोम और मैग्नेसाइट के मिश्रण से बनाई जाती हैं।

(iii) **स्पाइनल ईंटें** (Spinel Bricks)—यह ईंटें मैग्नेशिया और अलुमिना की बराबर मात्रा के मिश्रण से बनाई जाती हैं।

(iv) **फोरस्ट्राइट ईंटें** (Forsterite Bricks)—फोरस्ट्राइट नामक खनिज ($2\ MgO.\ SiO_2$) से यह ईंटें बनाई जाती हैं।

उदासीन ईंटों का उपयोग बहुत ही सीमित होता है, अतः यह बहुत महत्त्वपूर्ण नहीं हैं।

ऊष्मासह ईंटों की चिनाई में काम आने वाला मसाला भी अग्निसह मिट्टी का होना चाहिए, चूने या सीमेंट का नहीं। ऊष्मासह ईंटें लगभग 15 से 20 N/mm^2 का दबाव सहन कर सकती हैं और इनका भार लगभग 24000 N/m^3 होता है। यह ईंटें 4% से 10% तक पानी सोखती हैं।

2·13. विभिन्न शकलों की ईंट (Different Forms of Bricks)

विशेष स्थिति में काम आने वाली कुछ ईंटों की शकलें चित्र 2·14 तथा 2·15 में दिखाई हुई हैं।

तीखे किनारों या कोनों को गोलाई प्रदान करने के लिए Bull-Nosed bricks लगाई जाती हैं।

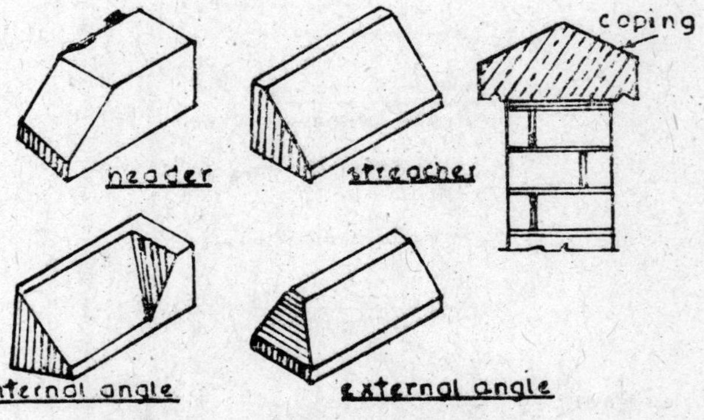

चित्र 2·15 (Purpose Made ईंटें)

लम्बाई में कटी आधी ईंट को Queen Closer कहते हैं। इसका उपयोग दीवार के कोने पर ऊर्ध्वाधर जोड़ उत्पन्न न होने देने के लिए किया जाता है।

जब दो आधी ईंटें किसी कोण पर मिलती हैं तो King Closer का उपयोग किया जाता है। ईंट का एक कोना इस तरह से काटा जाता है कि ईंट की आधी लम्बाई और आधी चौड़ाई कट जाए।

नालियाँ बनाने के लिए Gutter या Channel bricks काम में ली जाती हैं।

पैरापेट (Parapet) दीवार के सबसे ऊपरी रद्दे पर Coping Bricks का रद्दा लगाया जाता है। Coping Bricks कई शकलों में हो सकती हैं और यह दीवार के दोनों ऊर्ध्वाधर फलकों से बाहर निकली हुई रहती हैं।

मकान के Plinth पर, दरवाजों व खिड़कियों के जैम्ब (Jambs) के लिए Splay, Cant या Plinth bricks काम में ली जाती हैं।

कोर्निस ईंटें (Cornice Bricks)—कोर्निस ईंटे कई तरह की होती हैं और कई ईंटों को मिलाकर कोर्निस बनाया जाता है।

डाट ईंटें या वासायार (Voussoirs)—डाट निर्माण में इन ईंटों का उपयोग किया जाता है। यह ईंटें पचड़नुमा (wedge) शकल की होती हैं।

Purpose Made Bricks—यह ईंटें किसी विशेष नाप और शकल में बनाई जाती हैं। यह दूसरी ईंटों से महँगी होती हैं, लेकिन इन्हें काम में लेते समय उचित शकल में लाने के लिए इन्हें काटना नहीं पड़ता। विभिन्न तरह की कुछ ईंटें चित्र 2·15 तथा 2·17 में भी दिखाई हुई हैं।

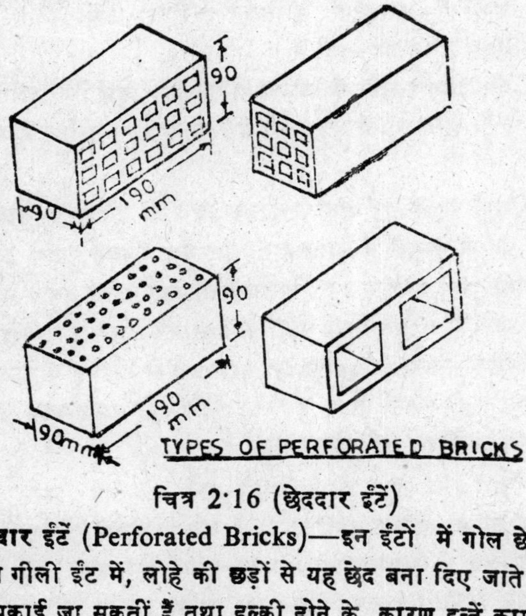

चित्र 2·16 (छेददार ईंटें)

छेददार ईंटें (Perforated Bricks)—इन ईंटों में गोल छेद बने होते हैं। सांचे में ढली गीली ईंट में, लोहे की छड़ों से यह छेद बना दिए जाते हैं। यह ईंटें बहुत आसानी से पकाई जा सकतीं हैं तथा हल्की होने के कारण इन्हें काम में लेना आसान होता है। चित्र 2·16 देखो।

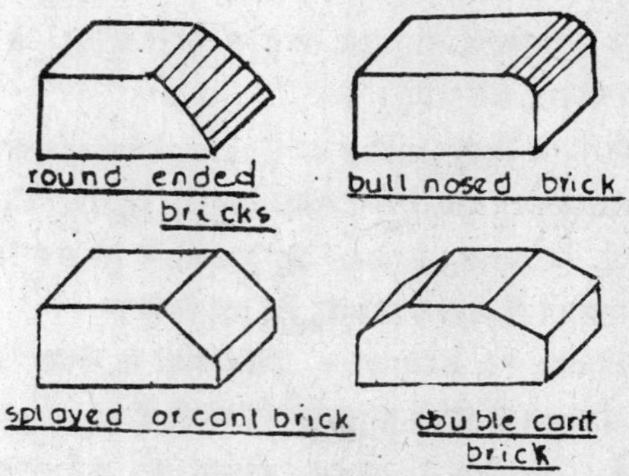

चित्र 2·17. (Purpose Made ईंटें)

खोखली ईंटें ((Hollow or Cavity Bricks)—यह ईंटें ठोस नहीं बल्कि थोथी होती हैं। ठोस पदार्थ का आयतन, ईंट के पूरे आयतन से आधे से कम नहीं होना चाहिए। प्रत्येक वेब (Web) की मोटाई 15 mm से कम नहीं होनी चाहिए।

2·14. लोनी लगाना या प्रस्फुटन (Efflorescence)

चिनाई की दीवारों के बाहरी तरफ, कई बार एक सफेद पदार्थ दिखाई देता है। यह उन्हीं दीवारों पर दिखता है जो किसी-न-किसी रूप में सतही या भूमिगत पानी के सम्पर्क में आती हैं। प्रस्फुटन से दिखने में दीवार भद्दी लगती है और कई बार इस क्रिया से दीवारें गिर भी जाती हैं।

सोडियम, पोटाशियम और कैल्शियम के सल्फेट, कुछ ऐसे पदार्थ हैं जो यदि ईंटों में उपस्थित हों तो प्रस्फुटन उत्पन्न करते हैं। मैंग्नेशियम सल्फेट से यह क्रिया बहुत तीव्र होती है।

दीवार के खुले फलक पर वर्षा के कारण या टंकी वगैरह के लीक हो जाने के कारण, पानी जब ईंट के सम्पर्क में आता है तो ईंट में उपस्थित पदार्थ इसमें घुल जाते हैं। धूप से जब पानी वाष्प बनकर उड़ जाता है तो यह पदार्थ सफेद रंग में ईंटों की सतह पर जमे रह जाते हैं। भवनों की नीवों के पास की मिट्टी में यदि यही पदार्थ उपस्थित हों तो केशिका-क्रिया (Capillary Action) से भी यह दीवार पर जमा हो सकते हैं और प्रस्फुटन हो सकती है। इसलिए ईंटें बनाते समय काम ली जाने वाली मिट्टी में यह पदार्थ उपस्थित नहीं होने चाहिएँ।

प्रस्फुटन क्रिया यदि समय पर न रोकी जाए तो यह क्रिया चलती रहती है जिससे ईंटें और अधिक सारन्ध्र होती जाती हैं और कमजोर होकर गिर जाती हैं। चिनाई में काम के लिए गारे तथा पानी में यह पदार्थ उपस्थित नहीं होने चाहिएँ। प्रस्फुटन वाली जगह सीमेंट प्लास्टर किया होना चाहिए ताकि पानी ईंट के सम्पर्क में न आए।

प्रश्नावली

1. ईंटों का उचित वर्गीकरण करो। प्रत्येक वर्गीकरण के गुण तथा उपयोग लिखो।
2. अच्छी ईंट के क्या लक्षण होते हैं ?
3. ईंट और पत्थर की निर्माण सामग्री के रूप में तुलना करो। इनके एक-दूसरे पर गुण व अवगुण लिखो।
4. ईंटें बनाने वाली मिट्टी की बनावट लिखो तथा मिटटी में उपस्थित ऐसे कौन-से तत्त्व होते हैं जिनका ईंट पर दुष्प्रभाव होता है और क्यों ?
5. पग मिल का एक साफ चित्र बनाकर इसकी कार्य प्रणाली का वर्णन करो।
6. प्रथम, द्वितीय और तृतीय वर्ग की ईंटों की विशिष्टताएँ लिखो।
7. साँचे में ईंट ढालने की पूर्ण क्रिया का विस्तार से वर्णन करो। ईंट में फ्राग लगाने का क्या महत्त्व है ?
8. Bull's Trench Kiln का एक साफ चित्र बनाकर इसकी कार्य प्रणाली लिखो।
9. Hoffman's Kiln का एक साफ चित्र बनाकर इसकी कार्य प्रणाली लिखो।
10. पजावे और भट्टे में क्या अन्तर है ?
11. ऊष्मासह ईंटें कहाँ काम ली जाती हैं ? ऊष्मासह ईंटें बनाने के लिए काम ली गई मिट्टी में क्या विशेषता होनी चाहिए ?
12. प्रस्फुटन से क्या तात्पर्य है ? प्रस्फुटन के कारण और इसे रोकने के उपाय लिखो।

3

टाइलें या खपरैल
[TILES]

3·1. परिचय (Introduction)

टाइलें पहली स्लैब के रूप में होती हैं जो छत ढकने, फर्श बनाने और कई बार पानी वाली नालियाँ बनाने के लिए काम में ली जाती हैं। टाइलें मिट्टी से या सीमेंट कंक्रीट से बनाई जा सकती हैं। फर्श बनाने वाली और नालियाँ वगैरह बनाने वाली टाइलें अधिकतर सीमेंट कंक्रीट से बनी होती हैं, जबकि छत ढकने वाली टाइलें अधिकतर मिट्टी से बनी होती हैं। यहाँ हम मिट्टी की टाइलों के बारे में ही विस्तार से बताएँगे। क्योंकि कंक्रीट टाइलें समतल होती हैं और उन्हें पकाना नहीं होता है, इसलिए इनके बनानें में कठिनाई नहीं होती।

टाइलें बनाने वाली मिट्टी की संरचना भी लगभग वैसी ही होती है जैसी कि आम ईंटों की। अन्तर केवल इतना होता है कि टाइल वाली मिटटी अधिक शुद्ध होती है और पग मिल में इसका मिलाना बहुत महत्त्वपूर्ण होता है। कई बार तो टाइलें बनाने में काम लेने वाली मिट्टी को सूखी पीस लिया जाता है ताकि इसमें कोई भाटा वगैरह न रह जाए, जो पकाते समय टाइल को नष्ट कर दे।

बहुत उच्चकोटि की टाइलें बनाने के लिए मिट्टी को अच्छी तरह पीसकर पानी में डाल दिया जाता है। मोटे नाप के कण पानी में नीचे बैठ जाते हैं और बहुत बारीक कण पानी में घुल जाते हैं। बारीक कण घुला पानी ऊपर से निथार लिया जाता है और एक टब में सूखने के लिए रख दिया जाता है। सूखने पर पानी हवा में उड़ जाता है और बारीक मिट्टी टब में रह जाती है, जिसका उपयोग टाइलें बनाने के लिए किया जाता है।

3·2. विभिन्न तरह की टाइलें (Different Types of Tiles)

टाइलों को हम तीन भागों में बाँट सकते हैं :

1. छत ढकने वाली टाइलें (Roofing Tiles)
2. फर्श या सड़क बनाने वाली टाइलें (Flooring Tiles or Paving Tiles)
3. नालियाँ बनाने वाली टाइलें (Drain Tiles)

प्रत्येक किस्म की टाइलों के चित्र व संक्षिप्त वर्णन यहाँ दिए हुए हैं।

(1) **छत ढकने वाली टाइलें** (Roofing Tiles)—यह टाइलें स्लेट की तरह समतल या किसी दूसरी शक्ल में हो सकती हैं। कुछ मुख्य टाइलों का वर्णन यहाँ दिया हुआ है।

(i) **सादी टाइलें** (Plain Tiles)—यह टाइल चित्र 3·1 में दिखाई हुई हैं। यह 18 से 17 mm तक मोटी होती हैं तथा इसके नाप 25 cm × 15 cm से 28 cm × 18 cm तक होते हैं। इन टाइलों के एक तरफ उभरी हुई किनारी या छोटे-छोटे दो लग, टाइलों के निचली तरफ उभरे हुए रहते हैं। लग, 2 cm से कम मोटे नहीं होने चाहिएँ तथा इनका उभार 1 cm से कम नहीं होना चाहिए। इस लग या किनारी से ही यह टाइलें लकड़ी के गुटकों के साथ अटकी रहती हैं।

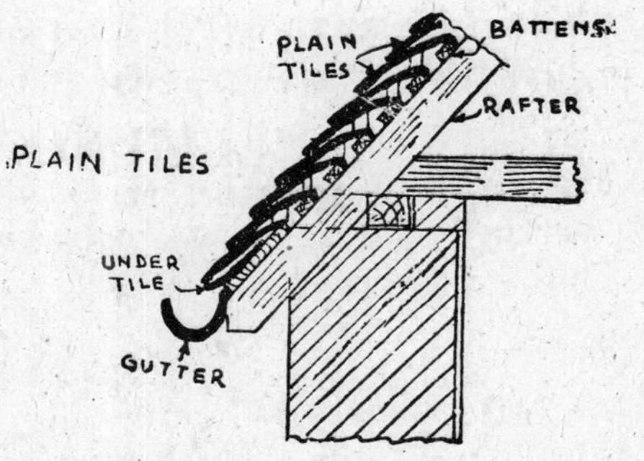

चित्र 3·1 (सादी टाइल)

(ii) **पैन टाइलें** (Pan Tiles)—चित्र 3·2 में पैन टाइल दिखाई हुई है। यह टाइलें S रूप में वक्र होती हैं। यह 33 cm से 38 cm लम्बी और 23 से 28 cm चौड़ी होती है। पैन टाइलें बनाने के लिए एक सांचा, एक हॉरस (Horse), एक बो (Bow) और एक स्ट्राइक (Strike) चाहिए। यह सब चित्र 3·3 में दिखाए हुए हैं।

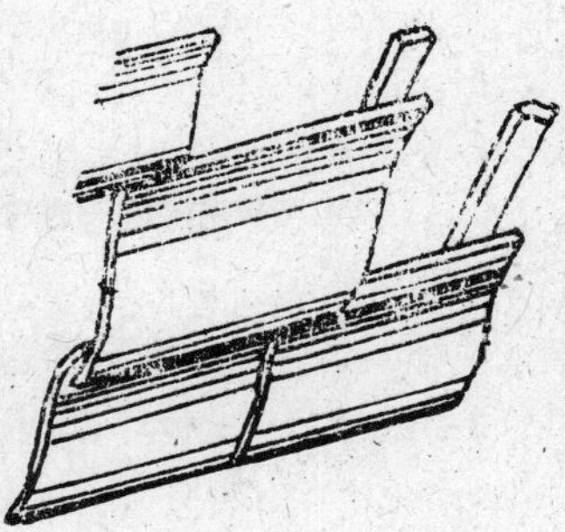

चित्र 3·2. (पैन टाइल)

पैन टाइल बनाने के लिए तैयार मिट्टी का गोला बनाकर साँचे में अच्छी तरह भरो। बो (Bow) की मदद से साँचे में से फालतू मिट्टी हटा लो और स्ट्राइक (Strike) से टाइल की ऊपरी सतह एकसार कर दो। स्ट्राइक को टाइल की सतह पर कई बार घुमाना चाहिए ताकि टाइल की ऊपरी सतह बिल्कुल चिकनी हो जाए। अब ध्यान से टाइल साँचे में से निकलकर, पहले से ही बनी हुई टाइल पर रख दी जानी चाहिए। जब टाइल जरा सूख जाती है तो यह Horse की वक्र सतह पर रखकर दबा दी जाती है ताकि टाइल का एक किनारा वक्र हो जाए। Horse और साँचे में गीली टाइल चिपक न जाए, इसके लिए प्रत्येक बार काम लेने से पहले इन पर राख छिड़क लेनी चाहिए।

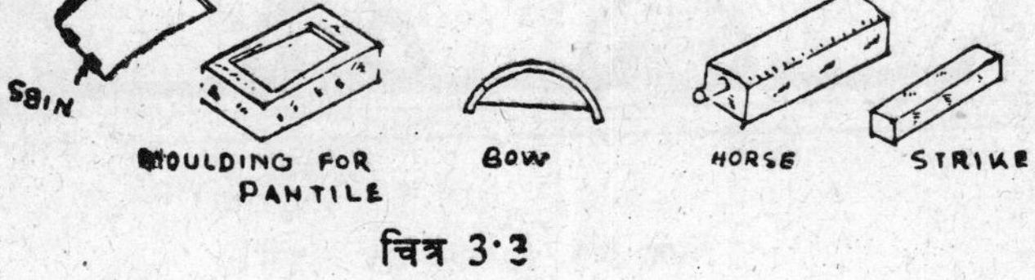

चित्र 3·3

(iii) **पॉट टाइल** (Pot Tiles)—यह टाइलें अर्ध वृत्ताकार होती हैं तथा लम्बाई में गावदुमाकार (Tapered) होती हैं। इसके एक सिरे पर व्यास लगभग 23 cm होता है जबकि दूसरे सिरे पर यही व्यास लगभग 20cm रह जाता है। छत पर पहले इन टाइलों की कतारें Concave फलक ऊपर रखते हुए लगाई जाती है और फिर इन्हीं टाइलों का Convex फलक ऊपर रखकर लगाई जाती है जैसा कि चित्र 3·4 में बताया हुआ है।

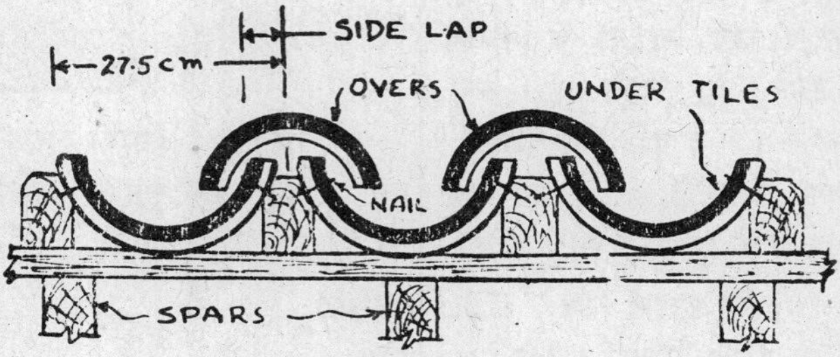

चित्र 3·4. (पॉट टाईलें)

(iv) **इलाहाबाद टाइलें**—इस टाइल को दो भागों में बनाया जाता है। एक

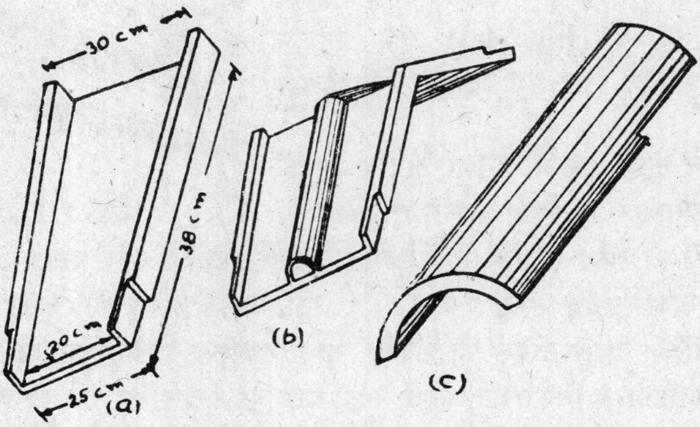

चित्र 3·5. (इलाहाबाद टाइलों के अलग-अलग भाग)

भाग समतल टाइलें होती हैं जिनके लम्बे किनारे चैनल के रूप में ऊपर की तरफ मुड़े होते हैं। इस भाग के एक सिरे की चौड़ाई 23 cm और दूसरे सिरे की चौड़ाई 27 cm

चित्र 3·6. (इलाहाबाद टाइलें)

और कुल लम्बाई लगभग 38 cm होती है। दूसरा भाग अर्ध-वृत्ताकार होता है जिसके एक सिरे का व्यास 12 cm तथा दूसरे सिरे का व्यास 16·5 cm होता है। इसकी लम्बाई भी 38 cm होती है। इस टाइल के विभिन्न नाप व इनके लगाने की व्यवस्था सब चित्र 3·5 तथा 3·6 में दिखाए हुए हैं।

(v) **मैंगलौर टाइलें** (Mangalore Tiles)—यह टाइलें हाथ से नहीं, मशीनों से बनाई जाती हैं। दक्षिण भारत में यह टाइलें बहुत उपयोग में लाई जाती हैं।

चित्र 3·7 (मैंगलौर टाइलें)

मशीन से बनी होने के कारण यह मजबूत और कठोर होती हैं। इनकी शक्ल व नाप चित्र 3·7 में दिखाए हुए हैं। I.S. अनुसार इन टाइलों के तीन नाप होते हैं।

प्रभावी लम्बाई	प्रभावी चौड़ाई
317·2±6·4 mm	209·5±3·2 mm
342·9±6·4 mm	215·9±3·2 mm
349·3±6·4 mm	222·3±3·2 mm

इन टाइलों के बनाने में यह देखा गया है कि ऐंठन (Warp) कठिनाई के कारण लगभग 40% टाइलें नष्ट हो जाती हैं। C.B.R.I. रूड़की ने कई परीक्षण करके सिफारिश की है कि यदि एलूमीनियम क्लोराइड थोड़ी मात्रा में मिट्टी में मिला दिया जाए तो टाइलों का यह नष्ट होना लगभग 15% तक कम किया जा सकता है।

(vi) **कंक्रीट की छत वाली टाइलें** (Concrete Roofing Tiles)—सीमेंट कंक्रीट से किसी भी शक्ल में किसी भी नाप की टाइलें बनाई जा सकती हैं। यह टाइलें अधिक मजबूत, स्थाई और वायुमण्डलीय प्रभावों को अच्छी तरह सहन करने वाली होती हैं।

चित्र 3·8. (रानीगंज टाइलें)

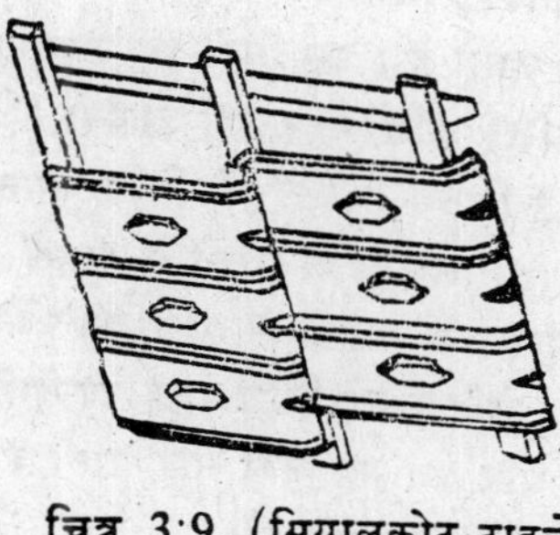

चित्र 3·9. (सियालकोट टाइलें)

रानीगंज टाइलें चित्र 3·8 में, सियालकोट टाइले, चित्र 3·9 में दिखाई हुई हैं। यह दोनों टाइलें भी छत पर काम ली जाती हैं।

Ridge tiles, Valley tiles, Hip tiles इत्यादि चित्र 3·10 में दिखाई हुई हैं। यह टाइलें जिस स्थिति में काम ली जाती हैं उन्हीं अनुसार इनका नाम रक्खा जाता है।

चित्र 3·10 (रिज टाइलें)

2. **फर्श बनाने वाली टाइलें** (Flooring Tiles or Paving Tiles)—फर्श बनाने के लिए इन टाइलों का उपयोग किया जाता है। सादे सीमेंट कंक्रीट में, या इसमें संगमरमर वगैरह के दाने डाल कर, विभिन्न सुन्दर शक्लों में यह टाइलें बनाई जाती हैं। इसकी मोटाई 15 mm. से 30 mm. तक होती है। यह किसी भी ज्यामितीय शक्ल में बनाई जा सकती हैं।

3. **नाली में काम आने वाली टाइलें** (Drain Tiles)—नाली के आधार पर, यही टाइलें लगाई जाती हैं। जिन नालियों में गन्दगी वगैरह बहती हो, उनमें लगी टाइलें चमकदार व Glazed होनी चाहिएँ। यह टाइलें V, U या अर्धवृताकार शक्ल में होती हैं।

3·3. टाइलें बनाना (Manufacturing the Tiles)

ईंटों की भाँति टाइलों के निर्माण में भी मुख्य चार क्रियाएँ होती हैं :

(i) मिट्टी तैयार करना (Preparation of clay)

(ii) साँचे में ढालना (Moulding)

(iii) सुखाना (Drying) और (iv) पकाना (Burning)।

(i) **मिट्टी तैयार करना**—आमतौर पर काम आने वाली टाइलों की मिट्टी मशीनों में डालकर पीसी जाती है और फिर इसमें पानी मिलाकर पग मिल में अच्छी तरह मिलाया जाता है। लेकिन बहुत ऊँचे स्तर की टाइलें बनाने के लिए पिसी मिट्टी को पहले पानी में डाला जाता है जिससे मिट्टी के मोटे कण नीचे बैठ जाते हैं और बारीक कण मिटटी में निलम्बित रहते हैं। इस पानी को एक बर्तन में डालकर सुखा दिया जाता है, जिससे पानी हवा में उड़ जाता है और बहुत बारीक मिट्टी बर्तन में जमी रह जाती है। इस मिट्टी का उपयोग कर टाइलें बनाई जाती हैं।

(ii) **साँचों में टाइलें ढालना** (Moulding)—भारत में टाइलें ढालने की तीन विधियाँ हैं जिनमें से कोई भी विधि अपनाई जा सकती है।

(a) **लकड़ी के साँचों में टाइलें ढालना**—जिस शक्ल की टाइल बनानी होती है उसी शक्ल के लकड़ी के साँचे बने होते हैं, जिनमें तैयार मिट्टी डालकर टाइलें बनाई जाती हैं। लेकिन यह विधि बहुत उपयोगी नहीं है। इसलिए पहले समतल टाइलें बनाई जाती हैं और जब यह जरा सूख जाती हैं तो लकड़ी के पैट्रन का उपयोग कर उसे जो चाहें शकल दे दी जाती है।

(b) **चक पहिए से टाइलें बनाना** (Potter's Wheel)—पूरी तरह से गोलाकार टाइलें चक पहिए से बड़ी आसानी से बनाई जा सकती हैं। गावदुमाकार टाइलें भी इसी पहिए से बनाई जा सकती हैं। पूरी गोलाई में बनी टाइल को दो भागों में काट दिया जाता है जिससे अर्ध-वृत्ताकार दो टाइलें प्राप्त हो जाती हैं।

(c) **मशीन से टाइलें ढालना या बनाना** (Machine Moulding)—इस विधि में तैयार मिट्टी, टाइल की शकल के एक सुराख में से दबाव में निकलने के लिए बाध्य की जाती है और तार से निश्चित लम्बाई की टाइलें काट ली जाती हैं।

(iii) **टाइलों का सुखाना** (Drying)—टाइलों के सुखाने में बहुत ध्यान रखने वाली बात है कि तेज धूप में या तेज हवाओं में टाइलें नहीं सुखानी चाहिएँ। टाइलें हमेशा छाया में सुखानी चाहिएँ। धूप में सुखाने से टाइलों में ऐंठन हो जाती है और वह फट जाती हैं।

(iv) **टाइलों का पकाना** (Burning)—सुखाने की भाँति ऐंठन और फटने से बचाने के लिए टाइलों का पकाना भी बड़े ध्यान से करना चाहिए। टाइलों का पकाना एक बहुत धीमी क्रिया है और इन्हें पकने के लिए बहुत कम ऊष्मा की आवश्यकता होती है। यदि ईंटें तथा टाइलें दोनों एक साथ पकती हों तो भट्टे के ऊपरी भाग में टाइलें भर देनी चाहिएँ जबकि निचले भाग में ईंटें भरी होनी चाहिए। बहुत तेज आग ईंटें सहन कर लेती हैं, जबकि ऊपरी भाग में लगी टाइलों तक पहुँचते-पहुँचते इसका ताप कम हो जाता है, जिसमें टाइलें बड़ी अच्छी तरह पक जाती हैं। यदि टाइलें अलग ही पकानी हों तो सियालकोट नामक भट्टे का इस कार्य के लिए उपयोग किया जाता है। इस भट्टे की कार्य प्रणाली चित्र 3·11 में दी हुई है।।

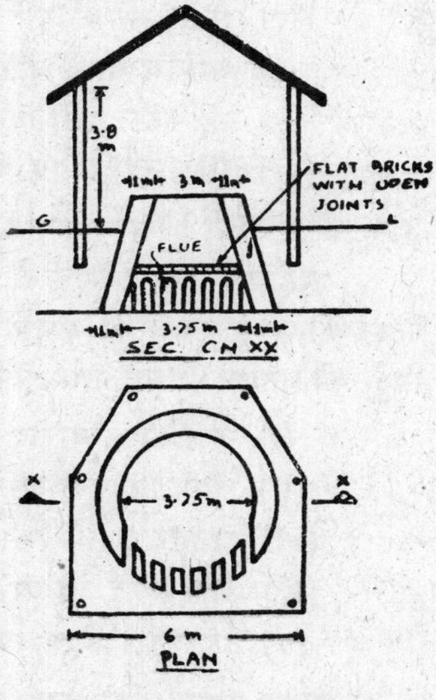

चित्र 3·11 (सियालकोट भट्टा)

भूमि के अन्दर खड्डा बनाकर आग जलाने के लिए चूल्हा बना दिया जाता है। इस चूल्हे को ढकते हुए चपटी ईंटों का एक रद्दा लगाया जाता है लेकिन ध्यान रहे ईंटें थोड़ी जगह छोड़कर ही लगानी चाहिएँ। सुखाई हुई टाइलें, किनारे पर खड़ी करके कई रद्दों में ईंटों के रद्दे के ऊपर लगा देनी चाहिए तथा भट्टा टाइलों से भर देना चाहिए। टाइलें भरने के बाद भट्टे को चारों तरफ से बन्द कर दिया जाना चाहिए और ऊपर से पुरानी कम जली टाइलों से ढक दिया जाना चाहिए। अब चूल्हों में ईंधन लगाकर आग दी जाती है और धीरे-धीरे इनका तापक्रम 800°C तक पहुँचा दिया

जाता है। इस तापक्रम पर टाइलें लाल गर्म हो जाती हैं। इसके बाद लगभग तीन घंटों के लिए आग की तीव्रता कम कर दी जाती है और फिर इसे तेज कर दिया जाता है और लगभग 1300°C तक इसे गर्म किया जाता है और लगभग तीन घण्टों तक यही तापक्रम बनाए रखा जाता है। इसके बाद आग लगभग 6 घण्टों के लिए कम करके फिर 4 घण्टों तक 1300°C का तापक्रम बनाए रखा जाता है। अब आग देना बन्द कर दिया जाता है और चूल्हे वगैरह सब बन्द कर दिए जाते हैं तथा भट्टा ठंडा होने दिया जाता है। ठंडा होने पर टाइलें निकाल ली जाती हैं। पकाने की क्रिया लगभग तीन दिन ले लेती है।

अच्छी टाइलों के गुण (Properties of Good Tiles)

(i) इनकी शक्ल व नाप नियमित होने चाहिएँ।
(ii) इनमें ऐंठन व दरारें वगैरह नहीं होनी चाहिएँ।
(iii) यह अच्छी तरह पकी होनी चाहिएँ तथा इनका रंग एकसार होना चाहिए।
(iv) दो टाइलों को यदि आपस में टकराया जाय तो साफ धातुई (Ringing) आवाज आनी चाहिए।
(v) यह कठोर व मजबूत होनी चाहिएँ।
(vi) टाइल के टूटे हुए भाग से इसकी एकसार सघन संरचना दीखनी चाहिए।

3·4. टेरा-कोटा (Terra-cotta)

यह एक किस्म का चीनी का सामान (Earthen Ware) है जिसका उपयोग पत्थर की जगह भवनों को सजाने के लिए किया जाता है। टेरा-कोटा बनाने वाली मिट्टी की बनावट निम्नानुसार होती है :

(i) अच्छी शुद्ध बारीक मिट्टी (Clay)—5 भाग
(ii) चीनी मिट्टी के बर्तन वगैरह पिसे हुए—3 भाग
(iii) पाउडर रूप में पिसा हुआ कांच—एक भाग।
(iv) साफ सफेद रेत या बालू (Sand)—2 भाग।
(v) टेरा-कोटा को आवश्यक रंग देने वाले पदार्थ—उचित मात्रा में।

ऊपर बताए पाँचों घटक उचित मात्रा में लेकर एक टब में मिलाए जाते हैं, जिसमें पानी की काफी मात्रा भरी होती है। पूरा मिश्रण फावड़े से अच्छी तरह मिलाया जाता है। यह मिश्रण अब ऐसे लकड़ी के बक्सों में भरा जाता है जिनमें खुले जोड़ होते हैं और जिनमें से मिश्रण का फालतू पानी अपने आप बाहर बह जाता है। फालतू पानी मिश्रण में से निकल जाने के बाद बचे मिश्रण को पग मिल में कई बार मिलाया जाता है ताकि साँचों में ढालने के लायक हो जाए।

सांचों में ढालना और सुखाना (Moulding and Drying)—इसके लिए पेरिस प्लास्टर या जस्ते के सांचों का उपयोग किया जाता है। आवश्यक नाप से सांचे

का नाप 6 से 10% बड़ा बनाया जाता है ताकि सिकुड़न वगैरह के बाद भी सही नाप का टेरा-कोटा प्राप्त हो। तैयार मिश्रण साँचों में दबाकर भर दिया जाता है और कुछ दिनों बाद साँचा निकाल लिया जाता है और तैयार पदार्थ कुछ दिन और सूखने के लिए छोड़ दिया जाता है। सुखाने की क्रिया बहुत धीमी होनी चाहिए।

टेरा-कोटा को पकाना (Burning of Terra-cotta)—एक सार रंग प्राप्त

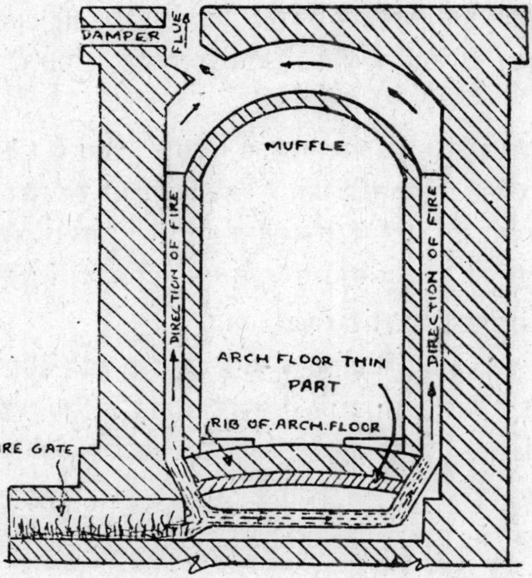

चित्र 3·12. (मफल भट्टी)

करने के लिए टेरा-कोटा पकाते समय बड़ी सावधानी रखनी चाहिए। टेरा-कोटा मफल भट्टी (Muffle furnace) में पकाया जाता है। इस भट्टी में अग्निसह ईंटों का एक चैम्बर बना होता है, जिसे मफल (Muffle) कहते हैं। मफल चैम्बर के चारों तरफ गर्म हवा के अवागमन के लिए जगह रहती है जैसा कि चित्र 3·12 में दिखाया हुआ है। टेरा-कोटा, मफल चैम्बर में भर दिया जाता है और मफल के चारों तरफ खाली जगह में गर्म हवा का अवागमन बनाए रखा जाता है जिससे टेरा-कोटा गर्म होकर पक जाता है।

टेरा-कोटा दो तरह का होता है—

(i) सरन्ध्र टेरा-कोटा (Porous terra-cotta)

(ii) पालिश किया हुआ टेरा-कोटा या फेइस (Polished or fine terra-cotta or Faience)

सरन्ध्र टेर-कोटा बनाने के लिए, मिट्टी तैयार करते समय इसमें लकड़ी का बुरादा या पिसा हुआ कोर्क (Cork) मिला दिया जाता है। जब टेरा-कोटा पकाया

जाता है तो लकड़ी का बुरादा या पिसा हुआ कोर्क जल जाता है और सरंध्र टेरा-कोटा प्राप्त होता है। यह हल्का और कमजोर होता है। इसे काटा जा सकता है और इसमें कील गाड़े जा सकते हैं।

पालिश टेरा-कोटा या Faience बहुत उच्च कोटि का चमकदार (Glazed) टेरा-कोटा है। साँचों में ढला कच्चा टेरा-कोटा लगभग 700°C पर धीरे-धीरे पकाया जाता है और फिर ठंडा किया जाता है। इस पकाने को बिस्कुटिंग (Biscuiting) कहते हैं। ठंडा किए हुए पदार्थ पर कचाना पदार्थ (Glazing compound) की एक परत चढ़ाकर सुखा दी जाती है और इसे दोबारा लगभग 1200°C तापक्रम पर पकाया जाता है।

टेरा-कोटा बहुत सघन और गठन में एकसार होता है। यह अग्निसह है तथा अम्लों का इस पर कोई प्रभाव नहीं होता है। इसे किसी भी रंग और शकल (Pattern) में बनाया जा सकता है। भार में हल्का होते हुए भी यह कठोर और मजबूत होता है।

टेरा-कोटा का उपयोग सभी तरह के सजावटी कार्यों में किया जाता है।

3·5. ग्लेजिंग या कंचाना (Glazing)

टाइलों, ईंटों, मिट्टी के बर्तनों व चीनी मिट्टी के बर्तन इत्यादि सभी को दूषित प्रभावों से बचाने के लिए तथा दिखने में सुन्दर बनाने के लिए, इन सब पर कंचाना या ग्लेजिंग (Glazing) किया जाता है। ग्लेजिंग एक ऐसी क्रिया है जिससे सतह पर ऐसी कठोर व चमकदार परत बन जाती है जिस पर क्षार, अम्ल व इसी तरह के दूसरे विनाशकारी तत्त्वों का कोई प्रभाव नहीं होता है तथा पदार्थ अपारगम्य हो जाता है। ग्लेजिंग दो तरह की होती है।

(i) लवण काचायन (Salt glazing)

(ii) एनैमल या मीनाकारी करना (Enamelling)

(i) **लवण काचायन** (Salt Glazing)—भट्टे में पकाने की क्रिया जब समाप्त हो जाती है और भट्टे में तापक्रम लगभग 1300°C होता है तो नमक भट्ठे के अंदर डाल दिया जाता है। इस तापक्रम पर नमक का वाष्पीकरण हो जाता है और यह वाष्प नमक, पदार्थ की बाहरी सतह पर चिपक जाता है, जिससे सतह चमकदार हो जाती है। इस विधि से चमकदार या ग्लेज किए पदार्थों का रंग भूरा हो ाजता है।

(ii) **एनैमल या मीनाकारी करना** (Enamelling)—बोरैक्स, क्योलीन, चाक (Chalk) और रंगदार पदार्थ सबको फैलस्पार, फलिंट (Flint) और लेड आक्साइड (Lead Oxide) में मिलाकर गलाया जाता है। गलाया हुआ मिश्रण गर्म-गर्म पानी में उड़ेल दिया जाता है जिससे यह छोटे-छोटे भागों में बिखर जाता है, जिसे फरिट (Frit) कहते हैं। ठंडा होने पर फरिट (Frit) को पीस कर इसमें इतना पानी मिलाया जाता है कि यह क्रीम की तरह मोटा हो जाता है। इस क्रीम नुमा पदार्थ को स्लिप (Slip) कहते हैं। अब जले हुए मिट्टी के पदार्थ (Earthen Ware) जिन्हें बिस्कुट

(Biscuits) कहते हैं और जो सरंध्र भी होते हैं, स्लिप में डुबो दिए जाते हैं। इससे मिट्टी के पदार्थों की सतह पर एक पतली स्लिप की परत चढ़ जाती है। परत सूख जाने पर पदार्थों को दोबारा आग दी जाती है, ताकि ग्लेज अच्छी तरह पदार्थ पर चढ़ जाए।

3·6. मृतिका-पात्र, भांड या नर्म भांड या मिट्टी का सामान (Earthen Ware)

ईंटों या टाइलों में काम ली गई मिट्टी से ही मृतिका-पात्र का सामान (Earthen Ware) बनाया जाता है। लेकिन इनका पकाना अपेक्षाकृत कम तापमान पर किया जाता है। भांड (Ware) कमजोर व सरंध्र होते हैं। इसके गुण टेरा-कोटा जैसे ही होते हैं। उच्चकोटि के भांड के लिए क्योलीन, फैलस्पार, फलिन्ट (Flint) और चिकनी मिट्टी के मिश्रण का उपयोग किया जाता है। यह कांचित सरंध्र भांड (Vitrified Porous Wares) होते हैं और इनका ग्लेजिंग किया हुआ होना चाहिए।

पाषाड़ भांड या दृढ़ भांड (Stone War) ऊष्मासह मिट्टी में पिसा मृद्भाण्ड (Pottery) और पिसा पत्थर डालकर, बने मिश्रण से जो वस्तुएँ बनाई जाती हैं, उन्हें पाषाण-भाण्ड (Stone Ware) कहते हैं। पाषाण-भाण्ड, मृतिका-पात्र से अधिक सघन और कठोर तथा मजबूत होते हैं तथा यह अपारगम्य होते हैं।

सुघट्य मिट्टी (Plastic Clay) जिससे पाषाण-भांड बनाए जाते हैं, में लगभग 70% सिलिका और 24% अलुमिना होता है। अगलनशील (Infusible) पदार्थ बहुत थोड़ी मात्रा में मिट्टी में उपस्थित होती है, और इसमें पिसा हुआ पत्थर वगैरह डाल दिया जाता है। आवश्यक रंग देने के लिए लोहे का ऑक्साइड थोड़ी मात्रा में डाल दिया जाता है।

मिट्टी अच्छी तरह तैयार करके आवश्यक शक्ल में साँचे में ढाल कर पदार्थ बनाए जाते हैं जिन्हें सुखाकर भट्ठी में पकाया जाता है। जलाते समय पाषाण-भाण्ड की सतह पर ग्लेज परत अपने आप चढ़ जाती है क्योंकि तैयार की गई मिट्टी में ही ग्लेज़िग पदार्थ मिश्रण में डाल दिया जाता है। पकाया हुआ पाषाण-भांड धीरे-धीरे ठंडा होने दिया जाता है। पाषाण-भाण्ड यदि अम्लीय प्रभाव वाली स्थिति में लगाना हो तो इनका लवण काचायन (Salt Glazing) किया हुआ होना चाहिए। सीवर पाइप, सेनेटरी फिटिंग (Sanitary Fitting) इत्यादि पदार्थ Stone Ware के ही बनाए जाते हैं।

3·7. पोरसलीन (Porcelain)

पोरसलीन का रंग सफेद होता है। सफेद रंग होने के कारण इन्हें कई बार सफेद भाण्ड (White Ware) भी कहते हैं। यह सफेद कांचित पारभाषी मृदु-भाण्ड होता है। (White Glazed, Highly Vitrified, Transluscent Pottery)। इसकी मिट्टी, क्योलीन (Kaolin or Chaina Clay) में फलक्स पदार्थों की काफी अधिक मात्रा मिलाकर बनाई जाती है।

Bone China के लिए फलक्स के रूप में Bone Ash मिलाया जाता है जबकि कठोर पोरसलीन के लिए फैलस्पार मिलाया जाता है। पोरसलीन से बने पदार्थ अम्ल-सह होते हैं तथा ऊँचे तापमान सहन कर सकते हैं। विद्युत् पृथक्कारी (Electric Insulators) के रूप में भी पोरसलीन का बहुत उपयोग होता है।

मृतिका-भाण्ड (Earthen Ware), पाषाण भाण्ड (Stone Ware), टेरा-कोटा और पोरसलीन सबको मृदु-भाण्ड पदार्थ (Ceramic Products or Pottery Products) कहते हैं।

पोरसलीन को नर्म पोरसलीन (Soft Porcelian) तथा कठोर पोरसलीन (Hard Porcelian) दो वर्गों में बाँटा जा सकता है।

नर्म पोरसलीन (Soft Porcelian)—यह सफेद चिकनी मिट्टी का बना होता है जिसमें कुछ प्रतिशत फ्लिंट (पिघला हुआ काँच) डला होता है। इसके बने अवयवों को दो बार आग देनी होती है। पहली आग में जिसे विस्कुटिंग भी कहते हैं। 1000°C से 1200°C तक तापक्रम दिया जाता है। इसके बाद अवयवों पर ग्लेज द्रव चढ़ा दिया जाता है तथा इस समय इसे 1500°C तक गर्म किया जाता है। इस तापक्रम पर ग्लेज अवयवों में काफी गहराई तक चला जाता है। क्रॉकरी इसी किस्म का नर्म पोरसलीन है।

कठोर पोरसलीन (Hard Porcelian)—यह पोरसलीन बहुत कठोर अपार-गम्य होता है। इसका निर्माण चीनी मिट्टी या कियोलीन से होता हैं। फिलर तथा फलक्स के रूप में इसमें क्वार्टज तथा फैलस्पार डाला जाता है। इस पोरसलीन का उपयोग स्नानगृह की फिटिंग तथा विद्युत् इन्सुलेटर के रूप में किया जाता है। इनके निर्माण में केवल एक आग ही देनी होती है। ग्लेज परत ठंडे अवयवों पर लगाई जाती है तथा बाद में आग दी जाती है।

सुर्खी (Surkhi)—यह अधी जली ईंटों को पीसकर बनाया गया पाऊडर होता है। इसे कई बार कृत्रिम पोजोलाना भी कहते हैं। यदि ईंटों के भट्टे के पास बनाए जावे तो सुर्खी निर्माण सस्ता सिद्ध होता है। अच्छी सुर्खी में बाहरी तत्त्व मिले हुए नहीं होने चाहिए। अच्छी सुर्खी 152 नम्बर के छीनने में से गुजर जानी चाहिए। सारी चिकनी मिट्टी में 10-15% चूना मिलाकर तथा इसे जलाकर और पीसकर चूना सुर्खी तैयार की जा सकती है। सुर्खी का उपयोग चूने अथवा मिट्टी का गारा बनाने में काम लिया जाता है।

पोजोलाना (Pozzolana)—यह सिलिका युक्त पदार्थ होता है जिसकी अपनी कोई सीमिंटिंग क्षमता या पकड़ क्षमता नहीं होती। लेकिन यही पदार्थ जब सामान्य तापक्रम पर कैल्शियम हाई-ड्रॉक्साईड के साथ रासायनिक क्रिया करते हैं तो नमी की उपस्थिति में यह बहुत अच्छे सीमिंटिंग गुणों वाले यौगिक बनाते हैं।

प्राकृतिक Volcanic पदार्थ पोजोलामिक गुण युक्त होते हैं। सुर्खी, फलाई एश (राख) कुछ कृत्रिम पोजोलानिक पदार्थ हैं। पोजोलानिक पदार्थों के निम्न गुण होते हैं।

(i) इससे मसाला अधिक Workable प्राप्त होता है।

(ii) इससे अधिक अपारगम्य संरचना निर्मित होती है।

(iii) चूना पोजोलाना मसाला, सीमेंट बालू मसाले से सस्ता होता है।

(iv) सीमेंट कंक्रीट में पोजोलाना 29% तक सीमेंट की मात्रा घटा देता है तथा सीमेंट कंक्रीट की सामर्थ्यता में कोई अन्तर नहीं आता। 1 : 6 सीमेंट बालू मसाले की जगह 1 भाग चूना, 2 भाग पोजोलाना तथा 8 भाग बालू का मसाला काम लिया जा सकता है।

(v) चूने के साथ मिलकर यह सीमेंट बालू के समकक्ष मसाला या प्लास्टर तैयार कर सकता है।

भारतीय मानक बालू (Indian Standard Sand)—यह बालू तमिलनाडू प्रदेश के इनौर (Ennore) कस्बे में मिलती है। इसका रंग धूसर या सफेद होता है। इसके कण कोणीय होते हैं जो अधिकतर तोड़े गए क्वार्टज से प्राप्त होते हैं। इस बालू में जैविक अशुद्धियां बिलकुल नहीं होती। इसके कणों में कुछ प्रतिशत चपटे या लम्बे कणों का हो सकता है। इस बालू का ग्रेडिंग कण नाप ऐसा होता है कि 85 नं० के छानने से यह सब निकल जाती है जबकि 60 नं० के छानने में से इसके भार का 10% से अधिक नहीं निकलनी चाहिए। प्रयोगशालाओं में सीमेंट के परीक्षण करने हेतु इसी बालू का बारीक बालू के रूप में उपयोग किया जाता है।

3·8. रंगदार ईंटें और टाइलें (Coloured Bricks and Tiles)

ईंटें और टाइलें दो तरह से रंगदार बनाई जा सकती हैं। पहली विधि में ईंटों वा टाइलों की मिट्टी तैयार करते समय ही उसमें आवश्यक रंग देने वाला पदार्थ मिला दिया जाता है जो जब ईंटों को पकाया जाता है तो आवश्यक रंग उत्पन्न कर देता है। दूसरी विधि में ईंटें या टाइलें, रंग के घोल में डुबोई जाती हैं। पहली विधि तब अपनाई जाती है जब रंगदार पदार्थ बहुत सस्ता होता है। जब पदार्थ बहुत महँगा उपलब्ध होता है तो दूसरी विधि अपनाई जाती है।

प्रश्नावली

1. टाइल क्या है ? इसके बनाने की विधि का विस्तारपूर्वक वर्णन करो।
2. टाइलें ग्लेज (Glaze) क्यों की जाती हैं ? ग्लेजिंग करने की विधि लिखो।
3. टेरा-कोटा क्या है ? इसके बनाने का वर्णन करो। सरंध्र टेरा-कोटा और पॉलिश टेरा-कोटा में अन्तर लिखो। अच्छे टेरा-कोटा के गुण लिखो और यह भी लिखो कि यह कहाँ काम लिया जाता है ?
4. इलाहाबाद टाइल, मैंगलोर टाइल, बोट टाइल, पैन टाइलों के चित्र बनाओ।
5. मृतिका-भाण्ड (Earthen Ware) और पाषाण-भाण्ड (Stone Ware) में क्या अन्तर है ? प्रत्येक के उपयोग लिखो।

4
चूना
[LIME]

4·1. परिचय (Introduction)

चूना एक संयोजी पदार्थ है । इसका उपयोग बहुत पुराने जमाने से ही संयोजी पदार्थ के रूप में होता रहा है। सन् 1930 के लगभग तक हमारे देश में मुख्य संयोजी पदार्थ यही था । हमारे भारत में बड़े-बड़े महल, किले, मन्दिर व पुलों इत्यादि का निर्माण पुराने जमाने में इसी पदार्थ का उपयोग कर किया गया था और यह सब भवन व पुल आज भी वैसे के वैसे सुरक्षित खड़े हैं और यहां तक कि हमारे देश का मान है । इससे यह पता चलता है कि पुराने जमाने में भी चूने के गुणों के बारे में लोगों को बहुत अच्छा ज्ञान था तभी तो पुराने जमाने की महत्त्वपूर्ण संरचनाएँ आज भी सुरक्षित खड़ी हैं ।

पिछले 30-40 सालों में सीमेंट आ जाने के कारण चूने के महत्त्व पर प्रभाव पड़ा है । हालाँकि चूने से सीमेंट बहुत ही अच्छी किस्म का संयोजी पदार्थ है, फिर भी चूने में कई ऐसे गुण हैं जो सीमेंट से भी अच्छे हैं ।

(i) चूना सीमेंट से बहुत सस्ता मिलता है ।

(ii) भारत के प्रायः सभी भागों में चूना पत्थर मिलता है जिससे चूना स्थानीय रूप से बनाया जाता है । इससे चूना प्रायः स्थानीय रूप से उपलब्ध हो जाता है ।

(iii) चूने की सुघट्यता (Plasticity) और सुकार्यता (Workability) सीमेंट से अच्छी होती है ।

(iv) सूखने पर इसमें सिकुड़न, सीमेंट से कम होती है ।

(v) चूना तथा सीमेंट दोनों को मिलाकर कई बार काम लिया जाता है, ताकि इससे बनी संरचना में दोनों के गुण विद्यमान हो जाएँ ।

4·2. चूने का वर्गीकरण (Classfication of Lime)

चूने की मुख्यतया दो किस्में होती हैं :

1. अनबुझा चूना (Fat Lime) और
2. जलपका चूना (Hydraulic Lime)

इन दो तरह के चूनों के अलावा कई बार मैग्नेशियम चूना भी आता है । इस चूना पत्थर में मैग्नेशियम ऑक्साइड की मात्रा अधिक होती है । इससे बनाया गया चूना मैग्नेशिया चूना कहलाता है । I.S. के अनुसार यदि चूना पत्थर में मैग्नेशियम

ऑक्साइड की मात्रा 50% से अधिक है तो इसमे बने चूने को मैग्नेशियम चूना (Magnesiam Lime) **कहते हैं । यह चूना प्रायः डोलोमाइट चूना पत्थर से बनाया** जाता है । मैग्नेशियम ऑक्साइड को बुझाना कठिन होता है इसलिए इस चूने का अधिक उपयोग नहीं किया जाता है ।

1. **अनबुझा चूना** (Fat Lime)—इस चूने के कई नाम हैं जैसे Fat Lime, Rich Lime, शुद्ध (Pure) चूना, High Calcium Lime. Quick Lime इत्यादि । यह चूना बहुत ही शुद्ध पत्थर से प्राप्त किया जाता है । शुद्ध चूना पत्थर प्रायः शुद्ध कैल्शियम कार्बोनेट ही होता है । कैल्शियम कार्बोनेड को जब जलाया जाता है तो कार्बन डाईऑक्साइड गैस इसमें से निकल जाती है और कैल्शियम ऑक्साइड (CaO) बचा रह जाता है, जिसे हम Quick Lime कहते हैं । इसमे लगभग 95% कैल्शियम ऑक्साइड होता है और बाकी लगभग 5% सिलिका और अलुमिना तथा दूसरी अशुद्धियाँ (Impurities) होती हैं । जब पानी डाला जाता है तो Quick के भाटे पाऊडर के रूप में टूट जाते हैं । इस क्रिया में ऊष्मा बहुत उत्पन्न होती है और सम्पूर्ण पानी लगभग उबलने लगता है । इस क्रिया को हम चूना बुझाना (Slaking) कहते हैं और इससे प्राप्त चूने को हम बुझा चूना कहते हैं । **बुझाते समय पानी डालने पर क्योंकि** Quick Lime **अपने आयतन का 2·3 गुना फूल जाता है इसलिए इसे फूलना चूना या** Fat Lime **कहते हैं** । जमने (Setting) तथा कठोर (Hard) होने की क्रिया इसमें बहुत धीमी होती है । जमने की क्रिया Fat Lime के बाहरी हवा के साथ सम्पर्क पर निर्भर करती हैं । जमने के लिए यह चूना हवा से CO_2 सोखता है और $Ca(OH)_2$ के साथ रासायनिक क्रिया कर $CaCO_3$ में परिवर्तित हो जाता है । यही इस चूने की जमने की क्रिया है । $CaCO_3$ कठोर एवं पानी में अघुलशील होता है ।

इस चूने के जमने की क्रिया, क्योंकि इसके बाहरी सम्पर्क पर निर्भर करती है, इसलिए इसका उपयोग ऐसी प्रस्थियों में करना चाहिए जहाँ हवा का अच्छा सम्पर्क, होता रहे । मोटी दीवारों में इसे गारे के रूप में काम नहीं लेना चाहिए क्योंकि दीवार के फलकों हर तो हवा का सम्पर्क रहता है लेकिन मोटी दीवार के मध्य भाग तक हवा नहीं पहुँच सकती, अतः दीवार के इस भाग में इसका पकना समुचित नहीं हो सकता। प्लास्टर व सफेदी इत्यादि में यह चूना बहुत अच्छा रहता है ।

अशुद्ध चूना (Poor or Lean Lime)—इस चूने में लगभग 5% चिकनी मिट्टी की अशुद्धियाँ होती हैं जिनके कारण इसके बुझने, पकने तथा कठोर होने की क्रियाएँ बहुत धीमी हो जाती हैं ।

2. **जलपका चूना** (Hydraulic Lime)—Fat Lime और Poor या Lean Lime की भाँति, इस चूने का पकना वायुमण्डलीय सम्पर्क पर निर्भर नहीं करता है । यह चूना पानी के अन्दर भी जम जाता है इसलिए इसे जलपका चूना कहते हैं । इस चूने की सामर्थ्यता, Fat Lime से बहुत अधिक होती है तथा ऐसी

जगहों में जहाँ सामर्थ्यता चाहिए, इसी चूने का संयोजी पदार्थ के रूप में उपयोग किया जाता है।

जिस चूना पत्थर से यह चूना तैयार किया जाता है उसमें सिलिका और अलुमिना भी उपस्थित होते हैं। चूना पत्थर को जब गर्म किया जाता है तो कार्बन डाइ-ऑक्साइड गैस तो निकल जाती है और पीछे Quick Lime या CaO रह जाता है। Quick Lime (CaO) फिर सिलिका और अलुमिना से क्रिया करता है जिसने चूने के सिलिकेट और अलुमिनेट उत्पन्न हो जाते हैं। बारीक पिसे चूने पर जब पानी डाला जाता है तो इसके घटकों में रासायनिक क्रिया होती है जिससे चूने का पकना तथा कठोरता उत्पन्न होती है। सिलिका और अलुमिना की मात्रा अनुसार जलपका चूना तीन तरह का हो सकता है।

(a) **अशक्त जलपका चूना** (Feebly Hydraulic Lime)—सिलिका और अलुमिना की मात्रा 15% से कम होती है। बुझने पर इसके आयतन में बहुत कम बढ़ोत्तरी होती है। इसके बुझने की क्रिया बहुत धीमी होती है।

(b) **साधारण जलपका चूना** (Moderately Hydraulic Lime)—इसमें सिलिका और अलुमिना की मात्रा 15 से 25% तक होती है। बुझने की क्रिया बहुत धीमी होती है तथा बुझने से आयतन में बढ़ोत्तरी बहुत ही कम होती है। इससे बना गारा काफी अच्छी सामर्थ्य का होता है और चिनाई में इसका उपयोग किया जाता है।

(c) **श्रेष्ठ जलपका चूना** (Eminently Hydraulic Lime)—इस चूने की बनावट लगभग सीमेंट जैसी होती है। इसमें सिलिका और अलुमिना 25 से 30% तक होते हैं। प्रयोग में लाने से पहले इसे अच्छी तरह पीसकर और फिर छानकर काम लेना चाहिए। यदि ऐसा नहीं किया गया तो चूने के मोटे कण कई दिनों तक यहाँ तक कि महीनों बाद बुझेंगे और चिकनी सतह खराब हो जाती है। इससे बना गारा और भी अधिक अच्छी किस्म का होता है।

4·3. चूने का पकना (Setting of Lime)

1. **Fat Lime** —Quick Lime पर जब पानी डाला जाता है तो बुझा चूना प्राप्त होता है। इस चूने में रेत व पानी मिलाकर जब गारा बनाया जाता है तो गारे में चूना कैल्शियम हाईड्रॉक्साइड $Ca(OH)_2$ के रूप में होता है। कार्बन डाई-ऑक्साइड युक्त हवा जब इसके सम्पर्क में आती है यो कैल्शियम कार्बोनेट का निर्माण होता है।

$$CaO + H_2 \rightarrow Ca(OH)_2$$

$$Ca(OH)_2 + CO^2 \rightarrow CaCO_3 + H_2O$$

इस चूने का पकना हवा से प्राप्त CO_2 पर निर्भर करता है इसलिए इसे केवल सतही कार्यों में जैसे प्लास्टर है, सफेदी है इत्यादि कामों में काम लेना चाहिए

पतली दीवारों में इसे गारे के रूप में भी काम लिया जा सकता है। गारे में रेत डली होने के कारण गारे में सांद्रता रहती है, जिससे हवा अन्दर तक जा सकती है तथा चूने के पकने में मदद कर सकती है। इस चूने का पकना बहुत ही धीमी क्रिया है। बहुत अन्तर्वर्ती स्थितियों में यह चूना काम नहीं लेना चाहिए क्योंकि यहाँ हवा नहीं पहुँच सकती और चूना पक नहीं सकता है।

2. **जलपका चूना** (Hydraulic Lime)—जैसा कि हम पहले बता चुके हैं कि इस चूने में कैल्शियम ऑक्साइड, मैग्नेशियम ऑक्साइड, कैल्शियम सिलिकेट और अलुमिनियम सिलिकेट होते हैं। पानी डालने पर CaO और MgO के $Ca(OH)_2$ व $Mg(OH)_2$ बन जाते हैं। मसाला बनाने के लिए चूने में जब रेत डाली जाती है तो बहुत ही जटिल रासायनिक क्रियाएँ होती हैं। इनमें से सबसे मुख्य जटिल क्रिया अलुमिना, कैल्शियम सिलिकेट और कैल्शियम अलुमिनियम में विच्छेदित होना है। इसी क्रिया में Calcium Hydrate भी बनता है, क्योंकि मसाले में (अनबुझा) स्वतन्त्र कैल्शियम ऑक्साइड (CaO) भी उपस्थित रहता है। यह सब क्रियाएँ पानी की उपस्थिति में ही होती हैं। कैल्शियम सिलिकेट और कैल्शियम अलुमिनेट मणिभीकृत (Crystallize) हो जाते हैं जिससे बहुत मजबूत पदार्थ प्राप्त होता है। $Ca(OH)_2$ जो कि ऊपर रासायनिक क्रिया में उत्पन्न हुआ है, पानी में घुला हुआ होने के कारण वायुमण्डलीय हवा के सम्पर्क में आता है और CO_2 प्राप्त कर $CaCO_3$ बना देता है जो कि पानी में घुलनशील नहीं है।

हम देखते हैं कि जलपका चूने का पकना पानी की उपस्थिति पर निर्भर करता है, इसलिए पानी के अन्दर बन रही संरचनाओं के लिए यह चूना बहुत ही महत्त्व रखता है। क्योंकि चूने का पकना बाहरी हवा पर निर्भर नहीं करता है, इसलिए चूना बनाने के बाद उसी समय इसे बुझाना आवश्यक नहीं है। काम में लेने से जरा पहले इसमें पानी डालना चाहिए।

4·4. I.S. 712-1964 अनुसार चूने का वर्गीकरण

I.S. 712-1964 अनुसार निर्माण कार्यों में काम आने वाला चूना निम्नलिखित तीन तरह का हो सकता है।

Class A—यह श्रेष्ठ जलपका चूना है जिसका उपयोग निर्माण कार्यों में किया जाता है। (Eminently Hydraulic Lime)

Class B—अर्ध जलपका चूना (Semi-Hydraulic Lime) जिसका उपयोग चिनाई कार्यों में मसाले के रूप में किया जाता है।

Class C—यह Fat Lime होता है जिसका उपयोग प्लास्टर करने तथा सफेदी करने के लिए किया जाता है। Pozzolanic या Surkhi जैसे पदार्थ इसमें मिलाकर इसका कृत्रिम जलपका चूना बनाया जा सकता है।

Class A चूना हमेशा जलपके चूने के रूप में मिलता है जबकि Class B और Class C चूना Quick Lime व Hydrated Lime दोनों रूप में मिलता है IS अनुसार विभिन्न चूनों की रासायनिक और भौतिक आवश्यकताएँ सारणी 4·1 में दी हुई हैं।

Class A, B या C किसी में भी मैग्नेशियम ऑक्साइठ की मात्रा 5% से अधिक नहीं होनी चाहिए।

Class A चूने के लिए Cementation Value का मान 0·6 से कम नहीं और Class B के लिए 0·3 से 0·6 तक होना चाहिए। चूने की Cementation Value ज्ञात करने के लिए नीचे दिए सूत्र का उपयोग किया जाता है।

$$\text{Cementation Value} = \frac{2.8A + 1.1B + 0.7C}{1.0D + 1.4E}$$

यहाँ A=भार अनुसार सिलिका, प्रतिशत में

B=भार अनुसार अलुमिनियम ऑक्साइड, प्रतिशत में

C=भार अनुसार लोहे का ऑक्साइड, प्रतिशत में

D=भार अनुसार कैल्शियम ऑक्साइड, प्रतिशत में

E=भार अनुसार मैग्नेशियम ऑक्साइड, प्रतिशत में

Class A चूने की सामर्थ्य 14 दिनों बाद 1·75 N/mm^2 और 28 दिनों के बाद 2·8 N/mm^2 हो जाती है।

Class B Hydrated चूने की सामर्थ्यता 14 दिनों के बाद 12·5 kg/cm^2 (1·25 N/mm^2) और 28 दिनों बाद 17·5 kg/cm^2 (1·75 N/mm^2) हो जाती है।

Class A चूने का Modulus of Rupture 28 दिनों बाद 10·5 kg/cm^2 (1·05 N/mm^2) और Class B Hydrated चूने का Modulus of Rupture 28 दिनों बाद 7 kg/cm^2 (0·7 N/mm^2) होता है।

I.S. 712-1973 अनुसार चूने का वर्गीकरण

I.S 712-1973 अनुसार चूने का वर्गीकरण पाँच किस्म के चूनों में किया गया है। चूने की विभिन्न किस्में निम्न हैं :

1. A **श्रेणी का चूना** (Class A)—यह जलपका (Hydraulic) चूना होता है और इसका उपयोग भी अधिकतर निर्माण कार्यों में होता है। यह वही चूना है जो I.S. 712·1964 में Class A यानि Eminently hydraulic lime है।

2. B **श्रेणी का चूना** (Class B)—यह अर्ध जलपका चूना होता है। इसका उपयोग चिनाई कार्यों में मसाले में किया जाता है।

3. C **श्रेणी का चूना** (Class C)—यह अनबुझा चूना होता है और इसका उपयोग इसे बुझाकर किया जाता है। इस चूने का उपयोग प्लास्टर करने और कली

सारणी 4·1

चूने की रासायनिक आवश्यकताएँ (Chemical Requirements)

क्रम संख्या	घटक (Constituents)	आवश्यकताएँ				
		Class A	Class B		Class C	
			quick lime बिना बुझा चूना	Hydrated lime बुझा चूना	quick lime बिना बुझा चूना	Hydrated lime बुझा चूना
(1)	(2)	%(3)	%(4)	%(5)	%(6)	%(7)
1.	कैल्शियम और मैग्नेशियम ऑक्साइड न्यूनतम	60	70	70	85	85
	अधिकतम	70	—	—	—	—
2.	सिलिका, अलुमिना और लोहे के ऑक्साइड (न्यूनतम)	25	15	15	—	—
3.	हाइड्रोक्लोरिक अम्ल का अघुलनशील तत्त्व जिसमें सिलिका शामिल नहीं है (अधिकतम)	2	3	2	—	—
4.	सोडियम कार्बोनेट में अघुलनशील पदार्थ (अधिकतम)	5	5	5	5	5
5.	जलाने पर अधिकतम भार में कमी	—	5% for lump lime & 7% for ground lime	—	same as ie column (4)	—
6.	कार्बन डाई-ऑक्साइड की अधिकतम मात्रा	5	5	5	5	5

करने के लिए किया जाता है। सुर्खी या अन्य कोई पोजोलानिक पदार्थ उपयुक्त मात्रा में मिलाकर इस चूने को कृत्रिम जलपका चूने में परिवर्तित किया जा सकता है।

4. D **श्रेणी का चूना** (Class D)—यह मैग्नेशियम चूना होता है और इसका उपयोग प्लास्टर में फिनिशिंग परत के रूप में तथा सफेदी करने के लिए किया जाता है।

5. E **श्रेणी का चूना** (Class E)—यह कंकड़ चूना होता है और चिनाई में चूने के मसाले के रूप में काम लिया जाता है।

Class A तथा Class E श्रेणी का चूना हमेशा जलपके चूने के रूप में मिलता है लेकिन B, C तथा D श्रेणी के चूने जलपके या अनबुझे दोनों रूप में मिल जाते हैं। विभिन्न चूनों की I.S. 712-1973 अनुसार रासायनिक बनावट सारिणी 4·1 अनुसार होती है। स्थानीय रूप से उपलब्ध चूना पत्थरों की बनावट में परिवर्तन का प्रभाव चूने के गुणों में परिवर्तन द्वारा परिलक्षित होता है। भारतीय मानक संस्थान देश के विभिन्न भागों में उपलब्ध चूना पत्थर की किस्म अनुसार चूने का मानक निर्धारित करता है। बुझे हुए चूने का पानी में घोल चने का पानी (Miik of Lime) कहलाता है।

4·5. I.S. 1624-1960 अनुसार चूने के परीक्षण (Tests of Lime)

यह परीक्षण निम्न होते हैं :

1. देखकर परीक्षण करना (Visual Examination)
2. जलीय अम्ल परीक्षण (Hydraulic Acid Test)
3. समांगता परीक्षण (Soundness Test)
4. काम में लेने की सुगमता का परीक्षण (Workability Test)
5. पार्श्व सामर्थ्य परीक्षण (Transverse Strength Test)

1. **देखकर परीक्षण करना** (Visual Examination)—इस परीक्षण का कोई महत्त्व नहीं है क्योंकि इससे किसी बात का सही ज्ञान नहीं होता। चूने का रंग यदि मटियाला सफेद है तो यह जलपका चूना यानि श्रेणी A तथा B का होता है। यदि रंग दूधिया सफेद है तो यह C श्रेणी का शुद्ध चूना होता है। ढेलों के रूप में पड़ा चूना बिना जला या अनबुझा चूना हो सकता है।

2. **जलीय अम्ल परीक्षण** (Hydraulic Acid Test)—इससे चूने में कैल्शियम कार्बोनेट की मात्रा निर्धारित करने में मदद मिलती है।

एक चम्मच भर चूना लो और इसे परीक्षण नली में डालकर 2 मिनट तक हिलाओ। चूने की परीक्षण नली में ऊँचाई नाप कर इसमें 10 ml 50% HCl डालो। मिश्रण को सूखने दो। यदि अम्ल की मात्रा कम प्रतीत होती है तो और थोड़ी मात्रा डाली जा सकती है। 24 घंटे तक परीक्षण नली में रखने के बाद इसका अध्ययन करो।

I. यदि परीक्षण के दौरान CO_2 बहुत निकलती है तो इसका अभिप्राय है कि चूने में $CaCO_3$ की मात्रा अधिक है। इससे यह भी सिद्ध होता है कि या तो चूना अच्छी तरह जला नहीं या फिर ठीक तरह से रक्खा नहीं गया।

II. क्रिया समाप्त होने पर परीक्षण नली में बचा पदार्थ यदि काफी अधिक है तो चूने में सुस्त पदार्थ (Inert Materials) अधिक है और यदि बचा पदार्थ कम है तो चूने में सुस्त पदार्थ बहुत कम है।

III. यदि परीक्षण नली में लुग्दी (Gel) बन गई है और नली हिलाने पर भी नहीं हिलती तो इसका अर्थ तीव्र जलीय चूना होता है। लुग्दी बहुत गाढ़ी नहीं है और आसानी से हिल जाती है तो यह नम्र जलीय चूना (Moderately Hydraulic Lime) है। यदि लुग्दी बिल्कुल न बने या बहुत पतली बने तो चूना Feebly Hydraulic है।

3. **समांगता परीक्षण** (Soundness Test)—इससे यह ज्ञात होता है कि चूना अच्छी तरह बुझाया गया है या नहीं। इसका परीक्षण बिल्कुल सीमेंट के समांगता परीक्षण की भाँति किया जाता है। ली-चेटलीयर साँचे में चूने का फैलाव 10 mm से अधिक नहीं होना चाहिए। समांगता परीक्षण के लिए ली-चेटलियर संयंत्र का उपयोग किया जाता है जो चित्र 5 6 में दर्शाया हुआ है।

साँचा एक काँच की प्लेट पर रक्खा जाता है तथा 1 : 3 : 12 सीमेंट, हाइड्रेटिड चूना तथा बालू के मसाले से भरा जाता है। मसाले में मिश्रण के भार का 12% पानी मिलाकर मसाला तैयार किया जाता है। साँचे को एक अन्य काँच की प्लेट द्वारा ऊपर से ढक दिया जाता है। अब ली-चेटलियर यंत्र के सूचकों में दूरी नाप ली जाती है।

अब साँचे को 48 घंटे तक नम्र हवा में रक्खा जाता है तथा इसके बाद 3 घंटे तक संतृप्त भाप में रक्खा जाता है। अब साँचे को ठण्डा किया जाता है तथा ली-चेटलियर सयंत्र के सूचकों में दूरी फिर नापी जाती है। यंत्र के सूचकों की दूरी में बढ़ोतरी 10 mm से अधिक नहीं होनी चाहिए।

4. **कार्यक्षमता परीक्षण** (Workability Test)—चूने में कितनी बालू डाली जाए कि अच्छा मसाला तैयार हो जाए, का परीक्षण ही कार्य क्षमता परीक्षण कहलाता है। इसमें विभिन्न अनुपातों में बालू मिलाकर कई मसाले तैयार करते हैं तथा सभी मसालों का उपयोग कर एक समतल सतह पर समान मोटाई का प्लास्टर किया जाता है। जो मसाला सबसे अधिक क्षेत्रफल ढकता है वही सबसे अधिक कार्यक्षमता वाला मसाला माना जाता है।

5. **पार्श्व क्षमता परीक्षण** (Lateral Strength Test)—चूने की सामर्थ्य इसकी जलीयता (Hydraulicity) तथा शुद्धता (Purity) पर निर्भर करती हैं। चूने

के मसाले के 1·5 cm × 2·5 cm × 10 cm के 6 नमूने जंग न लगने वाले साँचों में बनाए जाते हैं। नमूने को 90% आर्द्रता पर 24 से 30°C पर 28 दिनों तक रक्खा जाता है। अब नमूनों को साँचों में से निकाल कर आधे घण्टे तक पानी में रक्खा जाता है। इसके बाद चित्र 4·1 अनुसार नमूनों का परीक्षण किया जाता है। परीक्षण में भार 15 ± 5 kg/minute की दर से बढ़ाया जाता है।

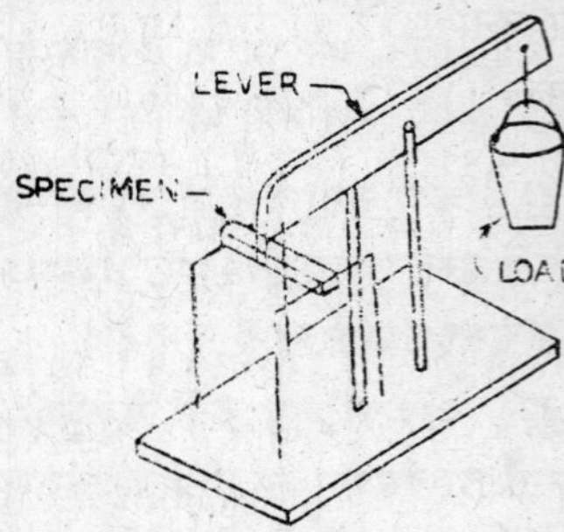

चित्र 4·1. (पार्श्व क्षमता परीक्षण)

$$m = \frac{3WS}{2bd^2}$$

यहाँ m = चूने का भंजन मापांक (Modulus of Repture)

W = वह भार जिस पर नमूना टूट जाता है, kg में।

S = नमूने का पाट (8 cm)

b = 2·5 cm, d = 2·5 cm.

$$m = \frac{3 \times W \times 10}{2 \times 2{\cdot}5 \times 2{\cdot}5} = 768W \text{ kg/cm}^2$$

4·6. चूने की विनिर्माण प्रक्रिया (Manufacturing of Lime)

सबसे शुद्ध कैल्शियम कार्बोनेट, चूना पत्थर से प्राप्त होता है। Fat Lime चूना पत्थर को जला कर प्राप्त किया जाता है। जलपका चूना (Hydraulic Lime) कंकड़ जलाकर प्राप्त किया जाता है।

चूने की मुख्य दो विनिर्माण प्रक्रियाएँ हैं।

I. चूना पत्थर या कंकड़ का निस्तापन (Calcination)

II. चूना बुझाना (Hydration or Slaking of Lime)

I. चूना पत्थर या कंकड़ का निस्तापन (Calcination or Burning)—ईंटों की तरह चूना पत्थर का निस्तापन भी पजावों अथवा भट्ठो में किया जाता है।

पजावा (Clamp)—जब चूना पत्थर का निस्तापन बहुत छोटे पैमाने पर ही करना होता है तो इसके लिए पजावे का उपयोग किया जाता है।

लगभग 5 m चौड़ी और लगभग इतनी ही लम्बी पृथ्वी की सतह अच्छी तरह साफ कर ली जाती है और इस पर ईंधन और तोड़े हुए चूना पत्थर की एक के बाद एक (Alternate) परतें बिछा दी जाती हैं। इस तरह बने ढेर की ऊँचाई लगभग 4 m होती है। ध्यान रहे सबसे निचली व सबसे ऊपर वाली परत ईंधन की होती है। यदि ईंधन कोयला है तो उसे तोड़े हुए चूना पत्थर में अच्छी तरह मिलाकर ढेर बना दिया जा

सकता है, लेकिन एकांतरित परतों वाली व्यवस्था ही अधिकतर अपनाई जाती हैं। ईंधन व तोड़े हुए चूना पत्थर की परतें इस तरह लगाई जाती हैं कि इनकी ढाल थोड़ी-सी पजावे के केन्द्र की तरफ रहती है। विभिन्न परतें ज्यों-ज्यों ऊपर की तरफ जाती हैं, इनका व्यास थोड़ा कम करते जाते हैं। पजावा भर जाने पर इसे चारों तरफ से व ऊपर से मिट्टी के मसाले से ढक दिया जाता है, ताकि ऊष्मा नष्ट न हो। इसके बाद पजावे में आग दे दी जाती है और कई दिनों तक आग जलती रहती हैं। इस क्रिया को निस्तापन (Calcination) कहते हैं। निस्तापन के बाद जब पजावा ठंडा हो जाता है तो Quick Lime प्राप्त होता है। पजावों का अधिक उपयोग आजकल नहीं होता क्योंकि इनमें तैयार चूने में राख वगैरह मिल जाती है तथा अच्छी किस्म का चूना प्राप्त नहीं होता। ईंधन का खर्च भी भट्टों में अधिक होता है। चित्र 4·2 (a) में पजाबा दिखाया हुआ है।

II. **भट्टे** (Kiln)—जब चूने की निरन्तर माँग हो और काफी बड़े पैमाने पर चूना उपलब्ध कराना हो तो स्थाई संरचना कर भट्टे बनाए जाते हैं। भट्टे आंतरायिक (Intermittent) हो सकते हैं अथवा सतत (Continuous)।

(i) **आन्तरायिक भट्टा** (Intermittent Kile)—चित्र 4·2 (a) तथा (b) में आंतरायिक भट्टे का चित्र दिखाया हुआ है। इस भट्टे में ईंधन, भट्टे में भरे चूना पत्थर के सम्पर्क में नहीं आता है। बड़े नाप के चूना पत्थर के भाटों से डाट नुमा व्यवस्था बना दी जाती है जिस पर चूना पत्थर के छोटे नाप के टुकड़े भर दिए जाते हैं। डाट के नीचे आग जलाई जाती है जिसे तब तक जलाते रहते हैं जब तक चूना पत्थर अच्छी तरह जलकर Quick Lime नहीं बन जाता। जलती आग के झोके चूना पत्थर मे जाते हैं तथा इसे गर्म करते हैं, जिससे इसका निस्तापन होता है। ध्यान रहे कि डाट के नीचे आग बहुत तेज न हो अन्यथा यह पत्थर फट जाते हैं और भट्टे में भरा, चूना पत्थर नीचे भर जाता है और आग के लिए कोई जगह नहीं रहती। समुद्र से निकले सीप जिनका

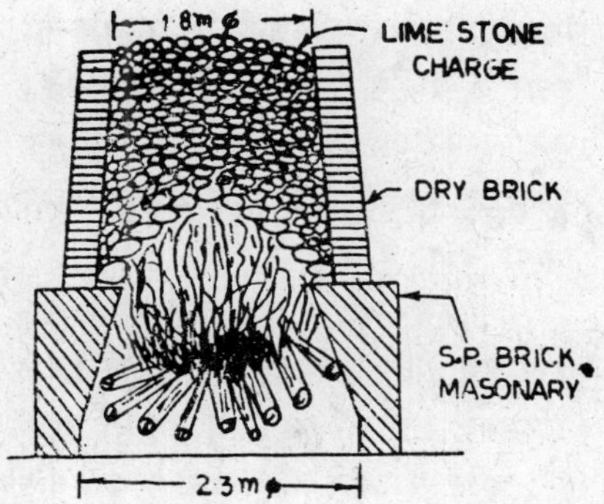

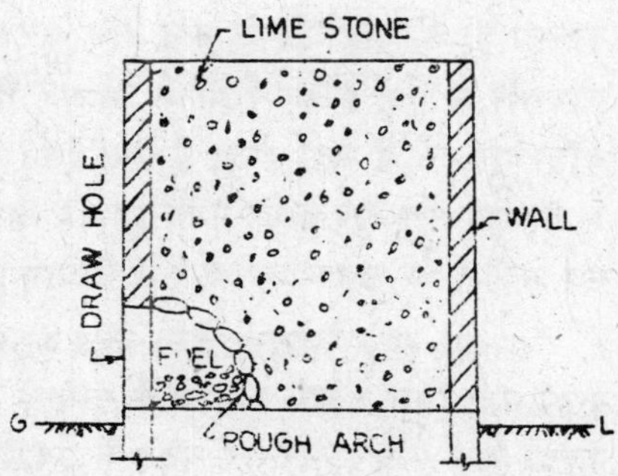

चित्र 4·2. (b) चूना बनाने का फलेयर (Flare) आन्तरायिक भट्टा

उपयोग भी चूना बनाने के लिए किया जाता है, इसी भट्टे में जलाए जा सकते हैं। आग जलाकर पत्थर का पूर्ण निस्तापन करने में लगभग दो दिन का समय लगता है जबकि भट्टा ठण्डा होने में एक दिन लगता है। आन्तरायिक भट्टों का आगे फिर दो भागों में वर्गीकरण किया जा सकता है—लौ-भट्टा (Flame Kiln) और फ्लेयर भट्टा (Flare Kiln) चित्र 4·2 (a) तथा 4·2 (b) में Flare किस्म तथा चित्र 4·3 में फ्लेम किस्म की आन्तरायिक भट्टा दिखाया हुआ है। Flare भट्टे में ईंधन, चूना पत्थर के सम्पर्क में नहीं आने दिया जाता। आन्तरायिक फ्लेम भट्टे में क्षैतिज तथा ऊर्ध्वाधर Flues बने होते हैं। चूना पत्थर तथा ईंधन एकांतरित परतों में चित्र 4·3 अनुसार भरा जाता है। ऊपर से भट्टा न जले हुए पदार्थ से ढक दिया जाता है। नीचे से भट्टे में आग दी जाती है और तीन दिन में चूना जलकर तैयार हो जाता है।

(ii) **सतत भट्टा** (Continuous Kiln)—आमतौर पर काम लिए जाने वाले सतत भट्टे का चित्र 4·4 में दिखाया हुआ है। लकड़ी या कोयले का ईंधन के रूप में उपयोग किया जाता है। चूना पत्थर या कंकड़ लगभग 5 cm गेज टुकड़े में भरकर भट्टे के लिए तैयार किया जाता है।

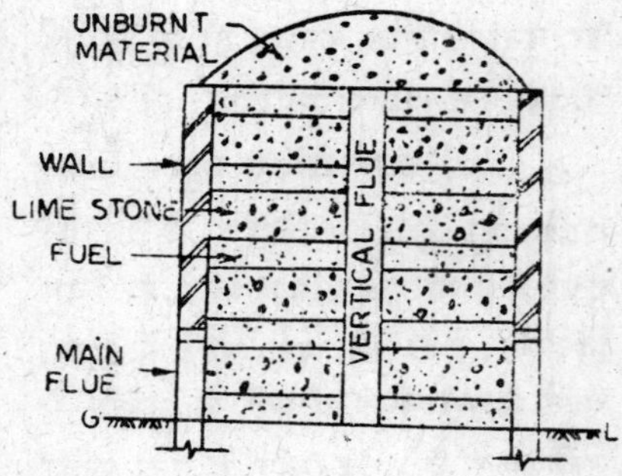

चित्र 4·3 आन्तरायिक फ्लेम (Flame) भट्टा

इस भट्टे में एक लोहे का गोलाकार ड्रम होता है जिसके अन्दर की तरफ ऊष्मासह ईंटों की लाईनिंग की हुई होती है। भट्टे में ईंधन और चूना पत्थर मिला कर डालने की या अलग-अलग परत में डालने वाली दोनों तरह की व्यवस्था होती है। ईंधन और चूना पत्थर का यदि मिश्रण डालना हो तो इन्हें एक के बाद एक करके भट्टे के ऊपर से डाला जाता है। पृथक् व्यवस्था में चूना पत्थर ईंधन के सम्पर्क में नहीं आने दिया जाता। चूने का पत्थर गोलाकार ड्रम में भरा होता है तथा ईंधन जलाने की व्यवस्था अलग होती है। ईंधन से गर्म हुई गैसें चूने के ढेर में से गुजारी जाती हैं जिससे चूने का निस्तापन होता है। यह भट्टे चित्र 4·6 तथा 4·7 में दिखाए हुए हैं।

इस भट्टे से प्राप्त चूना बहुत ही शुद्ध होता है क्योंकि ईंधन की राख वगैरह इसमें नही मिल सकती। भट्टे के नीचे से जला चूना निकालने की व्यवस्था होती है। कच्चा चूना पत्थर निरन्तर भट्टे के ऊपरी भाग में भरता रहता है जो लगातार पकता रहता है और नीचे से पका हुआ चूना निकलता रहता है। इस भट्टे से चूने की निरन्तर माँग पूरी होती रहती है। ईंधन के रूप में कोयला या लकड़ी का उपयोग

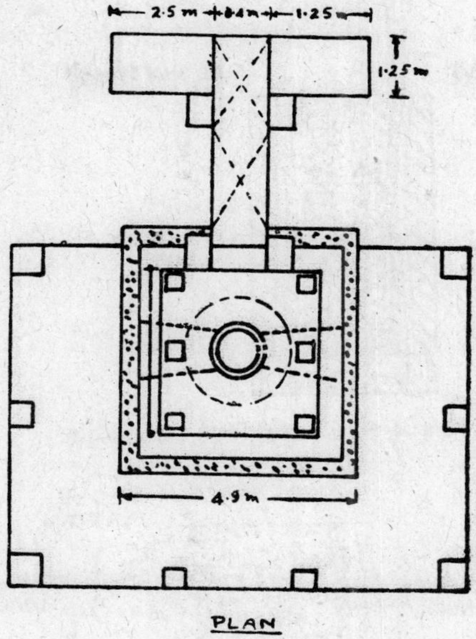

चित्र 4·4.

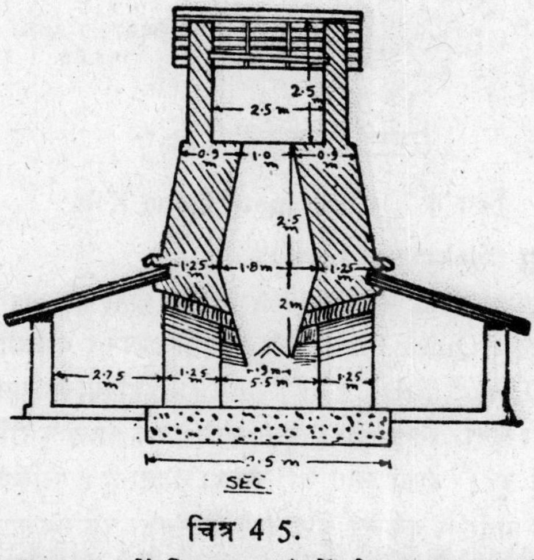

चित्र 4 5.

किया जा सकता है। चित्र 4·6 में दिखाए भट्टे में ईंधन चूना पत्थर के सम्पर्क में नहीं आने दिया जाता जबकि चित्र 4·7 में दिखाए भट्टे में ईंधन तथा चूना पत्थर मिलाकर डाले जाते हैं। यह दोनों सतत भट्टे हैं।

1 m^3 चूना से 0·81 m^3 Quick Lime प्राप्त होता है और 1 m^3 Quick Lime से 0·82 m^3 पिसा चूना प्राप्त होता है।

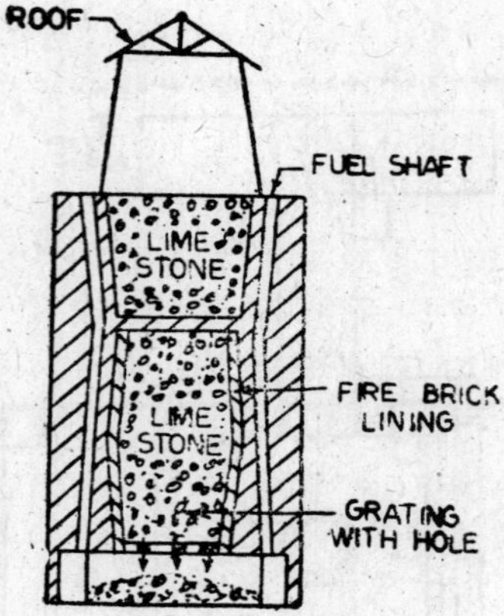

चित्र 4·6. Continuous flare Kiln

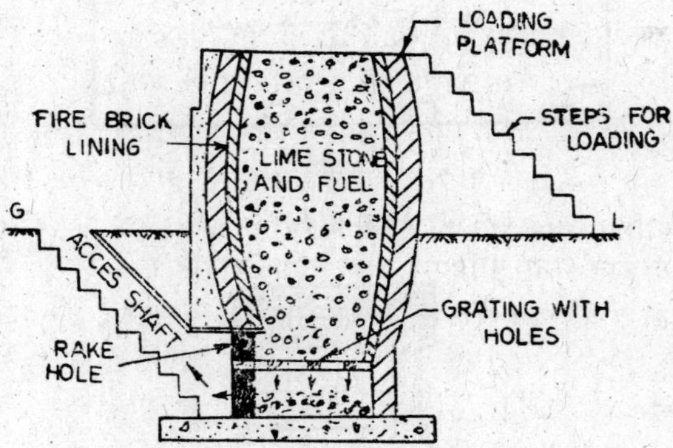

चित्र 4·7. Continuous flame Kiln

4·7. चूना बुझाना (Slaking of Lime)

भट्टे से निकला ताजा चूना, Quick Lime होता है। भट्टे से निकलते ही इसे बुझा देना चाहिए। Quick Lime में खूब पानी डालकर बुझाया जाता है। पानी मिलाने से Quick Lime (CaO) का कैल्शियम हाईड्राक्साइट बन जाता है, जिसे बुझा चूना कहते हैं। चूना अच्छी तरह बुझ जाए इसके लिए चूने में पानी डालने की बजाय यदि पानी में चूना डाला जाए तो अच्छा रहता है। लेकिन पानी खूब खुला होना चाहिए। कम पानी में चूने का कुछ भाग अनबुझा रह सकता है जिससे बाद में कठिनाइयाँ उत्पन्न हो सकती हैं। धीमी गति से बुझने वाले चूने को पीस कर पानी में डाला जा सकता है। चूना बुझाने की दो विधियाँ अपनाई जा सकती हैं:

1. **पानी की टंकी विधि**—इस विधि में दो टंकियाँ बनाई जाती हैं। एक टंकी दूसरी टंकी से जरा ऊँचे तल पर होती है। यह इसलिए होता है कि ऊपर वाली टंकी

का चूने का घोल अपने आप निचली टंकी में बह सके। ऊपरी टंकी लगभग आधी पानी से भरी होती है। भट्टे से निकला अनबुझा चूना थोड़ा-थोड़ा करके इस ऊपरी टंकी में डाला जाता है। टंकी में पानी होने के कारण चूना साथ-साथ बुझता जाता है। टंकी में बने घोल को साथ-साथ हिलाते रहते हैं। जितना चूना बुझ सकता है उतना चूना जब टंकी से डल जाता है तो और अनबुझा चूना इसमें डालना बन्द कर दिया जाता है और मिश्रण को अच्छी तरह हिलाया जाता है।

अब ऊपरी टंकी के निकास सुराख के आगे IS 30 छानना लगा दिया जाता है और छना हुआ चूने का घोल निचले टैंक में इकट्ठा कर लिया जाता है। एक-दो दिन में निचली टंकी में से पानी उड़ जाता है और साफ-सफेद चूना लुगदी के रूप में रह जाता है, जिससे Lime Putty कहते हैं।

Lime Putty जब तक इसे काम में न ले लिया जाए, इसे सूखने नहीं देना चाहिए। ऊपरी टंकी में अनबुझे चूने के भाटे वगैरह यदि रह गए हैं तो उन्हें साफ करते रहना चाहिए तथा दोबारा भट्टे में जलने के लिए भेज दिया जाना चाहिए।

2. **प्लेटफार्म पर चूना बुझाना** (Platform Slaking)—जल सह प्लेटफार्म पर लगभग 15 cm मोटी अनबुझे चूने की परत बिछा दी जाती है। इस परत पर नल से या बाल्टियों से पानी डालते रहना चाहिए और फावड़े से पानी, चूने में मिलाते रहना चाहिए। चूने में उचित मात्रा में पानी मिलाने के बाद मिश्रण लगभग 24 घंटे तक रहने देना चाहिए ताकि चूने का बुझाना पूर्ण हो सके। इसके बाद चूना सुखा कर IS 30 छानने से छान लेना चाहिए। बुझा चूना तैयार है।

बुझा चूना वायुमण्डल से CO_2 लेकर $CaCO_3$ बनाता है तथा इसका संयोजी गुण समाप्त हो जाता है। इसलिए जितना हो सके, बुझाने के बाद जल्दी से जल्दी इसका उपयोग कर लेना चाहिए। बुझा चूना दो हफ्ते से अधिक समय के लिए नहीं रखना चाहिए।

4·8. कृत्रिम जलपका चूना (Artificial Hydraulic Lime)

यदि प्राकृतिक जलपका चूना उपलब्ध न हो या उपलब्ध जलपके चूने में जल में पकने का गुण न हो तो कृत्रिम जलपका चूना बनाया जा सकता है। यह चूना अनबुझे चूने या Fat Lime से बनाया जाता है। Fat Lime में अलुमिना, सिलिका और लोहे के ऑक्साइडों की उचित मात्रा डालकर संरचना ऐसी बना दी जाती है जैसी कि एक अच्छी किस्म के जलपके चूने की होती है। कृत्रिम जलपका चूना बनाने की दो विधियाँ हैं :

(a) Fat Lime और Clay—Fat Lime में उचित मात्रा में Clay मिला दी जाती हैं ताकि इसकी संविरचना बिल्कुल जलपके चूने जैसी हो जाए। पानी डाल कर Fat Lime और Clay को अच्छी तरह मिलाया जाता है और लगभग 2·5 से 4 cm व्यास के गोले बना दिए जाते हैं। सूखने के बाद इन गोलों को भट्टों में जलाया जाता है और ठंडा करके पीस लिया जाता है। यह कृत्रिम जलपका चूना है।

(b) Fat Lime **और सुर्खी**—कम जली हुई ईंटों को पीस कर सुर्खी बनाई जाती है। Fat Lime में सुर्खी मिलाकर और पानी डालकर गारा बनाया जाता है। इस गारे के गुण जलपके चूने के गुणों जैसे ही होते हैं।

Lump **चूना**—अनबुझे चूने को Lump Lime कहते हैं।

4·9. चूने के साथ कार्य करने वाले मजदूर के लिए ध्यान रखने योग्य बातें :

(i) चूने की रेत यदि साँस से अन्दर चली जाती है तो इससे दिल मचलता है हालाँकि इससे फेफड़ों पर बहुत अधिक प्रभाव नहीं होता फिर भी काम करने वालों को रेसपोरेटर्स (Respirators) और गोगल वगैरह पहन कर काम करना चाहिए।

(ii) चमड़ी न जलने देने के लिए श्रमिकों को चमड़ी की रक्षा करने वाली क्रीम उपलब्ध रहनी चाहिए। इसकी आवश्यकता चूने में पानी डालकर मिलाने वाले श्रमिकों को होती है।

(iii) साफ पानी की खुली मात्रा उपलब्ध रहनी चाहिए ताकि श्रमिक अपने हाथ-पैर धो सके। इससे शरीर पर उत्पन्न होने वाले क्षोभ को कम रखा जा सकता है।

(iv) जो श्रमिक रोज गीले चूने में काम करते हैं, उन्हें काम पर जाने से पहले अपने हाथों-पैरों पर सरसों के तेल की मालिश कर लेनी चाहिए। इससे चमड़ी नहीं फटती।

प्रश्नावली

1. चूना क्या है ? इसके वर्गीकरण तथा उपयोगों का संक्षेप में वर्णन करो।
2. निम्नलिखित से तुम क्या समझते हो ?
   (i) अनबुझा चूना, (ii) बुझा चूना, (iii) जलपका चूना, (iv) कृत्रिम जलपका चूना, (v) Lime Putty.
3. Fat Lime और जलपके चूने की रासायनिक रचना, पकना, बुझाना, सामर्थ्य और उपयोग अनुसार तुलना करें।
4. चूना पत्थर जलाकर चूना बनाने के लिए भारत में जिस भट्टे का उपयोग अधिक होता है इसका चित्र बनाकर उसकी कार्य प्रणाली लिखो।
5. Fat Lime और जलपके चूने के पकने की क्रिया में क्या अन्तर है ? विस्तार से लिखें।
6. चूने के संचायन (Storage) और इसके साथ काम करने में किन-किन बातों का ध्यान रखना चाहिए ?
7. निम्नलिखित कार्यों में आप किस चूने का उपयोग करेंगे ?
   (i) सफेदी करने के लिए, (ii) प्लास्टर करने के लिए, (iii) छत पर चूना कंक्रीट के लिए और (iv) भवन की नींव में कंक्रीटिंग के लिए।

5
सीमेंट
[CEMENT]

5·1. परिचय (Introduction)

सन् 1824 में इंग्लैंड के एक कारीगर ने सबसे पहले सीमेंट का उपयोग किया था। पकने पर सीमेंट का रंग, इंग्लैंड में एक जगह पोर्टलैंड है, वहाँ पाए जाने वाले पत्थर से मिलता-जुलता था, इसलिए सीमेंट का नाम ही पोर्टलैंड सीमेंट रख दिया गया। भारत में सीमेंट निर्माण स्वतन्त्रता से पहले बहुत ही कम होता था लेकिन स्वतन्त्रता के बाद बहुत बड़ी-बड़ी परियोजनाएं हमारी सरकार द्वारा हाथ में लिए जाने के कारण सीमेंट की माँग बहुत बढ़ गई है। हमारे देश में ही अब सीमेंट का निर्माण बहुत बड़े पैमाने पर होता है और हमारी आवश्यकताओं अनुसार उपलब्ध है।

आधुनिक युग में निर्माण कार्यों में काम आने वाले सभी संयोजी पदार्थों में से सीमेंट सबसे अच्छा पदार्थ है। इसके जल्दी पकने के गुण तथा जिस सुगमता से यह विभिन्न स्थितियों में काम लिया जा सकता है, ने निर्माण में अधासारण (Conception) क्रांति-सी ला दी है। सभी महत्त्वपूर्ण निर्माण कार्य आज सीमेंट का ही, किसी-न-किसी रूप में उपयोग कर बनाए जाते हैं। संसार भर में ऐसा कोई देश नहीं होगा जहाँ इस पदार्थ का निर्माण कार्यों में उपयोग नहीं किया जा रहा होगा। सीमेंट का निर्माण चूना-युक्त या चूनेदार पदार्थ और मृण्मय पदार्थों के मिश्रण को जलाकर और फिर उसे पीस कर बनाया जाता है। पोर्टलैण्ड सीमेंट तथा साधारण सीमेंट से एक ही अभिप्राय: है।

5·2. सीमेंट का रासायनिक संघटन (Chemical Composition)

यदि सीमेंट का रासायनिक विश्लेषण किया जाए तो निम्नलिखित संघटन या रचना प्राप्त होती है।

सारिणी 5·1

क्रम संख्या	सीमेंट का घटक	प्रतिशत मात्रा में
1.	कैल्शियम ऑक्साइड (CaO)	60—67
2.	सिलिका (Silica) (SiO_2)	17—25
3.	अलुमिनियम ऑक्साइड (Al_2O_3)	3—8
4.	लोहे का ऑक्साइड (Fe_2O_3)	0·5—6
5.	मैग्नेशियम ऑक्साइड (MgO)	0·1—4

इस सारिणी में सोडियम ऑक्साइड, पोटाशियम ऑक्साइड, गंधक, फास्फोरस पैंटाक्साइड (P_2O_5), और मैंग्नीज ऑक्साइड जैसी अशुद्धियाँ नहीं दिखाई हुई हैं। सोडियम और पोटाशियम के ऑक्साइड को "सीमेंट के क्षारीय तत्त्व" (Alkalies of Cement) भी कहते हैं।

5 3. सीमेंट के विभिन्न घटकों के कार्य (Functions of Cement Ingradients)

1. **कैल्शियम ऑक्साइड** (CaO)—सीमेंट का बड़ा भाग (लगभग दो-तिहाई) इसी पदार्थ का बना होता है। सिलिका और अलुमिना के साथ मिलकर यह कैल्शियम सिलिकेट और कैल्शियम अलुमिनेट जैसे पदार्थ बनाता है। CaO की मात्रा आवश्यकता से न अधिक और न कम होनी चाहिए। इससे सीमेंट की सामर्थ्यता कम हो जाती है।

2. **सिलिका** (SiO_2)—सीमेंट का लगभग 20% भाग यही पदार्थ होता है। इस पदार्थ से सीमेंट में Dicalcium Silicate और Tri-calcium Silicates बनते हैं। यही वह तत्त्व है जिससे सीमेंट बल पकड़ता है, यह तत्त्व यदि आवश्यकता से अधिक मात्रा में उपस्थित हो तो सीमेंट का पकन काल लम्बा हो जाता है, हालांकि सीमेंट की सामर्थ्य भी इससे बढ़ती जाती है।

3. **अलुमिना** (Alumina)—सीमेंट का 6 से 7 प्रतिशत भाग वह पदार्थ होता है जो फलक्स (Flux) के रूप में कार्य करता है। इस पदार्थ की उपस्थिति से सीमेंट जलाने का तापमान (Clinkering Temperature) कम हो जाता है। अच्छी किस्म के सीमेंट के लिए clinkering तापमान बहुत ऊँचा होना चाहिए। यही कारण है कि इसकी अधिक मात्रा सीमेंट में उपस्थित नहीं होनी चाहिए।

4. **मैग्नेशिया** (MgO)—मैग्नेशिया की सीमेंट में मात्रा 5% तक सीमित होती है। लेकिन आमतौर पर यह मात्रा 1·5 से 3% ही होती है। मैग्नेशिया की सीमेंट के दूसरे तत्त्वों से कोई रासायनिक क्रिया नहीं होती है। इसकी अधिक मात्रा का सीमेंट पर दुष्प्रभाव होता है और सीमेंट असमागत (Unsoundness) हो जाता है।

5. **कैल्शियम सल्फेट या जिप्सम** ($CaSO_4$)—कलिकर (clinker) बन जाने के बाद जब इन्हें पीसा जाता है तो लगभग 3% जिप्सम (Gypsum) इसमें डाल दिया जाता है। इसके डालने से सीमेंट का प्रारम्भिक पकन काल बढ़ जाता है। यदि जिप्सम सीमेंट में न डाला जाय तो सीमेट में पानी डालते ही रासायनिक क्रिया प्रारम्भ हो जाती है तथा सीमेंट का पकना प्रारम्भ हो जाता है। अतः सीमेंट को अच्छी तरह मिलाने और काम लेने के लिए समय ही नहीं मिलता। Gypsum के डाल देने से सीमेंट का पकना प्रारम्भ होने मे समय लग जाता है, अतः सीमेंट को मिलाने तथा काम लेने के लिए उचित समय मिल जाता है।

6. **लोहे का ऑक्साइड**—यह तत्त्व कैल्शियम के साथ रासायनिक क्रिया कर, सीमेंट पदार्थों को जल्दी गलने में बाध्य करता है। सीमेंट का रंग भी इसी पदार्थ की उपस्थिति के कारण होता है।

7. **क्षारीय तत्त्व** (Alkalies)—सोडियम और पोटाशियम के ऑक्साइड सीमेंट में क्षारीय तत्त्व होते हैं। इन तत्त्वों की बहुत कम मात्रा सीमेंट में अशुद्धि के रूप में उपस्थित होती है, फिर भी इनसे कई कठिनाइयाँ उत्पन्न हो जाती हैं। Alkali-aggregate reaction, प्रस्फुटन (efflorescence), सीमेंट सतह पर धब्बे (staining) पड़ना, इन्हीं तत्त्वों के कारण होता है। इन क्रियाओं में से सबसे हानिकारक प्रभाव Alkali-Aggregate reaction होता है।

8. **सलफ्युरिक अनहाईडराईड** (SO_3)—यह लगभग 2% तक सीमेंट में हो सकता है। इस तत्त्व के कारण सीमेंट में प्रसार होता है तथा यह असंगत (Unsound) हो जाता है। इससे सीमेंट का पकन काल लम्बा हो जाता है।

5·4. सीमेंट के मुख्य घटक (Constituents of Cement)

5·3 में बताए सभी पदार्थ बिल्कुल सही मात्रा में मिलाकर अच्छी तरह पीसे जाते हैं, और मिश्रण को अच्छी तरह जलाया जाता है। इससे इनमें कई रासायनिक क्रियाएँ होती हैं। जलाने से मिश्रण ठोस भाटों के रूप में परिवर्तित हो जाता है जिसे कलिकरिंग (clinkering) कहते हैं। कलिकरों में आवश्यक जिप्सम डालकर जब बारीक पीसा जाता है तो सीमेंट तैयार होता है। सीमेंट के मुख्य चार घटक हैं जो नीचे 5·2 सारिणी में दिए हुए हैं।

सारिणी 5·2

क्रम संख्या	घटक	रासायनिक सूत्र	छोटा नाम
1.	Tri-calcium silicate	$3\ CaO.SiO_2$	C_3S
2.	Di-calcium silicate	$2\ CaO.SiO_2$	C_2S
3.	Tri-calcium aluminate	$3CaO.Al_2O_3$	C_3A
4.	Tetra-calcium-Alumino-Ferrite	$4CaO.Al_2O_3$ Fe_3O_3	C_4AF

विभिन्न सीमेंटों में जिनका वर्णन आगे दिया हुआ है इन घटकों की मात्रा नीचे सारिणी 5·3 में दी हुई है।

सारणी 5·3

क्रम संख्या	सीमेंट की किस्म	रासायनिक संविरचना			
		C_3S	C_2S	C_3A	C_4AF
1.	साधारण सीमेंट	45	25	15	8
2.	जल्दी कठोर होने वाला सीमेंट (Rapid Hardening)	45	26	5	15
3.	कम ऊष्मा सीमेंट (Low heat cement)	21	51	6	14

इसमें से Tri-calcium Silicate सबसे अधिक सामर्थ्य प्रदान करने वाला पदार्थ है। पहले 14 दिनों तक सीमेंट की सामर्थ्यता इसी पदार्थ के कारण बढ़ती है। Di-calcium Silicate के कारण ज्यों-ज्यों सीमेंट पुराना होता जाता है यह अधिक मजबूत होता जाता है। Tri-calcium Aluminate से भी सीमेंट में सामर्थ्य उत्पन्न होती है लेकिन इसका मुख्य कार्य सीमेंट को पकाना व कठोर करना है। जहाँ तक C_4AF का सम्बन्ध है यह बेकार पदार्थ है, इसका सीमेंट सामर्थ्य में बहुत मामूली या नहीं के बराबर योगदान होता है। Tri-calcium Aluminate का मुख्य कार्य जो कि सीमेंट को पकाना व कठोर बनाना है, लगभग एक दिन में ही समाप्त हो जाता है। इसके बाद Tri-calcium Silicate के कारण सीमेंट सामर्थ्यता ग्रहण करता है। अन्त में Di-calcium Silcate सीमेंट में सामर्थ्यता प्रदान करता है लेकिन इसकी दर बहुत कम होती है। C_2S और C_3S की संयुक्त मात्रा किसी भी सीमेंट में 70 से 72 प्रतिशत तक होती है। C_3S की मात्रा बढ़ाने से और C_2S घटाने से जल्दी सामर्थ्य ग्रहण करने वाला सीमेंट प्राप्त होता है लेकिन इसमें ऊष्मा अधिक उत्पन्न होती है। C_3S कम रखने और C_2S की मात्रा बढ़ाने से सीमेंट में सामर्थ्यता देर से उप्पन्न होती है लेकिन ऊष्मा बहुत कम उत्पन्न होती है। सीमेंट में C_3A और C_4AF की मात्रा जितनी कम होती है। सीमेंट उतना ही रसायनों के प्रभावों के प्रति अधिक सहन-शील होता है।

5·5. सीमेंट का निर्माण (Manufacturfing of Cement)

सीमेंट दो विधियों से बनाया जाता है :

(i) शुष्क विधि (Dry Proecess) और

(ii) जलीय या गीली विधि (Wet Process)

दोनों विधियों में विभिन्न पदार्थों को मिलाना, जलाना और पीसना, क्रियाएँ करनी होती हैं।

(i) **शुष्क विधि** (Dry Process)—चूनेदार पदार्थ और मृण्मय पदार्थ, सीमेंट बनाने के दो मुख्य पदार्थ हैं। चूनेदार पदार्थ प्राय: चूना पत्थर होता है जबकि मृण्मय पदार्थ के रूप में चिकनी मिट्टी (Clay) व धमन भट्टी की स्लैग इत्यादि काम में लाए जाते हैं। चूना पत्थर और Clay, अलग-अलग पीसे जाते हैं और फिर उन्हें उचित अनुपात में मिला दिया जाता है। इसके बाद मिश्रण में थोड़ा पानी डाल कर मोटी लेई बना ली जाती है और इसकी छोटी-छोटी गोलियाँ या थेपड़ियाँ (cakes) बना दी जाती हैं और सुखा दी जाती हैं। अब सूखी थेपड़ियाँ और कोयला एक भट्ठे में एकांतरित तहों में भर दिया जाता है और आग दे दी जाती है। जलने पर थेपड़ियों के खंगर (clinder) बन जाते हैं जिन्हें भट्ठा ठंडा होने पर अलग कर दिया जाता है और इनमें 3-4 प्रतिशत जिप्सम डाल कर मिश्रण को बारीक पीस दिया जाता है, यही सीमेंट है। यह विधि जलीय या गीली विधि से अधिक महँगी है तथा इससे बड़े पैमाने

पर सीमेंट तैयार नहीं किया जा सकता। इस विधि में आग पर नियन्त्रण नहीं रहता है जिससे इस विधि से बना सीमेंट अच्छी किस्म का नहीं होता। इन सब कारणों से इस विधि का आजकल बहुत कम उपयोग किया जाता है।

(ii) **गीली विधि** (Wet Process)—चूना पत्थर पीस कर बंकरों में इकट्ठा कर दिया जाता है। मृण्मय पदार्थ (clay) भी पानी के साथ Wash Mills में अच्छी तरह मिला दिया जाता है और एकत्रित कर लिया जाता है। अब पिसा हुआ चूना पत्थर और Wash Mill से निकला मृण्मय पदार्थ, उचित अनुपात (चूना पत्थर 75% मृण्मय पदार्थ लगभग 25%) में मिला लिया जाता है। मिश्रण को बाल मिल में डालकर और पानी डालकर खूब जोर से घुमाया जाता है। बाल मिल में लगभग 2m लम्बा और 3m व्यास का ड्रम होता है जो क्षैतिज अक्ष पर विद्युत या यांत्रिक शक्ति से घुमाया जाता है। ड्रम के अन्दर कठोर लोहे के गोले होते हैं। ड्रम की अन्दर की सतह पर मोटी छेददार वक्र प्लेटें बोल्टों से लगी होती हैं। प्रत्येक प्लेट दूसरी प्लेट को जरा ढकती हुई लगी होती है। ड्रम में पिसा चूना पत्थर और मृण्मय मिट्टी का घोल (Clay Slurry) तथा पानी डाल कर जब घुमाया जाता है, तो ड्रम में पड़े लोहे के गोले ड्रम के साथ ऊपर चढ़ जाते हैं और फिर अपने ही भार से ड्रम के अन्दर लगी वक्र प्लेटों पर गिरते हैं। इस क्रिया से गोलों के नीचे चूना पत्थर तथा मृण्मय मिट्टी का जो मिश्रण आता है, वह बारीक हो जाता है। बाल मिल में चूना पत्थर और मृण्मय मिट्टी बहुत अच्छी तरह पिस जाती है और पानी के साथ इनका मिश्रण बिलकुल एकसार बन जाता है। इस मिश्रण को हम पतला गारा यो घोल या स्लरी (Slurry) कहते हैं।

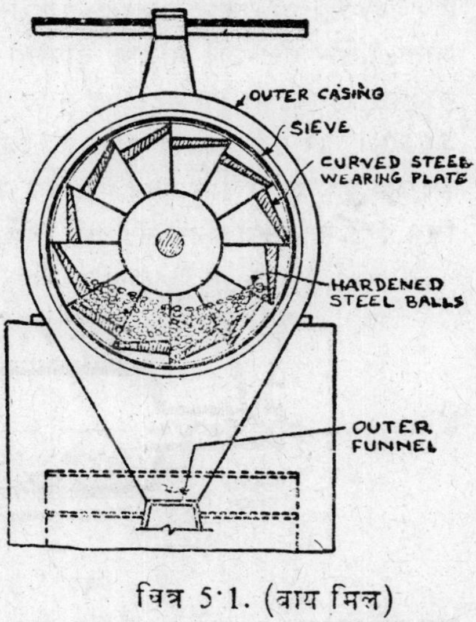

चित्र 5·1. (बाय मिल)

बाल मिल से निकला तैयार घोल अलग टैंकों में भर दिया जाता है, जहाँ रसायन वैज्ञानिक द्वारा इसका रासायनिक परीक्षण किया जाता है। यदि घोल में किसी पदार्थ की कमी पाई जाती है तो इसे मिला दिया जाता है ताकि घोल सही संघटन का बन जाय। यह तैयार घोल अब संग्राही टैंकों में भरा रहता है, जहाँ यांत्रिक विधियों से इसे धीरे-धीरे हिलाते रहते हैं। यहाँ से घोल Rotary Kiln के ऊपर उठे हुए सिरे पर पम्प कर दिया जाता है।

रोटरी भट्टी का चित्र 5·2 में दिखाया हुआ है। यह एक लोहे का लगभग

90 से 120 m. तक लम्बा और 2·5 से 4 m. व्यास का लोहे का ड्रम होता है जो 1 in 25 से 1 in 30 की ढाल में लगा होता है। रोटरी भठ्टी के अन्दर ऊष्मासह ईंटों की लाईनिंग लगी होती हैं। इसमें ऐसी व्यवस्था होती है जिससे यह ड्रम एक मिनट में एक चक्कर के हिसाब से अपने अक्ष पर घूमता रहता है।

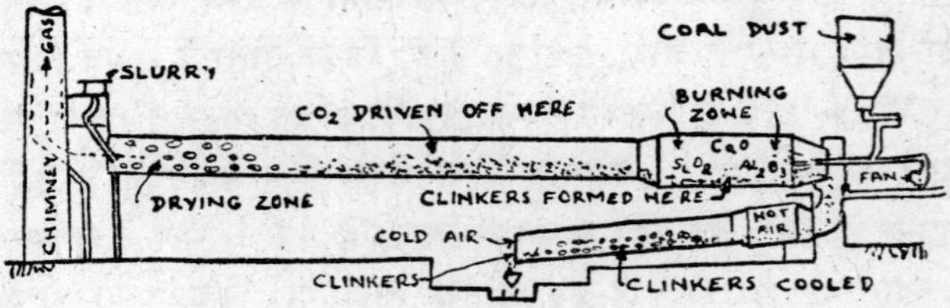

चित्र 5·2. रोटरी भटटी

रोटरी भट्टी के ऊपरी सिरे पर पम्प द्वारा तैयार घोल डाल दिया जाता है। रोटरी ड्रम ढालू होने के कारण, घोल अपने आप ढाल की तरफ बहना प्रारंभ हो जाता है। ज्यों-ज्यों घोल आगे बहता है, रोटरी भट्टी में तापमान ऊँचा होने के कारण सूख जाता है और छोटे-छोटे भाटे या नोडूलस का रूप धारण कर लेता है। ढाल के कारण नोडूलस भी लुढ़कते हुए भट्टी के जलने वाले भाग में पहुँच जाते हैं। यहां 1500 से 1650°C पर इन्हें जलाया जाता है, जिससे नोडूलस के खंगर (Clinker) बन जाते हैं। अब एक दूसरी ढालू ट्यूब में खंगर डाल दिए जाते हैं जहाँ यह ठण्डे हो जाते हैं चित्र 5·2 में रोटरी भट्टी का पूर्ण चित्र दर्शित किया हुआ है। खगर या Clinker

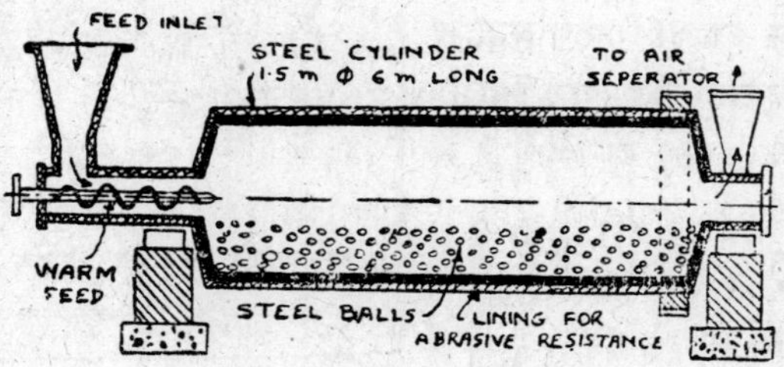

चित्र 5·3. ट्यूब मिल

जब ठंडे हो जाते तो इन्हें ट्यूब मिल में डाल दिया जाता है और 3-4% जिप्सम भी डाल दिया जाता है। ट्यूब मिल को घुमाया जाता है जिससे Clinker तथा जिप्सम अच्छी तरह पिस जाते हैं और सीमेंट तैयार हो जाता है। सीमेंट को बंकरों में भर दिया जाता है, जहाँ से इसे बोरियों में भर कर बाजार में भेज दिया जाता है।

ट्यूब मिल के अन्दर भी बाल मिल की भांति लोहे के पिंड रहते हैं जो खंडर पीसते हैं। बाल मिल और Ring Roll मिल में पिसा पदार्थ इतना बारीक हो जाता है। यह I.S. 7 छानने में से गुजर जाता है। इससे भी बारीक सीमेंट पीसने के लिए ट्यूब मिलों का उपयोग किया जाता है।

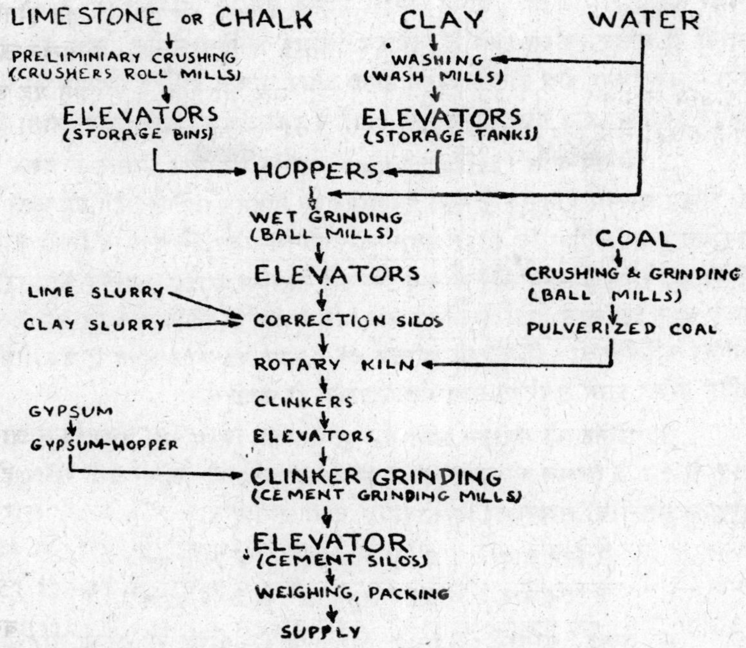

चित्र 5·4. सीमेंट बनाने का प्रवाह चित्र

सीमेंट बनाने की गीली विधि का प्रवाह चित्र, चित्र 5·4 में दिया हुआ है।

विलम्बकर पदार्थ (Retarder)—खंगर पिसने पर जो सीमेंट मिलता है उसमें यदि कोई विलम्बकार पदार्थ न डाला गया हो तो सीमेंट में पानी डालते ही वह पकना और कठोर होना प्रारम्भ हो जाता है। लेकिन व्यावहारिक दृष्टि से सीमेंट में पानी मिलाने, गारे को जहाँ लगाना है वहाँ पहुँचाने और फिर इसे काम लेने में कुछ समय तो लगता है। इन सब कार्यों में देखा गया है कि लगभग आधा घण्टे का समय लगता है। इसलिए सीमेंट में कोई ऐसा पदार्थ डाल दिया जाता है जो सीमेंट में पानी मिलाने के बाद लगभग आधे घंटे तक इसकी पकन और कठोर होने की क्रिया को रोके रक्खे। इसी कार्य के लिए कलिकर पीसते समय इसमें 3-4% जिप्सम डाला जाता है। जिप्सम की अधिक मात्रा हानिकारक होती है।

सीमेंट के भौतिक गुण (Physical properties of portland cement)—सीमेंट के कणों की बारीकी (Fineness), सीमेंट का पकन काल, सामर्थ्य समांगता तथा सीमेंट सेट होते समय निकलने वाली ऊष्मा कुछ ऐसे गुण हैं जिन्हें सीमेंट के भौतिक गुण कहते हैं।

1. **सीमेंट के कणों की बारीकी** (Finemess)—सीमेंट में पानी मिलाने के बाद जो रासायनिक क्रिया होती है उसकी दर सीमेंट के कणों की बारीकी पर बहुत

निर्भर करती है। जितना सीमेंट अधिक बारीक होता है रासायनिक क्रिया की दर उतनी ही अधिक त्वरित होती है। लेकिन अधिक बारीक सीमेंट जब सेट होता है, रासायनिक क्रिया तीव्र होने के कारण उष्मा अधिक उत्पन्न होती है। सीमेंट की बारीकी छानने द्वारा या प्रति ग्राम सीमेंट दूरी cm^2 में ढकी क्षेत्रफल द्वारा नापा जाता है।

2. **सेटिंग काल** (Setting Fine)—सीमेंट में पानी मिलाने से लेकर सीमेंट की सेटिंग प्रारम्भ होने तक के काल को सीमेंट का सेटिंग काल कहते हैं। यह काल इतना समुचित होना चाहिए कि सीमेंट मसाले में पानी मिलाकर इसे काम में लिया जा सके। सीमेंट का सेटिंग प्रारम्भ होने के बाद इसे नहीं हिलाना चाहिए। सीमेंट का प्रारम्भिक पकन काल वह काल होता है जिसके बाद यदि कंक्रीट में कोई दरार रह गई है तो वह वापिस नहीं मिलती। सीमेंट का अन्तिम पकन काल वह काल होता है जब सीमेंट की सेटिंग होकर इसमें समुचित सामर्थ्यता उत्पन्न हो जाती है।

3. **सीमेंट की संपीडन सामर्थ्य**—सीमेंट की किस्म का अनुमान सीमेंट तथा बालू के 1 : 3 मिश्रण की संपीड़ित सामर्थ्यता से लगाया जाता है। फेल होने तक सामान्य सीमेंट की सामर्थ्यता निम्नानुसार होनी चाहिए।

3 दिन बाद	160 kg/cm^2 (16 N/mm^2)
7 दिन बाद	220 kg/cm^2 (22 N/mm^2)

4. **तनाव सामर्थ्य** (Tensile Strength)—सीमेंट की तनाव सामर्थ्य ज्ञात करने के लिए 6 मानक ब्रिक्यूट सीमेंट मसाले में बनाए जाते हैं। ब्रिक्यूट 1, 3 तथा 7 दिन की तराई के बाद इनका तनाव मशीन में परीक्षण किया जाता है। औसत तनाव सामर्थ्य निम्नानुसार होनी चाहिए।

तराई काल	सामान्य सीमेंट	शीघ्र पकने वाला सीमेंट
1 दिन बाद	—	20 kg/cm^2 (2 N/mm^2)
3 दिन बाद	20 kg/cm^2(2 N/mm^2)	30 kg/cm^2 (3 N/mm^2)
7 दिन बाद	25 kg/cm^2(2·5 N/mm^2)	—

सीमेंट की समांगता (Soundness of Cement)—सीमेंट में असमांगता (unsoundness) स्वतन्त्र चूना तथा मैग्नेशिया की उपस्थिति के कारण होती है। यह तत्त्व बहुत धीमी गति से बुझते हैं जिससे पहले से ही सेट कंक्रीट के आयतन में बढ़ोतरी होती है जिस कारण कंक्रीट फट जाता है तथा नष्ट हो जाता है। ली-चेटलीयर्स विधि द्वारा या ऑटोक्लेव विधि द्वारा सीमेंट की समांगता नापी जाती है। समांग सीमेंट का प्रसार ली-चेटलीयर विधि द्वारा 10 mm तथा ऑटोक्लेव विधि द्वारा 0·5% से अधिक नहीं होना चाहिए।

5. **उष्मा की निकासी** (Heat of hydration)—सीमेंट के घटकों एवं पानी में जब रासायनिक क्रिया होती है तो ऊष्मा उत्पन्न होती है। इसी ऊष्मा को heat of hydration कहते हैं। सीमेंट के पकने से प्रारम्भिक पकन काल में इस ऊष्मा की

सारिणी 5·4

भौतिक गुण	सामान्य सीमेंट	बलग्राही सीमेंट	न्यून ऊष्मा सीमेंट
1. सीमेंट का पकन काल			
I. प्रारम्भिक पकन काल से कम नहीं होना चाहिए ।	30 मिनट	30 मिनट	60 मिनट
II. अंतिम पकन काल से अधिक नहीं होना चाहिए ।	10 घण्टे	10 घंटे	10 घण्टे
2. संपीडन सामर्थ्यता IS. 650-1966 बालू के साथ			
I. एक दिन बाद ± 30 मिनट	—	160 kg/cm² (16 N/mm²	—
II. तीन दिद बाद ± 1 घंटा	160 kg/am² (16 N/mm²)	275 kg/cm² 27·5 N/mm²	100 kg/cm² (10 N/mm²)
III. 7 दिन बाद ± 2 घंटे	220 kg/cm² (22 N/mm²)	—	160 kg/cm² (16 N/mm²)
IV. 28 दिन बाद ± 4 घंटे	—	—	350 kg/cm² 35 N/mm²
3. तनाव सामर्थ्यता			
1 दिन बाद	—	2 N/mm²	—
3 दिन बाद	2 N/mm²	3 N/mm²	—
7 दिन बाद	2·5 N/mm²	—	—
4. कणों की बारीकी (Fzne-nuss)			
I. IS 90 छानने पर प्रतिशत में सीमेंट के बचा भार से अधिक नहीं होना चाहिए ।	10	5	—
II. cm²/ग्राम में अपेक्षित सतह	2250	3250	3200
5. ऊष्मा की निकासी			
7 दिन में से अधिक नहीं	—	—	65 cal/gm
28 दिन में से अधिक नहीं	—	—	75 cal/gm
6. **समांगता** (Soundne)			
I. ली-चेटलीयर विधि द्वारा	10 mm	10 mm	10 mm
II. ऑटोक्लेव विधि द्वारा	0·5%	0·5%	0·5%

निकासी होती है लेकिन ज्यों-ज्यों रासायनिक क्रिया धीमी होती जाती है। ऊष्मा की निकासी की दर भी कम होती जाती है। ऐसे कंक्रीट कार्यों में जहाँ बहुत बड़ी मात्रा में सीमेंट कंक्रीट का उपयोग होता है, जैसे कंक्रीट बाँध, तो उस परिस्थिति में heat of hydration गुण का महत्त्व होता है। यदि इस ऊष्मा की निकासी का उचित प्रबन्ध नहीं किया गया तो इससे कंक्रीट कार्य फट सकता है तथा नष्ट हो सकता है। I.S. 4031-1968 के अनुसार न्यून ऊष्मा सीमेंट में heat of hydration का मान 7 दिन बाद 65 calories प्रति ग्राम तथा 28 दिन बाद 75 calories/ग्राम से अधिक नहीं होनी चाहिए। I.S. 269-1967 अनुसार सीमेंट के भौतिक गुण निम्नानुसार होते हैं (सारिणी 5·4 में देखिए)।

5·6. सीमेंट पैकिंग (Cement Packing)

सीमेंट भरने के लिए जूट, कपड़ा व प्लास्टिक के थैले काम लिए जाते हैं। भारत में सीमेंट अधिकतर प्लास्टिक के बोरों में उपलब्ध है। प्रत्येक बोरे में 50 kg Cement होता है। सीमेंट को भण्डारों में रखते समय ध्यान रखना चाहिए कि नमी सीमेंट तक न पहुँचने पाए। इसके लिए सीमेंट के बोरे भण्डार की दीवारों से हटाकर तथा फर्श से जरा उठाकर रखना चाहिए। फर्श पर सूखी पकी ईंटें या लकड़ी के गुटके रखकर सीमेंट के बोरे लगाने चाहिए। भण्डार की छत जल सह होनी चाहिए तथा वर्षा के दिनों में भण्डार पर निगाह रखनी चाहिए, ताकि कहीं से भण्डार में पानी न घुस जाय। लम्बे समय तक यदि सीमेंट भण्डार में रखना है तो इसे चारों तरफ से व ऊपर से तारपोलीन से ढक देना चाहिए।

5·7· सीमेंट का परीक्षण (Testing of Cement)

सीमेंट की किस्म पर नियन्त्रण रखने के लिए I.S.I. ने कुछ परीक्षण दिए हैं जिनका संक्षिप्त वर्णन नीचे दिया हुआ है।

परीक्षण के लिए सैम्पल—यदि सीमेंट बोरों में बन्द है तो सैम्पल अलग-अलग 12 बोरों में से लेना चाहिए और यदि सीमेंट खुला भरा हुआ है तो सीमेंट के ढेर के 12 अलग भागों में थोड़ा-थोड़ा सीमेंट लेना चाहिए। सैम्पल लगभग 5 kg होना चाहिए।

1. **रासायनिक विश्लेषण** (Chemical Analysis)

(i) **सीमेंट जलाने पर भार में कमी** (Los ons Ignition)—पोरसलीन या प्लेटीनम क्रसीबल (Crucible) में एक ग्राम सीमेंट का सैम्पल लो और उसे 900C° से 1000°C तापक्रम पर 15 मिनट तक गर्म करो। सैम्पल ठण्डा होने दो और इसे तोलो। भार में कमी 4% से अधिक नहीं होनी चाहिए।

(ii) **अघुलनशील अवशेष** (Insoluble Residue)—40 cc. पानी, 10 cc. हाइड्रोक्लोरिक अम्ल (HCl) और 1 ग्राम सीमेंट का मिश्रण बनाओ और इसे 10

मिनट तक उबालो। घोल को फिल्टर करो। बर्तन पाँच बार धो लो और फिल्टर को गर्म पानी से 10 बार धोओ। फिल्टर पर बचा अवशेष गर्म पानी से धोओ और उसमें Na_2CO_2 घोल डालकर 10 मिनट तक उबालो। उसी फिल्टर पेपर में से इस घोल को फिर फिल्टर करो और फिर इसे पानी से 5 बार धोओ। इसे अब हाइड्रोक्लोरिक अम्ल से धोकर, अन्त में पानी से धोओ। फिल्टर पेपर को सुखाओ, जलाओ और तोलो। इससे अघुलनशील अवशेष ज्ञात हो जाएगा। अघुलनशील अवशेष का मान 1·5% से अधिक नहीं होना चाहिए।

(iii) **अलुमिना और चूना**—चूना तथा SO_3 की प्रतिशत मात्रा का, सिलिका अलुमिना और लोहे के ऑक्साइड की प्रतिशत में मात्रा का अनुपात जब निम्नलिखित सूत्र में ज्ञात किया जाता है तो इसका मान 0·66 तथा 1·02 के बीच होना चाहिए।

$$\frac{CaO - 0{\cdot}7SO_3}{2{\cdot}8\ SiO_2 + 1{\cdot}2\ Al_2O_3 + 6{\cdot}65Fe_2O_3} = 0{\cdot}66 \text{ से } 1{\cdot}02$$

अलुमिना और लोहे के ऑक्साइड की प्रतिशत मात्राओं का अनुपात 0·66 से कम नहीं होना चाहिए।

(iv) मैग्नेशिया की मात्रा सीमेंट के भार का 5% से अधिक नहीं होनी चाहिए।

(v) SO_3 तत्त्व की मात्रा 2·75% से अधिक नहीं होनी चाहिए।

2. **सीमेंट का बारीकी** (Fineness) **अनुसार परीक्षण**—

अधिक बारीक पिसा सीमेंट पानी से जल्दी क्रिया करता है और जल्दी सामर्थ्यंता पकड़ता है। लेकिन सीमेंट की चरम सामर्थ्यंता पर इसका कोई प्रभाव नहीं होता। अधिक बारीक पिसे सीमेंट में सिकुड़न अधिक होती है और कंक्रीट में दरारें फटने की सम्भावना अधिक रहती है। सीमेंट की बारीकी निम्नलिखित किसी एक विधि से ज्ञात की जा सकती है।

(i) **छानकर** (By Sieve Analysis)—100 ग्राम सीमेंट जब I.S. No. 9 से 15 मिनट तक हाथ से छाना जाता है तो छानने पर बची सीमेंट की मात्रा कुल सीमेंट का 10% से अधिक नहीं होनी चाहिए।

(ii) **By Specific Surface**—Air Permeability विधि द्वारा Specific Surface 2250 Sq. cm/gm से कम नहीं होनी चाहिए। Wangner's Turbidimeter विधि द्वारा Specific Surface का मान 1600 sq. cm/gm से कम नहीं होना चाहिए।

3. **सीमेंट का पकन काल** (Setting Time of Cement)—सीमेंट के दो पकन काल होते हैं। प्रारम्भिक पकन काल (Initial Setting Time) और अन्तिम पकन काल (Final Setting Time)। प्रारम्भिक पकन काल वह काल है जिसके बाद

सीमेंट में यदि कोई दरार पड़ जाए तो वह जोड़ी नहीं जा सकती है । अन्तिम पकन काल वह काल है जब सीमेंट काफी कठोर हो जाता है और सामर्थ्यंता ग्रहण कर लेता है । दोनों काल विकेट संयंत्र द्वारा ज्ञात किए जाते हैं । चित्र 5·5 में Vicate संयंत्र दिखाया हुआ है ।

Vicate संयंत्र में एक फ्रेम E होता है जिसमें ऊपर-नीचे स्वतन्त्र हरकत करने वाली एक छड़ B लगी होती है । B छड़ के ऊपरी सिरे पर एक प्लेट A लगी होती है और निचले सिरे पर यदि प्रारम्भिक काल ज्ञात करना हो तो एक सुई C लगी होती है । यदि अन्तिम पकन काल ज्ञात करना हो तो C सुई की जगह F सुई लगा दी जाती है । यदि सीमेंट की मानक सघनता (Standard Consistency) ज्ञात करनी हो तो C सुई की जगह प्लंजर G लगा दी जाती है । Vicate संयंत्र के सभी भागों के नाम तथा इनके माप चित्र 5·5 में दिखाए हुए हैं ।

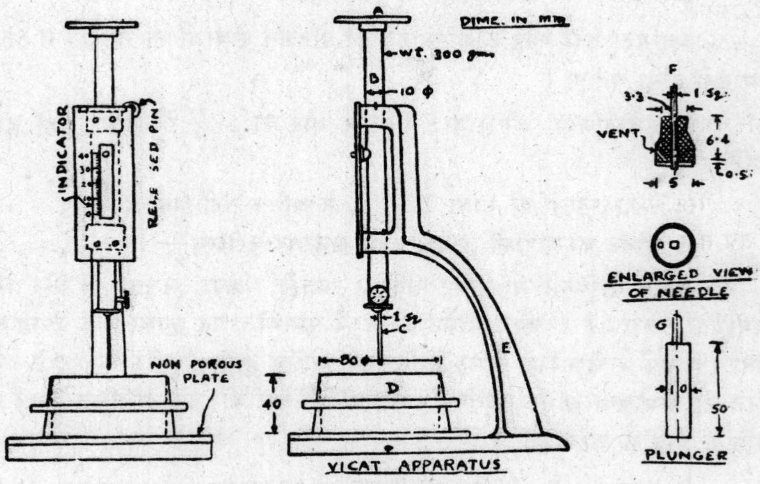

चित्र 5·5. विकेट संयंत्र

(i) **प्रारम्भिक पकन काल ज्ञात करना** (Initial Setting Time)—300 gm सीमेंट लो और उसमें सामान्य सघनता के लिए आवश्यक पानी का 0·85 गुना पानी डालकर पेस्ट बनाओ । पेस्ट Vicate संयंत्र के D सांचे में Spatula की मदद से भरो और करनी से ऊपरी सतह पर एकसार व समतल कर दो । अब Vicate Apparatus की B छड़ के निचले सिरे में C सुई लगाओ और इसे D सांचे में भरी पेस्ट के सम्पर्क में लाकर छोड़ दो । C सुई 1 mm Square होती है । पहले पहल यह सुई D सांचे से भरी पेस्ट की पूरी मोटाई में धँस जाती है, यह क्रिया दोहराते चलो जब तक कि C सुई D सांचे में भरी पेस्ट को पूरा नहीं भेदती है बल्कि 5mm कम रहती है (कांच की प्लेट से 5mm ऊपर) । सीमेंट में पानी मिलाने से उस समय

तक जबकि C सुई, D सांचे से भरी पेस्ट को पूरा 40 mm भेदने की बजाय केवल 35 mm ही भेदती है, का समय सीमेंट का प्रारम्भिक पकन काल कहलाता है।

(ii) **अन्तिम पकन काल** (Final Setting Time)—सीमेंट का अन्तिम पकन काल ज्ञात करने के लिए C सुई की जगह, F सुई, B छड़ के निचले सिरे पर लगा दी जाती है। F सुई, D सांचे में भरी पेस्ट की ऊपरी सतह के सम्पर्क में लाकर छोड़ दी जाती है। यह क्रिया तब तक बार-बार दोहराते जाते हैं जब तक कि F सुई का 1 mm व्यास का 0·5 mm आगे बढ़ा भाग तो पेस्ट में धँस जाता है लेकिन F सुई का बड़े व्यास वाला भाग पेस्ट पर कोई निशान नहीं छोड़ता। सीमेंट में पानी मिलाने से लेकर उस समय तक जब F सुई का आगे बढ़ा भाग तो पेस्ट में धँस जाता है लेकिन बड़े व्यास वाला भाग पेस्ट पर कोई निशान नहीं छोड़ता, तक का समय सीमेंट का अन्तिम पकन काल कहलाता है।

4. **मानक या सामान्य सघनता** (Standard or Normal Consistency) —सामान्य सघनता ज्ञात करने के लिए Vicate Apparatus की C सुई की जगह G प्लंजर लगा दिया जाता है। 300 ग्राम सीमेंट लो और शुरू करते समय उसमें 25% पानी डालकर सीमेंट की पेस्ट तैयार करो तथा D सांचे में भरो। प्लंजर G का निचला सिरा पेस्ट के सम्पर्क में लाकर छोड़ दिया जाता है और G प्लंजर का पेस्ट में धँसना नोट किया जाता है।

पेस्ट में फिर और पानी मिलाकर उपरोक्त क्रियाएँ दोहराई जाती हैं। यह तब तक चलता रहता है जब तक कि G प्लंजर 33 से 35 mm तक पेस्ट में नहीं धंस जाती। सीमेंट की वह पेस्ट मानक सघनता की होती है जिसमें G प्लंजर 33 से 35 mm तक धंस जाती है। मानक सघनता के लिए पानी का मान सीमेंट के भार का लगभग 30% होता है।

5. **समांगता परीक्षण** (Sonndness Test)—यह आवश्यक है कि पकने के बाद सीमेंट कंक्रीट के आयतन में परिवर्तन न हो। जितना आयतन में अधिक परिवर्तन

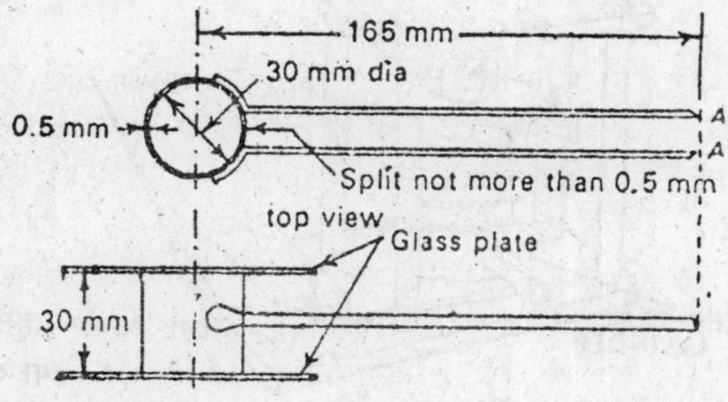

चित्र 5 6. (Le-Chatalier's Apparatus)

होता है, सीमेंट उतना ही अधिक असमांगत (Unsound) होता है। यह परीक्षण Le-Chatalier's Apparatus द्वारा किया जाता है। चित्र 5·6 देखो। इससे परीक्षण द्वारा सीमेंट में Uncombinel चूने एवं मैग्नेशियम की मात्रा का आभास होता है। इन्हीं दोनों तत्त्वों के कारण सेट होने के बाद सीमेंट के आयतन में बढ़ोतरी होती है।

स्प्रिंग पीतल की 0·5 mm मोटी चद्दर का यह एक फटा हुआ सिलेण्डर होता है, जिसे साँचा कहते हैं। यह 30 mm व्यास में तथा 30 mm ऊँचा होता है। A.A इसमें 165 mm लम्बे दो सूचक हैं जो साँचे के फटे हुए भाग के एक इधर और एक उधर लगे होते हैं। A.A दोनों सूचकों में 5 mm दूरी होती है।

100 gm सीमेंट में मानक सघनता के लिए आवश्यक पानी का 0·78 गुना पानी डालकर पेस्ट बनाई जाती है जो काँच की प्लेट पर रखे साँचे में भर दी जाती है। काँच की दूसरी प्लेट से साँचे को ऊपर से ढक दिया जाता है और इसे 80° से 90° F तापमान वाले पानी में 24 घण्टे रखा जाता है। अब सूचकों में दूरी नाप ली जाती है। अब पेस्ट सहित साँचे को पानी में डूबा रखते हुए, पानी को गर्म किया जाता है और एक घण्टे तक इसे उबाला जाता है। साँचा पानी से निकालकर ठण्डा कर लिया जाता है और सूचकों में जो दूरी है दोबारा नोट कर ली जाती है। सूचकों के दोनों पाठ्यांकों में अन्तर से सीमेंट की समांगता का अनुमान लगाया जाता है। I.S. अनुसार किसी भी सीमेंट के लिए सूचकों के पाठ्यांकों में अन्तर 10 mm से अधिक नहीं होना चाहिए।

6. **सम्पीडन क्षमता** (Compressive Strength)—185 gm सीमेंट में 555 gm मानक रेत (Standard sand) और 74 gm पानी डालकर गारा बनाओ और इसके 7·06 cm के घन (cube) बनाओ और इन्हें 90% नमी (humidity)

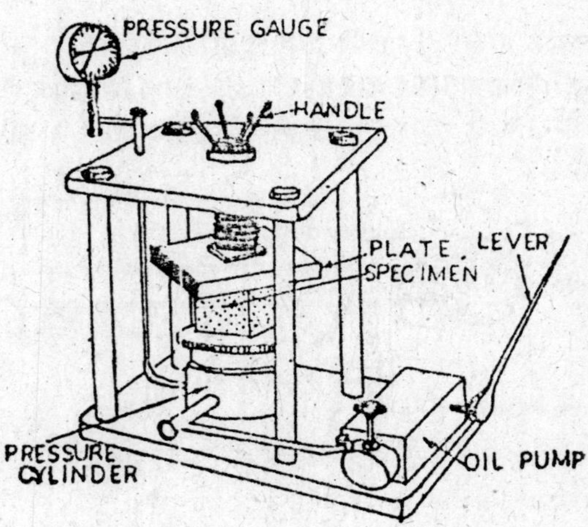

चित्र 5·7. सम्पीडन परीक्षण मशीन

और 25°C से 29°C तापक्रम पर 24 घण्टे रहने दो। अब घन साँचों में से निकाल लो और इन्हें साफ पानी में रखो। घन सूखने नहीं देने चाहिए और परीक्षण करने तक पानी में ही रहने देने चाहिए। घन एक दिन, तीन दिन और 7 दिन के बाद टैस्ट करने चाहिए। I.S. अनुसार विभिन्न सीमेंटों से बने घनों की सामर्थ्यता निम्नानुसार होनी चाहिए।

जब टैस्ट किया जाता है तो सामर्थ्यता से कम नहीं होनी चाहिए	सादा सीमेंट kg/cm^2	जल्दी कठोर होने वाला सीमेंट kg/cm^2	कम ऊष्मा देने वाला सीमेंट kg/cm^2
1 दिन बाद जब टैस्ट किया जाता है	—	115	—
3 दिन बाद जब टैस्ट किया जाता है	115	210	70
7 दिन बाद जब टैस्ट किया जाता है	175	—	115
28 दिन बाद जब टैस्ट किया जाता है	—	—	265

टैस्ट घन बनाने के लिए पानी की मात्रा निम्न सूत्र अनुसार ज्ञात की जा सकती है।

$$P = \frac{P_n}{4} + 3{\cdot}5$$

यहाँ P = सूखे पदार्थों अनुसार पानी की प्रतिशत में मात्रा

P_n = सामान्य सघनता के मिश्रण बनाने के लिए पानी की प्रतिशत में मात्रा।

7. तनाव क्षमता (Tensile Strength Test)—सीमेंट और मानक रेत का 1 : 3 अनुपात में पेस्ट बनाकर मानक ब्रीकेट (Standard Briquette) बनाए जाते

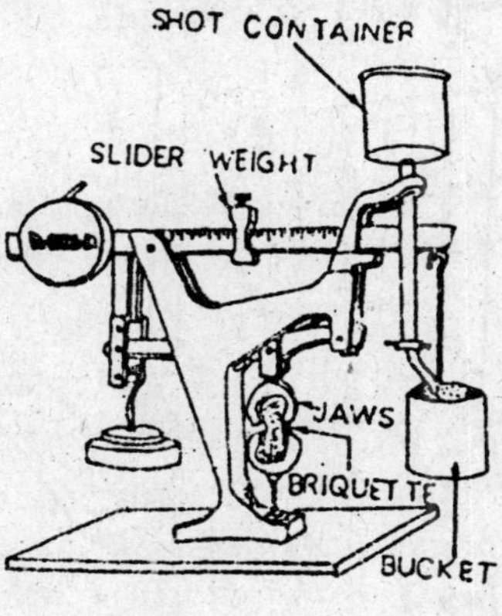

चित्र 5·8. तनाव क्षमता नापने वाली मशीन

हैं। इन Briquette का तनाव में परीक्षण कर सीमेंट की तनाव क्षमता ज्ञात की जाती है। सीमेंट और मानक रेत में पानी की मात्रा निम्नलिखित सूत्र अनुसार ज्ञात की जाती है।

$$P = 0{\cdot}195\ P_n + 2{\cdot}50$$

यहाँ P और P_n का वही अभिप्राय: है जो संपीडन क्षमता परीक्षण में बताया जा चुका है। मानक ब्रीकेट के नाप चित्र 5·9 में दिखाए हुए हैं।

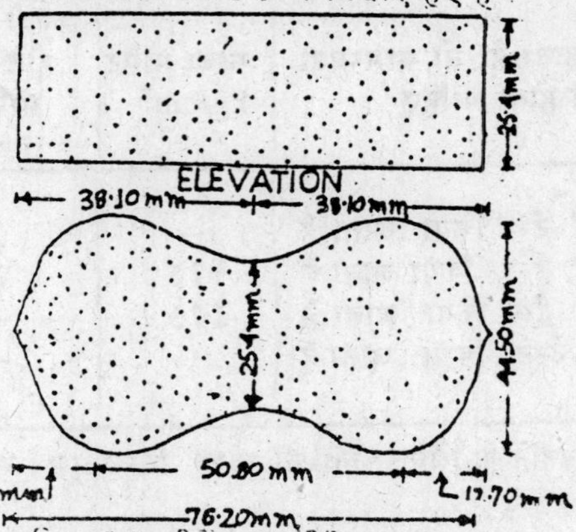

चित्र 5·9 सीमेंट का ब्रीकेट PLAN

एक बार 6 Briquette का परीक्षण किया जाता है। Briquette बनाने के 3 दिन और 7 दिन बाद इनका परीक्षण किया जाता है। सादे सीमेंट की तनाव क्षमता निम्नलिखित होनी चाहिए :

3 दिन बाद 20 kg/cm² से कम नहीं

7 दिन बाद 25 kg/cm² से कम नहीं

5·8. विभिन्न तरह के सीमेंट (Different Types of Cements)

1. **साधारण सीमेंट**—यह सीमेंट बारीक किए हुए चूना पत्थर और चिकनी मिट्टी के मिश्रण को जलाकर बनाया जाता है। इसका प्रारम्भिक पकन काल, इसमें पानी डालने के 30 मिनट बाद प्रारम्भ होता है।

2. **शीघ्र बलग्राही सीमेंट** (Rapid Hardening Cement)—यह सीमेंट अपनी पूर्ण सामर्थ्य साधारण सीमेंट से बहुत कम समय में प्राप्त कर लेता है। इस सीमेंट को, शीघ्र सामर्थ्य सीमेंट (Early Strength Cement) भी कहते हैं। इसकी चरम सामर्थ्य साधारण पोर्टलैंड सीमेंट के बराबर ही होती है। इसका प्रारम्भिक और अन्तिम पकन या जमाव-काल साधारण सीमेंट से थोड़ा-सा अधिक होता है। इस सीमेंट का सबसे बड़ा लाभ यह है कि बहुत कम समय में ही सीमेंट कंक्रीट अपनी पूर्ण सामर्थ्य प्राप्त कर लेता है और इसलिए लगाया गया फार्मवर्क बहुत कम समय में हटाकर दूसरी जगह काम में लाया जा सकता है।

यह सीमेंट अधिक बारीक पिसा होता है और Tri-calcium Silicate की मात्रा इसमें अधिक होती है। पकते समय इसमें से अधिक ऊष्मा निकलती है इसलिए यह सीमेंट बड़े आयतन वाले कार्यों में, जैसे बांध वगैरह हैं, में काम नहीं लेना चाहिए। यह साधारण सीमेंट से महंगा होता है।

3. **शीघ्र पकने वाला सीमेंट** (Quick Setting Cement)—इस सीमेंट का प्रारम्भिक पकन काल 5 मिनट और अन्तिम पकन काल 30 मिनट होता है। क्योंकि इसका प्रारम्भिक जमाव बहुत कम समय (5 मिनट) में प्रारम्भ हो जाता है इसलिए इसका उपयोग ऐसी परिस्थिति में करना चाहिए जहाँ बहुत कम समय में सीमेंट सतह तैयार करनी हो।

4. **अधिक अलुमिना वाला सीमेंट** (High Alumina Cement)—यह सीमेंट चूना पत्थर और बॉक्साइट के मिश्रण को जलाकर और इसे बारीक पीसकर बनाया जाता है। इस सीमेंट की चरम सामर्थ्य, साधारण सीमेंट से बहुत अधिक होती है। यह रंग में काला होता है और रासायनिक क्रिया, ऊष्मा, और दूसरे हानिकारक तत्वों की क्रिया के प्रति, प्रतिरोधी होता है। इसका प्रारम्भिक पकन काल 2 घंटे से भी अधिक होता है, लेकिन अन्तिम पकन काल उसके तुरन्त बाद प्रारम्भ हो जाता है। इसके पकने में निकलने वाली ऊष्मा पहले 10 घण्टों में लगभग पूरी तरह से निकल जाती है, इसलिए इसे जमाव बिन्दु पर भी काम में लिया जा सकता है।

5. **कम ऊष्मा देने वाले सीमेंट** (Low Heat Cement)—सीमेंट पकते समय ऊष्मा निकलती है। यदि इस ऊष्मा पर नियंत्रण न रखा जाए या इसे निकालने का उचित प्रबन्ध न किया गया हो तो संरचनायें फट सकती हैं, टूट सकती हैं और नष्ट हो सकती हैं। ऊष्मा कम उत्पन्न होने देने के लिए Tri-calcium Aluminate और Tri-calcium Silicate की मात्रा कम रक्खी जाती है। इसके प्रारम्भिक और अन्तिम पकन-काल लगभग वही हैं जो कि सादे सीमेंट के होते हैं लेकिन इस सीमेंट की बल ग्रहण दर बहुत धीमी होती है। इस सीमेंट का उपयोग बाँधों व दूसरे बड़े आयतन के कंक्रीट कार्यों में किया जाता है।

6. **धमन भट्टी स्लैग सीमेंट** (Blast-Furnace Slag Cement)—पिग लोहे के निर्माण के दौरान धमन भट्टी से निकली स्लैग (Slag) लगभग 65%, साधारण सीमेंट के कलिकरों में मिलाकर पीसी जाती हैं। पिसने के दौरान थोड़ी जिप्सम की मात्रा भी मिला दी जाती है। इस सीमेंट की सामर्थ्य ग्रहण दर, साधारण सीमेंट से कम होती है। पकने के दौरान ऊष्मा बहुत कम उत्पन्न होती है।

7. **सफेद सीमेंट** (White Cement)—साधारण सीमेंट का रंग, इसमें लोहे के ऑक्साइड के कारण होता है। सफेद सीमेंट के निर्माण में सफेद चाक और लोहे के ऑक्साइड रहित मिट्टी (Clay) काम ली जाती है। कलिंकर बनाने के लिए ईंधन के रूप में कोयले की जगह ईंधन का प्रयोग किया जाता है। यह सीमेंट आम सीमेंट से बहुत अधिक महँगा होता है।

8. **रंगदार सीमेंट** (Coloured Cement)—साधारण सीमेंट में उपयुक्त रंगदार पदार्थ मिलाकर इसे रंगदार बनाया जा सकता है। रंगदार पदार्थ उदासीन होने चाहिए तथा धूप व वायुमण्डलीय प्रभावों से इसका रंग खराब नहीं होना चाहिए। 5 से 10% तक रंगदार पदार्थ, सीमेंट पीसते समय ही डाल दिया जाता है।

9. **Air Entraining Cement**—यह भी साधारण सीमेंट ही होता है जिसमें Air Entraining पदार्थ कलिकर पीसते समय डाल दिए जाते हैं। रेशेदार पदार्थ, तेल, ग्रीस इत्यादि कुछ Air Entraining पदार्थ हैं। इनमें से Vinsol Resin और Darex अधिकतर उपयोग में लाए जाते हैं। यह पदार्थ हवा के बहुत छोटे-छोटे बुलबुले Entrain करके रख सकते हैं। इस तरह Entrained हवा की मात्रा 5% से अधिक नहीं होनी चाहिए। इन बुलबुलों के कारण कंक्रीट अधिक सुकर और सुघट्य हो जाता है, लेकिन कंक्रीट में हवा दबी होने के कारण इसकी सामर्थ्य कम हो जाती है।

10. **पोजोलाना सीमेंट** (Pozzolana Cement)—साधारण सीमेंट के कलिकरों को पीसते समय ही इसमें **Pozzolana** डालकर तथा पीसकर या फिर साधारण सीमेंट और बारीक पिसे **Pozzolana** को अच्छी तरह मथकर यह सीमेंट बनाया जाता है। पोजोलाना खुद एक सिलिका युक्त पदार्थ है जिसका खुद का कोई संयोजी गुण नहीं होता। लेकिन जब यह बारीक पिसा होता है तो पानी की उपस्थिति के कारण यह चूने के साथ ऐसे यौगिक बनाता है जो बहुत संयोजी (Binding) होते हैं।

इस सीमेंट के पकने के दौरान ऊष्मा बहुत कम उत्पन्न होती है और सल्फेटों की क्रिया के प्रति यह सीमेंट बहुत अच्छा रहता है। समुद्री कार्यों में यह सीमेंट बहुत काम आता है। इसकी चरम क्षमता साधाण सीमेंट से अधिक होती है।

5·9. सीमेंट के लिए जलसह पदार्थ (Cement Water Proofers)

सीमेंट से बनी संरचना को जलसह बनाने के लिए रसायन, पेस्ट, द्रव या पाउडर के रूप में कई पदार्थ बाजार में उपलब्ध हैं। यह पदार्थ जब एक निश्चित अनुपात में सीमेंट में मिलाए जाते हैं तो सीमेंट मसाला या कंक्रीट जलसह हो जाते हैं। पडलों और इम्परमो (Impermo) कुछ विदेशी जलसह पदार्थ हैं जिनका अभी भी हमारे देश में कई जगह उपयोग होता है। Cico, Acoproof, Proofit और Feronite कुछ जलसह पदार्थ हैं जो भारतीयों द्वारा ही निर्मित किए गए हैं और अधिकतर काम मे लिए जाते हैं।

5·10. सीमेंट भण्डार में रखना (Cement Storage)

सीमेंट को भण्डार में रखने के लिए निम्नलिखित बातों का ध्यान रखना चाहिए :

1. जिस भवन में या कमरे में सीमेंट रखना है उनकी दीवारें, छत और फर्श सब जलसह होने चाहिए।

2. यदि सीमेंट भंडार करने वाला कमरा नया बना है तो सीमेंट भण्डार करने से पहले इसे अच्छी तरह सूख लेने देना चाहिए।

3. दरवाजे व खिड़कियाँ अच्छी तरह फिट होने चाहिए तथा बन्द रखने चाहिए।

4. सीमेंट के फर्श को छोड़ यदि दूसरे किसी तरह का फर्श है तो इसे लकड़ी के तख्ते रखकर भरना चाहिए ताकि नीचे से सीमेंट के बोरों में सीलन न चली जाए।

5. सीमेंट बोरे बाहरी दीवारों से लगभग 25 cm हटाकर लगाने चाहिए तथा सीमेंट थैले खुले-खुले नहीं, पास-पास करके लगाने चाहिए।

6. सीमेंट के बोरों की पाइल की ऊँचाई 15 थैलों से अधिक नहीं होनी चाहिए।

7. सीमेंट की प्रत्येक नई खेप (Consignment) अलग से स्टैक करनी चाहिए और उसमें एक कार्ड लगा देना चाहिए जिसमें खेप आने की तारीख तथा मात्रा लिखी होनी चाहिए। जब सीमेंट किसी को दिया जाता है तो इसी कार्ड पर यह भी लिखते रहना चाहिए कि कितना सीमेंट दिया गया और कितना स्टोर में बाकी है।

8. देते समय पुराना सीमेंट पहले Issue करना चाहिए ताकि यह पड़ा-पड़ा ही खराब न हो जाए।

9. अस्थाई रूप से यदि कहीं सीमेंट स्टोर करना है तो लकड़ी के स्लीपरों वगैरह का ऊँचा जलसह प्लेटफार्म बनाकर सीमेंट थैले स्टैक करने चाहिएँ और ऊपर से तारपोलिन से इसे ढक देना चाहिए।

10. बड़े-बड़े सीमेंट के व्यापारी या सीमेंट फैक्ट्रियों वाले सीमेंट को, Silos में स्टोर करते हैं। बड़े कार्यों में जहाँ सीमेंट बहुत काम आता है और निरन्तर इसकी मात्रा चाहिए हो, तो संरचना वाली जगह बहुत अधिक सीमेंट स्टोर करने की बजाय यह अच्छा रहता है, यदि आवश्यकता अनुसार फैक्ट्री से निश्चित अन्तराल पर सीमेंट की खेप पहुँचती रहे। इससे बहुत बड़ा स्टोर बनाने की आवश्यकता नहीं होती है।

सीमेंट तथा चूने में अन्तर :

1. चूने का रंग हमेशा सफेद होता है जबकि सीमेंट का रंग आमतौर पर धूसर (grey) होता है। वैसे सीमेंट जिस रंग का चाहे बनाया जा सकता है।

2. सीमेंट में जब पानी मिलाया जाता है तो 10 से लेकर 30 मिनट के अंदर ही इसका सैटिंग होना प्रारम्भ हो जाता है तथा एक-दो दिन में ही सीमेंट काफी सामर्थ्य ग्रहण कर लेता है। चूना इतनी जल्दी जमना प्रारम्भ नहीं करता तथा जमने में काफी समय लेता है।

3. सीमेंट की सामर्थ्यता चूने से कई गुना अधिक होती है।

4. चूने को लोहे गार्डरों व अन्य लोहे के अवयवों के सम्पर्क में नहीं आने देना चाहिए क्योंकि चूना लोहे को खा जाता है। इसके विपरीत सीमेंट लोहे की फिटिंग को ढकता है तथा बाहरी वायुमण्डलीय प्रभावों से इसे बचाता है।

5. बिना बुझे चूने पर जब पानी डाला जाता है तो एकदम बहुत सारी ऊष्मा उत्पन्न होती है तथा पानी उबलने तक लग जाता है। जब सीमेंट सेट होता है तो ऊष्मा इतनी धीमी गति से निकलती है कि इसका पता ही नहीं चलता।

6. चूने की तरह सीमेंट का उपयोग सफेदी करने इत्यादि के लिए नहीं किया जा सकता। सीमेंट का उपयोग भवन की बाहरी सतहों पर अलग-अलग रंग का स्नोसेम करने के लिए किया जाता है। स्नोसेम का मुख्य आधार सीमेंट ही होता है।

प्रश्नावली

1. पोर्टलैंड सीमेंट की मुख्य रासायनिक रचना क्या होती है? बताओ।
2. सीमेंट निर्माण पर एक निबन्ध लिखो।
3. Wet Process से सीमेंट बनाने का एक रेखाचित्र बनाओ। सीमेंट में जिप्सम क्यों डाला जाता है?
4. प्रारम्भिक पकन काल और अन्तिम पकन काल क्या हैं? सीमेंट के यह दोनों काल कैसे ज्ञात किए जाते हैं। विभिन्न सीमेंटों के प्रारम्भिक और अन्तिम पकन कालों के मान लिखो।
5. पोर्टलैंड सीमेंट के परीक्षण के लिए जो-जो टेस्ट आप करेंगे उनका संक्षिप्त वर्णन करो।
6. सामान्य सघनता की सीमेंट पेस्ट से तुम क्या समझते हो? किसी भी सीमेंट की सामान्य सघनता (Consistency) आप कैसे ज्ञात करेंगे? सामान्य सघनता का निर्माण कार्यों में क्या महत्त्व है?
7. स्टोर में सीमेंट स्टोर करते समय आप किन-किन बातों का ध्यान रखेंगे?
8. विभिन्न तरह के सीमेंटों के नाम व उनके गुण लिखो।

6

मिलावे या ऐग्रीगेट
[AGGREGATES]

6·1. परिचय (Introduction)

चूना तथा सीमेंट संयोजी पदार्थ है। यदि चूने या सीमेंट में ही पानी डालकर मसाला बनाकर काम में लिया जाए तो यह बहुत महँगा पड़ता है। लेकिन इससे भी महत्त्वपूर्ण कठिनाई शुद्ध चूने या सीमेंट के सूखने पर सिकुड़न से उत्पन्न होती है। मसाले या कंक्रीट का आयतन बढ़ाने के लिए, इनमें मिलावे या ऐग्रीगेट (Aggregates) मिलाये जाते हैं। मिलावे मिलाने से संयोजी पदार्थों का सिकुड़न प्रभाव बहुत कम कठिनाई उत्पन्न करता है तथा वैसे भी कार्य सस्ता हो जाता है। सीमेंट के पकते समय जो ऊष्मा निकलती है, उसकी मात्रा भी मिलावा मिलाने से कम हो जाती है।

मिलावा एक उदासीन पदार्थ है जो मसाला या कंक्रीट बनाने के लिए चूने या सीमेंट में मिलाया जाता है। मिलावा के कणों के नाप अनुसार इसे तीन भागों में बाँटा जा सकता है :

1. बारीक मिलावा (Fine Aggregate)
2. मोटा मिलावा (Coarse Aggregate) और
3. साईक्लोपीयन मिलावा (Cyclopean Aggregate)

6·2. बारीक मिलावा (Fine Aggregate)

बारीक मिलावा के कण 4·75 mm नाप वाले छानने में से गुजर जाते हैं जबकि 0·15 mm नाप वाले छानने में से नहीं गुजरते। दूसरे शब्दों में जो मिलावा I.S. 15 में से बिल्कुल नहीं गुजरता लेकिन I.S. 480 में से पूरी तरह गुजर जाता है, बारीक मिलावा कहलाता है। रेत या बालू (Sand) पिसा हुआ पत्थर (Crushed Stone), राख या सिंडर (Cinder) और सुरखी (Surkhi) कुछ पदार्थ हैं जिनका बारीक मिलावा के रूप में उपयोग किया जाता है।

1. रेत या बालू (Sand)—सिलिका के छोटे-छोटे कणों से रेत या बालू बनाती है। रेत का निर्माण स्तरित (Sedimentary) शैलों के वायुमण्डलीय प्रभावों के कारण, विघटित होने से होता है। अच्छी किस्म की बालू में निम्नलिखित गुण होने चाहिए :

(a) यह कठोर, साफ और सख्त होनी चाहिए। इसके कणों पर अशुद्धियों की परत चढ़ी हुई नहीं होनी चाहिए तथा इसमें मृण्मय मिट्टी या चिकनी मिट्टी (Clay) की अधिक मात्रा उपस्थित नहीं होनी चाहिए।

(b) लोहे के पाईराईट (Iron pyrites), क्षारीय तत्त्व, लदण, अबरक, कोयला जैसी अशुद्धियाँ रेत में नहीं होना चाहिए। बालू में ऐसे तत्त्व भी नहीं होने चाहिए जो सीमेंट के पकने की प्रक्रिया को प्रभावित करें या सीमेंट कंक्रीट में लगने वाले प्रबलन लोहे को प्रभावित करें।

(c) प्राकृतिक बालू या पिसे ग्रेवल में, मृण्मय मिट्टी (Clay), बारीक सिल्ट इत्यादि 4% से अधिक उपस्थित नहीं होने चाहिए। पिसे पत्थरों मे या ग्रिट (Grit) में इन तत्त्वों की अधिक मात्रा 10% से अधिक नहीं होनी चाहिए।

बन्दरगाहों पर भारी कंक्रीट कार्यों तथा बनी बनाई पाइलें बनाने को छोड़ और किसी भी परिस्थिति में समुद्री बालू (Sea Sand) काम नहीं लेनी चाहिए।

बालू या रेत की प्राप्ति के स्रोत अनुसार, यह तीन तरह की हो सकती हैं।

(i) पिट बालू या खादान बालू (Pit Sand or Quarry Sand)

(ii) नदी से निकलती रेत या बालू (River Sand) और

(iii) समुद्री बालू (Sea Sand)

(i) **पिट बालू या खादान बालू**—यह भूमि में जमी हुई मिलती है और खड्डे खोद कर निकाली जाती है। इसके कण प्रायः तीखे होते हैं। चूना या सीमेंट का मसाला अथवा कंक्रीट बनाने के लिए, यह बहुत अच्छी रहती है। यह मृण्मय मिट्टी एवम् जैव पदार्थों से रहित हो॰ चाहिए।

(ii) **नदी से निकली बालू**—यह बालू नदियों व नहरों के तलों और कई बार नदियों के किनारों से प्राप्त होती है। यह बारीक व मोटी दोनों तरह की हो सकती है। इस रेत मे सिल्ट मिली हुई होने की सम्भावना होती है इसलिए इसे काम लेने से पहले धो लेना चाहिए। इस स्रोत से प्राप्त मोटी रेत प्रायः साफ होती है और किसी भी कार्य मे इसका प्रयोग किया जा सकता है। इसके कण गोल होते हैं।

(iii) **समुद्री रेत** (Sea Sand)—यह रेत समुद्री किनारो से प्राप्त होती है। इसके कण भी नदी की रेत जैसे गोल होते हैं और इनका रंग हल्का भूरा होता है। इस रेत में ऐसे तत्त्व होते हैं जो वायुमण्डल से नमी लेते हैं। इससे जिस कार्य में यह रेत काम मे ली गई है उसका विघटन हो जाता है। इस रेत को अच्छी तरह धोकर काम लेना चाहिए।

2. **पिसे पत्थर का बारीक मिलावा** (Crushed Stone)—पत्थर निकालने वाली खादानों पर यह बहुत मिलता है। खादान से निकले पत्थरों की घड़ाई कर जब उसे उचित शकल दी जाती है, तो छैनी से या हथौड़े से पत्थर के बहुत छोटे-छोटे टुकड़े उतरते हैं। यही पिसा पत्थर का बारीक मिलावा होता है। अच्छे किस्म के पत्थर से प्राप्त बारीक मिलावा बहुत ही अच्छी किस्म का होता है। कई बार मोटे नाप के पत्थरों को ट्यूब या बाल मिलों में पीस कर यह मिलावा बनाया जाता है।

3. राख या सिंडर (Ash or Cinder)—रेल इन्जनों से या धमन भट्टियों से निकला, जला हुआ कोयला नोडूल (छोटे-छोटे खंगरों) के रूप में प्राप्त होता है। इसे पीस कर बारीक मिलावा के रूप में काम लिया जा सकता है। चूना तथा राख या सिंडर और पानी मिलाकर, इसे खूब पीसा जाता है जिससे बड़ा सस्ता काले रंग का मसाला बनता है। राख या सिंडर में कम जला या बिना जला कोयला नहीं होना चाहिए।

4. सुरखी (Surkhi)—बहुत अधिक मृण्मय मिट्टी के गोले बना कर उन्हें भट्टी में जलाया जाता है। गोलों को ठण्डा करके पाऊडर शकल में पीस दिया जाता है, जिससे सुरखी (Surkhi) तैयार हो जाती है। खर्च बचाने के लिए टूटी-फूटी व अच्छी जली हुई पक्की ईंटों को पीस कर भी सुरखी बनाई जाती है। सुरखी युक्त मसाला बाहरी सतहों पर नहीं लगाना चाहिए। अन्दरूनी परिस्थितियों में इसे बड़ी सफलता के साथ काम लिया जाता है।

6·3. बारीक मिलावा के मसाले में कार्य (Functions of Fine Aggregate in Mortars)

1. यह मसाले का आयतन बढ़ाता है।

2. पकने पर मसाले का टूटना व सिकुड़ना कम करता है।

3. चूना मसाले में बारीक मिलावा ऐसा एक माध्यम है जिसके कारण बाहरी हवा मसाले के अन्दर तक जा सकती है। Fat Lime के पकने के लिए यह गुण बहुत महत्त्वपूर्ण है, क्योंकि वायुमण्डलीय हवा से प्राप्त CO_2 से ही यह चूना पकता है।

6·4. रेत का फूलना (Bulking of Sand)

रेत में नमी की मात्रा अनुसार, इसका आयतन बढ़ता है। नमी के कारण रेत के प्रत्येक कण पर पानी की एक पतली परत चढ़ जाती है, जो पृष्ठ तनाव (Surface Tension) के कारण रेत के प्रत्येक कण को एक दूसरे से दूर हटाये रखती है। परिणामस्वरूप बालू का आयतन बढ़ जाता है। नमी के कारण रेत के आयतन में वृद्धि

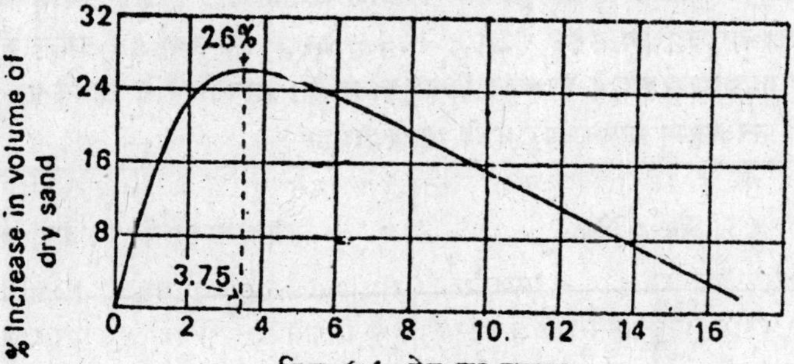

चित्र 6·1. रेत का फूलना

को ही रेत का फूलना (Bulking of Sand) कहते हैं। चित्र 6·1 में रेत का फूलना दिखाया हुआ है। नमी की मात्रा के साथ-साथ रेत का फूलना भी बढ़ता जाता है। भार अनुसार नमी की मात्रा जब लगभग 4% हो जाती है तो रेत का फुलाव अपने

वास्तविक आयतन का लगभग 25% अधिक हो जाता है। इसके बाद नमी में बढ़ोत्तरी के साथ-साथ रेत का आयतन कम होना आरम्भ हो जाता है। नमी की मात्रा जब लगभग 20% हो जाती है तो रेत का फुलाव समाप्त हो जाता है तथा अपने वास्तविक आयतन में रेत नीचे बैठ जाती है और सब पानी ऊपरी सतह पर आ जाता है। बालू जितनी अधिक बारीक होती है, फूलना उतना ही अधिक होता है। इसलिए चूने या सीमेंट का मसाला बनाने के लिए बालू डालते समय इनके फूले होने का अनुमान लगा लेना चाहिए, अन्यथा मसाले में बारीक मिलावा की कमी रह जाती है।

6·5. रेत के लिए परीक्षण (Test for Sand)

मसाले में काम लेने वाले बालू की उपयुक्तता का परीक्षण करने के लिए निम्नलिखित परीक्षण या टैस्ट किए जाते हैं।

(i) थोड़ी-सी रेत अपनी उँगलियों में लेकर रगड़ो। यदि उँगलियों पर मिट्टी के धब्बे रह जाते हैं तो यह बालू में मृण्मय अशुद्धियों की उपस्थिति दर्शित करता है।

(ii) थोड़ी रेत मुंह में डालकर चखो। इससे भी रेत में लवणों की उपस्थिति ज्ञात हो जाती है।

(iii) एक साफ काँच के गिलास में पानी लो और इसमें रेत डालकर इसे अच्छी तरह हिलाओ। मृण्मय मिट्टी यदि रेत में है तो यह रेत के ऊपर बैठ जाएगी। इससे बालू में मृण्मय मिट्टी का अनुमान भी लगाया जा सकता है। 2 से 5% तक मृण्मय मिट्टी बालू में हो सकती है।

(iv) 5% कास्टिक सोडा का घोल बनाकर इसे एक बन्द बोतल में डालकर थोड़ी रेत बोतल में डालो और इसे अच्छी तरह हिलाकर बन्द करके 24 घण्टे रहने दो। यदि घोल का रंग भूरा हो गया है तो यह रेत में जैव पदार्थों (Organic Matter) की उपस्थिति दर्शित करता है।

(v) **बालू के कणों का सूक्ष्मता परीक्षण** (Fineness Test)—बालू के कणों की सूक्ष्मता का परीक्षण 480, 240, 120. 60, 30 तथा 15 नम्बर की I.S. छाननों में से क्रमिक रूप में छानकर किया जाता है। छाननों में से छानने पर अच्छी बालू की निम्न मात्रा छाननों पर बची रहनी चाहिए।

I.S. Sieve No.	प्रतिशत में छानने पर बची बालू
480	3
240	9
120	16
60	20
30	30
15	9

(vi) **बालू का सूक्षमता गुणांक** (Fineness Modulus of Sand)—अच्छी बालू का सूक्षमता गुणांक 2 से 3·5 के बीच होना चाहिए।

6·6. मोटा मिलावा (Coarse Aggregate)

4·75 mm. से 7·5 cm के मिलावे को मोटा मिलावा कहते हैं। पत्थर, ग्रेवल, टूटी ईंटों और कलिकर इत्यादि मोटे मिलावे के रूप में काम लिए जाते हैं।

1. **पत्थर बालास्ट** (Stone Ballast)—यह सबसे अच्छी किस्म का मोटा मिलावा होता है। ग्रेनाइट, बलुआ पत्थर और चूना पत्थरों के भाटों को तोड़कर यह मिलावा तैयार किया जाता है। आग्नेय किस्म की शैलों से प्राप्त बालास्ट सबसे अच्छा होता है। यह मिलावा किसी भी कार्य के लिए काम लिए जाने वाले कंक्रीट में काम लिया जा सकता है। यह मृणमय मिट्टी तथा दूसरी अशुद्धियों से रहित होना चाहिए। यदि इसमें अशुद्धियाँ सम्मिलित हों तो ऐग्रीगेट को धोकर काम लेना चाहिए।

2. **ग्रेवल या शिंगल** (Gravel or Shingle)—यह नदियों के तलों व समुद्री किनारों पर पाया जाता है। यह कठोर बालास्ट होता है और कंक्रीट में यह बहुत उपयोग में लाया जाता है। मृणमय मिट्टी और लवण, इसमें पाई जाने वाली मुख्य अशुद्धियाँ होती हैं। काम लेने से पहले इसे धो लेना चाहिए। जहाँ पत्थर का बालास्ट उपलब्ध नहीं होता वहाँ कंक्रीट में इसका उपयोग किया जा सकता है। ग्रेवल ऐग्रीगेट के टुकड़े गोल होते हैं जबकि पत्थर बालास्ट के कोने तीखे होते हैं।

3. **ईंटों का बालास्ट** (Brick Ballast)—अच्छी तरह पकी हुई टूटी ईंटों को छोटे-छोटे टुकड़ों में तोड़कर यह बालास्ट बनाया जाता है। यह बालास्ट सारन्ध्र होता है तथा इसकी सामर्थ्यता, पत्थर या ग्रेवल बालास्ट से कम होती है। R.C.C. में इस ऐग्रीगेट का उपयोग नहीं करना चाहिए क्योंकि सारंध्र होने के कारण इसमें डला लोहा प्रभावित होता है। कंक्रीट में काम लेने से पहले बालास्ट को पानी से अच्छी तरह सतृप्त कर लेना चाहिए।

4. **कोयला बालास्ट तथा कलिकर बालास्ट** (Breeze and Clinker)—जहाँ भी कोयला ईंधन के रूप में जलाया जाता है, यह दोनों पदार्थ उपजात के रूप में प्राप्त होते हैं। इनमें गंधक उपस्थित होती है जिससे इसमें दबे लोहे पर संक्षारण हो जाता है। इसलिए यह बालास्ट R.C.C. कार्यों में काम नहीं लेना चाहिए। यह भार में बहुत हल्का होता है। जब सीमेंट के साथ मिलाकर काम लिया जाता है तो इसमें प्रसार काफी होता है। इसके कंक्रीट से बने ब्लॉकों में कील आसानी से गाड़े जा सकते हैं। इसे Light Weight Aggregate भी कहते हैं। Light Weight Aggregate बहुत हल्के, सरंध्र और कमजोर होते हैं इसलिए भारधारी दीवारों मे इसका उपयोग नहीं किया जा सकता।

6·7. साइक्लोपियन ऐग्रीगेट (Cyclopean Aggregate)

यह ऐग्रीगेट मोटे मिलावे से भी बड़े नाप का होता है। 7·5 cm से 15 cm नाप का ऐग्रीगेट Cyclopean ऐग्रीगेट कहलाता है। बहुत बड़े कार्यों में जैसे कंक्रीट बांध इत्यादि में इसी का उपयोग किया जाता है।

प्रश्नावली

1. मसाला व कंक्रीट बनाने में किन-किन मिलावों का उपयोग किया जाता है? प्रत्येक मिलावे की विशेषताएँ लिखो।
2. रेत के फूलने से तुम क्या समझते हो? मसाले या कंक्रीट में रेत फूलने का क्या प्रभाव होता है?
3. विभिन्न तरह के मोटे मिलावों की विशेषताएँ लिखो।
4. बारीक मिलावा के मसालों में क्या कार्य होते हैं?
5. सिन्डर, सुर्खी, रेत का फूलना, साईक्लोपियन मिलावा पदों की व्याख्या करो।

7

गारा या मसाला
[MORTARS]

7·1. परिभाषा (Definition)

बारीक मिलावा, संयोजी पदार्थ, तथा पानी को मिलाकर बनी पेस्ट को गारा या मसाला (Mortars) कहते हैं। बारीक मिलावा रेत, टूटा बारीक पत्थर, राख, सुर्खी इत्यादि होते हैं, जबकि संयोजी पदार्थ चूना या सीमेंट होते हैं। सूखने पर मसाला कठोर हो जाता है और ईंटों या पत्थरों को आपस में बाँधे रखता है।

7·2. मसाले के उपयोग (Uses of Mortars)

1. चिनाई में ईंटों, पत्थर व कंक्रीट ब्लॉकों को यह बाँधे रखता है।

2. चिनाई के प्रत्येक रद्दे पर मसाला लगाने से मसाले पर आने वाले रद्दे की ईंटों व पत्थर के ब्लॉकों को समतल सतह उपलब्ध होती हैं।

3. चिनाई की हुई दीवारों के जोड़ों पर मसाले से टीप की जाती है।

4. चिनाई दीवारों की सतह पर प्लास्टर किया जाता है जिससे दीवार बाहरी प्रभावों से बची रहती है तथा दिखने में सुन्दर लगती हैं।

5. कंक्रीट में उपस्थित मोटे मिलावा को बाँधे रखने के लिए मसाले का उपयोग किया जाता है।

7·3. मसालों की किस्म (Types of Mortars)

मसाले निम्न तरह के होते हैं—

(i) चूना मसाला (Lime Mortars)

(ii) सीमेंट मसाला (Cement Mortars) और

(iii) चूना-सीमेंट मसाला (Lime-Cement Mortars)

7·4. चूना मसाला (Lime Mortars)

मसाले में डले बारीक मिलावा अनुसार यह कई तरह से हो सकते हैं। चूना बालू या रेत मसाला, चूना-सुर्खी मसाला, चूना-बालू-सुर्खी मसाला और चूना-सिंडर या राख मसाला (काला मसाला) इत्यादि विभिन्न चूना मसालों के उदाहरण हैं। टीप करने तथा प्लास्टर करने के लिए मसाले में बुझा चूना काम में लिया जाता है, जबकि चिनाई में काम आने वाले मसाले में जलपका चूना (Hydraulic Lime) काम लिया जाता है।

सामर्थ्य के लिए मसाले में मोटी श्रेणीबद्ध (Coarse well Graded) रेत काम लेनी चाहिए। कम महत्वपूर्ण कार्यों में बहुत बारीक रेत काम ली जा सकती है। Fat Lime में बने चूना-बालू मसाले में 2 से 3 सूक्ष्मता गुणांक (Fineness Modulus) वाली रेत काम ली जाती है, जबकि जलपके चूने के साथ 1·5 से 2·5 सूक्ष्मता गुणांक वाली बालू काम ली जाती है।

चूना-सुर्खी मसाला बनाने में सुर्खी अच्छी तरह पीसकर काम लेनी चाहिए। सुर्खी एक Pozzolanic पदार्थ है जिसका खुद का कोई संयोजी गुण नहीं होता, लेकिन जब इसे बारीक पीसा जाता है तो पानी की उपस्थिति में कैल्शियम हाइड्रोक्साइड [$Ca(OH)_2$] के साथ यह ऐसे यौगिक बनाती है जो बहुत संयोजी होते हैं। पिसी सुर्खी I.S. 320 छानने में से पूरी तरह गुजर जानी चाहिए। I.S. 160 में से भी कम-से-कम 50% इसकी मात्रा गुजर जानी चाहिए। सिंडर काम लेते समय ध्यान कर लेना चाहिए कि यह साफ हो तथा बिना जले कोयले से रहित हो।

7·5. मसाला बनाना (Preparation of Mortar)

मसाला यदि प्लास्टर की फिनिशिंग परत के लिए बनाना है तो रेत I S. 25 और सुर्खी IS 10 में से पूरी तरह गुजर जानी चाहिए। मसाले की सामर्थ्य इसके मिलने की विधि पर बहुत निर्भर करती है। मसाला मिलाने की दो विधियाँ हैं :

(i) जलसह प्लेटफार्म पर मजदूरों द्वारा मसाला मिलाया जाना और

(ii) जानवरों या यांत्रिक शक्ति से चलने वाली पेषण चक्की में मसाले का पीसा जाना।

(i) **श्रमिकों द्वारा मिलाया जाना** (Manual Mixing)—सबसे पहले पकी ईंटों तथा मसाले से, एक पक्का जलसह प्लेटफार्म तैयार किया जाता है। यदि काम बहुत छोटा है तथा बहुत कम मसाला चाहिए तो लोहे की चद्दरों को बिछाकर भी यह व्यवस्था की जा सकती है।

जलसह प्लेटफार्म पर सबसे पहले बारीक मिलावा एक मोटी परत में बिछा दिया जाता है और उस पर आवश्यक अनुपात अनुसार लिया गया चूना एक समान मोटाई की परत में बिछा दिया जाता है। अब फावड़े की मदद से एक तरफ से स्टैक काट-काट कर पहले सूखा ही मिला दिया जाता है। जब सूखा मिश्रण अच्छी तरह तैयार हो जाता है तो आवश्यक पानी डालकर इसे अच्छी तरह मिलाया जाता है ताकि उचित सघनता का मसाला तैयार हो सके।

(ii) **पेषण चक्की में गारा बनाना** (Mortar Mill Mixing)—इस चक्की का उपयोग सीमेंट मसाला तैयार करने में नहीं, चूने का मसाला तैयार करने में किया जाता है। चित्र 7·1 में बैल पेषण चक्की का चित्र दिखाया हुआ है। यह चक्की बैल जोड़कर घुमाई जाती है। चित्र 7·2 में यांत्रिक पेषण चक्की दिखाई हुई है। बहुत बड़े पैमाने पर जब चूना मसाला चाहिए तो इसी चक्की का उपयोग किया जाता है। आम छोटे भवनों के निर्माण में बैल पेषण चक्की काम ली जाती है।

(iii) **बैल पेषण चक्की** (Bullock Grinding Mill)—यह प्लान में गोलाई में बनी एक पक्की खाई होती है जिसकी गहराई और चौड़ाई लगभग 40 cm होती हैं। प्लान में खाई की गोलाई की त्रिज्या लगभग 4·5 m होती है। केन्द्र बिन्दु पर एक लकड़ी की बल्ली इस तरह से बँधी होती है कि वह निरन्तर चारों तरफ घूम सकती है। बल्ली का दूसरा सिरा, भारी गोल पत्थर में से गुजारा जाता है। भारी गोल पत्थर खाई में खड़ा रखा जाता है। पत्थर से बाहर निकले बल्ली के सिरे पर

बैल जोत दिए जाते हैं जो गोलाई में खाई के साथ-साथ घूमते हैं। इससे भारी पत्थर लकड़ी की बल्ली के कारण खाई में घूमता है तथा पत्थर के नीचे जो भी पदार्थ आता है उसे पीस देता है।

चूना, बारीक मिलावा तथा पानी, उचित अनुपात में लेकर इस चक्की की गोल खाई में चारों तरफ डाल देते हैं और बैल जोतकर भारी पत्थर को घुमाया जाता है। बीच-बीच में खाई में पानी वगैरह यदि आवश्वक हो तो डाला जाता है तथा मिश्रण को फावड़े से ऊपर-नीचे हिलाया जाता है ताकि मिश्रण का प्रत्येक कण घूमते पत्थर के नीचे आकर पिस जाए। यह क्रिया तब तक चलती रहती है जब तक मिश्रण का एकसार मसाला तैयार नहीं हो जाता। इसके बाद बैलों को रोक दिया जाता है और तैयार मसाला खाई से निकाल कर बाहर ढेर लगा दिया जाता है, यहाँ से आवश्यकता अनुसार इसे काम लिया जाता है। चक्की खाली हो जाने पर दूसरी मसाले की घानी डाल दी जाती है और फिर बैलों को चलाकर मसाला तैयार किया जाता है। मसाले की एक घानी तैयार होने में लगभग एक घंटे का समय लग जाता है। चक्की में जितना अधिक मसाला पेरा जाता है, उतना ही यह अच्छा रहता है।

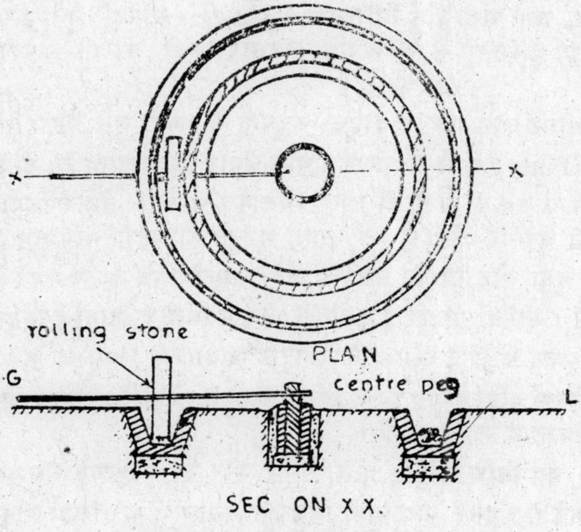

चित्र 7·1. **बैल पेषल चक्की**

यांत्रिक शक्ति द्वारा चालित चक्की का मूल सिद्धांत वही है जो कि बैल पेषण चक्की का। अन्तर केवल इतना है कि इसमें पत्थर एक की बजाय दो होते हैं जो एक धुरे द्वारा आपस में सम्बद्ध होते हैं और जिन्हें यांत्रिक शक्ति से घुमाया जाता है। इस चक्की से मसाला लगभग निरन्तर प्राप्त होता रहता है जबकि बैल पेषण चक्की से यह आंतरायिक होता है। भारत में अभी भी बैल पेषण चक्कियों का ही बहुधा उपयोग होता है। चित्र 7·2 देखें।

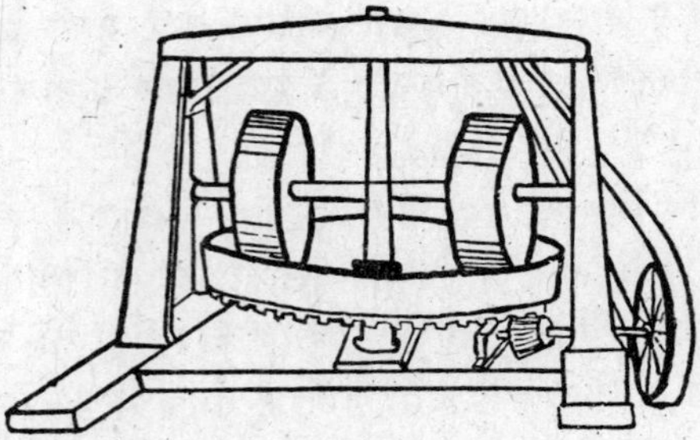

चित्र 7·2. यांत्रिक पेषण चक्की

7 6. चूना सीमेंट मसाला (Lime Cement Mortar)

इस मसाले को Composite Mortar या Gauged Mortar भी कहते हैं। Fat lime से बने चूना मसाले के प्रारम्भिक पकने के गुण में यदि सुधार करना है, तो इसमें थोड़ा सीमेंट मिला दिया जाता है। सीमेंट केवल उतने ही चूने के मसाले में डालना चाहिए जितना दो घण्टे में काम लिया जा सके। वैसे अच्छा हो यदि सीमेंट मिले मसाले को आधे घण्टे में काम ले लिया जाय।

सीमेंट, चूना मसाले में मिलाना (Mixing)—सीमेंट, चूना मसाला मिलाने की तीन विधियाँ हैं जिसमें से परिस्थिति अनुसार किसी का भी उपयोग किया जा सकता है :

(i) सीमेंट और बालू आवश्यक अनुपात में पहले सूखे मिला लिए जाते हैं। चूने की पूटी (Putty) पानी में घोलकर घोल तैयार किया जाता है। सीमेंट और बालू के सूखे मिश्रण में चूने के पानी की घोल मिलाकर मसाला तैयार किया जाता है। यह विधि तभी अपनाई जाती है जब मसाले में चूने की मात्रा नाममात्र होती है।

(ii) चूना और रेत का मसाला, जैसे आमतौर पर तैयार करते हैं, तैयार कर लिया जाता है। सीमेंट, मसाले के उतने ही भाग में मिलाया जाता है जितना कि सीमेंट के प्रारम्भिक पकन काल प्रारम्भ होने से पहले उपयोग में लिया जा सके। चूना-बालू मसाला जब पेषण चक्कियों में तैयार किया जाता है तो यही एकमात्र विधि है जिसमे इसमें सीमेंट मिलाया जा सकता है।

(iii) इस विधि में बुझा चूना, सीमेंट और रेत आवश्यक अनुपात में पहले से मिला दिए जाते हैं। इसके बाद पानी मिलाकर मसाला तैयार किया जाता है। लेकिन ध्यान रहे उतने ही मिश्रण में पानी मिलाना चाहिए जितना कि सीमेंट का प्रारम्भिक पकन काल प्रारम्भ होने से पहले काम लिया जा सके।

7·7. विभिन्न कार्यों के लिए उचित मसाला

Ministry of Works and Housing द्वारा बिठाई गई एक विशेषज्ञों की समिति ने विभिन्न कार्यों के लिए उपयुक्त मसालों की सिफारिशें की थीं जो सारणी 7·1 में दी गई हैं। फिर भी आमतौर पर चूना-बालू मसाला 1 : 3 और सीमेंट, चूना बालू मसाला 1 : 2 : 9 अपनाए जाते हैं।

सारणी 7·1
नींव कंक्रीट के लिए मसाले

परिस्थिति	मसाले की किस्म	चूने की I.S.I. Grading	टिप्पणी (Remarks)
जहाँ नींव तल से 2·6 m नीचे तक भूमिगत पानी का तल कभी न आया हो।	(i) एक चूना, दो बालू (ii) एक चूना, एक सुर्खी, एक बालू (iii) एक चूना, दो सुर्खी (iv) एक सीमेंट, तीन चूना, 12 बालू	A A, B या C A, B या C B या C	तीन मंजिलें भवनों तक यह उचित रहते हैं मिलावा के श्रेणीकरण पर मसाले की मात्रा निर्भर करती है।
जहाँ नींव तल से 2·6 m या इससे भी कम नीचे भूमिगत पानी का तल आमतौर पर रहता है।	(i) एक सीमेंट, चार बालू, (ii) एक सीमेंट, तीन बालू।		अनुरूपी कंक्रीट मिश्रण 1 : 4 : 8 या 1 : 3 : 6 होगा।

सारिणी 7·2
कुर्सी या पलिंथ तक नींव में चिनाई के लिए काम आने वाले मसाले

भार की स्थिति	जहाँ नीव तल से 2·6 m या इससे भी कम नीचे घुलनसील सल्फेट युक्त भूमिगत जल आमतौर पर रहता हो।	(2) में बताई परिस्थिति लेकिन घुलनशील सल्फेट उपस्थिति न हो।	भूमिगत पानी कभी भी नींव के तल से 2·6 m तक नहीं आया हो।	चूनें की I.S.I. Grading
(1)	(2)	(3)	(4)	(5)
भारी और मध्यवर्ती भारों के लिए (जब 40 t/m^2 और इससे अधिक हो)	1 सीमेंट, 3 बालू (High Alumina और Pozzolanic Cement) काम लेना चाहिए।	एक सीमेंट, एक चूना और 6 बालू	एक सीमेंट, एक चूना और 6 बालू	B या C
हल्के भारों के लिए (जब भार 40 t/m^2 से कम)	(a) भूमि के सतह के निचले भाग में एक सीमेंट, तीन बालू (High Alumina या Pozzolanic) Cement काम लेना है) (b) भूमि की सतह से ऊपर कुर्सी तल तक एक सीमेंट, एक चूना 6 बालू	एक सीमेंट, एक चूना, छः बालू	(i) एक चूना दो बालू (ii) एक चूना, एक सुर्खी, एक बालू (iii) एक चूना दो सुर्खी (iv) एक सीमेंट तीन चूना, 12 बालू	A A, Bor C A B or C B or C

सारिणी 7·3

अधिरचना में चिनाई के लिए मसाले (Mortars in Super Structure)

क्र० सं०	स्थिति	विशेष परिस्थिति	चिनाई में काम आने वाले ब्लॉक या इकाईयाँ	मसाले की किस्म (By Volume)	चूने की I.S.I. grading	टिप्पणी
1.	भार सहन करने वाली दीवार	80 से 100 t/m^2 भार (बहुत भारी भार)	$120 kg/cm^2$ से अधिक सामर्थ्य वाली ईंटे काम ली जायेंगी	एक सीमेंट, एक चूना और छः बालू	B या C	परीक्षण किया जाना चाहिए ताकि ज्ञात हो सके कि क्या 1:3:12 सीमेंट, चूना, बालू, मसाला उपयुक्त सामर्थ्य दे सकता है।
2.	—do—	डाट कार्य	ग्रेनाइट या घना चूना पत्थर इत्यादि	एक सीमेंट, तीन बालू	—	
3.	—do—	60 से 80 t/m^2 भार (भार भार)	75 से 120 kg/cm^2 तक की चरम क्षमता वाली ईंटें	एक सीमेंट, दो चूना और 9 बालू	B या C	
4.	—do—	40 से 60 t/m^2 तक का मध्यवर्ती भार	←do→	(i) एक चूना, एक बालू, एक सुर्खी (ii) एक चूना, एक बालू और एक सिंडर (iii) एक चूना, दो सुर्खी (iv) एक चूना, दो सिंडर	A, या या C	
				(v) एक चूना, दो बालू	A	
				(vi) एक सीमेंट दो चूना और 9 बालू (vii) एक सीमेंट, तीन चूना और 12 बालू	A, B C	

(Contd.)

क्र० सं०	स्थिति	विशेष परिस्थिति	चिकनाई में काम आने वाले ब्लॉक या इकाइयाँ	मसाले की किस्म (By Volume)	चूने की I.S.I. grading	टिप्पणी
5.	भार सहन करने वाली दीवार	40 t/m^2 से कम भार (हल्के भार)	ईंटें	क्रम संख्या 4 के सभी मसाले काम लिए जा सकते हैं	B या C	
6.	Cavity Walls	←do→	←do→	एक सीमेंट, एक चूना, 6 बालू	B या C	
7.	R. B. Work	—	←do→	एक सीमेंट, तीन बालू और C किस्म का चूना 10%	C	
8.	आधी या खड़ी ईंट की पैरापेट दीवार	—	←do→	एक सीमेंट, एक चूना, 6 बालू	B या C	
9.	भार न सहन करने वाली Partitions	—	हल्के भार वाले या थोथे कंक्रीट ब्लॉक	एक चूना, तीन बालू	A या B	

सारिणी 7·4
प्लास्टर के लिए मसाले

क्रम संख्या	परिस्थिति	मसाले की रचना	चूने की I. S. I. grading
1.	Damp Proof Course (D.P.C.) से नीचे बाहरी सतहों पर प्लास्टर करना	एक सीमेंट, एक चूना, 6 बालू	B या C
2.	Damp Proof Course (D.P.C.) से ऊपर बाहरी सतहों पर प्लास्टर करना	एक सीमेंट, दो चूना, 9 बालू	B या C

(Contd)

क्रम संख्या	परिस्थिति	मसाले की रचना	चूने की I. S. I. grading
3.	सभी दीवारों पर अन्तः प्लास्टर	(i) एक चूना, दो बालू	A
		(ii) एक चूना, एक सुर्खी, एक बालू	B या C
		(iii) एक चूना, एक राख, एक बालू	B या C
		(iv) एक चूना, दो सुर्खी	B या C
		(v) एक चूना, दो राख	B या C
		(vi) एक सीमेंट, दो चूना, 9 बालू	B या C
		(vii) एक सीमेंट, तीन चूना, 12 बालू	B या C

7·8. सीमेंट मसाले (Cement Mortars)

यह मसाला चूने के मसाले से बहुत अधिक सामर्थ्य का होता है। इसलिए इसका उपयोग ऐसी संरचनाओं में करना चाहिए जहाँ भारी दबाव आने की संभावना हो। सीमेंट मसाला बनाने के लिए भी जलसह पक्के प्लेटफार्म की आवश्यकता होती है। साफ बालू, पक्के प्लेटफार्म पर एकसार परत में बिछा दी जाती है और उस पर उचित अनुपात अनुसार जितना सीमेंट चाहिए, एकसार पतली परत में बिछा दिया जाता है। इस प्रकार बने स्टैक को फावड़े की मदद से अच्छी तरह सूखा ही मिला दिया जाता है। मिश्रण का उचित मिलान हो जाय, इसके लिए सूखे मिश्रण को दो-तीन बार फावड़े से मिलाना चाहिए। इसके बाद केवल उतने ही सूखे मिश्रण में पानी मिलाना चाहिए जितना मसाला सीमेट के प्रारम्भिक पकन काल के प्रारम्भ होने तक उपयोग में लाया जा सके। सीमेंट मसाले में पानी की मात्रा का बहुत महत्त्व होता है। केवल उतना ही पानी डालना चाहिए जिससे सुकर (Workable) मसाला बन जाय। मसाला बन जाने पर इसे तुरन्त उपयोग में लाना चाहिए।

विभिन्न कार्यों में निम्नलिखित सीमेंट मसाले काम में लिए जा सकते हैं :

1. चिनाई के लिए (Masonry Work) 1 : 6
2. अन्दरूनी सतहें प्लास्टर करने के लिए 1 : 5
3. बाहरी खुली सतहों पर प्लास्टर करने के लिए 1 : 3
4. R.C.C. कार्य प्लास्टर करने के लिए 1 : 3

सीमेंट मसाला उपयोग कर बनाई गई संरचना की 10 दिन तक खूब अच्छी तराई करनी चाहिए ताकि सीमेंट अपनी पूर्ण क्षमता ग्रहण कर ले।

7·9. मिट्टी का मसाला (Mud Mortar)

मृण्मय मिट्टी और बालू को उचित अनुपात में मिलाकर यह मसाला बनाया जाता है। यह बहुत सिकुड़ता है तथा इसमें दरारें फटने की सम्भावना अधिक होती है। इसकी सामर्थ्यता बहुत कम होती है। गाँव में कच्ची ईंटों के निर्माण कार्यों में इसी मसाले का उपयोग किया जाता है। शहरों में भी कई बार सस्ता काम करने के लिए, पक्की ईंटों की चिनाई भी कई बार मिट्टी के मसाले में कर दी जाती है। एक मंजिले भवन के लिए यह मसाला काम में लिया जा सकता है, बशर्ते बहुत अच्छी किस्म की मिट्टी मसाले के लिए उपलब्ध हो। लेकिन प्रायः इसका उपयोग कच्चे व अस्थाई कार्यों में ही होता है।

चिनाई में काम लेते समय इस मसाले में कोई दूसरा पदार्थ नहीं डाला जाता, लेकिन जब कच्चे मकानों इत्यादि पर इसकी लिपाई करनी हो तो मसाले का सिकुड़ना कम करने के लिए इसमें गेहूँ का कूटा भूसा (तूड़ी) या दूसरा कोई रेशेदार पदार्थ डाल दिया जाता है। इससे सूखने पर सतह पर दरारें नहीं फटतीं।

मृण्मय मिट्टी (Clay) को पहले उखाड़ दिया जाता है और इसके ढेले वगैरह तोड़ दिए जाते हैं। अब इस पर काफी पानी डाल दिया जाता है और दो-तीन दिन इसे पकने के लिए छोड़ दिया जाता है। इसके बाद यदि आवश्यक हो तो उचित अनुपात में बालू और तूड़ी या भूसा वगैरह भी डाल दिया जाता है और पानी डालकर अच्छी तरह मिला दिया जाता है। मसाला काम में लेने के लिए तैयार है।

7·10. मसाले काम में लेते समय ध्यान रखने योग्य बातें

I.S. 1625-1966 अनुसार मसालों को काम में लेते समय नीचे दी गई बातों का ध्यान रखना चाहिए।

1. चिनाई में काम आने वाले मसाले नीचे दिए समय की सीमाओं में काम ले लेने चाहिए।

(i) यदि मसाले में श्रेष्ठ जलपका चूना (Eminently Hydraulic Lime) एक तत्व या घटक है तो चूने को पेषण चक्की में तैयार करने के चार घण्टे बाद तक उपयोग में ले लेना चाहिए।

(ii) सुर्खी और दूसरे Pozzolanic पदार्थों से बने चूना-मसाले पानी में पकते हैं। यह मसाले पेषण चक्की में तैयार होने से 24 घण्टे के अन्दर काम में ले लेने चाहिएँ।

(iii) मिश्रित मसालों में सीमेंट डालने के दो घण्टे के अन्दर-अन्र इसे काम में ले लेना चाहिए।

(v) सीमेंट मसाले में पानी डालकर मिलाते ही काम में ले लेना चाहिए।

2. पेषण चक्की में पेर कर तैयार किया गया चूना-मसाला बिना काम लिए सूखने नहीं देना चाहिए। इसके ढेर को गीली बोरियों से ढक कर गीला बनाए रखना चाहिए।

3. आंशिक रूप से पके और सूखे मसाले में पानी डालकर दोबारा तैयार नहीं करना चाहिए तथा काम में नहीं लाना चाहिए।

4. Gauged Lime मसाला या चूना-मसाला से बनी सभी संरचनाएँ 6 दिनों तक, जबकि सीमेंट मसाले से बनी संरचनाएँ 10 दिन से तीन हफ्तों तक तराई कर गीली बनाए रखनी चाहिए।

5. चूना मसाले में हो रही चिनाई का कोई भी भाग, एक ही बार 1·5 m से ऊँचा नहीं उठाना चाहिए। 1·5m ऊँचाई तक चिनाई के ऊपर और चिनाई करने से पहले कम-से-कम दो दिन का समय दिया जाना चहिए ताकि निचली चिनाई अच्छी तरह से जम जाए।

6. जलपका चूना और सीमेंट, पानी की उपस्थिति में ही पकते हैं। चिनाई में लगी ईंटें मसाले का पानी सोख कर इसे कमजोर न कर दें, इसके लिए चिनाई में काम ली जाने वाली ईंटें पानी से अच्छी तरह संतृप्त करके ही काम में लेनी चाहिएँ।

7·11. मसालों के लिए टेस्ट (Tests for Mortars)

मसालों के गुणों का परीक्षण करने के लिए निम्नलिखित टेस्ट किए जा सकते हैं :

1. **अवभंजन टेस्ट** (Crushing Test)—मसाले में हुई चिनाई का संपीडन में परीक्षण किया जाता है। जिस भार पर चिनाई कार्य अवभजित हो जाता है वही चिनाई की चरम क्षमता है। अवभंजन भार में उपयुक्त सुरक्षा कारक लगाकर चिनाई की सुरक्षित भार वहन क्षमता ज्ञात की जा सकती है। कुछ मसालों में की गई चिनाई की सुरक्षित क्षमताएँ नीचे दी हुई हैं।

प्रथम श्रेणी की ईंटों की 1 : 3 सीमेंट मसाले में चिनाई$=76·6$ t/m^2
प्रथम श्रेणी की ईंटों की 1 : 6 सीमेंट मसाले में चिनाई$=43·7$ t/m^2
प्रथम श्रेणी की ईंटों की 1 : 3 चूना मसाले में चिनाई$=43.7$ t/m^2
(एक चूना : तीन सुर्खी या बालू)

2. **अभिलाग टेस्ट** (Test for Adhesiveness)—दो ईंटों में मसाला लगा कर एक दूसरे पर 90° पर रखो। यदि ईंटों का नाप $19 \times 9 \times 9$ cm है तो दोनों ईंटों में मसाला जोड़ का क्षेत्रफल 9 cm $\times 9$ cm होगा और दोनों ईंटें 5 cm चारों तरफ बाहर निकली हुई रहेगी तथा क्रास बनाती हुई होंगी। ऊपर वाली ईंट को छत के साथ बाँधकर लटका दो। निचली ईंट के बाहर निकले भागों से कोई थैला वगैरह बाँध दो। इस थैले के माध्यम से तब तक बल लगाते जाओ जब तक कि निचली ईंट, ऊपर वाली ईंट से, मसाले वाले जोड़ वाली जगह, अलग नहीं हो जाती। निचली ईंट के खुद के भार सहित थैली का कुल भार ज्ञात करो। मान लो यह भार W है। दोनों ईंटों का आपसी सम्पर्क क्षेत्रफल 9 cm $\times 9$ cm यानि 81 cm^2 हैं।

$$\text{इसलिए मसाले का चरम अभिलाग बल} = \frac{W}{81}\text{kg/cm}^2$$

अभिलाग सामर्थ्य और तनाव सामर्थ्य के अनुपात को अभिलाग दक्षता (Bonding Efficiency) कहते हैं। भारत में टेस्ट किए हुए मसालों की अभिलाग दक्षता नीचे दी हुई हैं।

सारिणी 7·5

मसाला (Mortar)		प्रतिशत में अभिलाग दक्षता (Bonding efficiency in %)
चूना : मोटी बालू	1 : 2	25
चूना : सुर्खी	1 : 2	33
चूना : सुर्खी	1 : 3	48
चूना : सिंडर	1 : 2	24
चूना : सिंडर	1 : 3	25
चूना : सुर्खी : बालू	1 : 1 : 1	33
चूना : सिंडर : बालू	1 : 1 : 1	14
सीमेंट : बारीक बालू	1 : 3	12
सीमेंट : बारीक बालू	1 : 7	18
सीमेंट : मोटी बालू	1 : 3	12
सीमेंट : मोटी बालू	1 : 7	12

3. **मसाले की तनाव क्षमता** (Cohesive or Tensile Strength)—मसाले का एक ब्रीकेट (Briquette) बनाकर, तनाव मशीन में टेस्ट किया जाता है। जिस भार पर Briquette टूट जाता है उसे Briquette के अनुक्षेत्रफल से भाग देकर मसाले की चरम तनाव क्षमता ज्ञात की जाती है।

सीमेंट मसाले की समय के साथ-साथ सामर्थ्य बढ़ती जाती है। 28 दिनों बाद उत्पन्न सामर्थ्यता का लगभग 40% क्षमता बाद में और बढ़ सकती है। चूना मसालों की सामर्थ्य में यह बढ़ोत्तरी और भी अधिक हो सकती है। मसालों की सामर्थ्य, तराई पर बहुत निर्भर है। चिनाई करने के बाद लगभग 10 दिनों तक इसकी तराई करते रहना चाहिए।

4. **पकना टेस्ट** (Test for Setting)—चूना-मसाले का टेस्ट करना आवश्यक नहीं होता है। सीमेंट मसालों का पकन काल Vicate Apparatus द्वारा ज्ञात किया जाता है। यह टेस्ट एक दिन, तीन दिन और एक हफ्ते बाद करने चाहिएँ।

7·12. अग्निसह् मसाले (Fire Resistant Mortar)

भट्टियों में जहाँ ऊष्मासह् ईंटों की लाईनिंग की जाती है, आम काम आने वाले चूना या सीमेंट मसाले काम नहीं लिए जा सकते। भट्टियों वाले ऊँचे तापक्रमों पर यह मसाले सिकुड़ कर फट जाते हैं और समाप्त हो जाते हैं। A.C.C. द्वारा Accoset—50 नामक ऊष्मासह् सीमेंट बाजार में उपलब्ध है। यह बना बनाया सीमेंट मसाला आता है जो हवा के कारण ही पक (Set) जाता है और इसलिए भट्टियों की लाईनिंग के लिए एक उचित मसाला है। Aluminous Cement का एक भाग, बारीक पिसी ऊष्मासह् ईंटों के पाऊडर के दो भाग, मिलाकर बना मसाला भी सफलतापूर्वक काम लिया जा सकता है।

7·13. ग्राउट (Grout)

यह सीमेंट मसाला है, जो पानी की तरह का घोल होता है। बाँधों व दीवारों में फटी दरारों को भरने के लिए यह घोल काफी दबाव में लगाया जाता है। यदि दरारें बहुत चौड़ी हों तो Grout में मोटा मिलावा भी कुछ मात्रा में मिलाया जा सकता है।

7·14. मसाले और कंक्रीट का गनाईटीकरण (Guniting of Mortars Concretes)

कई बार वायवीय दाब में सीमेंट गन (Cement Gun) के माध्यम से मसाले या कंक्रीट लगाए जाते हैं। इस क्रिया को गनाईटीकरण (Guniting) कहते हैं। इस विधि द्वारा लगाया गया मसाला व कंक्रीट अच्छी पकड़ करता है और इसकी सामर्थ्य भी अधिक होती है।

1 : 3 का सीमेंट-बालू घोल, नोजल में से दाब में लगाया जाता है। गन से दाब में मसाला निकालने के लिए दबी हवा का उपयोग किया जाता है। मरम्मत कार्यों के लिए, जहाँ दरारें वगैरह फट गई हैं, यह विधि बहुत काम ली जाती है।

प्रश्नावली

1. मसाला क्या है तथा इसका क्या कार्य है ? बालू या सुर्खी का मसाले में क्या कार्य है ?
2. चूना मसाला कैसे तैयार किया जाता है ? चूना मसाले को पेषण चक्की में क्यों पीसा जाता है ?
3. निम्नलिखित पर नोट लिखो :—
   (i) चूना मसाला
   (ii) काला मसाला
   (iii) सीमेंट मिला मसाला (Gauged Mortar)

(iv) गनाईटीकरण (Guniting)

(v) पोजोलाना (Pozzolana)

4. सीमेंट मसाले पर अपने विचार लिखो। यह कैसे तैयार किया जाता है तथा किस-किस काम आता है ?

5. मसाले काम लेते समय किन-किन बातों का ध्यान रखना चाहिए ?

6. निम्नलिखित कार्यों के लिए आप कौन से मसाले का चयन करेंगे और क्यों ?

(i) R.C.C.

(ii) आधी ईंट दीवार की चिनाई में।

(iii) कमरे की दीवारों पर प्लास्टर करने के लिए।

(iv) मकान की बाहरी सतहें प्लास्टर करने के लिए।

(v) एक या दो मंजिलें मकान की नींव के लिए।

7. मिट्टी के गारे पर निबन्ध लिखो।

8
कंक्रीट
[CONCRETE]

8·1. परिचय (Introduction)

कंक्रीट ऐसा पदार्थ है जो चूना या सीमेंट, बारीक मिलावा, मोटा मिलावा तथा पानी, उचित अनुपात में मिलाकर बनाया जाता है। चूना या सीमेंट संयोजी पदार्थ के रूप में काम करता है, जबकि बारीक और मोटा मिलावा जो कि उदासीन पदार्थ है, कंक्रीट को आयतन प्रदान करते हैं। कंक्रीट का नाम इसमें उपस्थित संयोजी पदार्थ पर निर्भर करता है। यदि कंक्रीट में चूना संयोजी पदार्थ है तो इसे चूना कंक्रीट और यदि सीमेंट संयोजी पदार्थ है तो सीमेंट कंक्रीट कहते हैं।

8·2. कंक्रीट की किस्में (Types of Concretes)

विभिन्न तरह के कंक्रीटों के नाम नीचे दिए हुए हैं :—

1. मिट्टी का कंक्रीट (Mud Concrete)
2. चूना कंक्रीट (Lime Concrete)
3. सीमेंट कंक्रीट (सादा व प्रबलित) [Cement Concrete—(Plain and Reinforced)]
4. प्लम कंक्रीट (Plum Concrete)
5. हल्का भार कंक्रीट (Light-Weight Concrete)
6. हवा धारी कंक्रीट (Air-Entrained Concrete)
7. Pre-Stressed Concrete
8. No Fines Concrete
9. शून्य कंक्रीट (Vacuum Concrete)
10. जलसह कंक्रीट (Water Proof Concrete)

मिट्टी और चूना कंक्रीट छोड़ बाकी सभी कंक्रीटों में सीमेंट ही संयोजी पदार्थ है और इसलिए सभी सीमेंट कंक्रीट हैं। इनके विभिन्न नाम इनके कुछ विशेष गुणों के कारण हैं। चूना और सीमेंट कंक्रीटों का विस्तार से वर्णन किया गया है जबकि चूना, रेत सभी संक्षेप में बताए गए हैं।

8·3. मिट्टी का कंक्रीट (Mud Concrete)

इस कंक्रीट में मृण्मय मिट्टी और बालू का मसाला होता है, जिसमें टूटी ईंटों का बालास्ट डालकर कंक्रीट बनाया जाता है। दूसरे शब्दों में मृण्मय मिट्टी (Clay)

संयोजी पदार्थ, बालू बारीक मिलावा और टूटी ईंटों का बालास्ट मोटे मिलावा के रूप में कार्य करते हैं।

मिट्टी कंक्रीट में 40mm नाप का टूटी ईंटों का मोटा मिलावा काम लिया जाता है। 40 mm व्यास के छल्ले में से यह पूरी तरह गुजर जाना चाहिए, लेकिन 50 mm व्यास के छल्ले में से 20% से अधिक नहीं गुजारना चाहिए।

मृण्मय मिट्टी और बालू का मिट्टी का मसाला जैसा हम अध्याय 7 में बता चुके हैं तैयार करो। अब उचित अनुपात अनुसार टूटी ईंटों का मिलावा एक जलसह प्लेटफार्म पर सामान मोटाई की तह में बिछा दो और उस पर तैयार मिट्टी का मसाला बिछा दो। आवश्यक पानी डालकर स्टैक को दो तीन बार फावड़े से अच्छी तरह मिलाओ। कंक्रीट तैयार है। 100 m^3 बालास्ट में लगभग 40 m^3 तैयार मसाला डालनाहोता है। मिट्टी का कंक्रीट पतली तहों में लगाकर कूटा जाता है। कुटाई करते समय पानी वगैरह नहीं छिड़कना चाहिए।

इस कंक्रीट का उपयोग गाँव में कच्चे मकानों का फर्श वगैरह बनाने में किया जाता है। शहरों में पक्के व स्थाई किस्म के निर्माण कार्यों में इसका कोई स्थान नहीं है।

8·4. चूना कंक्रीट (Lime Concrete)

यह कंक्रीट काफी महत्त्वपूर्ण है। दो-तीन मंजिलें मकानों की नींव में यही कंक्रीट अधिकतर काम में लिया जाता है। इसके इलावा फर्श बनाने के लिए आधार भी इसी कंक्रीट से तैयार किया जाता है तथा पत्थर की पट्टियों की छत पर भी यही कंक्रीट काम आता है। यह सीमेंट कंक्रीट से बहुत सस्ता है, अतः प्रत्येक नागरिक अपने मकान वगैरह, जैसे निर्माण कार्य में इसी कंक्रीट का उपयोग करता है।

चूने के बड़े आयतन वाले कार्यों में, Fat Lime उपयोग मे नहीं लाया जाता, क्योंकि इसके पकने के लिए हवा का वहाँ पहुँचना बहुत आवश्यक है। बड़े आयतन वाले कार्यों में हवा अन्दर तक नहीं जा सकती। यदि Fat Lime ही काम लेना है तो इसे बुझाकर इसमें मृण्मय पदार्थ वगैरह डालकर जलपक बना लेना चाहिए। प्रायः सभी महत्त्वपूर्ण कार्यों में जलपक चूना ही काम लिया जाता है, क्योंकि इसके सैट होने में हवा वगैरह की आवश्यकता नहीं होती और यह पानी के अन्दर पक जाता है। लेकिन चूने में से बिना बुझे चूने के कण अलग करने के लिए इसे I.S. 20 में से पहले छान लेना चाहिए।

बारीक मिलावा के रूप में बालू या पिसी हुई सुर्खी काम ली जाती है। बालू I.S. 30 छानने में से पूरी तरह गुजर जानी चाहिए और I.S. 15 छानने पर से 10% से अधिक नहीं गुजरनी चाहिए। सुर्खी I.S. 30 छानने में से पूर्ण गुजर जानी चाहिए। मोटे मिलावा के रूप में टूटी हुई ईंटों के टुकड़े या तोड़ा हुआ पत्थर बालास्ट काम लिया जाता है। Mass Concrete कार्यों में 40 mm नाप तक का मोटा मिलावा काम लिया जा सकता है।

विभिन्न कार्यों के लिए कंक्रीट में विभिन्न तत्वों के अनुपात अलग-अलग होते हैं। नींव तथा फर्श में काम आने वाला चूना कंक्रीट, आमतौर पर 1 : 1 भाग चूना मसाला और तीन भाग मोटा मिलावा से बनाया जाता है। 100 m^3 मोटे मिलावा में लगभग 40 m^3 चूना मसाला काम लिया जाता है। चूना और बालू या चूना और सुर्खी के अनुपात 13 : 26 या 16 : 24 होते हैं।

छत पर चूना कंक्रीट लगाने के लिए 20 mm नाप के 100 m^3 मोटे मिलावा में लगभग 47 m^3 चूना मसाला मिलाया जाता है। इसमें चूना तथा बालू या सूर्खी का अनुपात 1 : 3 होता है।

Wet Mixing—चूना तथा बालू या सुर्खी के मिश्रण में पानी डालकर इसे मिला दिया जाता है। चूना मसाला पेषण चक्की से या प्लेटफार्म पर फावड़ों से मिलाया जाता है। तैयार मसाला मोटा मिलावा की बनी परत पर बिछा दिया जाता है तथा पानी डालकर और फावड़ों से दो-तीन बार पलट कर कंक्रीट तैयार किया जाता है। इस कार्य के लिए कंक्रीट मिलाने वाली मशीनों का भी उपयोग किया जा सकता है। इस तरह तैयार कंक्रीट दो दिन के अन्दर काम में ले लेना चाहिए।

पक्के प्लेटफार्म पर पहले मोटे मिलावा का स्टैक लगा देते हैं, जिस पर उचित अनुपात अनुसार सूखा बालू बिछा दी जाती है। सूखी बालू की परत पर आवश्यकता अनुसार सूखा पिसा चूना बिछा दिया जाता है और स्टैक तैयार हो जाता है। तैयार स्टैक पर पाइप या बाल्टियों से कुछ पानी डाल देना चाहिए ताकि चूना के अनबूझे कण भी बुझ जाएँ। पानी डालने के लगभग 24 घण्टे बाद स्टैक को एक तरफ से फावड़े से काटकर पहले सूखा मिलाया जाता है, और फिर आवश्यक पानी डालकर मिलाकर, उसी समय तेगारियों में भर-भरकर, जहाँ लगाना होता है लगा दिया जाता है।

नींवों या फर्शों में लगे कंक्रीट की दुरमुठों से कुटाई की जाती है। लेकिन छत पर लगे कंक्रीट की कुटाई लकड़ी की थापियों से की जाती है। चूना कंक्रीट की बनी सतह पर कम-से-कम 7 दिन तक इंटों की चिनाई नहीं करनी चाहिए। कम-से-कम 10 दिन तक चूना कंक्रीट वाली सतह की तराई करते रहना चाहिए। कंक्रीट में चूना बालू, सुर्खी, तथा बालास्ट के कार्य (Functions of Lime, Sand, Surkhi and Blast in Concrete) पहले बताए जा चुके हैं।

8.5. सीमेंट कंक्रीट (Cement Concrete)

सीमेंट में बारीक मिलावा और मोटा मिलावा उचित अनुपात में मिलाकर, यह कंक्रीट बनाया जाता है। यह कंक्रीट कई तरह का हो सकता है :

(i) **प्लम कंक्रीट** (Plum Concrete)—सीमेंट कंक्रीट में आमतौर पर काम आने वाले मोटे मिलावा से भी बड़े नाप के मोटे मिलावा का इस्तेमाल कर जो कंक्रीट

बनाया जाता है, उसे प्लम कंक्रीट (Plum Concrete) कहते हैं। गुरुत्व बांध बनाने व पुलों के भारी पाए वगैरह बनाने के लिए इस कंक्रीट का उपयोग किया जाता है। प्लम कंक्रीट में भाटों का नाप 200 mm से कम नहीं होता है। लेकिन प्लम भाटों की मात्रा मोटे मिलावा की कुल मात्रा का 20% से अधिक नहीं होनी चाहिए।

(ii) **हल्के भार वाले कंक्रीट** (Light-Weight Concrete)—यह कंक्रीट वहाँ काम लिया जाता है, जहाँ संरचना का हल्का होना बहुत आवश्यक हो। यह भी सीमेंट कंक्रीट ही होता है, अन्तर केवल इतना है कि आम मोटे मिलावों के स्थान पर इसमें हल्के भार वाला विशेष मिलावा काम लिया जाता है। गैस बनाने वाली या फोम तत्त्व डालकर भी हल्का भार कंक्रीट बनाया जा सकता है। कंक्रीट मिलाते समय उसमें गैस या फोम तत्त्व डाल दिए जाते हैं, जिससे कंक्रीट के कठोर होने पर Cellular संरचना उत्पन्न हो जाती है और कंक्रीट का भार कम हो जाता है।

(iii) **हवा धारी कंक्रीट** (Air Entrained Concrete)—किसी विशेष गुण के लिए कंक्रीट में हवा बन्द कर देना कंक्रीट विज्ञान की बहुत ही नई उपलब्धी है। कंक्रीट में यह गुण Air Entraining Cement का उपयोग कर प्राप्त किया जाता है या फिर कंक्रीट मिलाते समय इसमें Air Entraining तत्त्व मिला दिए जाते हैं। यह कंक्रीट पानी जमने, सल्फेट क्रिया, पकने के दौरान उत्पन्न आन्तरिक प्रतिबल इत्यादि के प्रति बहुत अच्छे प्रतिरोधी होते हैं। यह कंक्रीट आम कंक्रीट से अधिक सुकर, सुघट्य और अधिक चिपकने वाला होता है। यह अधिक जल-सह होता है तथा बिछाते समय पृथकीकरण नहीं होता। इसमें बारीक मिलावा तथा W/C अनुपात दोनों ही आम कंक्रीट से कम होते हैं।

(iv) **प्रबलित कंक्रीट**—सीमेंट कंक्रीट, संपीडन में बहुत मजबूत होता है जबकि तनाव में बहुत कमजोर। तनाव में कंक्रीट संरचना को मजबूत बनाने के लिए कंक्रीट के तनाव कटिबद्ध में लोहे की छड़ें डाल दी जाती हैं। इस तरह बने कंक्रीट को प्रबलित कंक्रीट कहते हैं। प्रबलन केवल सीमेंट से बने कंक्रीटों का ही किया जा सकता है, चूना अथवा मिट्टी कंक्रीटों का नहीं। कई बार आंतरिक प्रतिबलों के कारण सादे सीमेंट में दरारें फट जाती हैं। इन्हें रोकने के लिए भी कई बार कंक्रीट में लोहे की पतली छड़ें डाल दी जाती हैं।

(v) **Prestressed Concrete**—यह भी प्रबलित सीमेंट कंक्रीट ही होता है। अन्तर केवल इतना होता है कि लोहे में तथा कंक्रीट में जिस प्रवृत्ति के प्रतिबल संरचनाओं को उपयोग में लाने से उत्पन्न होते हैं उनके उल्ट प्रवृत्ति के प्रतिबल दोनों पदार्थों में पहले ही उत्पन्न कर दिए जाते हैं। इससे जब संरचना काम में लाई जाती हैं तो इसमें उत्पन्न होने वाले प्रतिबल, पदार्थों में पहले से ही उत्पन्न किए गए उल्ट प्रवृत्ति के प्रतिबलों को Cancel करते हैं तथा संरचना में कोई दरारें आदि नहीं फटती है।

(vi) **बिन बारीक मिलावट कंक्रीट** (No-fines Concrete)—इस कंक्रीट में

बारीक मिलावा नहीं डाला जाता । केवल सीमेंट और मोटे मिलावा तथा पानी से ही यह कंक्रीट बनाया जाता है । 1 : 8 अनुपात में सीमेंट और मोटा मिलावा मिलाये जाते हैं और जल-सीमेंट अनुपात लगभग 0·4 रक्खा जाता है । इस कंक्रीट का उपयोग 2-3 मंजिलें भवनों की दीवारें बनाने में किया जा सकता है । यह कंक्रीट उसी तरह काम में लिया जाता है जैसे कि आम कंक्रीट, लेकिन इसकी कुटाई अधिक सावधानी से करनी होती है ।

(vii) **शून्य कंक्रीट** (Vacuum Concrete)—कंक्रीट में डाला पूरा पानी सीमेंट के पकने में मदद नहीं करता बल्कि इसका कुछ भाग ही, इस काम आता है । बाकी पानी की मात्रा कंक्रीट को सुकर बनाने में काम आती है । यह कंक्रीट आम सीमेंट कंक्रीट की भाँति अपनी उचित जगह लगा दिया जाता है और फिर विशेष विधि से शून्यता प्राप्त कर गीले कंक्रीट में से सुकरता के लिए डला पानी वापिस खींच लिया जाता है । इस विधि से सीमेंट कंक्रीट में केवल सीमेंट के पकने के लिए आवश्यक पानी ही रहता है तथा W/C अनुपात बहुत कम हो जाता है । इससे कंक्रीट की सामर्थ्यता बहुत बढ़ जाती है । इस विधि का अभी अधिक उपयोग भारत में नहीं होने लगा है ।

(viii) **जल-सह कंक्रीट** (Water Proof Concrete)—आम सीमेंट कंक्रीट पूर्ण रूप से जल-सह नहीं होता है । कंक्रीट को जल-सह बनाने के लिए इसमें पानी दूर हटाने वाले या दूसरे जल-सह पदार्थ डाले जाते हैं । इसका उपयोग ऐसी जगह करना चाहिए जहाँ जल-सह संरचना बनानी हो ।

8·6. कंक्रीट में पानी के कार्य (Functions of Water in Concrete)

1. कंक्रीड में बारीक और मोटे मिलावा के लिए पानी स्नेहक के रूप में कार्य करता है ।
2. पानी सीमेंट के साथ क्रिया कर ऐसी पेस्ट बनाता है जो मोटे मिलावा को बाँधे रखती है ।
3. पानी, सीमेंट के साथ मिलकर, मिलावा के कणों के धरातल पर फ्लक्स के रूप में कार्य करता है ।
4. पानी का कुछ भाग मिलावा को गीला करने के लिए काम आता है । इससे सीमेट कंक्रीट, रासायनिक क्रिया के लिए आवश्यक पानी मिलावा में से सोख सकता है ।
5. पानी द्वारा कंक्रीट सुघट्य हो जाता है जिसके कारण इसे साँचों में किसी भी शक्ल में ढाला जा सकता है ।

जल सीमेंट अनुपात (W/C Ratio)

सीमेंट का भार और उसमें मिलाए गए पानी के भार के अनुपात को जल-सीमेंट अनुपात कहते हैं । सीमेट कंक्रीट में चाही गई सामर्थ्यता उत्पन्न करने के लिए,

पानी और सीमेंट अनुपात का बहुत महत्त्व होता है। जल-सीमेंट अनुपात जितना कम रक्खा जाता है कंक्रीट की सामर्थ्यता उतनी ही अधिक होती है। सीमेंट कंक्रीट का मिश्रण जिसमें सीमेंट की मात्रा अधिक होती है, कम सीमेंट वाले कंक्रीट मिश्रण से

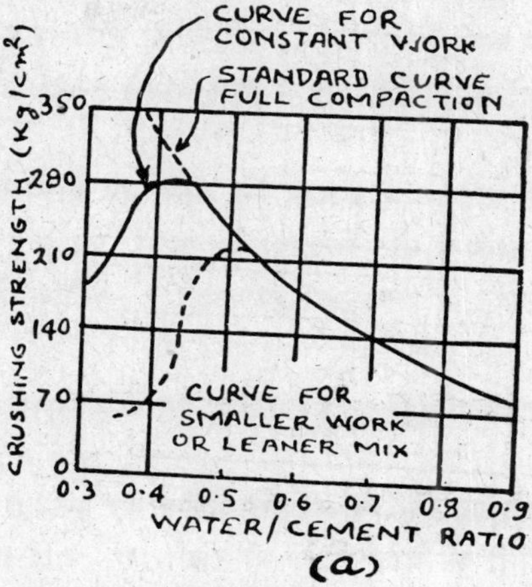

चित्र 8·1. जल सीमेंट अनुपात अनुसार कंक्रीट की संपीडन सामर्थ्य

अधिक सामर्थ्य इसलिए नहीं रखता कि इसमें सीमेंट की मात्रा अधिक है, बल्कि इसलिए कि अधिक सीमेंट मात्रा वाला मिश्रण कम जल-सीमेंट अनुपात पर तैयार हो जाता है। जल-सीमेंट अनुपात कंक्रीट की कुटाई की विधियों पर बहुत निर्भर करता है। जब सीमेंट कंक्रीट की कुटाई दुरमठ द्वारा की जाती है तो इसके लिए कंक्रीट में जल-सीमेंट अनुपात अधिक रखना होता है। यदि इसी कंक्रीट की कुटाई कंपन मशीन द्वारा की जाती है तो अपेक्षाकृत बहुत कम जल-सीमेंट अनुपात रक्खा जा सकता है। कंपन द्वारा कुटाई किए गए सीमेंट कंक्रीट की सामर्थ्यता दुरमठ द्वारा कुटाई किए गए सीमेंट कंक्रीट से बहुत अधिक होती है। भार अनुसार विभिन्न जल-सीमेंट अनुपात पर सीमेंट कंक्रीट की संपीडन सामर्थ्यता चित्र 8·1 में दिखाई हुई है।

8·7. कंक्रीट के गुण (Properties of Concrete)

कंक्रीट के दो मुख्य गुण होते हैं :

1. सुकरता (workability) और (2) सघनता (consistency)

1. सुकरता (workability)—सीमेंट कंक्रीट का स्नेहक प्रभाव सीमेंट कंक्रीट में जल की मात्रा पर निर्भर करता है। कंक्रीट में जितना अधिक पानी होता है उतना ही यह अधिक आसानी से काम में लाया जा सकता है। तैयार मसाले में इतना पानी होना चाहिए कि कम से कम मेहनत करके इसे बिछाया जा सके। तैयार मसाला ऐसा होना चाहिए कि कंक्रीट में स्रवण (Bleeding) और पृथक्कीकरण (Segregation) उत्पन्न न हो। जब मसाले में आवश्यक मात्रा से अधिक पानी उपस्थित होता है तो मसाले का अपनी जगह बिछाने के बाद अतिरिक्त जल जो मसाले में होता है, सतह

पर आ जाता है, जिसे स्रवण (Bleeding) कहते हैं। कंक्रीट में पानी की अधिक मात्रा होने के कारण, मसाला जब तेगारी से ऊपर से फैंका जाता है तो मोटे मिलावा की प्रवृत्ति, बारीक मिलावा से अलग हो जाने की होती है, जिसे पृथक्कीकरण (Segregation) कहते हैं। कंक्रीट की सुकरता पर निम्नलिखित का बहुत प्रभाव होता है।

(i) मिलावा के कणों की शकल का मसाले की सुकरता पर बहुत प्रभाव होता है। कोणीय व तीखे कणों वाले मिलावा से गोल कणों वाला मिलावा अधिक सुकर होता है।

(ii) जल सीमेंट अनुपात न बदलते हुए, पानी की मात्रा कंक्रीट में बढ़ाना।

(iii) कंक्रीट मसाले में मोटे मिलावा के कणों का माप यदि अधिक बड़ा अपनाया जाए तो भी कंक्रीट अधिक सुकर हो जाता है, क्योंकि पानी को कम सतह गीली करनी पड़ती है।

(iv) सीमेंट की मात्रा बढ़ाकर भी कंक्रीट मसाले की सुकरता बढ़ाई जा सकती है।

(v) कंक्रीट मिलाने की विधियों पर भी कंक्रीट की सुकरता बहुत निर्भर करती है। उदाहरण के लिए पानी की मात्रा एक ही रखते हुए, यदि फावड़ों से, प्लेटफार्म पर कंक्रीट मिलाया जाए तो प्राप्त कंक्रीट, मिक्सर मशीन में मिलाए गए कंक्रीट जितना सुकर नहीं होगा।

(vi) कंक्रीट की कुटाई करने की विधि पर भी मसाले की सुकरता बहुत निर्भर करती है। यदि मसाले की कुटाई कम्पन मशीन द्वारा की जानी है तो इसे दुरमुठ से कुटाई के लिए आवश्यक जल-सीमेंट अनुपात से बहुत कम अनुपात पर काम में लिया जा सकता है।

कंक्रीट की सुकरता बढ़ाने के ऊपर बताए उपायों में से, अतिरिक्त पानी डाल कर मसाले की सुकरता बढ़ाना उचित नहीं है क्योंकि इससे कंक्रीट की सामर्थ्यता कम हो जाती है। अधिक सीमेंट डाल कर सुकरता बढ़ाना भी उचित नहीं क्योंकि इससे लागत खर्च बढ़ जाता है। मिलावा के कणों के नाप और शकल, जिस काम में मसाला लेना है उसी आधार पर निश्चित किए जाते हैं, इसलिए इसमें परिवर्तन करना भी सम्भव नहीं होता है। कंक्रीट की सुकरता बढ़ाने का सबसे अच्छा उपाय मिलावा का उचित श्रेणीकरण (grading) है। कंक्रीट का अधिकतम घनत्व प्राप्त करने के लिए भी मिलावा का उचित श्रेणीकरण बहुत आवश्यक है। उचित श्रेणीकरण ही एक उचित माध्यम है जिसमें बिना अतिरिक्त सीमेंट का उपयोग किए अधिक स्थाई और अपारगम्य बनाया जा सकता है।

2. **सघनता** (Consistency)—कंक्रीट की द्रव के रूप में बहने की प्रवृत्ति ही मसाले की सघनता का नाप है। यह मिश्रण में पानी की मात्रा पर निर्भर करती है। प्रयोगशाला में सघनता का नाप स्लम्प टेस्ट से ज्ञात किया जाता है। सघनता और सुकरता में कोई विशेष अन्तर नहीं है।

स्लम्प टैस्ट—इस टैस्ट के लिए एक शंकु-छिन्नक बर्तन लिया जाता है जो दोनों सिरों से खुला होता है। ऊपरी खुले सिरे का व्यास 100mm निचले खुले सिरे का व्यास 200mm और बर्तन की कुल ऊँचाई 300mm होती है। बर्तन का बड़े व्यास वाला सिरा किसी लोहे की प्लेट अथवा सीमेंट के पक्के फर्श पर रक्खा जाता है और इसे कंक्रीट से भरा जाता है। कंक्रीट चार बराबर परतों में भरा जाता है और हर एक परत भरने के बाद 16 mm व्यास और 600 mm लम्बी लोहे की छड़ से 25 बार इसकी कुटाई की जाती है।

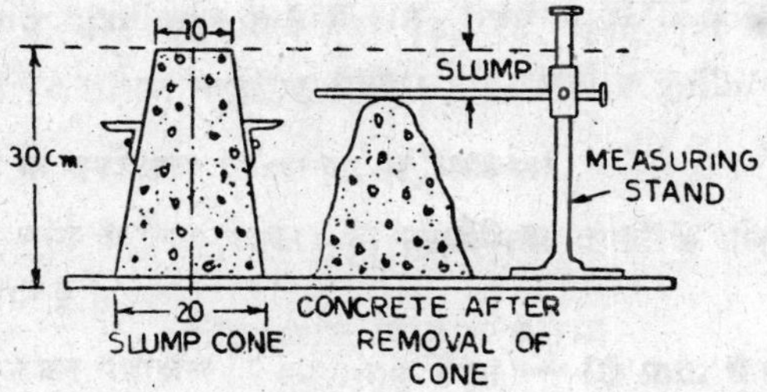

चित्र 8·2. स्लम्प टैस्ट

इस प्रकार ऊपर तक, जब बर्तन भर जाता है तो करनी से कंक्रीट, बर्तन के ऊपरी सिरे के तल पर, समतल कर दिया जाता है। फालतू कंक्रीट ऊपर से हटा लिया जाता है। अब शंकु-छिन्नक बर्तन हैंडलों से पकड़कर सीधा ऊपर उठा लिया जाता है। बर्तक उठाने पर कंक्रीट का ब्लॉक वहीं फर्श पर रह जाता है तथा थोड़ा नीचे बैठ जाता है। कंक्रीट ब्लॉक का यह नीचे बैठना ही स्लम्प कहलाता है। स्लम्प, कंक्रीट में पानी की मात्रा के समानुपाती होता है। विभिन्न कार्यों के लिए काम आने वाले सीमेंट कंक्रीट के स्लम्प मान नीचे दिए हुए हैं।

सारिणी 8·1

क्रम सं०	कंक्रीट	स्लम्प mm में
1.	सड़क निर्माण के लिए सीमेंट कंक्रीट	20 से 28 mm
2.	साधारण R.C.C. के लिए	50 से 100 mm
3.	स्तम्भ, पुश्ता दीवारें और दूसरे पतले ऊर्ध्वाधर अवयवों के लिए	75 से 175 mm
4.	कंपन द्वारा कुटाई किए गए कंक्रीट के लिए	12 से 25 mm
5.	गुरुत्व कंक्रीट बांधों के लिए	25 से 50 mm

8.8. मिलावों का श्रेणीकरण (Grading of Aggregates)

श्रेणीबद्ध मिलावे से यह अभिप्राय: है कि मिलावा के कण एक ही नाप के न हों, बल्कि सभी नापों के उचित अनुपात में कण हों। यदि बारीक और मोटे मिलावा श्रेणीबद्ध है तो इनको मिलाने से ऐसा मिश्रण तैयार होता है जिसमें रिक्त स्थान बहुत ही कम रह जाता है और सीमेंट की कम मात्रा की आवश्यकता होती है। श्रेणीबद्ध मिलावे तथा सीमेंट से बना कंक्रीट निर्माण सबसे मजबूत व भारी होता है।

I.S. अनुसार बारीक मिलावा चार तरह के Grading zones में बांटा जा सकता है। यह grading सारिणी 8·2 में दिए हुए हैं।

सारिणी 8·2

बारीक मिलावा का grading

I.S. Sieve	छानने में से गुजरने वाले पदार्थ का प्रतिशत			
	Grading zone I	Grading zone II	Grading zone III	Grading zone IV
10 mm	100	100	100	100
4·75 mm	90—100	90—100	90—100	95—100
2·36 mm	60—95	75—100	85—100	95—100
1·18 mm	30—70	55—90	75—100	90—100
600 microns	15—34	35—59	60—79	80—100
300 microns	5—20	8—30	12—40	15—50
150 microns	0—10	0—10	0—10	0—15

I.S. अनुसार मोटे मिलावा का grading सारिणी 8·3 में दिया गया है।

यदि मोटा और बारीक मिलावा इकट्ठे उपलब्ध हैं तो इन्हें बारीक और मोटे मिलावों में अलग-अलग करने की आवश्यकता नहीं। एक ही नाप का मिलावा, मिश्रण में डालकर मिला देने से All-in aggregate का उचित grading प्राप्त किया जा सकता है। I.S. अनुसार यह Grading आगे दी गई सारिणी 8·4 में दिया हुआ है।

सारिणी 8·3

मोटे मिलावा का ग्रेडिंग (Grading)

I.S. Sieve No.	एक ही नाप का मिलावा जो छाननों में से प्रतिशत में गुजरता है						श्रेणीबद्ध मिलावा जो छाननों में से प्रतिशत में गुजरता है			
	63 mm	40 mm	20 mm	16 mm	12·5 mm	10 mm	40 mm	20 mm	16 mm	12·5 mm
80 mm	100	—	—	—	—	—	100	—	—	—
63 mm	85—100	100	—	—	—	—	—	—	—	—
40 mm	0—30	85—100	100	—	—	—	95—100	100	—	—
20 mm	—	0—20	85—100	100	—	—	30—70	95—100	100	100
16 mm	—	—	—	85—100	100	—	—	—	90—100	—
12·5 mm	—	—	—	—	85—100	100	—	—	—	90—100
10 mm	—	0—5	0—20	0—30	0—45	85—100	10—35	25—55	30—70	40—48
4·75 mm	—	—	0—5	0—5	0—10	0—20	0—5	0—10	0—10	0—10
2·36 mm	—	—	—	—	—	0—5	—	—	—	—

सारिणी 8·4

संयुक्त मिलावा का श्रेणीकरण (All-in Aggregate Grading)

I.S. Sieve No.	संयुक्त मिलावा का प्रतिशत में गुजरना	
	40 mm	20 mm
80 mm	100	—
40 mm	95—100	100
30 mm	45—75	95—100
4·75 mm	25—45	30—50
600 microns	8—30	10—35
150 microns	0—6	0—6

8·9. सीमेंट कंक्रीट का अभिकल्पन (Design of Cement Concrete Mix)

सीमेंट कंक्रीट का मिश्रण अभिकल्प करने की चार विधियाँ हैं :

1. परीक्षण विधि (By trial)
2. सूक्ष्मता गुणांक विधि (Fineness modulus)
3. न्यूनतम रिक्तता विधि (Minimum voids method)
4. स्वेच्छा विधि (Arbitrary standard method)

1. **परीक्षण विधि**—यह विधि इस आशय पर आधारित है कि कंक्रीट में विभिन्न तत्व इस अनुपात में मिलाए जाएँ, कि परिणामी कंक्रीट सबसे अधिक घना हो। इसके लिए लकड़ी के एक ही आयतन के कई साँचे बनाए जाते हैं और सभी बक्सों में सीमेंट, बजरी और मोटा मिलावा विभिन्न अनुपातों में लेकर, कंक्रीट बनाकर भरा जाता है। जिस साँचे के कंक्रीट का भार सबसे अधिक होता है वही अनुपात कंक्रीट की सबसे अधिक क्षमता देता है।

2. **सूक्ष्मता गुणांक विधि** (Fineness Modulus Method)—इस विधि में मोटा और बारीक मिलावा दोनों के मिश्रण को IS Sieves के सैट में से छाना जाता है। सभी छानने क्रमागत रूप से एक के नीचे एक रक्खे होते हैं। सबसे बड़े माप का छानना सबसे ऊपर, इसके नीचे इससे छोटे माप का छानना रखा जाता है। सबसे नीचे सबसे छोटे माप का छानना रखना चाहिए। सभी छाननों में से मिलावा का मिश्रण छानने के बाद सभी छाननों पर जो मिलावा रह जाता है उन सबका, मिलावा के कुल भार अनुसार प्रतिशत भार ज्ञात करो। इन सब प्रतिशतों का योग कर, इसे 100 से भाग दे दो। यही मिलावा का सूक्ष्मता गुणांक है।

मानलो $P=$मिलावा के मिश्रण का चाहा गया सूक्षमता गुणांक

$P_1=$बारीक मिलावा का सूक्षमता गुणांक

$P_2=$मोटे मिलावे का सूक्षमता गुणांक

$W=$मोटे मिलावे के एक भाग के साथ मिलाने वाले बारीक मिलावा की मात्रा

$$W=\frac{P_2-P}{P-P_1}$$

3. **न्यूनतम रिक्तता विधि** (Minimum Voids Method)—इस विधि में कंक्रीट का मिश्रण इस आधार पर किया जाता है कि सीमेंट की मात्रा, बारीक मिलावा में रिक्तता से थोड़ी अधिक हो और बारीक मिलावा की मात्रा, मोटे मिलावा में रिक्तता से थोड़ी अधिक हो। अशांकित सिलिण्डर और पानी की मदद से बारीक और मोटे मिलावों में रिक्तता ज्ञात की जाती है। इस प्रकार ज्ञात किए गए सीमेंट और बारीक मिलावा की मात्राओं में 10% अतिरिक्त बारीक मिलावा और करीब 15% अतिरिक्त सीमेंट डालकर कंक्रीट का परिणामी मिश्रण निर्धारित किया जाता है।

4. **स्वेच्छा विधि** (Arbitrary Standard Method)—यह विधि छोटे और मध्य वर्ग के कार्यों में मिश्रण अभिकल्पन करने के काम लाई जाती है। इस विधि में एक भाग सीमेंट में यदि n भाग बारीक मिलावा मिलाया जाता है तो 2n भाग मोटा मिलावा मिलाना होता है। इस विधि से विभिन्न मिश्रण 1 : 2 : 4, 1 : 1 : 2, 1 : $1\frac{1}{2}$: 3, 1 : 3 : 6 और 1 : 4 : 8 हो जाते हैं।

विभिन्न प्रकार के कार्यों में जो मिश्रण काम लाए जाते हैं, सारणी 8·5 में दिए हुए हैं।

सारिणी 8·5

क्रम संख्या	कार्य	काम लाया जाने वाला मिश्रण
1.	स्तम्भ, धरन इत्यादि में	M_{25} (1 : 1 : 2)
2.	पानी रोकने वाली संरचनाएँ, पाइलों इत्यादि में	M_{20} (1 : $1\frac{1}{2}$: 3)
3.	R.C.C धरन, स्लैब, स्तम्भ और सड़कों इत्यादि में	M_{15} (1 : 2 : 4)
4.	भवन की नींव व मशीन की नींव में	M_{10} (1 : 3 : 6)
5.	कंक्रीट बाँधों इत्यादि में	1 : 4 : 8

8.10. कंक्रीट के तत्वों का नाप (Measurement of Materials)

I. **सीमेंट का नापना**—सीमेंट का नाप आयतन से कभी नहीं करना चाहिए। इसका मुख्य कारण यह है कि जब सीमेंट काफी कुटाई करके किसी बर्तन में भरा जाता है तो इसका भार अधिक होता है। उदाहरण के लिए बिना कुटाई के एक घन मीटर सीमेंट का भार यदि 1120 kg है तो इसी आयतन के सीमेंट का भार जब कूट-कूट कर भरा जाता है तो 1600 kg. हो जाता है। इसलिए सीमेंट हमेशा भार से नापना चाहिए, आयतन से नहीं।

II. **बारीक मिलावा**—हम जानते हैं कि जब बालू में नमी होती है तो यह फूल जाती है। यहाँ तक कि इसके आयतन में 30% तक बढ़ोत्तरी हो जाती है। इस लिए इसे भार अनुसार ही लेना उचित है। लेकिन भार अनुसार लेने में व्यावहारिक कठिनाई होती है। इसीलिए नमी अनुसार उचित फूलने का ध्यान रखते हुए, इसे आयतन अनुसार भी लिया जा सकता है।

III. **मोटा मिलावा**—इसका माप भार अनुसार या आयतन अनुसार लिया जा सकता है। व्यावहारिक विधि इसे आयतन अनुसार लेने की है। नमी से इस मिलावा में कोई फूलाव नहीं होता है।

IV. **पानी**—पानी हमेशा आयतन अनुसार लिया जाता है।

8.11. कंक्रीट का वर्गीकरण

कुछ वर्ष पहले तक कंक्रीट का वर्गीकरण सीमेंट, बजरी और मोटे मिलावा के अनुपात अनुसार किया जाता था, जैसे 1 : 2 : 4, 1 : 3 : 6 इत्यादि। लेकिन आजकल कंक्रीट का वर्गीकरण इन तत्वों के अनुपात अनुसार नहीं बल्कि कंक्रीट की सामर्थ्यता अनुसार किया जाता है, जैसे M_{100}, M_{150}, M_{200}, M_{240}, M_{300}, M_{350}, M_{400}। M_{100} का अर्थ है, वह कंक्रीट जिसकी क्यूब सामर्थ्यता 28 दिनों बाद 100 kg/cm^2 हो। I.S. 456-1978 अनुसार सीमेंट कंक्रीट का वर्गीकरण M_{10}, M_{15}, M_{20}, M_{25}, M_{30}, M_{35} तथा m_{40} अनुसार किया गया है। इस वर्गीकरण में 10, 15, 20 आदि अंक कंक्रीट की 29 दिनों बाद N/mm^2 में संपीडत प्रतिबल बताते हैं।

I.S. 456—1978 अनुसार सामर्थ्यता की इकाई kg/cm^2 से N/mm^2 में बदल दी गई है। N का मतलब न्यूटन है।

8.12. कंक्रीट में विभिन्न तत्त्वों की मात्राएँ ज्ञात करना

कंक्रीट के विभिन्न तत्त्वों की मात्राएँ ज्ञात करने के लिए निम्नलिखित सूत्र का उपयोग किया जाता है। यह विधि सबसे आधुनिक विधि है।

एक घन मीटर कंक्रीट = सीमेंट का निरपेक्ष आयतन + मिलावा का निरपेक्ष आयतन + जल का निरपेक्ष आयतन + हवा की रिक्तता का आयतन

एक घन मीटर कंक्रीट $= A_c + A_g + A_w + A_a$

A_c=सीमेंड का निरपेक्ष आयतन

A_g=मिलावा का निरपेक्ष आयतन

A_W=जल का निरपेक्ष आयतन

A_a=हवा के कारण रिक्तता का आयतन

किसी भी तत्त्व का निरपेक्ष आयतन (Absolute Volume) नीचे दिए सूत्र से ज्ञात किया जाता है।

$$\text{निरपेक्ष आयतन} = \frac{\text{तत्त्व का भार}}{\text{आपेक्षिक घनत्व} \times \text{पानी का घनत्व}}$$

$$= \frac{\text{स्थूल (Bulk) आयतन} \times \text{स्थूल घनत्व}}{\text{आपेक्षित घनत्व}}$$

इससे पहले कि किसी कंक्रीट मिश्रण में विभिन्न तत्त्वों के मान ज्ञात किए जाएँ, नीचे दी गई सूचना का ज्ञान होना आवश्यक है।

मोटा मिलावा (Coarse Aggregate) **का आपेक्षित घनत्व**—मोटा मिलावा विभिन्न प्रकार की शैलों से बना होता है।

1. ट्रैप (Trap) का आपेक्षित घनत्व =2·9
2. ग्रेनाइट (Granite) का आपेक्षिका घनत्व =2·8
3. ग्रेवल का आपेक्षिक घनत्व =2·66
4. रेत का आपेक्षिक घनत्व =2·65
5. सीमेंट का आपेक्षिक घनत्व =3·12

सारिणी 8·6

स्थूल घनत्व (Bulk Densities)

क्रम संख्या	विवतण	स्थूल घनत्व
1.	सीमेंट	1·46
2.	नदी की बारीक बजरी	1·46
3.	नदी की मध्य दर्जे की बजरी	1·52
4.	मोटी बजरी	1·60
5.	शिंगल (Shingle)	1·60
6.	टूटे हुए पत्थर से प्राप्त बजरी	1·44
7.	तोड़ा हुआ ग्रेनाइट	1·68

सीमेंट के एक थैले का भार 50 kg. और आयतन 35 लीटर होता है। सारिणी 8·7 में विभिन्न अनुपातों के गारे और कंक्रीट के मिश्रणों के लिए आवश्यक विभिन्न तत्त्व दिखाए गए हैं।

सारिणी 8·7

मिश्रण			पानी		सीमेंट		बजरी	मोटा मिलावा
सीमेंट	बजरी	मोटा मिलावा	W/C अनुपात	एक थैला सीमेंट के लिए आवश्यक जल मात्रा	किलोग्राम में सीमेंट का भार	सीमेंट का थैलों में मात्रा	लीटर में	लीटर में
1	1	—	0·25	12·5	1010	29·3	710	—
1	$1\frac{1}{2}$	—	0·28	14·0	815	16·3	855	—
1	2	—	0·30	15·0	687	13·75	963	—
1	$2\frac{1}{2}$	—	0·35	17·5	585	11·7	1023	—
1	3	—	0·40	20·0	505	10·1	1060	—
1	4	—	0·53	26·5	375	7·9	1155	—
1	6	—	0·70	35·0	285	5·7	1197	—
1	8	—	0·90	45·0	220	3·4	1232	—
1	1	2	0·30	15·0	560	11·2	392	784
1	2	2	0·42	21·0	430	8·6	602	602
1	$1\frac{1}{2}$	3	0·42	21·0	395	7·9	404	828
1	$1\frac{2}{3}$	$3\frac{1}{2}$	0·48	24·0	363	7·25	409	838
1	2	3	0·50	25.0	385	7·7	539	808
1	2	$3\frac{1}{2}$	0·50	26·5	330	6·6	462	808
I	2	4	0·55	27·5	310	6·2	404	868
1	$2\frac{1}{2}$	$3\frac{1}{2}$	0·57	28·5	305	6·1	534	746
1	$2\frac{1}{2}$	4	0·60	30·0	285	5·7	499	798
1	3	4	0·65	32·5	65	5·3	556	742
1	$2\frac{1}{2}$	5	0.65	32·5	255	5·1	446	892
1	3	5	0·69	34·5	240	4·8	504	840
1	3	6	0·75	37·5	215	4·3	452	904
1	4	8	0·95	47·5	165	3·3	402	924

नोट—1. इस सारिणी में बजरी और मोटे मिलावा में रिक्तता क्रमशः 40 और 45% मानी गई है।

2. पानी के कारण बजरी के आयतन में बढ़ावे को नहीं गिना गया है।

3. ग्रेवल मोटे मिलावा के लिए सीमेंट की मात्रा 5% घटा दी जाती है, जबकि बजरी की मात्रा 2% बढ़ा दी जाती है। मोटा मिलावा बजरी के अनुपात में लिया जाता है।

उदाहरण 1. एक घन मीटर कुटाई किए हुए 1 : 1, W/C=0·25 सीमेंट मसाले के लिए विभिन्न तत्त्वों के मान ज्ञात करो।

हल :

सीमेंट के एक थैले के लिए	**निरपेक्ष आयतन**
सीमेंट=50 kg=35 लिटर	सीमेंट =16 लिटर
बजरी=35 लिटर	बजरी=$\frac{35\times16}{266}$=21 लिटर
पानी=$12\frac{1}{2}$	पानी =12·5 लिटर
	कुल =49·5 लिटर

1000 लिटर कुटाई किए हुए गारे के लिए आवश्यक मात्राएँ

सीमेंट$=\frac{50}{49\cdot5}\times\frac{1000}{1}=1015$ kg

बजरी$=\frac{1015}{50}\times\frac{35}{1}=710$ लिटर

पानी$=1015\times\frac{1}{4}=254$ लिटर

उदाहरण 2. एक घन मीटर 1 : 2 : 4 W/C=0·55 सीमेंट कंक्रीट में सीमेंट, पानी, बजरी और मोटे मिलावा की मात्राएँ लिटरों में ज्ञात करो।

हल :

दिया हुआ	**निरपेक्ष आयतन**
सीमेंट का आपेक्षित घनत्व=3·12	सीमेंट=$\frac{50}{3\cdot12\times1}$=16 लिटर
बजरी का आपेक्षित घनत्व=2·66	बजरी=$\frac{70\times1\cdot6}{2\cdot66}$=42 लिटर
मोटा मिलावा का आपेक्षिक घनत्व=2·9	मोटा मिलावा=$\frac{140\times1\cdot6}{2\cdot9\times1}$=77लि.
	पानी 0·55% =27·5 टर
	कुल योग 162·5

एक घन मीटर के लिए निरपेक्ष आयतन

सीमेंट	$=\frac{10\times100}{162\cdot5}$	=310 kg=6·2 थैले
बजरी	=6·2×70	=434 लिटर
मोटा मिलावा	=6·2×104	=868 लिटर
पानी	=310×0·55	=170 लिटर

8·13. कंक्रीट का मिलाना (Mixing of Concrete)

कंक्रीट मिलाने की दो विधियाँ हैं :

I. हस्त विधि

II. मशीन विधि ।

I. हस्त विधि—कंक्रीट का मिलाना पक्के जलसह फर्श पर किया जाता है। छोटे कार्यों में पक्का फर्श टीन की चादरों का हो सकता है। फर्श पर सबसे पहले बारीक मिलावा एक सार मोटाई में बिछा दिया जाता है जिस पर आवश्यक सीमेंट बिछाकर फावड़े से सुखा अच्छी तरह मिला दिया जाता है। इसके बाद मोटा मिलावा इस सूखे मिश्रण में डालकर अच्छी तरह से मिलाया जाता है। अब मिश्रण में आवश्यक पानी डालकर दो-तीन बार अच्छी तरह मिलाया जाता है। कंक्रीट तैयार है।

II. मशीन विधि—इस कार्य के लिए बैंच मिक्सर यंत्र का उपयोग किया

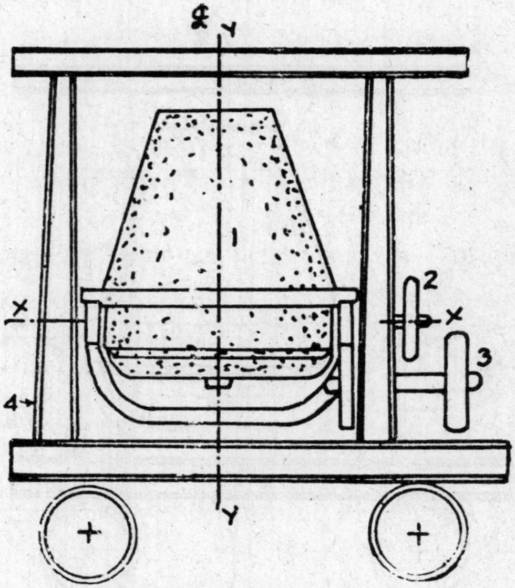

चित्र 8·3 (Batch Mixer)

जाता है, जिसका चित्र 8·3 में दिखाया हुआ है। यह यंत्र एक लोहे का ड्रम होता है जो क्षैतिक अक्ष पर विद्युत् या डीजल शक्ति से घुमाया जाता है। जब ड्रम में मसाला तैयार हो जाता है तो इसमें ऐसी व्यवस्था होती है जिसमें ड्रम को टेढ़ा करके तैयार मसाला बाहर निकाल लिया जाता है। यंत्र में एक चैनल लगी होती है जिनमें सूखे सीमेंट, बजरी और मोटा मिलावा आवश्यक अनुपात में डाल दिए जाते हैं। एक पैंडल

की मदद से चैनल को उठाकर सूखा मसाला ड्रम में डाल दिया जाता है । आवश्यक पानी डालकर ड्रम को $1\frac{1}{2}$ या 2 मिनट तक घुमाया जाता है और तैयार मसाला ड्रम टेढ़ा कर बाहर निकाल लिया जाता है ।

8·14. तैयार कंक्रीट को लगाना (Placing of Concrete)

कंक्रीट तैयार होने के बाद तुरन्त इसे अपनी स्थिति में लगा देना चाहिए । सीमेंट में पानी डालने के बाद 30 मिनट के अन्दर कंक्रीट अपनी जगह अवश्य लग जाना चाहिए । तेगारियों से या ठेला गाड़ियों मे कंक्रीट, जहाँ लगाना है वहाँ पहुँचाया जाता है । कंक्रीट 15 cm से 30 cm मोटी परतों में बिछाना चाहिए । एक परत की अच्छी तरह कुटाई हो जाने के बाद ही इस पर दूसरी परत लगानी चाहिए ।

फार्म वर्क में कंक्रीट डालने से पहले इसे अच्छी तरह ग्रीस वगैरह लगा देनी चाहिए ताकि सूखने पर कंक्रीट इससे चिपक न जाए । बाहरी तत्त्व कंक्रीट से पानी न सोख लें, इसके लिए कंक्रीट डालने से पहले जगह अच्छी तरह पानी से तर कर देनी चाहिए ।

8·15. कंक्रीट की कुटाई (Consolidation of Concrete)

कंक्रीट को अपनी जगह लगाने के बाद इसकी कुटाई करनी चाहिए । कुटाई दुरमुठ से, टैम्पिग छड़ से या यांत्रिक विधि से की जा सकती है । यांत्रिक विधियों में कंक्रीट कम्पन मशीन द्वारा कूटा जाता है । यह देखा गया है कि यांत्रिक विधि से कुटाई करने में W/C अनुपात बहुत कम रक्खा जा सकता है, जिसके फलस्वरूप प्राप्त कंक्रीट आम दूसरी विधियों से कुटाई की गई सतहों से अधिक मजबूत होती है । भारत में अपने निजी कार्यों में कुटाई दुरमुठों अथवा टैम्पिग छड़ों से की जाती है, लेकिन P.W.D. तथा निजी निर्माण कंपनियाँ विभाग यांत्रिक साधनों का ही उपयोग करती हैं ।

8·16. कंक्रीट की तराई (Curing of Concrete)

कंक्रीट की तराई बहुत ही आवश्यक क्रिया है । यदि कंक्रीट की तराई में असावधानी की गई तो कंक्रीट कितना भी अच्छा और ध्यानपूर्वक क्यों न बनाया गया हो, सब बेकार हो जाता है । कंक्रीट को अच्छी तरह जमने के लिए, कंक्रीट के ऊपर पानी डालकर गीला रखने की प्रक्रिया को तराई कहते हैं । तराई काल में सीमेट अपनी रासायनिक क्रिया के लिए आवश्यक जल ग्रहण करता है जिससे कंक्रीट मजबूत होता है । कंक्रीटिंग के पहले कुछ दिनों में सीमेंट कंक्रीट बहुत जल्दी मजबूती पकड़ता है लेकिन समय के साथ-साथ इसकी मजबूती पकड़ने की दर कम होती जाती है । तराई काल, वायुमण्डलीय प्रभावों पर बहुत निर्भर करता है । सामान्य परिस्थितियो में तराई काल 7 से 10 दिन तक होता है । ठंडे इलाकों में 14 से 20 दिन तक तराई की जाती है । विभिन्न परिस्थितियों में तराई की विधियाँ भी भिन्न होती हैं ।

I. क्षैतिज धरातल पर गीली रेत, गीले टाट या समय-समय पर पानी छिड़क कर या फिर बालू से छोटी-छोटी क्यारियाँ बना कर उनमें पानी भर कर तराई की जाती है।

II. ऊर्ध्वाधर सतहों से जैसे ऊर्ध्वाधर स्तम्भ, मकान की दीवारों इत्यादि के लिए तराई गीले टाट चारों तरफ लपेट कर और फिर थोड़ी-थोड़ी देर बाद इन पर पानी छिड़क कर की जाती है।

III. ऐसी परिस्थिति में जहाँ तराई के लिए पानी उपलब्ध न हो, वहाँ ऐसे रसायन तराई धरातल पर बिछा देने चाहिए जो हवा से नमी सोखें जैसे $CaCl_2$। इसके साथ-साथ तराई धरातल पर कोल टार या ऐसी कोई और पतली परत चढ़ा देनी चाहिए जो सीमेंट कंक्रीट के पानी को हवा में न उड़ने दे।

IV. जहाँ कंक्रीट के बने बनाए अवयव बनाए जाते हैं, वहाँ तराई के लिए 14 या 10 दिन का लम्बा तराई काल देना सम्भव नहीं होता। ऐसी परिस्थिति में भाप की मदद से अवयव की बहुत कम समय में तराई की जाती है। यह विधि इस आशय पर आधारित है कि कंक्रीट की सामर्थ्यता तापमान के समानुपात में बढ़ती है। भाप से आवश्यक नमी भी बनी रहती है और तापक्रम भी बढ़ जाता है जिससे बहुत कम समय में तराई पूरी हो जाती है।

8·17. कंक्रीट को जल-सह बनाना (Water Proofing Concrete)

एक अच्छी तरह से अभिकल्पित कंक्रीट को जब ध्यानपूर्वक बनाकर, बिछाया, तथा तराई की जाती है तो यह खुद अपारगम्य होता है। जहाँ तक हो सके सीमेंट कंक्रीट में अतिरिक्त जलसह यौगिक नहीं डालने चाहिए। साधारण सीमेंट कंक्रीट बिना किसी यौगिक का उपयोग किए निम्नलिखित विधियों से अधिक अपारगम्य बनाया जा सकता है।

1. कंक्रीट में बढ़िया से बढ़िया सीमेंट और मिलावा प्रयोग में लाना चाहिए।

2. मिलावों का अनुपात सूक्ष्मता गुणांक के आधार पर निश्चित करना चाहिए।

3. पानी की मात्रा इतनी होनी चाहिए कि मिश्रण ठीक तरह से सुकर हो। इससे अधिक या इससे कम पानी यदि प्रयोग किया गया तो कंक्रीट पूर्ण अपारगम्य नहीं होगा।

4. कंक्रीट तत्वों को ठीक ढंग से अच्छी तरह मिलाना चाहिए।

5. कंक्रीट में मिलावे श्रेणीबद्ध (graded) होने चाहिए।

6. कंक्रीटिंग करते समय और इसके बाद कुटाई और तराई करते समय बहुत सावधानी रखनी चाहिए।

फिर भी जब कंक्रीट संरचना पानी के लगातार स्पर्श में आती है, जैसे पानी का टैंक, जलमग्न मिट्टी में किसी संरचना की नींव, ऐसी परिस्थिति में कंक्रीट में अतिरिक्त जल-सह यौगिक, कंक्रीट मिलाते समय मिला दिए जाते हैं। अधिकतर परमो,

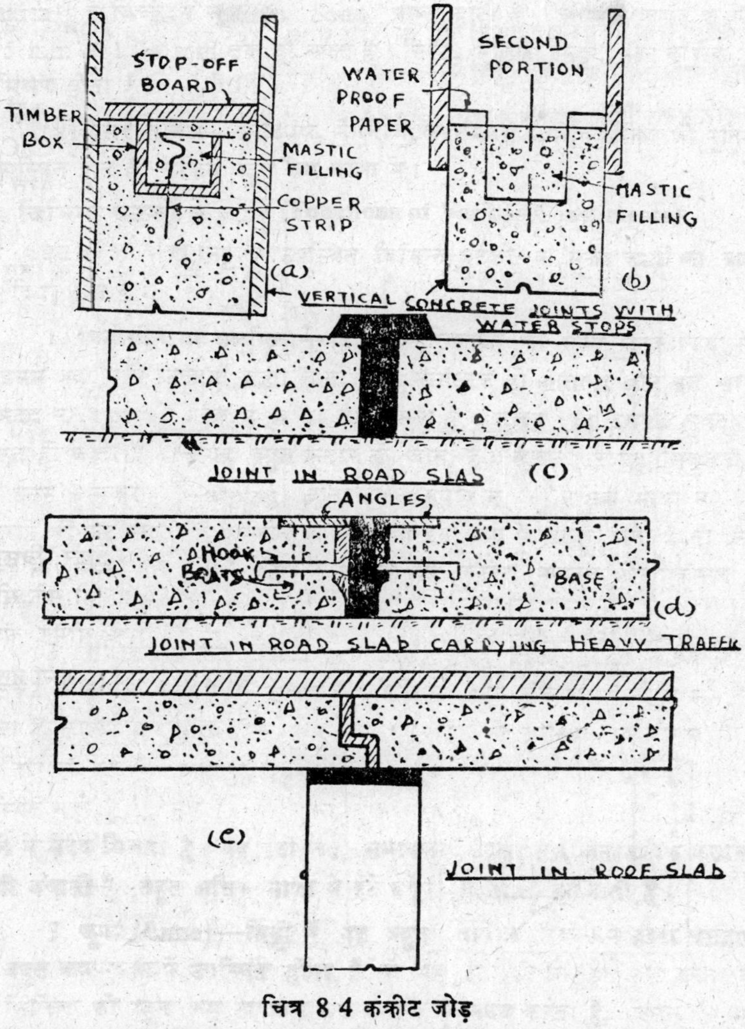

चित्र 8.4 कंक्रीट जोड़

पडलो, सिका इत्यादि जल-सह पदार्थ काम में लाते हैं। कंक्रीट जोड़ों में बिठुमन भरकर भी इन्हें जल-सह बनाया जाता है।

8.18. कंक्रीट में जोड़ (Joints in Concrete)

कंक्रीट कार्यों में दो प्रकार के जोड़ होते हैं।

1. निर्माण जोड़ (Construction Joints)
2. क्रियात्मक जोड़ (Functional Joints)

1. **निर्माण जोड़**—जब कंक्रीट कार्य काफी बड़ा हो और निरन्तर एक दिन में इसे पूरा न किया जा सकता हो, तो रोज सुबह जहाँ पहले दिन कंक्रीटिंग समाप्त किया था, उससे आगे से कंक्रीटिंग प्रारम्भ करना होता है। पहले दिन डाला गया कक्रीट अगले दिन सुबह तक जम जाता है। यहाँ नया कक्रीट तथा पुराने कक्रीट में

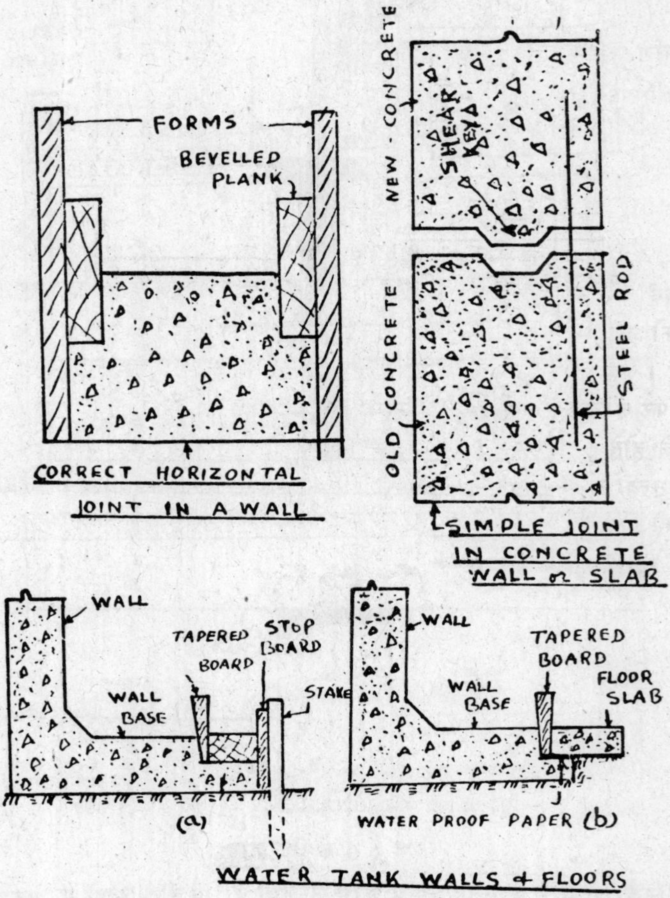

चित्र 8·5. कंक्रीट जोड़

जोड़ बनाना होता है, जिसे निर्माण जोड़ कहते हैं। निर्माण जोड़ पूर्व-निर्धारित जगह पर ही लगाना चाहिए। कंक्रीट कार्यों में निर्माण जोड़ों की स्थिति, विभिन्न परिस्थितियों

में भिन्न होती है । भिन्न कार्यों में निर्माण जोड़ चित्र 8·4 तथा 8·5 में दिखाए हुए हैं तथा उपयुक्त जगहों का चयन नीचे दिया हुआ है ।

(i) **स्लैब में**—स्लैब के मध्य पाट पर या फिर स्लैब के सिरे पर लगे धरन पर, स्लैब पाट के समकोण दिशा में निर्माण जोड़ होना चाहिए ।

(ii) **धरन के लिए**—स्लैब की भाँति, धरन में निर्माण जोड़, धरन के पाट के मध्य में, और यदि धरन स्तम्भों पर टिका हुआ हो तो धरन के सिरों पर, स्तम्भ के मध्य में धरन की अक्ष के समकोण दिशा में रक्खा जा सकता है ।

(iii) **स्तम्भ के लिए**—स्तम्भ के धरन के साथ जोड़ से कुछ सेंटीमीटर नीचे ही निर्माण जोड़ लगाया जाना चाहिए ।

पुराने और नए कंक्रीट कार्यों में अच्छी तरह से सम्बन्ध स्थापित करने के लिए नया कंक्रीट लगाने से पहले पुराने कंक्रीट के धरातल को खुरदरा कर साफ कर देना चाहिए । इसके बाद सतह को पानी से अच्छी तरह तर करके इस पर सीमेंट ग्राउट की एक परत लगाकर नया कंक्रीट डालना चाहिए ।

2. **क्रियात्मक जोड़**—क्रियात्मक जोड़ कंक्रीट में सिकुड़न, प्रसार, मरोड़ या समावलन के प्रति कंक्रीट को सुरक्षित बनाने के लिए लगाए जाते हैं । इस प्रकार के जोड़ों को प्रसार और सिकुड़न जोड़ (Expansion and Contraction Joint) भी कहते हैं । जब बहुत बड़े क्षेत्रफल पर निरन्तर कंक्रीटिंग किया जाता है तो उयुक्त दूरियों पर लगातार इस प्रकार के जोड़ लगाए जाते हैं । जोड़ 6 mm से 38 mm तक खुले होते हैं । जोड़ का निर्माण और जोड़ों की c/c दूरी, वायुमण्डलीय प्रभाव, कंक्रीट तत्त्वों के गुण और संरचना, पर निर्भर करते हैं । किसी भी परिस्थिति में प्रसार जोड़ों की c/c दूरी 45 m से अधिक नहीं होनी चाहिए ।

8·19. फार्म वर्क (Form Work)

कंक्रीट को आवश्यक शकल में ढालने के लिए लकड़ी या लोहे की जो अस्थाई संरचना बनाई जाती है, उसे फार्म-वर्क कहते हैं । फार्म-वर्क इतना मजबूत होना चाहिए कि वह गीले कंक्रीट का भार तथा कंक्रीट की कुटाई करते समय उत्पन्न संघटन (Impact) प्रभाव सुरक्षापूर्वक सहन कर सके । फार्म वर्क को सैण्टरिंग या शटरिंग (Centring or shuttering) भी कहते हैं । कुटाई करते समय फार्म वर्क के किसी भी तत्त्व में झुकाव नहीं आना चाहिए । सस्ती व हल्की लकड़ी का उपयोग कर फार्म-वर्क बनाए जाते हैं, लेकिन बहुत बड़ी संरचना में एक ही फार्म-वर्क कई बार काम लिया जा सकता है । ऐसा फार्म-वर्क लोहे के खंडों तथा चद्दरों का बना होता है ।

8·20. कंक्रीट की संपीडन क्षमता (Compressive Strength of Concrete)

कंक्रीट के चरम संपीडन प्रतिबल और अनुमत संपीडन प्रतिबल व अनुमत तनाव प्रतिबल आगे दिए हुए हैं ।

कंक्रीट मिश्रण	28 दिन बाद चरम संपीडन प्रतिबल	अनुमत प्रतिबल		
		प्रत्यक्ष संपीडन (Direct)	नमन संपीडन	तनाव प्रतिबल
1 : 1 : 2	250 kg/cm^2 ($25 N/mm^2$)	60 kg/cm^2 ($6 N/mm^2$)	80 kg/cm^2 ($8 N/mm^2$)	8 kg/cm^2 ($0·8 N/mm^2$)
1 : $1\frac{1}{2}$: 2	200 kg/cm^2 ($20 N/mm^2$)	50 kg/cm^2 ($5 N/mm^2$)	70 kg/cm^2 ($7 N/mm^2$)	7 kg/cm^2 ($0·7 N/mm^2$)
1 : 2 : 4	150 kg/cm^2 ($15 N/mm^2$)	40 kg/cm^2 ($4 N/mm^2$)	50 kg/cm^2 ($5 N/mm^2$)	5 kg/cm^2 ($0·5 N/mm^2$)

प्रबलित सीमेंट कंक्रीट)Reinforced Cement Concrete)—सीमेंट कंक्रीट हालांकि संपीडन में बहुत मजबूत होता है लेकिन तनाव में यह बहुत ही कमजोर होता है। सादे सभी सीमेंट कंक्रीट की तनाव वहन क्षमता इतनी कम होती है कि इसका उपयोग शुद्ध संपीडन अवयवों के लिए ही सम्भव है। दूसरी तरफ लोहा तनाव तथा संपीडन दोनों में बराबर का मजबूत होता है। तनाव में लोहे की छड़ कितनी भी लम्बी क्यों न हो इसका इसकी तनाव सामर्थ्य पर कोई प्रभाव नहीं होता। लेकिन संपीडन में तनुता (Slenderness) अनुपात के कारण बंकन प्रभाव उत्पन्न हो जाता है जिस कारण इसकी संपीडन क्षमता प्रभावित हो जाती है। अतः लोहे का शुद्ध संपीडन में उपयोग उतना प्रभावी नहीं रहता जितना कि तनाव में। अतः सीमेंट कंक्रीट का उपयोग यदि संपीडन वहन करने तथा लोहे का उपयोग तनाव वहन करने के लिए किया जाए तो यह सबसे अच्छा रहता है। इन दोनों पदार्थों का संयुक्त उपयोग ही प्रबलित सीमेंट कंक्रीट (R.C.C.) कहलाता है। लोहे तथा सीमेंट कंक्रीट का संयुक्त उपयोग निम्न कारणों से व्यवहारिक होता है :

1. सीमेंट कंक्रीट लोहे की छड़ों पर जकड़ अच्छी करता है जिस कारण कंक्रीट के फेल होने पर उसके सभी प्रतिबल लोहे की छड़ों पर संचारित हो जाते हैं।

2. लोहे तथा सीमेंट कंक्रीट का लम्ब प्रसार गुणांक लगभग बराबर होता है जिस कारण तापमान में परिवर्तन से इनमें आंतरिक प्रतिबल उत्पन्न नहीं होते।

3. सीमेंट कंक्रीट लोहे की छड़ों पर ढकन का काम करता है तथा इन्हें जंग लगने व अन्य वायुमंडलीय दुष प्रभावों से बचाता है।

4. सीमेंट में लोहे की छड़ें दबाने से जो मिश्रित खंड बनता है उसे प्रबलित सीमेंट कंक्रीट कहते हैं। इस मिश्रित खड का व्यवहार एक समरूप पदार्थ के रूप में माना जाता है।

प्रबलित सीमेन्ट कंक्रीट के निम्न लाभ होते हैं :

1. कुल मिलाकर R.C.C. सस्ता सिद्ध होता है ।

2. सीमेंट कंक्रीट तथा लोहे की एक समरूप व्यवहार के कारण संरचना अधिक दृढ़ तथा मजबूत होती है ।

3 संरचना स्थाई तथा अग्निसह होती है तथा इस पर दीमक या अन्य किसी विनाशकारी तत्व का कोई प्रभाव नहीं होता ।

4. यह जल सह संरचना होती है तथा रख रखाव का खर्च लगभग शून्य होता है ।

5. प्रबलित सीमेंट कंक्रीट के लिए आवश्यक सामग्रियाँ आसानी से समुचित मात्रा में कहीं भी आसानी से मिल जाती हैं ।

6. कंक्रीट के प्लास्टिक होने के कारण, प्रबलित कंक्रीट की संरचना को किसी भी शक्ल में ढाला जा सकता है । इसी गुण के कारण इसकी संरचनाओं को किसी भी सुन्दर शिल्पी रूप में ढाला जा सकता है ।

R.C.C. के लिए मूल कल्पनाएँ

R.C.C. की संरचनाओं के अभिकल्पन में निम्नलिखित कल्पनाएँ अपनाई जाती हैं :

1. बंकन अवयव जो बंकन से पूर्व समतल होते हैं, बंकन के बाद भी समतल ही रहते हैं ।

2. लोहे तथा कंक्रीट के प्रत्यास्थता गुणांक स्थाई रहते हैं ।

3. सभी तनाव बल प्रबलन इस्पात लेता है तथा सीमेंट कंक्रीट की तनाव सामर्थ्य शून्य मानी जाती है ।

4. सीमेंट कंक्रीट तथा लोहे में अभिलाग यानि जकड़ पूर्ण होती हैं ।

प्रबलित सीमेंट कंक्रीट की संरचनाएँ निम्न तरह फेल हो सकती हैं :

1. जब R.C.C. संरचना में तनाव बल इतना अधिक हो जाता है कि तनाव प्रबलन इसे वहन न कर सके । दूसरे शब्दों में जब लोहे में तनाव प्रतिबल इसकी सुरक्षित क्षमता से अधिक हो जाता हो ।

2. जब संपीडन प्रतिबल इतना अधिक हो जाता है कि यह सीमेंट कंक्रीट की सुरक्षित क्षमता से अधिक हो जाता है ।

3. जब कंक्रीट में अपरूपण प्रतिबल सुरक्षित सीमा से अधिक उत्पन्न हो जाता है ।

4. जब लोहे की छड़ें कंक्रीट में से स्लिप हो जाती हैं ।

5. जब R.C.C. अवयव पर अत्याधिक तापक्रम परिवर्तन होता है तथा गैसों व अन्य विघटनकारी द्रवों का प्रभाव होता है तो भी R.C.C. संरचना फेल हो जाती है ।

6. R.C.C. बनाते समय सीमेंट कंक्रीट की खराब सामग्री काम लेने से, त्रुटि-कर लोहे के उपयोग से या R.C.C. में अत्याधिक सरकन (Creep) या उष्मा प्रभाव से भी R.C.C. संरचनाएँ फेल हो सकती हैं।

R.C.C. का भार I.S. 456-1978 अनुसार 25000 N/m^2 लिया जाता है। R.C.C. कार्यों में प्रायः M_{15} सीमेंट कंक्रीट काम लिया जाता है। M_{15} का अभिप्राय है कि 28 दिन की तराई के बाद यदि सीमेन्ट कंक्रीट का संपीडन में परीक्षण किया जाए तो यह 15 N/mm^2 के प्रतिबल तक अवभंजित नहीं होती।

पूर्व प्रतिबलित कंक्रीड (Pres-tressed Concrete)—यह भी R.C.C. की भांति प्रबलित सीमेंट कंक्रीट खंड ही होता है। अन्तर केवल इतना होता है पूर्व प्रति-बलित कंक्रीट खंडों पर बाहरी संरचना का भार डालने से पहले ही इसमें कृत्रिम विधि द्वारा प्रतिबलित कर दिया जाता है। पूर्व प्रतिबलन को समझने के लिए कई किताबों को साथ-साथ खड़ी करके उठाने का उदाहरण लो। इन किताबों को उठाने के लिए दोनों हाथों द्वारा इन्हें आपस में दबाये रखना होता है। इसका मतलब यह हुआ कि जब पुस्तकों को दोनों तरफ से हाथों से दबाया जाता है तो किताबें एक धरन के रूप में काम करती हैं। धरन क्रिया में तनाव की तरफ उत्पन्न तनाव हाथों द्वारा दबाने से उत्पन्न संपीडन द्वारा निष्क्रिय हो जाता है। अतः पूर्व प्रतिबलित खंड में जिस प्रवृति के प्रतिबल बाहरी भार के कारण उत्पन्न होते हैं उनके उल्ट प्रवृति के प्रतिबल खंड में पहले ही कृत्रिम विधि द्वारा उत्पन्न कर दिए जाते हैं। इस तरह के पूर्व प्रतिबलित खंड जब वास्तविक स्थिति में काम लिए जाते हैं बाहरी भार के कारण उत्पन्न प्रति-बल पूर्व प्रतिबलों को निष्क्रिय कर देते हैं। इस तरह पूर्व प्रतिबलित सीमेंट खंडों में कहीं पर भी तनाव उत्पन्न नहीं होता तथा संरचनाएँ बिना दरारों के अपारगम्य बनी रहती हैं। इस विधि में कंक्रीट के सम्पूर्ण खंड का उपयोग होता है संरचना चाहे स्तम्भ हो या धरन।

नये कंक्रीट (New Concrete)

सामान्य पोर्टलैंड सीमेंट मोटा मिलावा, बारीक मिलावा तथा पानी के सम-मिश्रण से बना परम्परागत सीमेंट कंक्रीट विश्व भर में बहुत उपयोगी निर्माण पदार्थ रहा है तथा रहेगा। निरन्तर अनुसंधान तथा नये-नये पदार्थों के ज्ञात हो जाने से नये-नये किस्म के सीमेंट कंक्रीट बनाए गए हैं। इस तरह नये बनाए गए कंक्रीट निम्न हैं :

1. पोलीमर कंक्रीट (Polymer Concrete)
2. सुपरप्लास्टीसाईजड कंक्रीट (Superplasticized Concrete)
3. फाईबर प्रबलित कंक्रीट (Fibre Reinforced Conerete)
4. गंधक में डूबा हुआ कंक्रीट (Sulphur Impregnated Concrete)
5. रॉलर द्वारा दबाया कंक्रीट (Roller Compacted Concrete)

6. अत्यधिक उच्च सामर्थ्य कंक्रीट (Ultra High Strength Concrete)

प्रत्येक नये कंक्रीट का वर्णन यहाँ संक्षेप में किया गया है।

1. **पोलीमर कंक्रीट** (Polymer Concrete)—सादा सीमेंट कंक्रीट में कुछ पारगम्यता होती है। यह पारगम्यता सीमेंट कंक्रीट की आयु तथा स्थायित्व घटाती है तथा जब हानिकारक रसायनों के संप्रक में यह कंक्रीट आता है तो यह विघटित होने लगता है। कंक्रीट की त्रुटि में सुधार हेतु इसमें पौलीमर मिलाया जाता है। पौलीमर मिले कंक्रीट की संपीडन सामर्थ्यता, श्रांत प्रतिरोध (Fatigue Resistance), संघटन प्रतिरोध, कड़ापन तथा दृढ़ता सभी गुणों में सुधार होता है। पौलीमर कंक्रीट बहुत अपारगम्य होता है तथा रसायनों के दूषित प्रभावों को प्रभावी ढंग से सहन कर सकता है। पौलीमर कंक्रीट को निम्न तीन भागों में बांटा जा सकता है :

(i) पौलीमर में डुबोया हुआ कंक्रीट (Polymer Impregnated Concrete)

(ii) पौलीमर सीमेन्ट कंक्रीट (Polymer Cement Concrete)

(iii) पौलीमर कंक्रीट (Polymer Concrete)

(i) **पौलीमर में डुबोया हुआ कंक्रीट** (Polymer Impregnated Concrete)—यह कठोर पोर्टलैंड सीमेंट कंक्रीट होता है जिसे मोनोमर (Monomer) में डुबोया जाता है तथा वहीं पर पोलीमराईज किया होता है। इस विधि में पहले परम्परागत विधि द्वारा सीमेंट कंक्रीट साँचों में ढाला जाता है तथा इसकी तराई की जाती है। जब कंक्रीट ब्लॉक कठोर हो जाता है तथा सूख जाता है तो इसके रिक्त स्थानों में से आंशिक वक्यूम (Partial Vacuum) द्वारा हवा निकाल दी जाती है तथा तरल मोनोमर जो विनाईल क्लोराई, स्टीरीन या क्लोरोस्टरीन हो सकती है इन रिक्त स्थानों में भर दिया जाता है। इसके बाद कंक्रीट ढले ब्लॉक का विकरण विधि द्वारा या उष्मा उपचार द्वारा पौलीमराईजेशन किया जाता है। इस विधि द्वारा रिक्त स्थानों में भरा मोनोमर ठोस प्लास्टिक के रूप में रिक्त स्थानों में भर जाता है। यह ब्लॉक बहुत मजबूत होते हैं तथा इसका उपयोग कर्ब पत्थरों, पुल की पूर्व निर्मित स्लैब या समुद्री संरचनाओं के निर्माण में या खाद्य सामग्री भंडारण के भवनों के निर्माण में किया जाता है।

(ii) **पौलीमर सीमेंट कंक्रीट**—कंक्रीट बनाते समय पौलीमर का इमलशन या मोनोमर सादे सीमेंट कंक्रीट में मिला दिया जाता है। सीमेंट, मिलावे तथा मोनोमर सब पानी के साथ मिलाए जाते हैं तथा कंक्रीट मिश्रण अपनी जगह लगाने के बाद पौलीमराईजेशन किया जाता है। तैयार कंक्रीट अधिक सूकर, सामर्थ्यता, अभिलाग वाला प्राप्त होता है। यह कंक्रीट अधिक अपारगम्य होता है तथा रगड़, संघटन तथा रसायनिक क्रियाओं के प्रति अधिक प्रतिरोधी होता है। समुद्री निर्माण कार्यों में भी पौलीमर सीमेंट कंक्रीट का उपयोग किया जा सकता है।

(iii) **पोलीमर कंक्रीट** (Polymer Concrete)—इस कंक्रीट में सीमेंट की जगह पौलीमर या मोनोमर को बंधनकारी पदार्थ के रूप में काम लिया जाता है। मोनोमर तथा मिलावे इक्ट्ठे मिलाये जाते हैं तथा तैयार कंक्रीट अपनी जगह लगा देने के बाद मोनोमर का पौलीमराईजेशन किया जाता है। इस कंक्रीट को बनाते समय मोनोमर के साथ मिलाने से पहले मोटे तथा बारीक मिलावे को गर्म करना होता है। पौलीमर कंक्रीट एक अच्छे डाई इलैक्ट्रिक पदार्थ के रूप में कार्य करता है। इस कंक्रीट का उपयोग सिंचाई कार्यों में किया जा सकता है।

2. **सुपरप्लास्टीसाईजड कंक्रीट** (Superplasticized Concrete)—यह एक स्वयं जमने वाला कंक्रीट होता है। सादे सीमेंट कंक्रीट में सुपरप्लास्टीसाईजर मिला कर एक बहता हुआ कंक्रीट तैयार किया जाता है। सुपर प्लास्टीसाईजर मिला देने से कंक्रीट की सूकरता बढ़ जाती है। इससे कम पानी की आवश्यकता पड़ती है जिस कारण तैयार कंक्रीट बहुत उच्च सामर्थ्य का प्राप्त होता है। सुपर प्लास्टीसाईजड कंक्रीट निम्न तीन परिस्थितियों में काम लिया जा सकता है।

(i) **जब कम सीमेंट मात्रा से अधिक सामर्थ्यता का कंक्रीट तैयार करना होता है**—आवश्यक सामर्थ्य का कंक्रीट प्राप्त करने के लिए पानी तथा सीमेंट का एक निश्चित अनुपात बनाए रखना होता है। यदि सीमेंट की मात्रा कम कर दी जाती है तो उसी के अनुरूप पानी की मात्रा भी कंक्रीट में कम रखनी होती है ताकि कंक्रीट की सामर्थ्य वही बनी रहे। पानी की घटी हुई मात्रा के कारण सम्भव है। कंक्रीट मिश्रण सूकर न बन पाए तथा इसे अपनी जगह लगाना कठिन हो जाए। सुपरप्लास्टीसाईजर की कुछ मात्रा मिश्रण में मिला देने से पानी की कमी समाप्त हो जाती है तथा कंक्रीट सूकर बन जाता है जिससे इसे अपनी जगह अच्छी तरह बिछाया जा सकता है। इस तरह कम सीमेंट का उपयोग करके भी अधिक सामर्थ्यता का कंक्रीट तैयार किया जा सकता है।

(ii) **जब बहुत कम w/c अनुपात पर भी उच्च सामर्थ्य का कंक्रीट प्राप्त करना हो**—w/c अनुपात घटाने से सीमेंट कंक्रीट की सामर्थ्य बढ़ती है। यह सिद्ध हो चुका है कि सुपर प्लास्टीसाईजर मिला देने से पानी की मात्रा में 30% तक कमी की जा सकती है तथा w/c अनुपात 0·28 तक घटाया जा सकता है। इस तरह उच्च सामर्थ्य वाला कंक्रीट प्राप्त करने के लिए सुपर प्लास्टीसाईजर मिलाकर w/c कम रखते हुए भी सूकर कंक्रीट प्राप्त किया जा सकता है।

(iii) **जब बलीडिंग, प्रथकीकरण तथा सामर्थ्यता में कमी किए बिना अच्छे बहाव वाला कंक्रीट तैयार करना होता है**—सुपर प्लास्टीसाईजर को कंक्रीट में मिला देने से अच्छे बहाव वाला कंक्रीट तैयार किया जा सकता है। यह कंक्रीट खुद ही बहने वाला होता है तथा इसकी कुटाई की आवश्यकता नहीं होती तथा स्वयं बहाव के कारण इसको लैवल इत्यादि करने की जरूरत नहीं होती। बहुत घने प्रबलन इस्पात

वाले अवयवों में कंक्रीट की कुटाई करना कठिन होता है। ऐसी परिस्थिति में इस तरह का स्वयं बहने वाले सीमेंट कंक्रीट का उपयोग किया जा सकता है। देखा गया है कि परम्परागत कंक्रीट का स्लम्प यदि 75 mm है तो सुपर प्लास्टीसाईजर मिला देने से कंक्रीट की सामर्थ्यता में बिना किसी कमी के कंक्रीट का स्लम्प 200 mm तक बढ़ाया जा सकता है।

सुपर प्लास्टीसाईजर की कितनी मात्रा कंक्रीट में डालनी है यह कंक्रीट के उपयोग पर निर्भर करता है। आमतौर पर सुपर प्लास्टीसाईजर का मान सीमेंट के भार का 0·7% के लगभग मिलाया जाता है।

3. **फाईबर प्रबलित कंक्रीट** (Fibre Reinforced Concrete)—संघटन प्रतिरोध तथा तनाव सामर्थ्य में कमजोर होने के कारण सादा सीमेंट कंक्रीट एक भंगुर पदार्थ होता है। देखा गया है कि यदि सादे सीमेंट कंक्रीट में छोटे व्यास के तथा छोटी-छोटी लम्बाई के लोहे अथवा काँच के टुकड़े जहाँ-तहाँ लगा दिया जाए तो इससे कंक्रीट की तनाव सामर्थ्य तथा संघटन प्रतिरोध में सुधार होता है। अतः ऐसा कंक्रीट जिसमें लोहे, काँच या अस्बैस्टॉस के तन्तु डाले हुए हों तो उसको फाईबर प्रबलित कंक्रीट कहते हैं। फाईबर प्रबलित कंक्रीट के गुणों में सुधार फाईबर पदार्थ, इनकी शक्ल, नाप तथा वितरण पर निर्भर करता है। आमतौर पर निम्न दो किस्म के फाईबर कंक्रीट काम में लिये जाते हैं।

(i) लोहे के फाईबर प्रबलित कंक्रीट (Steel Fibre Reinforced Concrete)

(ii) काँच के फाईबर प्रबलित कंक्रीट (Glass Fibre Reinforced Concrete)

(i) **लोहे के फाईबर प्रबलित कंक्रीट**—कंक्रीट के सूखे मिश्रण में 0·25 mm से 0·75 mm व्यास की लोहे की तारों के 10 mm से 60 mm तक के टुकड़े 2 से 3% तक मिला दिए जाते हैं तथा पानी मिलाकर कंक्रीट तैयार कर अपनी जगह लगा दिया जाता है। लोहे की गोल तारों की जगह लोहे की पत्तियों के टुकड़े भी फाईबर के रूप में काम लिए जा सकते हैं। 0·15 mm से 0·4 mm मोटी, 0·25 mm से 0·9 mm चौड़ी तथा 10 mm से 60 mm लम्बी पत्तियाँ फाईबर के रूप में काम ली जाती हैं। लोहे का फाईबर कंक्रीट की संघटन तथा तनाव में सामर्थ्य 2-3 गुना बढ़ जाती है। पुलों की डेक स्लैब, पेवमेंट, सुरंग लाईनिंग जैसे कार्यों में लोहे के फाईबर प्रबलित सीमेंट कंक्रीट का उपयोग किया जा सकता है।

(ii) **काँच का फाईबर प्रबलित कंक्रीट** (Glass Fibre Reinforced Concrete)—देखा गया है कि काँच के फाइबर का ज्यों-ज्यों व्यास कम होता जाता है और इसकी सामर्थ्यता बढ़ती जाती है। यह भी देखा गया है कि कम व्यास के काँच के फाईबर तनाव में मजबूत होते हैं लेकिन भंगुर होने के कारण इनके फाईबर अधिक लम्बे काम में नहीं लिए जा सकते। वैसे भी सीमेंट में क्षार उपस्थित होने के कारण

काँच के फाईबरों पर जंग लग जाता है। कांच के फाईबरों को जंग से बचाने के लिए इन्हें epcry resin के सममिश्रण से उपचारित करके सीमेंट कंक्रीट में काम लिया जाता है। देखा गया है कि 10% कांच के फाईबर कंक्रीट में मिला देने से कंक्रीट की तनाव सामर्थ्य एवं संघटन में 2 से 3 गुना बढ़ोतरी हो जाती है।

4. **गंधक में डुबा हुआ कंक्रीट** (Sulphur Impregnated Concrete)—इस कंक्रीट में पानी मिला हुआ नहीं होता। यह गंधक, मोटा मिलावा तथा बारीक मिलावा का सममिश्रण होता है। मिलावों को गर्म करके पिघले हुए गंधक में डाला जाता है तथा कंक्रीट तैयार किया जाता है।

इस तरह तैयार गर्म कंक्रीट साँचों में डालकर ढाला जाता है। यह कंक्रीट बहुत जल्दी उच्च संपीडन सामर्थ्य प्राप्त कर लेता है। इसकी तराई की आवश्यकता नहीं होती तथा ज्यों ही कंक्रीट साँचों में जम जाता है साँचा खोला जा सकता है। इस कंक्रीट का मुख्य लाभ यह है कि इसे दोबारा सांचे में ढाला जा सकता है। यह कंक्रीट उच्च सामर्थ्य का होता है तथा इसकी रसायनिक स्थिरता अधिक होती है। अम्लीय परिस्थिति में यह कंक्रीट अधिक उचित रहता है जबकि क्षारीय परिस्थितियाँ इसके अनुकूल नहीं होतीं। इस कंक्रीट की भंगुरता एवं अन्य कारणों से संरचनाओं के निर्माण में इस कंक्रीट का उपयोग नहीं किया जा सकता। नहरों की लाईनिंग सुरंगों की लाईनिंग एवं औद्योगिक संयन्त्रों में इस कंक्रीट का अधिकतर उपयोग किया जाता है।

5. **रोलर-कुटा कंक्रीट** (Roller-Compacted Concrete)—यह अपेक्षाकृत सूखा कंक्रीट होता है जिसका जमाव कंपन मशीनों या कंपन रॉलरों द्वारा किया जाता है। यह कंक्रीट इतना सूखा होना चाहिए कि यह रॉलर का भार वहन कर सके। यह कंक्रीट Mass Concrete कार्यों में काम लिया जाता है। यह लगभग 250 mm मोटाई में सतत परत के रूप में लगाया जाता है।

6. **अत्यधिक उच्च सामर्थ्य का कंक्रीट** (Ultra High Strength Concrete)—उच्च किस्म का मोटा मिलावा तथा उच्च कोटि का बारीक मिलावा तथा उच्च कोटि का सीमेंट अपना कर तथा इनका उचित श्रेणीकरण करके बहुत उच्च कोटि की सामर्थ्यता का कंक्रीट तैयार किया जाता है। w/c अनुपात भी न्यूनतम रखकर उच्च सामर्थ्यता प्राप्त की जाती है।

प्रश्नावली

1. (a) सीमेंट कंक्रीट मिश्रण किस तरह मजबूती पकड़ता है।
   (b) सीमेंट कंक्रीट में पानी की मात्रा का क्या महत्त्व है?
2. निम्नलिखित पर नोट लिखो :
   (i) जल सीमेंट अनुपात (W/C Ratio)
   (ii) कंक्रीट का उचित मात्रा में मिलाना

(iii) कंक्रीट की तराई करना
(iv) मिलावाओं का श्रेणीकरण (Grading)
(v) स्लम्प टैस्ट ।

3. कंक्रीट की सुकरता से क्या तात्पर्य है ? बाहरी क्षेत्रों में इसका परीक्षण कैसे किया जाता है ?
4. कंक्रीट का उचित अनुपात में मिलाना क्यों आवश्यक है ? सीमेंट कंक्रीट मिश्रण का अभिकल्पन करने की विधियों का संक्षेप में वर्णन करो ।
5. सीमेंट कंक्रीट में मिलावा के श्रेणीकरण का क्या महत्त्व है ? मिलावा का सबसे अच्छा श्रेणीकरण क्या है ?
6. मिलावा के सूक्ष्मता गुणांक से तुम क्या समझते हो ? सूक्ष्मता गुणांक के महत्त्व पर अपने विचार लिखो ।
7. (a) सीमेंट कंक्रीट में विभिन्न तत्त्व किस तरह नापकर मिश्रण में डाले जाते हैं ।
   (b) सीमेंट कंक्रीट को बिछाने और कुटाई करने में आप किन-किन बातों का ध्यान रखेंगे ?
8. चूना कंक्रीट किस तरह तैयार किया जाता है तथा कहाँ-कहाँ काम आता है ?

9

पेंट और वार्निश

[PAINTS AND VARNISHES]

9·1. पेंट (Paint)

पेंट एक ऐसा लेप है जो एक सतह की सुरक्षा तथा सुन्दरता के लिए किया जाता है। यह एक पतले घोल के रूप में होता है। अपनी जगह लगने पर पेंट में से द्रव पदार्थ उड़ जाते हैं और सतह पर एक पतली ठोस परत छोड़ जाते हैं। लकड़ी, लोहा, ईंट की चिनाई व इसी तरह की दूसरी सतहों पर पेंट किया जाता है ताकि सतह बाहरी हानिकारक तत्वों के प्रति सुरक्षा हो सके।

पेंट के मुख्य दो तत्त्व होते हैं—पिगमेंट (Pigment) और बाईंडर (Binder) पिगमेंट ठोस पदार्थ होता है जिसे पेंट में पाउडर के रूप में काम लिया जाता है। पिगमेंट को घोलने के लिए द्रव का उपयोग किया जाता है, जिसे विहिकल (Vehicle) कहते हैं। विभिन्न कार्यों में काम लेने के लिए अलग तरह के पिगमेंट और विहिकल होते हैं। तेल पेंट (Oil Paints) में विहिकल अलसी का तेल (Linseedoil) होता है। पानी की पेंट (Water Paints) में पानी विहिकल का कार्य करता है।

9·2. तेल पेण्ट (Oil Paint)

तेल पेंट में मुख्य तत्त्व (1) बेस (Base), (2) फिलर (Filler or extender), (3) रंग देने वाले पिगमेंट, (4) वेहिकल (Vehicle), (5) विलायक या घोलक (Solvent or thinner) और (6) ड्राइर (Drier) होते हैं।

1. **बेस** (Base)—पेंट में बेस साधारणतया धातु का ऑक्साइड होता है और यह पेंट का मुख्य भाग होता है। यही पेंट का मुख्य आधार होता है जो सूखकर पेण्ट की हुई सतह को ढक लेता है। सफेद सीसा (White lead), लाल सीसा (Red lead), जिंक ऑक्साइड (Zinc oxide), लोहे का ऑक्साइड (Iron oxide), और टिटानियम (Titanium) इत्यादि कुछ बेस हैं जिनका उपयोग आमतौर पर पेंट बनाने में किया जाता है।

2. **फिलर** (Filler or Extender)—पेंट की लागत कम करने के लिए तथा पेंट का आयतन बढ़ाने के लिए फिलर पदार्थ पेंट में डाला जाता है। बरेट या बेरियम सल्फेट, लिथोफोन (Lithophone), सिलिका (Silica), मैग्नेशियम सिलिकेट या अलुमिना, सफेदी (Whiting), जिप्सम, कोयला इत्यादि कुछ ऐसे तत्त्व हैं जिनका फिलर के रूप में उपयोग किया जा सकता है।

3. **पिगमेंट** (Pigment)—पेंट को आवश्यक रंग देने के लिए, पिगमेंट मिलाया जाता है।

4. **विहिकल** (Vehicle)—सतह पर पेंट अच्छी तरह चिपक जाने में विहिकल मदद करता है। पेंट का बेस, Vehicle से घुलकर, पतला घोल बना देता है, जिससे पेंट का पतला लेप सतह पर देना सम्भव हो जाता है। अलसी का तेल प्रायः सभी तेल पेंटों में विहिकल का काम करता है।

5. **विलायक** (Solent or Thinner)—विलायक के रूप में तारपीन का तेल, पेट्रोल की स्प्रिट (Petroleum Spirit) और नेपथा (Naphtha) इत्यादि अधिकतर काम में लाए जाते हैं। इन तीनों में से भी तारपीन का तेल अधिक काम लिया जाता है। विलायक का मुख्य कार्य पेंट के घोल को पतला करना है। ज्योंही पेंट सतह पर लगा दी जाती है, विलायक हवा में उड़ जाता है और पेंट की पतली परत, पेंट की हुई सतह पर छोड़ जाता है।

6. **ड्राइर** (Drier)—यह धातु के यौगिक होते हैं जिनका उपयोग पेंट की हुई सतह को जल्दी सुखाने के लिए किया जाता है। लिथार्ज (Litharge), लेड ऐसीटेड (Lead Acetate), मैंग्नीज डाइ-ऑक्साइड (Manganese Dioxide) और कोबाल्ट (Cobalt) कुछ ऐसे तत्त्व हैं जिनका उपयोग ड्राइर के रूप में अधिकतर किया जाता है। ड्राइर, पेंट के आयतन का 10% से अधिक कभी नहीं होना चाहिए। अधिक ड्राइर वाली पेंट सूखकर पपड़ियों के रूप सतह पर से उखड़ जाती है।

9·3. अच्छी पेण्ट के गुण

1. पेंट की सघनता ऐसी होनी चाहिए कि यह आसानी से उपयोग में लाई जा सके।
2. पेंट सतह पर अच्छी तरह चिपक जानी चाहिए।
3. सतह की बुराइयों को इसे ढकना चाहिए।
4. सतह की सुन्दरता एवं सुरक्षा के लिए पेंट की मोटाई समुचित होनी चाहिए।
5. पेंट जल्दी सूख जानी चाहिए।
6. बिना अपनी चमक खाये, पेंट अधिक दिनों तक चलनी चाहिए।
7. पेंट की पपड़ियां नहीं गिरनी चाहिए और न ही इनकी सतह में दरारें आनी चाहिएँ।
8. नमी रोकने की क्षमता होनी चाहिए।
9. समय के साथ-साथ इसका रंग हल्का नहीं पड़ना चाहिए।

9·4. पेंट के विभिन्न बेसों के गुण (Characteristics of Paint Bases)

1. **सफेद लेड** (White Lead)—यह बेस, पेंट के सभी बेसों से सस्ता है और

इसलिए बेस के रूप में बहुत उपयोग में लाया जाता है। यह पाउडर शक्ल में, या अलसी के तेल के साथ बने घोल के रूप में बाजार में मिलता है। यह बहुत जहरीला है और सतह पर इसकी पकड़ बहुत अच्छी होती है। यदि गंधक युक्त वायुमंडल वाली जगह इसे काम लिया जाय तो कुछ दिनों में ही, इसकी पेंट काली हो जाती है तथा खराब हो जाती है। लोहे का जंग लगना इससे नहीं रुकता है। इसलिए इसे लोहे की सतहों पर पेंट करने के लिए काम नहीं लाना चाहिए। लकड़ी पेंट करने के लिए इसका बहुत उपयोग होता है।

2. **लाल सीसा या लेड** (Red Lead)—सफेद लेड की भाँति लाल लेड भी पाऊडर व पेस्ट के रूप में मिलता है। लाल लेड का अलसी के तेल के साथ मिश्रण, लकड़ी एवं लोहे की सतहों के लिए बहुत अच्छा प्राईमर (Primer) का काम करता है।

3. **जिंक ऑक्साइड** (Zinc Oxide)—लेड की भाँति जिंक ऑक्साइड भी सूखे पाऊडर की शक्ल में अथवा अलसी के तेल के साथ पेंट के रूप में मिलता है। इस पेंट पर, गंधक की गैसों का दूषित प्रभाव नहीं होता। यह जहरीला नहीं है, लेकिन सफेद लेड पेंट जितना स्थाई नहीं होता, तथा इससे महँगा भी होता है।

4. **लोहे का ऑक्साइड** (Iron Oxide)—हेमेटाईट (Haematite) अयस्क (Ores) को पीसकर यह बेस तैयार किया जाता है। इस पेंट का उपयोग लोहे की सतहों पर प्राइम कोट के रूप में किया जाता है।

5. **टिटानियम ह्वाइट** (Titaninm Dioxide)—यह पिगमेंट रासायनिक दृष्टि से उदासीन होता है और तापक्रम तथा प्रकाश का इस पर कोई प्रभाव नहीं होता। यह जहरीले पेंट नहीं है और इनका प्रयोग किसी विहिकल तेल के साथ मिलाकर किया जाता है। इस पेंट का उपयोग अधिकतर निचली परतों (Under Coats) में किया जाता है।

9·5. विहिकल (Vehicles)

पेंट में अधिकतर अलसी का तेल विहिकल के रूप में काम लिया जाता है।

1. **अलसी का तेल**—पेंट में अलसी का तेल बहुत उपयोग में लिया जाता है। तेल हवा में उड़ जाने के कारण नहीं सूखता बल्कि हवा में इसका ऑक्सीकरण (Oxidation) हो जाता है। अलसी का तेल तीन किस्म का होता है:

(a) **कच्चा अलसी का तेल** (Raw Linseed Oil)—यह एक पारदर्शी विहिकल है। इसका रंग जरा पीला, स्वाद मीठा और गंध मामूली होती है। यह जल्दी नहीं सूखता और इसका उपयोग अन्दर की सतहों को पेंट करने के लिए किया जाता है। इसकी सूखने की क्षमता एक गैलन कच्चे अलसी के तेल में करीब $\frac{1}{2}$ kg सफेद लेड डालकर इसे एक हफ्ते तक पड़ा रहने देने से सुधारी जा सकती है।

(b) **उबला हुआ अलसी का तेल** (Boiled Linseed Oil)—कच्चे अलसी के तेल को यदि उबाल दिया जाय तो इसके सूखने की गति बढ़ जाती है। उबालते समय एक गैलन कच्चे अलसी के तेल में $\frac{1}{2}$ kg लाल लेड (Red Lead) और $\frac{1}{2}$ kg लिथार्थ डाल देना चाहिए। उबला हुआ अलसी का तेल गाढ़ा हो जाता है और रंग भी गहरा हो जाता है। उबला हुआ अलसी का तेल कच्चे तेल से निम्न श्रेणी का होता है। इसकी प्रत्यास्थता और सतह के छिद्रों में घुसने की क्षमता लगभग समाप्त हो जाती है। उबले अलसी के तेल का रंग गहरा होने के कारण हल्के रंग के पेंटों अथवा सफेद पेंटों में इसका उपयोग नहीं किया जा सकता।

(c) **दोहरा उबला अलसी का तेल** (Double Boiled Linseed Oil)—दोहरे उबले व कच्चे अलसी के तेल का रंग व पारदर्शता लगभग एक जैसी होती है। लेकिन दोहरे उबले तेल और कच्चे तेल की गंध में अन्तर होता है। दोहरा उबला तेल बहुत जल्दी सूख जाता है और इसका उपयोग प्लास्टर की हुई सतहों पर पेंट करने के लिए किया जाता है।

2. **पोस्ट का तेल** (Poppy Oil)—खस खस के बीजों का पेषण कर यह तेल प्राप्त किया जाता है। बहुत ही नाजुक रंगों में इसका प्रयोग किया जाता है। सूखने की दृष्टि से यह कच्चे अलसी के तेल से निम्न श्रेणी का होता है। यह काफी महँगा होता है और इसका उपयोग हल्के रंग की पेंट में किया जाता है।

3. **अखरोट तेल** (Nut Oil)—यह काफी सस्ता तेल है और अस्थाई किस्म के कार्यों को पेंट करने के लिए काम लिया जाता है। इसका अपना कोई रंग नहीं होता तथा यह बहुत जल्दी सूखता है। सफेद व हल्के रंग की पेंटों में इसका उपयोग किया जाता है।

4. **चाइना वुड तेल** (China Wood Oil)—Tury पेड़ों के बीजों (Nuts) को दबाकर यह तेल निकाला जाता है। यह अलसी के तेल से अच्छा विहिकल है और इसलिए ऊँचे दर्जे के पेंट व वार्निश के लिए उपयोग में लाया जाता है। लवणों के प्रभाव को यह अच्छी तरह सहन कर लेता है।

5. **सोयाबीन तेल**—यह तेल सोयाबीन से बनता है तथा जल्दी सूखता है।

9·6. रंगने वाले पिगमेंट (Pigments)

यदि बेस के रंग से अलग पेंट को कोई रंग देना होता है तो उसी रंग का पिगमेंट पेंट में डाला जाता है। विभिन्न रंगों के लिए आवश्यक पिगमेंट नीचे बताए गए हैं।

1. **लैम्प ब्लैक** (Lamp Black)—किसी भी वसा वाले पदार्थ, रेजिन तेल या अन्य चीजों को जलाने से लैम्प ब्लैक बनता है। लैम्प ब्लैक (Lamp black), ग्रेफाइट (Graphite) इत्यादि कुछ ऐसे पदार्थ हैं जिनका उपयोग, पेंट में काला रंग लाने के लिए किया जाता है।

2. **लाल रंग के लिए**—लाल रंग के लिए कारमाइन (Carmine), लाल लेड (Red lead), टोलुडीन लाल तथा वरमिलियन रंगों का उपयोग किया जाता हैं।

3. **पीले रंग के लिए**—पीला क्रोम, जिंक करोमेट, बेरियम करोमेट इत्यादि का पीले रंग के लिए उपयोग किया जाता है।

4. **नीले रंग के लिए**—प्रशियन नीला (drussian blue), अल्ट्रामरीन नीला, कोबाल्ट नीला का प्रयोग किया जाता है।

5. हरे रंग के लिए, क्रोम हरा तथा हरी मिट्टी का प्रयोग किया जाता है।

6. Burnt Sienna, Burnt umber, Raw umber)—इत्यादि का प्रयोग भूरे रंग के लिए किया जाता है।

9·7. विरलक (Thinner)

पेंट का गाढ़ापन कम करने लिए विरलक काम में लिया जाता है। पेण्ट का गाढ़ापन ऐसा होना चाहिए कि इसे ब्रश से किसी भी सतह पर एक बहुत पतली परत में लगाया जा सके। विरलक से पेंट की सतह में घूसने की क्षमता बढ़ जाती है। अधिक विरलक का उपयोग करने से पेंट की चमक नष्ट हो जाती है। तारपीन का तेल आमतौर पर विरलक के रूप में काम लिया जाता है। नप्था तथा स्प्रिट का उपयोग भी विरलक के रूप में काम लिया जाता है। तारपीन का तेल बहुत जल्दी उड़ जाता है जिस कारण पेंट जल्दी सूख जाती है।

9·8. शोषक या ड्राइर (Drier)

पेंट में शोषक डालने से यह जल्दी सूख जाती है। पेंट के धीरे सूखने के कारण, इस पर धूल, मिट्टी इत्यादि चिपक जाती है, जिससे पेंट खराब हो जाती है। जल्दी सूखने से पेंट का अपना रंग बना रहता है।

मुर्दासंख (Litharge), लाल लेड (Red lead), लेड ऐसीटेट (Lead acetate) जिंक सल्फेट, मैंगनीज सल्फेट इत्यादि पदार्थ ड्राइर के रूप में काम लिए जाते हैं। इनमें से सबसे अधिक उपयोग मुर्दासंख का किया जाता है।

शोषक, हवा से ऑक्सीजन लेकर अलसी के तेल को देता है जिसके फलस्वरूप पेंट जल्दी सूखकर कठोर हो जाती है। शोषक पेंट फिल्म की प्रत्यास्थता को नष्ट कर देता है। अन्तिम कोट (Final coat) में इसे पेंट में बहुत कम डालना चाहिए अन्यथा सूखने पर पेंट की पपड़ियाँ उतरनी प्रारम्भ हो जाती हैं।

9·9. पेण्ट तैयार करना (Preparation of Paint)

हल्के व गहरे रंग की सामान्य पेंट का मुख्य आधार अधिकतर सफेदा होता है। अलसी के तेल में सफेदा मिलाकर पेस्ट तैयार कर ली जाती है। पेस्ट में अतिरिक्त अलसी का तेल डालकर और पेस्ट को लकड़ी की छड़ से हिलाकर पतला कर

लिया जाता है। यदि किसी विशेष रंग की पेण्ट बनानी हो तो आवश्यक पिगमेण्ट बारीक पीसकर अलसी के तेल के साथ अलग से पेस्ट बना कर तैयार कर लिया जाता है। यदि पेण्ट में ड्राइर भी डालना है तो इसका भी अलसी के तेल के साथ अलग पेस्ट बनाया जाता है। अब तीनों पेस्टों को मिलाकर खूब हिलाया जाता है ताकि तीनों का मिश्रण, क्रीम जैसी सघनता का बन जाय। यदि आवश्यक हो तो मिश्रण में अतिरिक्त अलसी का तेल भी डाला जा सकता है। अब मिश्रण को पतले बारीक छानने अथवा मोटे कपड़े में से छान लें। जब पेंट उपयोग में लाना हो तो अलसी का तेल या तारपीन का तेल डालकर इसे पतला कर लेना चाहिए। इस प्रकार तैयार पेंट जितना हो सके जल्दी काम ले लेना चाहिए। यदि किसी कारणवश तैयार की हुई पेंट कुछ देर तक बिना काम लिए रखनी पड़े तो इसे पानी भरे बर्तन से ढक कर रखना चाहिए ताकि पेंट सूखकर बर्तन के चारों तरफ न लग जाए। आजकल बाजार में बनी बनाई पेण्टें मिलती हैं। उदाहरण के लिए शालीमार पेंट, सॉलिगनम पेण्ट, होल पेण्ट, नैरोलैक्स पेण्ट इत्यादि। बनी बनाई पेण्ट अधिकतर बहुत गाढ़ी होती है इसलिए इन्हें प्रयोग में लाने से पहले इनमें तरलक (Thinner) डालकर लकड़ी से हिलाकर पतला कर लेना चाहिए।

9·10. विभिन्न तरह की पेंटें

(a) **एल्यूमीनियम पेंटें** (Aluminium Paints)—धातु अथवा लकड़ी की सतहों पर यह पेंट काम ली जाती है। लेकिन अधिकतर इसका प्रयोग धातु की सतहों को पेंट करने के लिए किया जाता है। इसकी पेंट का बेस एल्यूमीनियम पाऊडर होता है जिसे जल्दी सूखने वाली स्प्रिट, वार्निश व धीरे-धीरे सूखने वाली तेल की वार्निश में मिलाया जाता है। यह पेंट जलसह होती है और इसकी वायुमण्डलीय प्रभावों को सहन करने की अच्छी क्षमता होती है। यह पेंट, ऊष्मा, अम्ल एवं समुद्री हवा के प्रभाव की विरोधी होती है। तेल व गैस की टंकियां, पानी के नल इत्यादि इसी से पेंट किए जाते हैं। यह सफेद एवं चमकदार पेंट होता है।

(b) **संक्षारण प्रतिरोधी पेंट** (Anti-corrosive Paints)—लोहे की संरचनाओं की सुरक्षा के लिए उन्हें संक्षारण प्रतिरोधी पेंट-से-पेंट किया जाता है। आजकल संक्षारण प्रतिरोधी बहुत-सी पेंटें बाजार में मिलती हैं। इन पेंटों का बेस लाल सीसा (Red lead), ऊर्द्धवर्तित सीसा (Sublimed blue lead), जस्ते का ऑक्साइड, लोहे का ऑक्साइड (Iron oxide), जस्ता का क्रोमेट ((Zinc chromate) इत्यादि होते हैं। इन सभी बेसों के लिए वाहक (Vehicle) अधिकतर अलसी का तेल ही होता है। आवश्यकता अनुसार पेंट में शोषक व अपमिश्रक डाले जा सकते हैं।

(c) **बिटूमन पेंट** (Bitumen Paint)—यह पेंट काले रंग की होती है। लेकिन इसमें लाल सीसा (Red lead) जैसे तत्त्व डालकर इसका रंग बदला जा सकता है। अस्फाल्ट (Asphalt) या बिटूमन को गर्म करके स्प्रिट या नेफ्था में मिलाकर यह पेंट तैयार किया जाता है। बिटूमन पेंट क्षारीय प्रभाव को बड़ी सफलतापूर्वक

प्रतिरोधित करती है। लेकिन सूर्य की किरणों के सम्पर्क में आने पर यह बहुत जल्दी खराब हो जाती है। पेण्ट में पोषक व विरलक पदार्थ आवश्यकतानुसार डाले जा सकते हैं।

(d) **सेलूलोज पेंट** (Cellulose Paint)—यह पेंट नाइट्रोकॉटन, सेलूलायड इत्यादि से बनाया जाता है। विरलक मिलाने से यह कड़ा होकर जल्दी सूखता है। यह पेंट ज्वलनशील नहीं है और सूखने पर सिकुड़ती है। हवाई जहाजों पर अधिकतर इसी पेंट का उपयोग किया जाता है। डको (Deco) एक पेटेण्ट पेंट है जिसका उपयोग मोटर उद्योग में होता है। यह पेंट चिरस्थाई और चमकदार होता है।

(e) **प्लास्टिक पेंट** (Plastic Paint)—थियेटरों में सजावट के लिए इस पेंट का उपयोग किया जाता है। हिलाने पर यह तरल हो जाता है और छोड़ देने पर जैली जैसा हो जाता है। यह पेंट ब्रश अथवा स्प्रे द्वारा लगाया जा सकता है।

(f) **सीमेंट पेंट** (Cement Paint)—सीमेंट पेंट में बेस पदार्थ सीमेंट होता है, और वाहक (Vehicle) पानी। तेल या दूसरा कोई पदार्थ इसमें नहीं डाला जाता। ईंट और सीमेंट की सतहों पर इसका उपयोग किया जाता है। यह पेंट अधिकतर सीमेंट सतह को सुन्दर छवि देने के लिए किया जाता है।

(g) **रबर पेंट**—क्लोरीनेटिड रबर को उपयुक्त विलायक में घोलकर बनाई गई पेंट रबर पेंट कहलाती है।

(h) **एनैमल** (Enamel)—एनैमल में जस्ते के ऑक्साइड जैसा उच्चकोटि का बेस होता है। थोड़ा तेल मिलाकर इसे अच्छी तरह से पीसा जाता है। इसमें पैट्रोल स्प्रिट मिलाकर पेंट तैयार किया जाता है। यह पेंट बहुत जल्दी सूखता है तथा बहुत महँगा होता है। यह पेंट कठोर और अपारगम्य होती है। इस पेंट पर ठण्डे पानी व गर्म पानी का कोई प्रभाव नहीं होता है। यह भीतरी एवं बाहरी सतहों पर उपयोग में लाया जा सकता है। एनैमल लगाने से पहले, सतह पर टिटेनियम वाइट और उबले अलसी के तेल के मिश्रण का एक लेप लगा देना चाहिए। बने बनाए तैयार एनैमल बाजार में बहुत मिलते हैं।

(i) **अस्बैस्टोस पेंट** (Asbestos Paint)—धातु एवं A.C. चद्दरों की छतों में से पानी का लीकेज बन्द करने के लिए इसका उपयोग किया जाता है। गटर, स्पाऊट, फलैशिंग इत्यादि को इसी पेंट से पेंट किया जाता है। तहखानों की दीवारों के बाहरी फलकों पर इसका उपयोग D.P.C. के रूप में किया जाता है।

(j) **ब्रॉंज पेंट** (Bronze Paint)—यह पेंट बाहरी व अन्दर की सतहों पर किया जाता है। इस पेंट की परावर्तन क्षमता अधिक होने के कारण रेडियेटरों में इसका उपयोग अधिक होता है। इस पेंट के मुख्य पिगमेट अल्युमीनियम पाऊडर तथा तांबे का पाऊडर है। नाइट्रोसेल्यूलोज लेकर (Lacquer) इस पेंट में वाहक का काम करता है।

9·11. विभिन्न सतहों को पेंट करने की विधियाँ

1. लकड़ी की नई सतह पेंट करना—लकड़ी की नई सतह पर पेंटिंग क्रमानुसार निम्नलिखित क्रियाओं से की जाती है। सबसे पहली क्रिया पेंट करने वाली सतह की उचित तैयारी करना है। पेंट किए जाने वाली सतह का अच्छी तरह उपचार कर अच्छी तरह से धूल वगैरह से साफ कर लेनी चाहिए। लकड़ी बिल्कुल सूखी होनी चाहिए। सतह पर तेल, ग्रीस इत्यादि के धब्बे नहीं होने चाहिएँ। सतह एक बारीक सैंड पेपर से अच्छी तरह रगड़कर तैयार करनी चाहिए।

लकड़ी की गाँठों को अच्छी तरह बन्द करना चाहिए। इस क्रिया को नॉटिंग (Knotting) कहते हैं। नॉटिंग करने की तीन विधियाँ हैं। (a) पेटेण्ड नॉटिंग, (b) साइज या साधारण नॉटिंग, (c) चूने की नॉटिंग। पेटेण्ट नॉटिंग में एल्यूमीनियम या शिलैक (Shellac) वार्निश का गाँठों पर एक दो लेप लगाकर गाँठों को बन्द करते हैं। साइज या साधारण नॉटिंग में गाँठों पर पहला लेप पानी में लाल लेड घोलकर और इसमें सरेस (Glue) डालकर मिश्रण गर्म करके, किया जाता है। पहले कोट के बाद दूसरा कोट लगाया जाता है, लेकिन दूसरा लेप लाल लेड, अलसी का तेल और तारपीन का तेल तीनों को मिलाकर बने मिश्रण का लगाया जाता है। चूने द्वारा नॉटिंग में गाँठ गर्म चूने से लगभग 24 घण्टे तक ढकी रक्खी जाती है। इसके बाद चूना ऊपर से खरोंच दिया जाता है और साइज नॉटिंग से फिर नॉटिंग की जाती है।

नॉटिंग के बाद लकड़ी की सतह के रन्ध्रों को भरने के लिए प्राइमिंग (Priming) कोट लगाई जाती है। प्राइमिंग कोट के तत्त्व वही होने चाहिए जो तत्त्व दूसरी व तीसरी पेंट की परतों में पेंट के होंगे। यह कोट या लेप, पेंट की दूसरी व तीसरी तहों के लिए मुख्य आधार का काम करती है। लकड़ी की अन्दरूनी व बाहरी सतहों के लिए प्राइमर नियमानुसार बनाया जाता है।

बाहरी सतहों के ऊपर

लाल लेड (Red lead)	10 औंस
सफेदा (White Lead)	10 औंस
कच्चा अलसी का तेल	4 Pint
लिथार्ज या मुर्दा संख	2 औंस

अन्दरूनी सतहों के लिए

कच्चा अलसी का तेल	1 पिंट
लिथार्ज का मुर्दा संख	$1\frac{1}{2}$ औंस
लाल लेड (Red Lead)	$\frac{1}{3}$ पौंड
सफेदा	8 पौंड
उबला हुआ अलसी का तेल	1 पिंट

साधारण कार्यों के लिए प्राईमर (Primer), कच्चे अलसी के तेल (0·71 kg)

में लाल लेड (0·71 kg) और तारपीन के तेल (1 लीटर) मिलाकर बनाया जाता है।

प्राइमिंग परत के सूखते ही, पूटी (Putty) से भराई लेप या स्टॉपिंग (Stopping) लगा दी जाती है। कील के छेदों, दरारों, खुले जोड़ों इत्यादि में पूटी (Putty) भरने की क्रिया को स्टॉपिंग (Stopping) कहते हैं। पूटी भरने से पहले, प्राइमिंग कोट की सैंड पेपर या प्यूमिस पत्थर से खूब रगड़ाई की जाती है। पूटी सूखने के बाद भी सतह समतल बनाए रखने के लिए सैंड पेपर या प्यूमिस पत्थर से रगड़ाई कर देनी चाहिए। पाउडर चॉक में शुद्ध अलसी का तेल डालकर पूटी (Putty) तैयार की जाती है।

प्राइमिंग कोट के सूख जाने पर, पेंट की दूसरी व तीसरी परत लगानी चाहिए। फिनिशिंग परत लगाने से पहले दो या तीन निचली परतें पेंट की लगानी चाहिए। प्रत्येक कोट तभी लगानी चाहिए जब इससे पहले लगी परत सूख जाए। पेंट की सफलता के लिए प्रत्येक परत लगाने से पहले, पहले लगी परत की प्यूमिस पत्थर से रगड़ाई अवश्य कर लेनी चाहिए।

निचली कोट लगाने के बाद जो अन्तिम कोट लगाई जाती है, वह पेंट की फिनिशिंग कोट कहलाती है। यह कोट बड़े ध्यान से लगानी चाहिए क्योंकि पेंट की सुन्दरता इसी कोट पर निर्भर करती है। इस कोट पर ब्रुश वगैरह के निशान व धब्बे वगैरह नहीं रहने चाहिएँ।

2. **पुरानी लकड़ी की सतह पर पेंट करना** (Painting Old Wood Work)—यदि पुरानी पेंट अभी अच्छी है लेकिन गन्दी हो गई है और इसका हटाया जाना आवश्यक नहीं है, तो चूने के पानी से सतह को अच्छी तरह धोकर साफ कर लेना चाहिए। प्यूमिस पत्थर से सतह को रगड़कर एकसार कर देना चाहिए तथा छिद्रों, दरारों व खुले जोड़ों में लकड़ी की पूटी भर देनी चाहिए।

इसके विपरीत यदि पुरानी पेंट की हुई सतह बुरी तरह खराब हो गई है तो किसी पेंटैंड पेट रिमूवर (Patent Paint Remover) या ब्लो लैम्प से इसे पूरी तरह से सतह पर से हटा देना चाहिए। ब्लो लैम्प से पेंट हटाते समय ध्यान रखना चाहिए कि न तो पेंट और न पेंट की हुई लकड़ी की सतह झुलसे। ब्लो लैम्प की लपट (Flame) इस तरह से लगाई जानी चाहिए की पुरानी पेंट गर्म हो गए। गर्म पेंट एक विशेष तरह के चाकू से खरोंचकर हटा दी जाती है। कास्टिक सोडे के घोल से भी पुरानी पेंट हटाई जा सकती है। कास्टिक सोडे के घोल से धोने के बाद तीखे चाकू से पेंट खरोंच दी जाती है।

पुरानी पेंट हटाने के बाद सतह अच्छी तरह से साफ कर ली जाती है और आवश्यक फिनिशिंग अनुसार पेंट की एक, दो या तीन लेप लगाकर फिनिशिंग कोट लगाई जाती हैं।

3. **लोहे की सतहों को पेंट करना** (Painting Iron or Steel Works)—धातु की सतह पर पेंट, इसे जंग से बचाने के लिए की जाती है। लोहे की तारों का ब्रुश काम लेकर लोहे की सतह झाड़ दी जाती है ताकि लगा हुआ जंग वगैरह सतह पर से साफ हो जाए। पैट्रोल, बैन्जीन (Benzene) या चूने के पानी से धोने से सतह पर से तेल, ग्रीस इत्यादि के धब्बे हटाए जा सकते हैं।

साफ की हुई सतह पर प्राईमिंग कोट, जो अधिकतर लोहे के ऑक्साइड की पेंट होती है, लगा देनी चाहिए। लाल लेड वाली पेंट प्राईमिंग कोट के लिए सबसे अच्छी मानी जाती है।

प्राईमिंग कोट सूख जाने पर, आवश्यक पेंट के दो या तीन लेप, स्प्रे या ब्रुश से और लगा दिए जाते हैं और पेंट की फिनिशिंग कर दी जाती है। लोहे की पुरानी सतहों पर दोबारा पेंट करने की वही विधि है जो लकड़ी की पुरानी सतहों पर दोबारा पेंट करते समय अपनाई गई थी।

4. **ग्लेजियर पूटी** (Glazier's Putty)—यह बहुत मोटी सघनता की पूटी होती है जिसका उपयोग कीलों के छेद भरने, दरारें भरने इत्यादि के लिए किया जाता है। दरवाजों व खिड़कियों के पैनलों में कांच लगाने के लिए भी इसका उपयोग किया जाता है। यह निम्नानुसार बनाई जाती है।

एक किलोग्राम पाउडर व्हाईटिंग (Whiting) में 65 gm. कच्चा अलसी का तेल और 30 gm लिथार्ज या मुर्दा संख मिलाया जाता है। इसे अच्छी तरह गूंथा (Kneed) जाता है और फिर इसे 12 घण्टों तक रख दिया जाता है और फिर दोबारा गूंथा जाता है। यदि रंगदार पूटी चाहिए तो आवश्यक पिगमेंट इसमें मिलाया जाता है।

5. **गेल्वेनाइज्ड लोहे की सतहों पर पेंट करना** (Painting Glavanized Iron Works)—गेल्वेनाइज्ड सतह पर पेंट के पकड़ न करने के कारण इसे पेंट करना इतना आसान नहीं है। ऐसी सतहों को पेंट करने से पहले लगभग एक साल तक खुली हवा में रहने दिया जाना चाहिए। इस दौरान गेल्वेनाइज्ड सतह, जो कि जस्ते की कोट होती है, का ऑक्सीकरण होकर सतह पर एक बहुत पतली फिलम बन जाती है, जिस पर पेंट पकड़ कर लेती है।

यदि एक साल तक पेंट करने के लिए इन्तजार करना सम्भव नहीं है तो गेल्वेनाइज्ड सतह का निम्नलिखित घोलों से उपचार करना चाहिए।

I. ताँबे का ऐसीटेट (Coper Acetate) = 2·3 gm.
   पानी = 1 लीटर

II. हाइड्रोक्लोरिक अम्ल (HCl) = 2 औंस
   ताँबे का क्लोराईड = 2 औंस
   ताँबे का नाइट्रेट = 2 औंस
   अमोनियम क्लोराईड = 2 औंस
   पानी = 1 गेलन

I या II घोल से तैयार की हुई सतह काली हो जाती है और इस पर पेंट करना सम्भव है। सतह का उपचार करने के बाद इस पर सबसे पहले प्राइमिंग कोट, जो लाल लेड को अलसी के तेल और तारपीन के तेल में मिलाकर बनाया जाता है, लगाया जाता है। जब प्राइमिंग कोट, सतह पर सूख जाती है तो इस पर आवश्यक पेंट की जा सकती है।

6. **गीली दीवार पर पेंट करना** (Painting on Damp Walls)—गीली दीवार पर पेंट करने के लिए निम्नलिखित मसाला तैयार करें:

1. बैन्जोलीन (Benzoline) $=2$ गेलन
2. पैराफिन (Paraffin) $=2\frac{1}{2}$ गेलन
3. पीला रेजिन (Paie Restn) $=6\frac{1}{2}$ kg

तीनों पदार्थों को आपस में मिलाकर खूब अच्छी तरह मथें। इस मिश्रण में 11 gm पाउडर चॉक या व्हाईटिंग (Whiting) डालकर अच्छी तरह से पीस लें।

इस प्रकार तैयार पेंट, गीली दीवार पर एक या दो कोटों में या लेपों में लगाएँ। सूख जाने के बाद, पेंट की हुई दीवार की सतह पर पेन्ट की सख्त फिल्म बन जाती हैं।

7. **प्लास्टर की हुई सतहों पर पेन्ट करना** (Painting Plastered Surfaces)—ताजा प्लास्टर की हुई सतहों पर पेन्ट को सबसे बड़ा खतरा प्लास्टर में अनबुझे चूने का उपस्थित होना है। स्वतन्त्र क्षारों या लवणों के सम्पर्क में आने से पेंट खराब हो जाती है। इसका रंग खराब हो जाता है और पेन्ट सूखने पर इसका बहुत प्रतिकूल प्रभाव होता है। इसलिए यदि हो सके तो प्लास्टर की हुई सतहों को कम-से-कम एक साल तक पेन्ट नहीं करना चाहिए।

यदि ताजे प्लास्टर की नई सतह पर किसी कारणवश पेन्ट करना ही है तो जस्ते के सल्फेड का हल्का घोल बनाकर सतह पर एक लेप कर दिया जाना चाहिए। जस्ते का सल्फेट, स्वतन्त्र चूने को निष्क्रिय कर देता है। इसके बाद सतह में बने छिद्र व ऊँचे-नीचे सतह पैरिस प्लास्टर से भर देने चाहिए तथा पेन्ट का प्राईमिंग कोट लगा देना चाहिए। लाल लेड और सफेद लेड की बराबर मात्रा लेकर उबले हुए अलसी के तेल में मिलाकर प्राईमिंग कोट का मसाला बनाया जाता है। प्राइमर कोट सूख जाने पर पेन्ट की दूसरी व तीसरी कोट लगा देनी चाहिएँ।

इमलशन (Emulsion) पेन्टों से नई प्लास्टर सतह को बड़ी आसानी से पेन्ट किया जा सकता है। इन पेन्टों की क्षारीय प्रभाव के प्रति प्रतिरोध-क्षमता काफी अच्छी होती है। इमलशन पेन्ट गीली सतहों पर आसानी से लगाई जा सकती है। पेन्ट में से पानी के उड़ जाने से इलमशन सूखकर सख्त हो जाती है जिससे गीली सतह पर एक सूखी व सख्त फिल्म बन जाती है।

ब्रश से पेंटिंग करना (Painting with Brush)—अच्छा पेंटिंग ब्रश, वह होता है जिसके ब्रिस्टल्स (Bristles) में प्रत्यास्थता हो। ब्रश काम में लाने से पहले इसके ढीले ब्रिस्टल्स निकाल देने चाहिए। ब्रश पेन्ट में बहुत गहरा नहीं डूबोना चाहिए। ब्रश के साथ लगी फालतू पेन्ट, पेन्ट वाले बरतन के किनारे के अन्दर की तरफ पोंछने से हटाई जा सकती है। उपयोग में लाने के बाद मिट्टी के तेल से ब्रश अच्छी तरह साफ कर लेना चाहिए। साफ ब्रश को आइवरी पेपर में लपेट कर रखना चाहिए। कच्चे अलसी के तेल में ब्रश के केवल ब्रिस्टल्स डुबोते हुए भी ब्रश रक्खा जा सकता है।

स्प्रे पेंटिंग (Spray Painting)—पेन्टिंग करने की यह बहुत अच्छी एवं आधुनिक विधि है। स्प्रे पेन्टिंग के लिए स्प्रे गन (Spray gun) का उपयोग किया जाता हैं। इस विधि से पेंटिंग बहुत अच्छी होने के साथ-साथ पेन्ट की मात्रा भी कम खर्च होती है। मेहनत कम करनी पड़ती और सतह की फिनिशिंग, ब्रश पेन्टिंग से बहुत उच्च कोटि की होतीं है। कारों, बसों, ट्रकों, स्कूटरों, मोटर साईकिलों, मशीनों इत्यादि सब पर स्प्रे पेंटिंग की हुई होती है। स्प्रे पेंटिंग करते समय ध्यान रखना चाहिए कि स्प्रे सतह के लम्ब पड़े और सतह पर हर जगह स्प्रे गन की दूरी एक जैसी रहे।

वार्निश (Varnish)—वार्निश हल्के रंग का घोल होता है जो रेजिन पदार्थ (Resin) को ईथर के तेल, तारपीन के तेल, या एल्कोहल में घोलकर बनाया जाता है। सूख जाने पर वार्निश की हुई सतह पर कठोर, पारदर्शी और चमकदार फिल्म बन जाती है। बिना पेन्ट की हुई या पेन्ट की हुई दोनों तरह की सतह पर, वार्निश की जा सकती है। वार्निश की हुई सतह पर बाहरी वायुमण्डलीय प्रभाव नहीं होता है। वार्निश घर में बनाई जा सकती है लेकिन अच्छा यही रहता है कि बाजार से बनी-बनाई वार्निश खरीदकर उपयोग में लाई जाए। वार्निश में अधिकतर अम्बर कोपल, शैलैक (Shellac) इत्यादि रेजिन काम में लिए जाते हैं।

विभिन्न तरह की वार्निशें (Types of Varnishes)—

(a) **तेल वार्निश** (Oil-varnish)—अलसी के तेल, तारपीन के तेल या बैंज़ीन के साथ कोपल घोल कर जो वार्निश बनती है, उसे तेल वार्निश कहते हैं। इस वार्निश के सूखने में लगभग 24 घंटे लगते हैं और इसका उपयोग बाहरी व अन्दरूनी दोनों परिस्थितियों में किया जा सकता है।

(b) **स्पार वार्निश** (Spar-varnish)—समुद्री जहाजों के स्पारों पर व बाहरी भागों पर, इस वार्निश का उपयोग किया जाता है। यही कारण है कि इसका नाम ही स्पार वार्निश रख दिया गया है। यह वार्निश समुद्र में बदलते मौसम के प्रभावों को अच्छी तरह सहन कर सकती है। अन्दरूनी स्थितियों में इसे नहीं लगाना चाहिए क्योंकि थोड़ी-सी गर्मी से यह चिपचिपी हो जाती है।

(c) **अस्फाल्ट वार्निश** (Asphalt varnish) अलसी के तेल में गर्म किया

हुआ अस्फाल्ट घोलकर और इसमें तारपीन का तेल या पैट्रो स्पिरिट डालकर यह वार्निश तैयार की जाती है। लोहे की सतहों पर यह वार्निश की जाती है।

(d) **फ्लैट वार्निश** (Flat varuish)—कई बार यह आवश्यक होता है कि वार्निश में चमक न हो। सामान्य वार्निश में मोम, साबुन या बारीक सिलिका मिलाकर वार्निश की चमक मंद की जा सकती है।

(e) **स्प्रिट वार्निश** (Spirit varnish)—स्प्रिट में रेजिन पदार्थ घोल कर यह वार्निश तैयार की जाती है। लकड़ी के फर्नीचर पर इसी वार्निश का प्रयोग किया जाता है। फ्रेंच पालिश, लेकर (Lacquer) और शिलैक वार्निश, सब स्प्रिट वार्निश हैं।

फ्रेंच पालिश (French Polish)—यह स्प्रिट वार्निश है। एक किलोग्राम शुद्ध शिलैक (चपड़ा) 7 लिटर मैथीलेटिड स्प्रिट में घोल कर और दोहरे कपड़े से छानकर यह पालिश तैयार की जाती है। आवश्यक रंग देने के लिए इसमें उपयुक्त पिगमेंट डाल दिया जाता है। इस पालिश का उपयोग उच्च श्रेणी के फर्नीचर व लड़की के कार्य को पालिश करने के लिए किया जाता है।

फ्रेंच पालिश लगाने की विधि—लकड़ी की सतह सैंड पेपर से रगड़ कर अच्छी तरह साफ कर दी जाती है और गाँठों को लाल लेड और गलू के गर्म मिश्रण से ढक दिया जाता है। सतह छिद्री और ऊँचे-नीचे शीशागर पूटी से भर देनी चाहिए। 1·5 kg ह्वाईटिंग में एक लिटर मैथीलेटिड स्प्रिट मिलाकर, तैयार घोल की एक परत सतह पर लगानी चाहिए। सूख जाने पर सैंड पेपर से सतह की फिर रगड़ाई कर देनी चाहिए और बारीक फलालैन कपड़े की पैड (Pad) से फ्रेंच पालिस का पहली परय लगानी चाहिए। सतह सूख जाने पर फिर बूसरी परत लगानी चाहिए। इसी तरह दो-तीन परत पालिश लगाने से आवश्यक फिनिशिग प्राप्त की जा सकती है।

निम्नलिखित सूत्र से फर्नीचर के लिए फ्रेंच पालिश तैयार की जातो है।

	पदार्थ	मात्रा
I.	मैथीलेटिड स्प्रिट	2 Quarts
II.	अलसी का तेल	16 ,,
III.	सिरका (Vinegar)	1 ,,
IV.	तारपीन का तेल	1 ,,
V.	कोपल वार्निश (Coqal Varnish)	1 ,,
VI.	हाइडॉक्लोरिक अम्ल (HCl)	$1\frac{1}{2}$ Pint

सबसे पहले अलसी का तेल गर्म कर लेना चाहिए और इसके बाद बाकी के पदार्थ इसमें डालकर अच्छी तरह मिला देने चाहिए।

लैकर (Lacquer)—यह सबसे जल्दी सूखने वाली वार्निश या फिनिशिंग है। सूख जाने पर दृढ़ और स्थाई फिनिशिग प्राप्त होती है, जिसकी सैंड पेपर से आसानी

से रगड़ाई की जा सकती है। यह विभिन्न रंगों में बाजार में मिलते हैं। वार्निश या एनैमल की उपयुक्त मोटाई प्राप्त करने के लिए, लेकर वार्निश की कई परतें लगानी पड़ती हैं।

स्टेन्स (Stains) सस्ती लकड़ी की सतह देखने में बहुत बढ़िया लकड़ी की बनी दिखाई दे, इसके लिए स्टेन्स (Stains) का उपयोग किया जाता है। स्टेन्स के मुख्य आधार या बेस, रंग (Dyes) होते हैं। कोलतार या लुक से निकला हुआ पदार्थ अनिलीन (Aniline), तेल के स्टेन (Stains) में बेस के रूप में काम लिया जाता है। अलकोहल से बने स्टेन, स्प्रिट स्टेन (Spirit Stains) कहलाते हैं।

वार्निश लगाने की विधि (Methods of Applying Varnish)—सबसे पहले लकड़ी की नॉटिंग और स्टॉपिंग (Knotting and Stopping) की जाती है। वार्निश में उपस्थित तेल को सतह न सोख ले, इसके लिए नॉटिंग और स्टॉपिंग के बाद सतह पर ग्लू साईज (Glue Size) का लेप कर लेना चाहिए ताकि लकड़ी की सतह के रन्ध्र बन्द हो जाए। सूख जाने पर सतह की सैंड पेपर से अच्छी तरह रगड़ाई की जाती है। इसके बाद ग्लू साइज की पतली दूसरी कोट लगा देनी चाहिए। यदि सतह को कोई सुन्दर रंग देना हो तो दूसरी कोट के ग्लू साइज में आवश्यक पिगमेंट मिला देना चाहिए। इसके बाद सैंड पेपर से रग़ड़ाई कर वार्निश के एक-दो कोट लगाकर फिनिशिंग कर देनी चाहिए। फिनिशिंग कोट के नीचे वार्निश की जो कोट लगाई जाती है, वह प्रायः फ्लेट वार्निश की होती है। फिनिशिंग कोट आवश्यक रंग व चमक की होती है।

वैक्स पालिश (Wax Polish) मोम (Bees Wax) अलसी का तेल, तारपीन का तेल और वार्निश क्रमशः $2 : \frac{2}{3} : 1 : \frac{1}{2}$ अनुपात में लेकर यह पालिश बनाई जाती है।

मोम और अलसी का तेल पहले हल्की आग पर गर्म कर लिया जाता है। जब मोम मिश्रण में घुल जाती है तो मिश्रण ठण्डा कर लिया जाता है। वैक्स पालिश तैयार है। वैक्स पालिश भी फ्रेंच पालिस की भाँति कपड़े की पैंड से लगाई जाती है। वैक्स पालिश की दूसरी कोट लगाने से पहले पहली कोट को कम-से-कम आध घंटे तक कपड़े की पैंड से रगड़ना चाहिए। दूसरी कोट भी पहली कोट की भाँति लगभग आध घंटे तक रगड़ी जाती है।

लकड़ी की सतह पर तेल लगाना (Oiling Wood Work)—लकड़ी की सतह स्थाई अथवा दिखने में सुन्दर बनाने के लिए इस पर तेल का मिश्रण लगाया जाता है। तेल का मिश्रण नीचे दिए अनुसार बनाया जाता है।

$1\frac{1}{2}$ kg दोहरे उबले अलसी का तेल में $\frac{1}{2}$ kg मोम डालकर तब तक गर्म करे जब तक कि मोम घुल न जाए। घोल ठण्डा करके इसमें $\frac{1}{2}$ kg तारपीन का तेल डालकर मिला दें। यह घोल ब्रश से लकड़ी की सतह पर खूब खुलकर लगाया जाता है जब तक कि सतह घोल सोखना बन्द नहीं कर देती।

प्रश्नावली

1. तेल पेंट के मुख्य घटक क्या होते हैं ? प्रत्येक घटक के कार्य का वर्णन करो।
2. निम्नलिखित पालिशों एवं वार्निशों के बनाने की विधि एवं प्रयोग करने की विधि लिखें :
   (i) फ्रेंच पालिश (French Polish)
   (ii) वैक्स पालिश (Wax Polish)
   (iii) डिस्टैम्पर (Distemper)
   (iv) स्प्रे पेंट (Spray Paint)
3. वार्निश क्या होती है ? निम्नलिखित पर छोटे-छोटे नोट लिखो :
   (i) तेल वार्निश (Oil Varnish)
   (ii) स्पार वार्निश (Spay Varnish)
   (iii) अस्फाल्ट वार्निश (Asphalt Varnish)
   (iv) स्प्रिट वार्निश (Spirit Varnish)
4. (a) लकड़ी की नई सतह पर पेंट करनी है। सतह तैयार करने से लेकर पेंट की फिनिशिंग तक का पूरा वर्णन विस्तारपूर्वक लिखें।
   (b) लोहे व इस्पात की गैलवेनाइज्ड सतह पर पेंटिंग की विधि लिखें।
5. लैकर क्या है ? इसकी संरचना बताओ और यह भी बताओ कि यह कहाँ काम लिया जाता है ?

10

प्लास्टर, टीप व सफेदी करना

[PLASTERING, POINTING AND WHITE WASHING]

10·1. प्लास्टर करना (Plastering)

चिनाई की सतह को सीमेंट, चूना या मिट्टी के मसाले की एक पतली परत से ढकने को Plastering कहते हैं और इस पतली परत को प्लास्टर कहते हैं। चिनाई पर प्लास्टर, निम्नलिखित कारणों से किया जाता है :

1. प्लास्टर भवन को आकर्षक रूप प्रदान करता है ।

2. प्लास्टर चिनाई को वर्षा के प्रभाव से सुरक्षित रखता है। धूप व दूसरे दूषित प्रभावों में भी प्लास्टर चिनाई की रक्षा करता है ।

3. प्लास्टर भवन को स्वच्छता प्रदान करता है। प्लास्टर की हुई साफ व चिकनी सतह पर धूल, मिट्टी आदि नहीं जमती है ।

10·2. प्लास्टर करने वाली सतह की तैयारी

प्लास्टर का स्थायित्व इसकी सतह के साथ पकड़ पर निर्भर करता है। प्लास्टर का सतह पर चिपकना प्लास्टर करने वाली सतह की तैयारी पर बहुत निर्भर करता है। इसलिए सतह की समुचित तैयारी बहुत आवश्यक है। प्लास्टर करने वाली सतह पर यदि पत्थरों या ईंटों इत्यादि का आम सतह से 13 mm से अधिक बाहरी निकास है तो इसे हथौड़े अथवा करनी से झाड़कर साधारण सतह के साथ मिला देना चाहिए ।

प्लास्टर करने से पहले चिनाई के सभी जोड़ों में से लगभग 13 mm गहराई तक मसाला, तारों के ब्रशों से रगड़कर निकाल देना चाहिए। सतह पर तेल, ग्रीस इत्यादि के धब्बे नहीं रहने चाहिए।

यदि किसी पुरानी चिकनी सतह पर प्लास्टर करना हो तो किसी टंकन औजार से सतह खुरदरी कर देनी चाहिए। खुरदरी की हुई सतह को पानी से धोकर साफ कर देना चाहिए। सतह तब तक पानी से गीली रक्खी जानी चाहिए जब तक कि इस पर प्लास्टर नहीं लगाया जाता ।

प्लास्टर करते समय प्लास्टर की मोटाई एक जैसी बनाए रखने के लिए, क्षैतिज और ऊर्ध्वाधर लगभग 2m के अन्तराल पर 15 cm चौड़ी प्लास्टर की स्क्रीड या पट्टियाँ बना दी जाती हैं। यह प्लास्टर की पट्टियाँ या स्क्रीड, पूरी सतह पर प्लास्टर की एक जैसी मोटाई बनाई रखने के लिए गेज का काम करती हैं।

10·3. सीमेंट प्लास्टर (Cement Plaster)

सीमेंट प्लास्टर एक या दो परतों में लगाया जाता है। पहली परत की मोटाई लगभग 15 mm तथा दूसरी परत की मोटाई लगभग 6 mm होती है। पहली परत में मसाले का अनुपात 1 सीमेंट, 3 से 4 बजरी होती है। दूसरी परत के मसाले में एक भाग सीमेंट और दो भाग बजरी होती है। यदि प्लास्टर एक ही परत में करना हो तो प्लास्टर की मोटाई 12 mm से 18 mm लगाई जाती है।

10·4. चूने का प्लास्टर (Lime Plaster)

चूने का प्लास्टर अधिकतर भवन की आंतरिक सतहों पर किया जाता है। इस प्लास्टर पर सफेदी व डिस्टेंम्पर अच्छी तरह से चिपकते हैं। प्लास्टर में डला चूना अच्छी तरह बुझा होना चाहिए। यदि कोई बिना बुझा चूने का कण प्लास्टर में रह जाता है तो यह बाद में धीरे-धीरे वायुमण्डल से नमी सोखकर बुझता है और दीवारों में से झड़ जाता है, जिससे दीवार में छोटे फफोले बन जाते हैं। इस त्रुटि को दूर करने के लिए उपयोग में लाने से पहले चूने को चक्की में पानी के साथ अच्छी तरह पीसना चाहिए। इसके बाद चूने को दो-तीन हफ्ते खुला छोड़ देना चाहिए। उपयोग में लाते समय फिर पानी मिलाकर इसे दो बार चक्की में पानी के साथ पीसना चाहिए ताकि चूने का कोई भी कण बिना बुझा न रहे।

सील निवारक स्तर के नीचे बाहरी तरफ एक सीमेंट, एक चूना और 6 बजरी अनुपात अपनाया जा सकता है, जबकि सील निवारक स्तर के ऊपर बाहरी तरफ एक सीमेंट, 2 चूना और 9 बजरी का अनुपात अपनाया जा सकता है।

आंतरिक प्लास्टर के लिए एक चूना 2 बजरी, एक चूना एक सुर्खी और एक बजरी, एक चूना दो सुर्खी, एक चूना दो राख, एक चूना एक राख और एक बजरी मिश्रण अपनाए जा सकते हैं।

चूना प्लास्टर के लिए भी सतह की तैयारी वैसे ही की जाती है जैसे सीमेंट प्लास्टर के लिए। प्लास्टर करने के लगभग 6 घण्टे पहले से पानी से सतह बिल्कुल तर रखनी चाहिए। यह प्लास्टर भी दो-तीन परतों में किया जाता है। पहली परत जिसे रफ कोट (Rough coat) कहते हैं, 8 से 12 mm मोटी होती है। पहली परत अच्छी तरह सेट हो जाने पर 6 mm से 10 mm मोटी दूसरी परत लगानी चाहिए। दूसरी परत के लगाने के कम-से-कम 5 दिन बाद तीसरी परत लगाई जाती है। इसकी मोटाई लगभग 3 mm होती है। इस परत का मसाला चूने की क्रीम से 1 : 2 अनुपात में बनाया जाता है।

10·5. स्टूको प्लास्टर (Stucco Plaster)

यह प्लास्टर सजावट के लिए किया जाता है। स्टूको प्लास्टर द्वारा प्लास्टर की गई सतह संगमरमर की फिनिशिंग के समान होती है। यह प्लास्टर बाहरी व आन्तरिक दोनों सतहों पर किया जा सकता है। यह प्लास्टर अधिकतर तीन परतों में

किया जाता है और इनकी कुल मोटाई लगभग 25 mm होती है। प्लास्टर का पहला लेप स्क्रैच (Scratch), दूसरा लेप फाइनर लेप (Finer coat) या ब्राउन लेप (Brawn-coat) कहलाता है। तीसरा लेप ह्वाइट कोट (White coat) या फिनिशिंग कोट कहलाता है। हर एक कोट तभी लगानी चाहिए जब इससे पहली कोट अच्छी तरह से सूख गई हो।

1. **आन्तरिक सतहों पर स्टूको प्लास्टर**—स्क्रैच कोट (Scratch coat) 12 mm मोटी साधारण चूने के प्लास्टर की होती है। दूसरी कोट या ब्राउन कोट भी चूने के मसाले की होती है, लेकिन चूने के मसाले में चूने की मात्रा अधिक होती है। इस कोट की मोटाई 10 mm होती है। फिनिशिंग कोट 3 mm मोटी होती है और साफ सफेद पिसे चूने और पिसे हुए सफेद संगमरमर के पत्थरों को मिलाकर इसके लिए मसाला तैयार किया जाता है। अधिक चिकना बनाने के लिए लीनन के कपड़े में चॉक और तेल दोनों भरकर पॉलिश की जाती है। अन्त में पॉलिश की हुई सतह केवल तेल से रगड़ी जाती है और साफ कर दी जाती है।

2. **बाहरी सतहों पर स्टूको प्लास्टर**—इस प्लास्टर में रफ कोट के लिए सीमेंट एक भाग, बजरी के तीन भागो को मिलाकर, इसमें 10% बुझा चूना मिलाकर मसाला तैयार किया जाता है। रफ कोट की मोटाई 12 mm होती है। दूसरी कोट का मसाला भी बिल्कुल वही होता है जैसाकि पहली रफ कोट का। दूसरी कोट की मोटाई 10 mm होती है। फिनिशिंग कोट की मोटाई 3 से 6 mm तक होती है और इसका मसाला सीमेंट और बजरी 1 : 2 या 1 : $2\frac{1}{2}$ के अनुपात में मिलाकर बनाया जाता है। आवश्यक रंग के लिए सफेद अथवा रंगदार सीमेंट काम में लिया जाता है।

10·6. लेथ प्लास्टर (Lath Plaster)

ऐसी सतहो पर जहां प्लास्टर सतह के साथ अच्छी पकड़ नहीं करता, लकड़ी अथवा लोहे की लेथ यानि जाली का उपयोग कर प्लास्टर किया जाता है। लकड़ी की विभाजक दीवारो पर प्लास्टर करने के लिए लकड़ी की जाली लगाकर प्लास्टर किया जाता है। धातु की लेथ या जाली का उपयोग करके भी प्लास्टर किया जाता है। धातु के निम्नलिखित लेथ बाजार में मिलते हैं :

(i) एक्सपैण्डिड मैटल (Expanded Metal) या बरफी जाली

(ii) B.R.C. जाली

(iii) रिब्ड जालियाँ (Ribbed Expanded Metal)

साधारण मकानों में सादा बरफी जाली काम में ली जाती है जिन्हें G. I. स्टैम्पलों की मदद से सतह के साथ सम्बद्ध किया जाता है।

10·7. कुछ विशेष तरह की प्लास्टर फिनिशिंग (Some Special Plaster Finishing)

बाहरी सतहों पर किए प्लास्टर की फिनिशिंग निम्नानुसार की जाती है :

1. **बारीक फिनिशिंग** (Smooth Cast)—सतह के लिए सीमेंट और बजरी का 1 : 3 अनुपात में मसाला बनाया जाता है। मसाला दो या तीन लेपों में लगाया जा सकता है और लकड़ी एवं लोहे की फ्लोट से फिनिशिंग की जा सकती है। जहाँ तक हो सके लोहे की फ्लोट का इस्तेमाल नहीं करना चाहिए। इससे सतह बहुत चिकनी हो जाती है जिससे बाहरी प्रभावों के कारण दरारें फट जाती हैं।

2. **खुरदरी फिनिशिंग** (Rough Finishing)—ऐसी जगहों में जहाँ वर्षा बहुत कम और बड़े जोर की आँधिया चलती हों, यह फिनिशिंग बहुत अच्छी मानी जाती है। इसके मसाले में सीमेंट, बजरी और रोड़ी 1 : $1\frac{1}{2}$: 3 के अनुपात में लिए जाते हैं। रोड़ी का माप 6 mm से 12 mm तक होता है। फिनिशिंग कोट लगाते समय करनी की मदद से तैयार मसाला सतह पर फेंका जाता है और खुरदरा छोड़ दिया जाता है।

3. **गिट्टीदार लिपाई** (Pebble Dash)—इस फिनिशिंग में सीमेंट और बजरी 1 : 3 अनुपात में ली जाती है। फिनिशिंग कोट का मसाला सतह पर लगाने के बाद जब अभी प्लास्टर गीला ही होता है तो छोटे माप के तोड़े हुए पत्थर के टुकड़े इस गीली सतह पर जोर से फेंके जाते हैं। मसाला गीला होने के कारण पत्थर के टुकड़े मसाले में सैट हो जाते हैं। पत्थर के टुकड़ों की मसाले के साथ अच्छी पकड़ हो जाए इन्हें लकड़ी की फ्लोट से थोड़ा थपथपा देना चाहिए। फिनिशिंग कोट की मोटाई 8 mm होती है।

4. **खरोंच लिपाई** (Scraped Finish)—इस फिनिशिंग में प्लास्टर की अन्तिम कोट लगाने के बाद इसे सैट होने दिया जाता है। सैट हो जाने पर किसी खरोंच औजार से विभिन्न डिज़ाइनों में इसे खरोंच दिया जाता है। फिनिशिंग कोट की मोटाई 6 mm से 12 mm तक होती है।

5. **टेक्स्चर्ड फिनिश** (Textured Finish)—इस फिनिशिंग में प्लास्टर की आखिरी कोट पर विभिन्न तरह के सुन्दर डिजाइन या कसीदाकारी, या बेल-बूटे बना दिए जाते हैं ताकि दिखने में सुन्दर लगें।

10·8. कुछ विशेष तरह के प्लास्टर

1. **पेरिस प्लास्टर** (Plaster of Paris)—इस प्लास्टर को कैल्शियम सल्फेट भी कहते हैं। यह प्लास्टर जिप्सम को गर्म करके बनाया जाता है। गर्म करने से जिप्सम में से मणिभीकरण जल उड़ जाता है और बाकी बचा पदार्थ पैरिस प्लास्टर कहलाता है। इस पदार्थ में जब पानी मिलाया जाता है तो इसकी पेस्ट बन जाती है जो बहुत जल्दी सैट हो जाती है। यह प्लास्टर लकड़ी, लोहे की जालियों और चिनाई पर बड़ी अच्छी पकड़ करता है। इसे बाहरी सतहों पर उपयोग में नहीं लेना चाहिए।

2. **कीन का सीमेंट** (Keen's Cement)—विशेष किस्म के जिप्सम को गर्म करने से कीन सीमेंट (Keen's Cement) बनाया जाता है। इसका प्लास्टर बहुत

सख्त और भारी होता है। इसका रंग सफेद होता है और कांच की तरह चमकता है। शिल्पी कार्यों इत्यादि में इसका उपयोग किया जाता है। यदि प्लास्टर को कम कठोर बनाना हो तो इसमें चूने की पूटी मिला दी जाती है।

3. **बेरियम प्लास्टर**—यह प्यास्टर बेरियम सल्फेट से बनाया जाता है। X-Ray वाले कमरों की दीवारों पर इसी का प्लास्टर किया हुआ होता है।

4. **ध्वनि अवशोषक प्लास्टर** (Acoustical Plaster)—प्लास्टर को ध्वनि अवशोषक बनाने के लिए प्लास्टर की अन्तिम कोट में जिप्सम डालकर लेप किया जाता है। इस प्लास्टर में छोटे-छोटे छिद्र रह जाते हैं जो ध्वनि अवशोषण में मदद करते हैं। यह 6 mm मोटाई की दो कोटों में लगाया जाता है। प्लास्टर जितना खुरदरा होता है, इसकी ध्वनि अवशोषण क्षमता उतनी ही अधिक होती है।

10·9. टीप करना (Pointing)

जब सीमेंट मसाले से चिनाई की पूरी तरह ढकने की बजाय केवल चिनाई के जोड़ भरे जाते हैं तो इस कार्य को टीप (Pointing) कहते हैं। टीप में चूना मसाला काम नहीं लिया जाता और यह केवल सीमेंट मसाले से की जाती है। मसाला चिनाई के जोड़ों में भर दिया जाता है ताकि वर्षा का पानी दीवार के अन्दर न घुस पाए। टीप की हुई सतह सुन्दर दिखाई दे इसके लिए इसे कई डिजाइनों में किया जाता है। विभिन्न तरह की टीपें फ्लश टीप (Flush Pointing), ढलवाँ टीप (Cut or Struck of Weathered Pointing), झिरींदार टीप (Grooved Pointing), पंखदार टीप (Stuok Pointing), उभरी टीप (Tuck Pointing), नुकीली टीप (V. Pointing) और गोटदार टीप (Beaded Pointing) चित्र 10·1 में दिखाई हुई हैं।

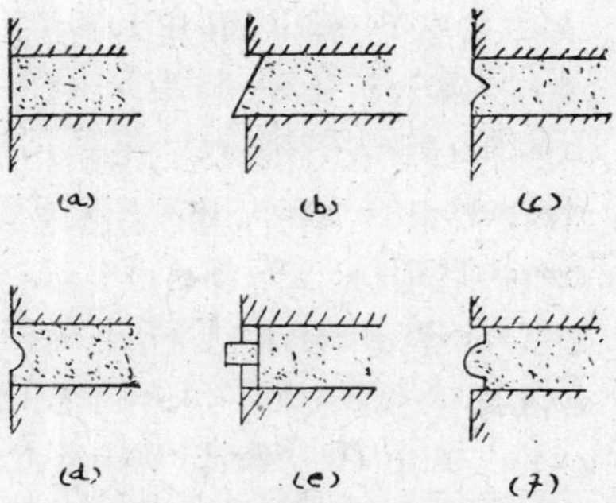

चित्र 10·1. विभिन्न तरह की टीपें

टीप के लिए सतह तैयार करना—टीप करने वाली सतह पर कील या तारों के ब्रश से 12 mm गहराई तक जोड़ खरोंच कर साफ कर देने चाहिए तथा सतह को पानी से धोकर तर कर देना चाहिए। नई चिनाई में जहाँ तक हो सके चिनाई के चार-पाँच दिन बाद ही टीप कर देनी चाहिए।

टीप करना—टीप करने के लिए एक विशेष करनी काम में ली जाती है। करनी पर मसाला लेकर इसे खरोंचे हुए जोड़ों में दबा दिया जाता है। इसके बाद जैसी भी टीप की फिनिशिंग करनी हो आवश्यक टूल द्वारा कर दी जाती है और टीप की हुई सतह को साफ कर दिया जाता है। लगभग एक हफ्ते तक टीप की तराई करते रहना चाहिए।

टीप के लिए मसाला—टीप चूने अथवा सीमेंट मसाले से की जाती है। अधिकतर टीप सीमेंट मसाले से ही की जाती है। सीमेंट और बजरी का अनुपात 1 : 2 या 1 : 3 रखा जाता है। चूने के मसाले में चूना तथा रेत बराबर अनुपात में लिए जाते हैं।

10.10. सफेदी करना (White-Washing)

सफेदी का मसाला शुद्ध माटे चूने या शैल चूने (Shell Lime) से तैयार किया जाता है। अनबुझा ताजा चूना, एक टब में काफी पानी भरकर डाल दिया जाता है और सारा मिश्रण लकड़ी के डंडे से अच्छी तरह से हिलाया जाता है। एक किलोग्राम में लगभग पाँच लिटर पानी डालना चाहिए। यह मिश्रण कम-से-कम 24 घण्टे तक टब में रहने देना चाहिए। अब एक मोटा कपड़ा लेकर, चूने का घोल, इसमें से छान लेना चाहिए। चूने की एक घन मीटर क्रीम में चार किलोग्राम के हिसाब से गर्म पानी में घुली गोंद मिला देनी चाहिए। सफेदी की कौंध (Glare) कम करने के लिए और दिखने में अच्छा बनाने के लिए, एक घन मीटर चूने की क्रीम में चार किलोग्राम ताँबे का सल्फेट मिला देना चाहिए। सतह पर सफेदी की पकड़ अच्छी बनाने के लिए फिटकरी या साधारण नमक चार किलोग्राम प्रति घन मीटर चूने के हिसाब से मिला देना चाहिए।

नई सतहों पर सफेदी करने से पहले इसे अच्छी तरह साफ कर लेना चाहिए। यदि सतह बहुत चिकनी है तो सैंड पेपर से रगड़ कर इसे खुरदरा बना देना चाहिए। पुरानी सतह पर दोबारा सफेदी करने के लिए सतह को अच्छी तरह मे साफ कर लेना चाहिए। यदि पुरानी सफेदी उखड़ गई है तो करनी से खर्च कर इसे बिल्कुल हटा देना चाहिए। सतह पर यदि मरम्मत वगैरह करनी हो तो सफेदी करने से कई दिन पहले ही यह मरम्मत कर देनी चाहिए। यदि सतह पर तेल या ग्रीस के धब्बे हैं तो चावल के पानी में रेत मिलाकर इसे धो देना चाहिए।

रसोई घरों में जहाँ धुएँ के कारण दीवारें काली हो गई हैं, सफेदी करने से पहले दीवारों पर पानी में लकड़ी की राख घोल कर एक लेप कर देना चाहिए।

सफेदी एक लेप में अथवा एक से अधिक लेपों में की जा सकती है। नई सतहों पर तीन लेप देना आवश्यक होता है, लेकिन पुरानी सतहों पर एक या दो लेप ही काफी होते हैं।

तीन लेपों में सफेदी निम्नानुसार की जाती है :

प्रत्येक लेप में ब्रुश (Brush) पहले एक बार ऊपर से नीचे, फिर नीचे से ऊपर, दूसरी बार दायें से बायें और बायें से दायें खींचनी चाहिए। पहला लेप सूख जाने पर दूसरा तथा दूसरा लेप सूख जाने पर तीसरा लेप लगाना चाहिए। यदि पुरानी सतहों पर प्रति वर्ष सफेदी की जाती है तो एक लेप ही काफी होता है। सफेदी करते समय कमरे के अन्दर पड़ा साज-सामान तिरपाल से ढक देना चाहिए। सफेदी करते समय, सफेदी के घोल को निरन्तर हिलाते रहना चाहिए। सफेदी में ब्रुश पूरा

नहीं डुबोना चाहिए। सफेदी में ब्रुश डुबोने के बाद, इससे सफेदी वाले बर्तन के ही एक किनारे से पौंछ लेना चाहिए ताकि फालतू सफेदी ब्रुश से उतर जाए।

रंगदार सफेदी करना—ऊपर बताई विधि अनुसार सफेदी का घोल तैयार किया जाता है। इस सफेदी में इच्छित रंग मिलाकर रंगदार घोल तैयार किया जाता है। रंग करने की विधि सफेदी करने वाली ही है। रंग करते समय घोल बराबर हिलाते रहना चाहिए। एक कमरे के लिए रंगदार सफेदी का घोल एक बार ही तैयार कर लेना चाहिए ताकि कमरे में रंग एक जैसा रहे।

10·11. डिस्टैम्पर (Distemper)

डिस्टैम्पर को पानी की पेंट भी कहते हैं। पाउडर चॉक, रंगदार पिगमेंट; गलू साइज और पानी मिलाकर डिस्टैम्पर तैयार किया जाता है। डिस्टैम्पर पानी में घुलनशील व अघुलनशील दोनों तरह का हो सकता है। यह पेंट वार्निश से सस्ता होता है और यह छिद्रल (Porous) सतह को ढकने के काम लिया जाता है। प्लास्टर की हुई सतहों पर पहले-पहले सफेदी की प्राईमिंग कोट लगाकर डिस्टैम्पर किया जाता है। बाहरी सतहों पर डिस्टैम्पर करने के लिए, वायुमण्डलीय प्रभावों को सहन करने वाले तत्त्व इसमें डाल दिए जाते हैं। साधारण रंगदार सफेदी से यह कहीं अच्छे व सुन्दर होते हैं। प्रारम्भिक खर्च डिस्टैम्पर का जरा अधिक होता है लेकिन यह अधिक दिनों तक चलता है और इसलिए कुल मिलाकर यह रंगदार सफेदी से सस्ता सिद्ध होता है।

सूखे डिस्टैम्पर से डिस्टैम्परिंग करना (Distem-pering with dry Dis-temper)—जिस सतह पर डिस्टेम्पर करना है उसे पहले अच्छी तरह साफ कर लिया जाता है यदि सतह पर मरम्मत वगैरह की आवश्यकता है तो डिस्टैम्पर करने से लगभग दो महीने पहले यह मरम्मत कर दें। ग्रीस या तेल के धब्बे अच्छी तरह से धो देने चाहिए। प्लास्टर में फटी दरारें पैरिस प्लास्टर और डिस्टैम्पर की पूटी से बन्द कर दें। जब सतह अच्छी तरह से सूख जाय तो इस पर सफेदी की एक कोट लगा दें। सफेदी की यह कोट डिस्टैम्पर के लिए प्राईमिंग कोट का काम करती है।

सूखे डिस्टैम्पर में पानी डालकर और मिश्रण को खूब हिलाकर डिस्टैम्पर का मसाला तैयार कर लें। एक किलोग्राम सूखे डिस्टैम्पर में लगभग 0·6 लिटर पानी डाला जा सकता है।

नया प्लास्टर की हुई दीवार पर कम-से-कम दो कोटों में डिस्टैम्पर लगाया जाना चाहिए। अच्छी हालत में पुरानी सतह पर, यदि यह सोचा गया हो कि इस पर प्राईमिंग कोट लगाने की आवश्यकता नहीं है, तो गर्म गलू की एक कोट, डिस्टैम्पर लगाने से पहले अवश्य लगा देनी चाहिए।

तेल वाले डिस्टैम्पर (Oil Bond Distemper)—इस डिस्टैम्पर में, पानी के साथ-साथ सूख जाने वाला एक तेल डला होता है। बाजार में बन्द डिब्बों में विभिन्न रंगों में आजकल डिस्टैम्पर की पेस्ट मिलती है। जब भी डिस्टैम्पर करना

होता है तो डिस्टैम्पर का बन्द डिब्बा खोलकर इसमें पानी मिलाकर इसे पतला कर, काम में लाया जाता है। डिस्टैम्पर की कोट सूख जाने पर इसमें मिला तेल भी सूख जाता है। तेल मिले डिस्टैम्पर को उपयोग में लाने से पहले, सतह पर सीमेंट या किसी दूसरे प्राईमर की एक कोट लगा देनी चाहिए। डिस्टैम्पर पानी से धोया जा सकता है।

10·12. केसिन पेंट (Casein Paint)

दही से एक पदार्थ केसिन निकलता है। केसिन बन्धकी पदार्थ (Binder) का काम करता है। केसिन, सफेद पिगमेंट जो बुझा चूना होता है, में मिलाकर पाउडर या पेस्ट की शक्ल में डिब्बों में बन्द कर दिया जाता है। इस पेन्ट की अपारदर्शिता (Opocity) अधिक होने के कारण, एक ही कोट में यह अच्छी पेन्ट का रूप धारण कर लेता है। इस पेन्ट को सभी सतहों पर लगाया जा सकता है।

प्रश्नावली

1. सतह पर सफेदी व रंग करने में क्या अन्तर है? प्लास्टर सतह पर सफेदी करने का पूर्ण विवरण लिखो।
2. डिस्टैम्पर क्या है? यह प्लास्टर सतहों पर क्यों किया जाता है? डिस्टैम्पर करने की विधि का वर्णन करो।
3. प्लास्टर, टीप, सफेदी और डिस्टैम्पर में अन्तर लिखो। विभिन्न टीपों के चित्र बनाओ। टीप के लिए सीमेंट का कौन-सा मसाला बनाओगे?
4. निम्नलिखित पर छोटे-छोटे नोट लिखो।
   (i) प्लास्टर में फफोले पड़ना (Blistering)
   (ii) पैरिस प्लास्टर (Plaster of Paris)
   (iii) कीन्स सीमेंट (Keen's Cement)
   (iv) केसिन पेन्ट (Casein Paint)
   (v) ध्वनि अवशोषक प्लास्टर (Acoustical Plaster)
5. स्टूको प्लास्टर में कौन-सा मसाला काम लिया जाता है? आन्तरिक और बाहरी सतहो पर स्टको प्लास्टर करने की विधि का वर्णन करो।

11

काष्ठ

[TIMBER]

11·1. परिचय (Introduction)

लकड़ी का उपयोग इन्जीनियरी कार्यों में बहुत पुराने समय से होता रहा है। लोहा, सीमेंट इत्यादि जैसे निर्माण पदार्थों का औद्योगिक कार्यों में बहुत अधिक उपयोग होने लगा है, लेकिन फिर भी लकड़ी का उपयोग निरन्तर बढ़ता ही गया है। रेलवे में, खदानों में, समुद्री जहाजों में, मकानों में अभी उसका इतना उपयोग होता है कि इसकी माँग पूरा करना कठिन हो गया है। जम्मू, काश्मीर, पंजाब, हिमाचल प्रदेश, U.P. बंगाल और आसाम में लकड़ी का उत्पादन बहुत होता है।

विभिन्न तरह के पेड़ों को काट कर इन्जीनियरी कार्यों के लिए लकड़ी प्राप्त की जाती है। पेड़ काट कर प्राप्त की गई लकड़ी Rough Timber कहलाती है। Rough Timber की चिराई करके जब इसे काम आने वाले बाजारू नापों, (धरन, बैटन आदि) में परिवर्तित कर दिया जाता है तो इसे परिवर्तित काष्ठ (Converted Timber) कहते हैं।

11·2. पेड़ों का वर्गीकरण (Classification of Trees)

पेड़ों की बढ़ोत्तरी अनुसार इन्हें दो भागों में बाँटा जा सकता है :

1. बहिर्जात पेड़ (Exogenous Trees)
2. अन्तर्जात पेड़ (Endogenous Trees)

1. **बहिर्जात पेड़** (Fxogenous Trees)—यह ऐसे पेड़ होते हैं जिनके तनों की बढ़ोत्तरी बाहरी तरफ होती है। प्रत्येक वर्ष तने में एक नई रिंग या वलय उत्पन्न हो जाती है जिसे वार्षिक वलय (Annual Ring) कहते हैं। क्योंकि प्रत्येक वर्ष, पेड़ के तने में एक वलय जुड़ती रहती है, इसलिए पेड़ का जीवन कटे हुए पेड़ के तने में वार्षिक वलय गिनकर ज्ञात किया जा सकता है। इन्जीनियर कार्यों में काम आने वाली लकड़ी इन्हीं पेड़ों से प्राप्त की जाती है।

2. **अन्तर्जात पेड़** (Endogenous Trees)—इन पेड़ों की बढ़ोत्तरी अन्दर की तरफ होती है। केले का पेड़, बाँस, ताड़ के पेड़ इसी किस्म के पेड़ों के उदाहरण हैं। बाँस को छोड़ इस किस्म के किसी भी पेड़ की लकड़ी इन्जीनियरी कार्यों के लिए उपयुक्त नहीं होती है। यह लकड़ी हल्की होती है और इसके रेशे अनुदैर्घ्य दिशा में होते हैं। रेशे आपस में अच्छी तरह बंधे हुए नहीं होते हैं।

बहिर्जात किस्म के पेड़ों का आगे और वर्गीकरण निम्नानुसार किया जा सकता है।

(a) कोनीदार या हमेशा हरे रहने वाले पेड़ (Conifers or Evergreen Trees)

(b) पतझड़ी पेड़ (Deciduous Trees)

कोनीफर किस्म के पेड़ों से नरम किस्म की लकड़ी (Soft Wood) प्राप्त होती है। इनके पत्ते नुकीले तीखे (Pointed) होते हैं।

पतझड़ी पेड़ों से बहुत सख्त किस्म की लकड़ी (Hard Wood) प्राप्त होती है। इन पेड़ों की पत्तियाँ चौड़ी होती हैं।

11·3. लकड़ी की सामर्थ्य अनुसार वर्गीकरण

लकड़ी के प्रत्यास्थता गुणांक, नमन प्रतिबल तथा लकड़ी के रेशों के अक्ष दिशा में तनाव क्षमता अनुसार लकड़ी तीन भागों में बाँटी जा सकती है, जैसे अति (Super), मानक (Standard) और साधारण (Ordinary) लकड़ी।

(i) **अति समूह** (Super Group)—E का मान 12600 N/mm^2 और बंकन तनाव प्रतिबल 18 N/mm^2 से अधिक होता है।

(ii) **मानक समूह** (Standard Group)—E का मान 9800 N/mm^2 से अधिक लेकिन 16000 N/mm^2 या इससे कम होता है। तनाव में बंकन प्रतिबल 12 N/mm^2 से अधिक होता है।

(iii) **साधारण समूह** (Ordinary Group)—E का मान 6600 V/mm^2 से अधिक लेकिन 9800 N/mm^2 या इससे कम होता है तनाव में बंकन प्रतिबल 8·5 N/mm^2 से अधिक नहीं होता है। साधारण समूह की लकड़ी 4m पाट पर काम ली जा सकती है जबकि मानक समूह 4m से 8m तक। 8m से अधिक पाट के लिए अति समूह की लकड़ी काम में ली जाती है।

11·4. लकड़ी के उपचार या पकाने अनुसार वर्गीकरण

पकाते समय लकड़ी द्वारा प्रदर्शित किए व्यवहार (behaviour) अनुसार इसे तीन भागों में बाँटा जा सकता है :

(i) बहुत अधिक ऊष्मासह लकड़ी का उपचार बहुत धीरे होता है तथा बड़ा कठिन है।

(ii) साधारण ऊष्मासह लकड़ी का उपचार करना कुछ आसान है। लेकिन जल्दी न सूखने देने के लिए इसे धूप से बचाना चाहिए।

(iii) जो लकड़ी बिल्कुल ऊष्मासह नहीं होती उसका उपचार, लकड़ी खुले स्थान में डाल कर किया जा सकता है। इस किस्म की लकड़ी को जल्दी सुखाना लाभप्रद रहता है।

11·5. लकड़ी के पेड़ की बढ़ोतरी और रचना (Growth and Structure)

बसन्त ऋतु में पेड़ की जड़ें मिट्टी से तरल लवण लेती हैं और तने के माध्यम से पेड़ की डालियों एवं पत्तों तक इसे पहुँचा देती हैं। जड़ों द्वारा मिट्टी से लिए गए लवण, पेड़ का भोजन होते हैं। तरल लवण जब डालियों और पत्तों में जाता है तो इसमें से कुछ नमी वाष्प बनकर उड़ जाती है।

यह लवण हवा से कार्बन डाई-ऑक्साइड गैस लेते हैं और काफी गाढ़े (Viscous) हो जाते हैं। इस गाढ़े तरल पदार्थ को सैप (Sap) कहते हैं।

पतझड़ ऋतु में पेड़ की छाल के नीचे सैप (Sap) धीरे-धीरे नीचे उतरती है और धीरे-धीरे लकड़ी में परिवर्तित हो जाती है। गाढ़े तरल पदार्थ से बनी इस लकड़ी

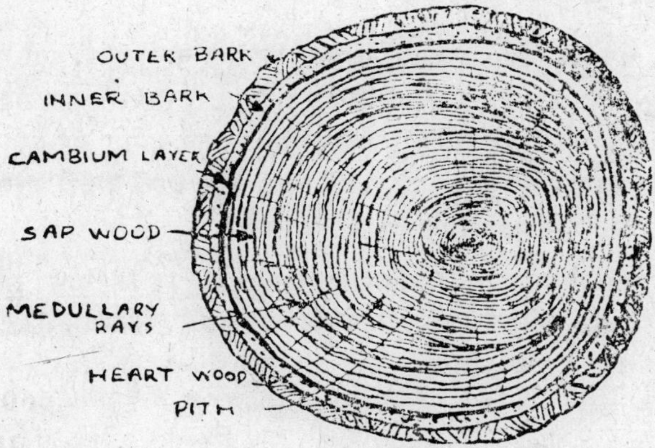

चित्र 11·1. (पेड़ का खंड)

की तह को कैम्बियम परत (Cambium layer) कहते हैं। समय के साथ-साथ कैम्बियम परत में सामर्थ्य बढ़ती जाती है और यह अधिक सघन होती जाती है। पेड़ के तने की बाहरी सतह पर, पेड़ की छाल के नीचे हर साल एक नई परत उत्पन्न होती जाती है, जिसे वार्षिक वलय (Annual ring) कहते हैं। एक वार्षिक वलय पेड़ की एक साल की बढ़ोत्तरी प्रदर्शित करती है। पेड़ काटने के बाद इसके तने में जितनी वार्षिक वलय होगी उतने साल पुराना यह पेड़ होगा। तने में एरीय (radial) दिशा में भी रेखाएँ होती हैं। यह एरीय रेखाएँ छाल के नीचे से सैप (Sap) पेड़ की अन्दर की लकड़ी तक भोजन पहुँचाती है। चित्र 11·1 में एक पेड़ के तने का चित्र दिखाया हुआ है, जिसमें विभिन्न भाग दिखाए हुए हैं।

1. **पिथ या मेडला** (Pith or Medulla)—पेड़ के तने का सबसे पहले उत्पन्न हुआ भाग पिथ या मेडूला (Pith or Medulla) कहलाता है। यह पूर्ण रूप से कोशिका टिशू (Cellular Tissues) का बना होता है। जब पेड़ का तना छोटा होता है, उस समय पिथ (Pith) में तरल पदार्थ बहुत अधिक होता है जो पेड़ का पोषण करता है।

पेड़ के पुराने हो जाने पर पिथ सूख कर मर जाता है। इसके बाद पिथ के चारों तरफ जमे लकड़ी के रेशों द्वारा सैप (Sap) संचारित (Transmitted) होती है और पेड़ का पोषण होता है। पेड़ की डालियों में भी पिथ हो सकती है जो केवल तने की पिथ ही आगे बढ़ी हुई होती है।

2. **वार्षिक वलय** (Annual Ring)—पेड़ की पिथ के चारों तरफ केन्द्रक वलय के रूप में लकड़ी के रेशे जमे होते हैं जिन्हें वार्षिक वलय कहते हैं। जैसा कि पहले बताया जा चुका है, प्रत्येक वर्ष एक नई वलय उत्पन्न होती है।

3. **अन्तःकाष्ठ** (Heart Wood)—पिथ के चारों तरफ गहरे रंग की लकड़ी अन्तःकाष्ठ (Heart wood) कहलाती है। यह लकड़ी मजबूत, सघन और स्थाई होती है तथा इसका रंग गहरा होता है।

4. **सैप-वुड** (Sap Wood)—अन्तःकाष्ठ के चारों तरफ बनी लकड़ी जिसका रंग हल्का होता है, सैप-वुड कहलाती है। पेड़ की जड़ों से पत्तों तक सैप का संचारण सैप-वुड के माध्यम से ही होता है। अन्तःकाष्ठ की तुलना में, सैप-वुड का रंग हल्का होता है और सामर्थ्य भी कम होती है। सैप-वुड बहुत जल्दी बाहरी तत्त्वों से प्रभावित होती है और जल्दी खराब होकर नष्ट हो जाती है।

5. **कैम्बियम परत** (Cambium Layer)—पेड़ की छाल और सैप-वुड के बीच की परत जो अभी लकड़ी में परिवर्तित नहीं हुई है, कैम्बियम परत (cambium layer) कहलाती है। कुछ समय के बाद यह परत सैप-वुड में परिवर्तित हो जाती है। पेड़ की छाल उतार कर यदि कैम्बियम परत को नंगा कर दिया जाए तो इसके कोशिका निष्क्रिय हो जाते हैं और पेड़ सूख जाता है, और मर जाता है।

6. **मैड्यूलरी-रे** (Medullary Rays)—बहुत बारीक रेशे जो पिथ से अरीय रूप में बाहर की तरफ लगे होते हैं और जो वार्षिक वलयों को आपस में बांधे रखते हैं, मैडयूलरी-रे (Medullary rays) कहलाती है। मैड्यूलरी-रे बीच-बीच में टूटी हुई हो सकती हैं। पेड़ के बाहरी भागों से पेड़ के अन्दर के भागों तक सैप इन्हीं के माध्यम से पहुँचाता है और पेड़ के अन्दर के भागों का पोषण होता है। कई पेड़ों में यह साफ दिखाई नहीं देती है।

7. **छाल** (Bark)—पेड़ की कैम्बियम परत को बाहरी वायुमण्डलीय प्रभावों से बचाने के लिए, यह एक सुरक्षात्मक परत होती है। यह पेड़ का सबसे बाहरी भाग है, जो कोशिका और लकड़ी के रेशों का ही बना होता है। समय-समय पर यह परत फट कर उतर जाती है और नई छाल उत्पन्न हो जाती है।

11·6. कठोर काष्ठ और नरम काष्ठ के गुण (Characteristics of Hard wood and Soft wood)

(a) **कठोर काष्ठ के गुण**

(i) वार्षिक वलय साफ दिखाई नहीं देती है।

(ii) यह कठोर होती है और इस पर कार्य करना कठिन होता है।

(iii) यह अपेक्षाकृत भारी होती है और इसका रंग गहरा होता है।

(iv) इसमें अम्लीय तत्त्व अधिक होते हैं।

(v) यह अपरूपण प्रतिबलों को प्रतिरोधित करती है।

(vi) इनका गठन सघन होता है तथा मजबूत होती है।

(vii) इसमें रेजिन नहीं होते हैं (It is Non-resinous)।

शीशम, साल, टीक, ओक (Oak), बबूल और आम की लकड़ी कठोर काष्ठ के उदाहरण हैं।

(b) **नरम काष्ठ के गुण**

(i) यह अपेक्षाकृत हल्की होती है तथा रंग हल्का होता है।

(ii) वार्षिक वलय साफ दिखाई देते हैं।

(iii) यह अपेक्षाकृत कमजोर होती है और आसानी से फट जाती है।

(iv) इसके रेशे सीधे होते हैं।

(v) तनाव बलों के प्रति यह बहुत मजबूत होती है।

(vi) इसका गठन (Texture) नियमित होता है।

(vii) इसमें रेजिन पदार्थ होते हैं और यह एक विशेष तरह की सुगन्ध देते हैं।

Spruce, Deodar चीड़, कैल, Walnut इत्यादि नरम लकड़ियों के उदाहरण हैं।

11·7. पेड़ काटने की ऋतु (Time of Felling Trees)

पेड़ जब अपनी पूर्ण प्रौढ़ता प्राप्त कर लेता है इसे तभी काटना चाहिए। पूर्ण प्रौढ़ता प्राप्त पेड़ अन्तःकाष्ठ की सबसे अधिक मात्रा देता है। प्रौढ़ता के बाद भी यदि पेड़ नहीं काटा जाता है तो पेड़ की अन्तःकाष्ठ (Heart Wood) में विकार उत्पन्न हो जाता है और यह उतनी मजबूत नहीं रहती जितनी कि यह होनी चाहिए थी।

पेड़ उस ऋतु में काटना चाहिए जब सैप जमी हुई हो। सर्दियों में और गर्म ऋतु के प्रारम्भिक भाग में कैम्बियम परम उदासीन होती है और पेड़ की बढ़ोत्तरी बहुत कम होती है। इस ऋतु में नमी और सैप की न्यूनतम मात्रा पेड़ में उपस्थित होती है। यही ऋतु पेड़ काटने की सबसे अच्छी ऋतु है।

इस ऋतु में क्योंकि धूप बहुत तेज नहीं होती है, इसलिए काट कर गिराए गए पेड़ से नमी व सैप जल्दी नहीं सूखते और पेड़ की लकड़ी में कम विकार उत्पन्न होते हैं।

11·8. पेड़ काटना (Felling of Tree)

पेड़ के तने के आस-पास की जगह अच्छी तरह साफ कर देनी चाहिए ताकि

पेड़ काटने के कार्य में कोई बाधा उत्पन्न न हो। पेड़ का सबसे महत्त्वपूर्ण भाग तना होता है। इसलिए कोशिश करनी चाहिए कि जितना हो सके पेड़ पृथ्वी के धरातल के पास से काटा जाए ताकि अधिक से अधिक लम्बा तना प्राप्त हो सके। यदि सम्भव हो तो एक मीटर से 1·5 m गहरा तने के चारों तरफ गड्ढा खोद लेना चाहिए ताकि तना जमीन के अन्दर से काटा जा सके। लेकिन पृथ्वी के अन्दर से तना काटने के लिए गड्ढा इतना बड़ा होना चाहिए कि पेड़ काटने की क्रिया बिना किसी कठिनाई के की जा सके।

सबसे पहले पेड़ का झुकाव देखना चाहिए कि किस तरफ है। जिस तरफ पेड़ का झुकाव है, काटने के बाद उसी तरफ पेड़ गिरता है। यदि पेड़ बिल्कुल सीधा है तो इसे किसी भी तरफ काटकर गिराया जा सकता है। अनुभव से देखा गया है कि प्रत्येक पेड़ की स्थिति यदि ध्यानपूर्वक देखी जाए तो किसी न किसी तरफ इसका झुकाव अवश्य होता है।

कुल्हाड़े की मदद से या आरी से जिस तरफ पेड़ का झुकाव है, कट लगाएँ और लगभग एक तिहाई से आधा तना काट दें। अब पेड़ के झुकाव के उल्टी तरफ से कट लगाएँ। लेकिन ध्यान रखें जब पेड़ गिरने लगे तो आप खुद दूर हट जाएँ। इससे कटा हुआ पेड़ जमीन पर गिर जाता है।

पेड़ के कट जाने के बाद इसकी छँगाई (Trimming) करनी चाहिए। छोटी-छोटी डालियाँ पहले काटनी चाहिए। यह डालियाँ जलाने के काम ली जा सकती हैं। इसके बाद छोटी डालियाँ जो किन्हीं गौण कार्यों में काम ली जा सकती हैं, वह काट कर अलग कर देनी चाहिए। सबसे बाद में तने को आवश्यकता अनुसार लम्बाइयों में काटना चाहिए। यदि पेड़ नरम किस्म की लकड़ी का है तो तने पर से छाल उतार कर इन्हें पानी के तालाब में, जो कि प्राकृतिक अथवा कृत्रिम हो सकते हैं, में डाल देना चाहिए। इससे फुंगी (Fungi) वगैरह का प्रभाव लकड़ी पर नहीं होता तथा लकड़ी खराब नहीं होती। लकड़ी के लट्ठों को पानी में तैरने न देने के लिए इन पर कोई भार वगैरह रख देना चाहिए।

यदि पेड़ दृढ़ प्रवृत्ति का है तो इसकी लकड़ी की छाल उतार कर इसे पानी वगैरह में डालने की आवश्यकता नहीं होती, क्योंकि फुंगी का आक्रमण इस पर इतनी आसानी से नहीं होता है।

जिस किस्म का भी पेड़ है उसी अनुसार इसके तने को रखा जाता है। बाद में इसे बाजारू नापों में परिवर्तित किया जाता है।

11·9. लकड़ी की चिराई (Sawing of Timber)

पेड़ काटने के बाद तथा छंगाई के बाद, तने व दूसरी बड़ी डालियाँ जिनमें से बाजार के लायक लकड़ी निकाली जा सकती हो, जितना हो सके जल्दी चिराई करके बाजार की आवश्यकताओं अनुसार पाटों, बैटन, बल्लियों इत्यादि में परिवर्तित कर देना चाहिए। यदि जल्दी चिराई नहीं की गई तो लकड़ी में Star Shake नामक

दरारें फट जाती है । पेड़ से कटे तनों व मुख्य डालियों में नमी और सैंप काफी मात्रा में उपस्थित होती है । यदि कटे पेड़ के तने को बाहर खुले में कुछ दिन छोड़ दिया जाए तो बाहरी सतह से नमी बहुत जल्दी सूख जाती है जबकि तने के मध्य भाग में अभी वैसी की वैसी नमी उपस्थित रहती है । नमी उड़ जाने से ऊपरी सतह में सिकुड़न होती है जिससे सतह पर दरारें फट जाती हैं यह दरारें सतह पर चौड़ी होती हैं और पेड़ के मध्य की तरफ तंग होती जाती हैं तथा पेड़ के पिथ पर यह समाप्त हो जाती हैं । यही कारण है कि पेड़ काटने के बाद जितना हो सके जल्दी लकड़ी की चिराई कर देनी चाहिए ।

जल्दी चिराई कर देने से लकड़ी के उपचार (Seasoning) की दर भी बढ़ जाती है, क्योंकि लकड़ी का अधिक क्षेत्रफल वायुमण्डलीय प्रभावों को प्रस्तुत हो जाता है ।

लकड़ी की चिराई कई विधियों से की जाती है लेकिन आमतौर पर अपनाई जाने वाली विधियाँ सचित्र यहाँ नीचे दिखाई हुई हैं ।

1. **साधारण या समतल चिराई** (Ordinary, Flat Slab or Bastered Sawn)—चित्र 11·2 (a) में इस चिराई में लगाए काट दिखाए हुए हैं । चिराई की यह विधि सबसे आसान और सस्ती विधि है । इसमें सबसे कम लकड़ी बरबाद होती है ।

इसमें परिधीय सिकुड़न सबसे अधिक होती है और सैप वुड, अन्तःकाष्ठ से अधिक सिकुड़ती है । अन्तःकाष्ठ की कुल सिकुड़न भी सैप-वुड से बहुत कम होती है । इससे पाटों की मध्य भाग में मोटाई लगभग ज्यों की त्यों रहती है जबकि सैप-वुड वाले भाग में सिकुड़न होकर, इसमें समावलन और मरोड़ उत्पन्न हो जाती है । चित्र 11·2 (b) में समावलित पाटे दिखाए हुए हैं ।

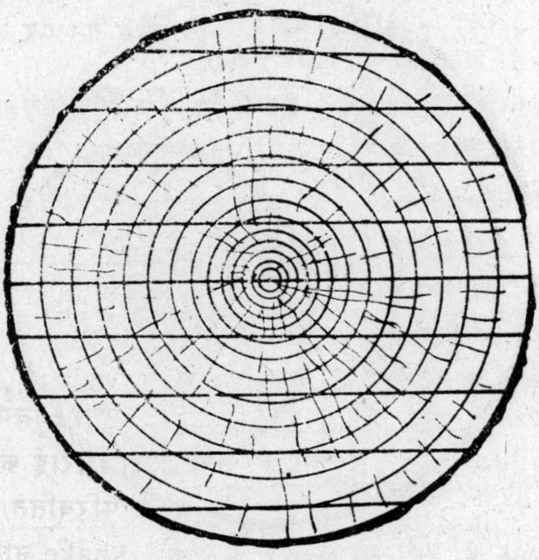

चित्र 11·2 (a) समतल चिराई

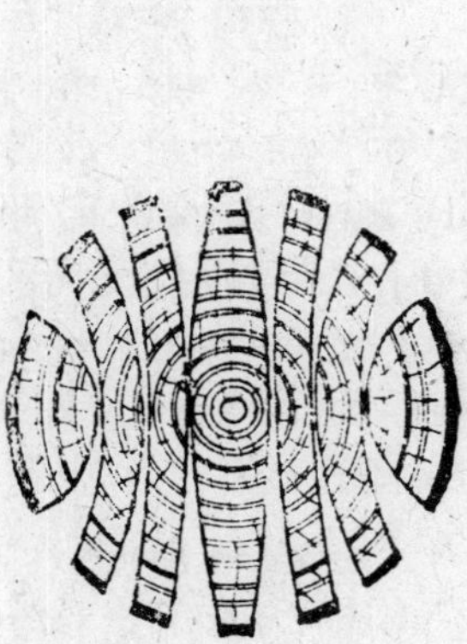

चित्र 11·2 (b) समावलित पाटे

2. **चौथ चिराई** (Quarter Sawing)—इस विधि में प्रत्येक बल्ली को पहले चतुर्थांश (Quadrant) में काट दिया जाता है और फिर प्रत्येक चतुर्थांश की चिराई चित्र 11·3 (a) में दिखाये अनुसार की जाती है।

3. **एरीय चिराई या सीधी चिराई** (Radial or Rift Sawing)—इस विधि में मैड्यूलरी-रे के समानान्तर तथा वार्षिक वलयों के लम्ब चिराई की जाती है। इस विधि से चीरी गई लकड़ी अपेक्षाकृत कम सिकुड़ती है और समावलन व मरोड़ बहुत कम मात्रा में होता है। पाटे की चौड़ी सतह के साथ वार्षिक वलय 45° से 90° तक के कोण बनाती है। उच्चकोटि के कार्यों के लिए इसी विधि से लकड़ी की चिराई की जाती है। लेकिन इस विधि में लकड़ी की बरबादी अधिक होती है और चिराई में मेहनत भी बहुत अधिक होती है। चित्र 11·3 b, c, d, देखें।

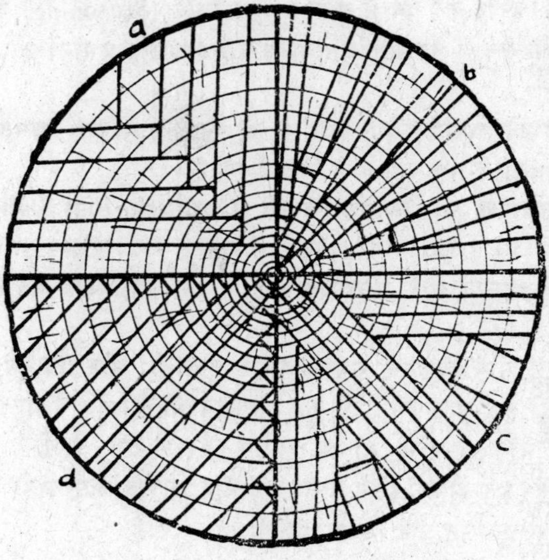

चित्र 11·3 (a) Quarter चिराई
b, c, d, Radial या Rift चिराई

4. **स्पर्शी चिराई** (Tangential Sawing)—इस विधि में वार्षिक वलयों के स्पर्शी रूप में पाटे काटे जाते हैं। इस विधि से काटे पाटे बहुत कमजोर होते हैं, क्योंकि medullary Rays जो लकड़ी को सामर्थ्य देती हैं, कट जाती हैं। इस विधि द्वारा कटे पाटे कप रूप में समावलित हो जाते हैं। इन पाटों पर पौलिश अच्छी तरह से नहीं की जा सकती है। चित्र 11·4 देखो।

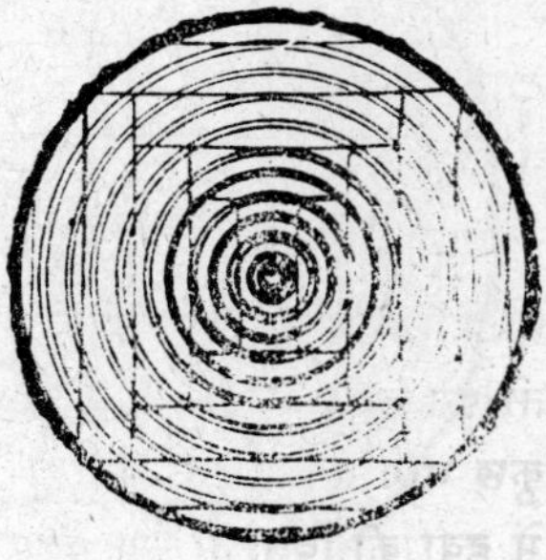

चित्र 11·4. स्पर्शी चिराई

5. **संयुक्त चिराई** (Combined Sawing)—ऊपर बताई सभी विधियों का संयुक्त रूप में उपयोग करके भी चिराई की जा सकती है।

11·10 लकड़ी में त्रुटियाँ (Defects in Timber)

लकड़ी में उपस्थित त्रुटियों को दो भागों में बाँटा जा सकता है :

(a) वह त्रुटियाँ जो पेड़ की बढ़ोत्तरी के दौरान उत्पन्न हुई हैं ।

(b) वह त्रुटियाँ जो पेड़ काटने के बाद उत्पन्न होती हैं ।

(a) पेड़ की बढ़ोत्तरी के दौरान उत्पन्न होने वाली त्रुटियाँ :—

इस तरह की त्रुटियाँ निम्नलिखित हो सकते हैं :

I. **तारक दरारें या तारक शेक** (Star Shake)—यह दोष बहुत तेज गर्मी या बहुत अधिक बर्फीले इलाकों में उत्पन्न होते हैं । बहुत तेज गर्मी से पेड़ की ऊपरी सतह पर उपस्थित सैप सूख जाती है जिससे यह दरारें उत्पन्न हो जाती हैं । यह दरारें पेड़ की सतह पर चौड़ी होती हैं और ज्यों-ज्यों पेड़ के मध्य की तरफ जाते हैं, तंग होती जाती हैं । लकड़ी में यह दोष, पेड़ की परिपक्वता के बाद भी यदि नहीं काटा गया तो उत्पन्न होता है । इसे कई बार एरीय दरारें (Radial Shake) भी कहते हैं ।

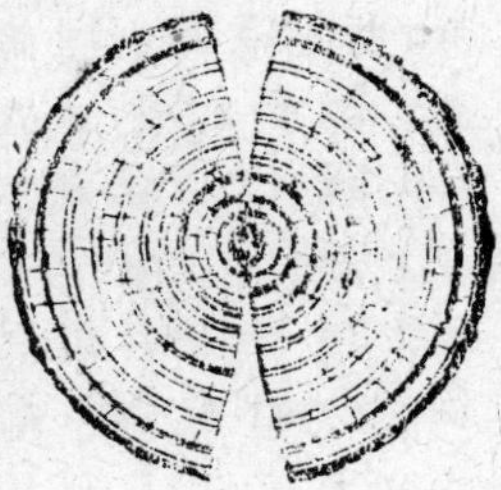

चित्र 11·5. (Star Shake)

(ii) **भीतरी दरार** (Heart Shake)—यह दोष लकड़ी की अतः काष्ठ में होती है । यह दरारें लकड़ी के पिथ से प्रारम्भ होता है और ज्यों-ज्यों बाहर की तरफ जाते हैं, तंग होती जाती हैं । बाहर देखने से यह दोष दिखाई नहीं देता है । यह दोष भी अति परिपक्व (Over Matured) पेड़ों में उपस्थित होता है । रेजिन, तेल, गौंद और अन्तकाष्ठ में उपस्थित नमी जब वाष्प बनकर निकल जाती है तो लकड़ी सूखनी प्रारंभ हो जाती है । इससे पिथ में दरारें फट जाती हैं । यदि पेड़ काटने के बाद, इसकी छाल उतारे कई दिनों तक बिना चिराई के रहने दिया जाय तो भी यह त्रुटि उत्पन्न हो जाता है ।

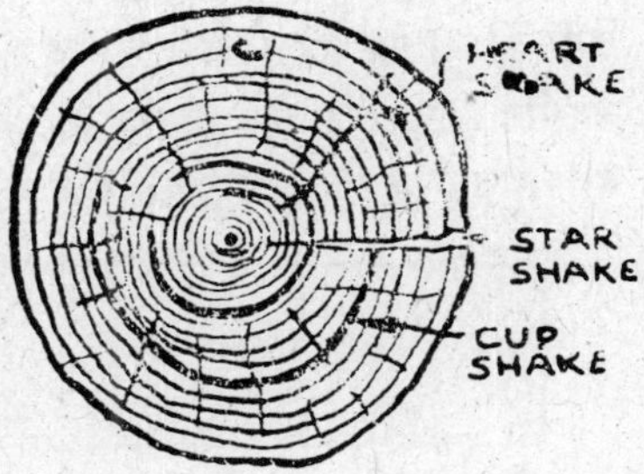

चित्र 11·6 (Heart Shake)

(iii) **कप और वलय दरारें** (Cup Shake and Ring Shake)—इसमें लकड़ी वार्षिक वलय पर से फटती हैं । यदि पूरी की पूरी वार्षिक वलय फट जाती हैं तो इसे वलय दरार (Ring Shake) कहते हैं । यदि यह दरार वार्षिक वलय के केवल कुछ भाग तक ही सीमित होती है तो इसे कप दरार (Cup Shake) कहते हैं । जंगलों में हवा की दिशा में उगे पेड़ों में यह दोष बहुत होता है । खूब तेज हवा से जब पेड़ लगातार एक ही तरफ झुका रहता है तो यह दोष उत्पन्न हो जाता है ।

(iv) **मरोड़े हुए रेशे** (Twisted fibre)—तेज हवा से पेड़ के निरन्तर एक ही तरफ झुके रहने से यह दोष उत्पन्न होता है। इसमें पेड़ के रेशे सीधे नहीं रहते बल्कि मुड़े हुए होते हैं।

(v) **रिंड गाल** (Rind Gall)—पेड़ की बढ़ोत्तरी के दौरान की गई छंगाई में यदि डालियाँ ठीक ढंग से नहीं काटी जाती हैं तो घाव वाली जगह सैप-वुड की अतिरिक्त परतें जम जाती हैं और पेड़ का यह भाग फूल जाता है। सैप की अतिरिक्त परतें पेड़ से अच्छी तरह बंधी हुई नहीं होती हैं, अतः यह पेड़ का कमजोर भाग हो जाता है। बढ़ोत्तरी के समय जहाँ कहीं पेड़ की डाली निकलने लगी हो लेकिन न निकल सकी हो वहाँ भी यही दोष उत्पन्न हो जाता है।

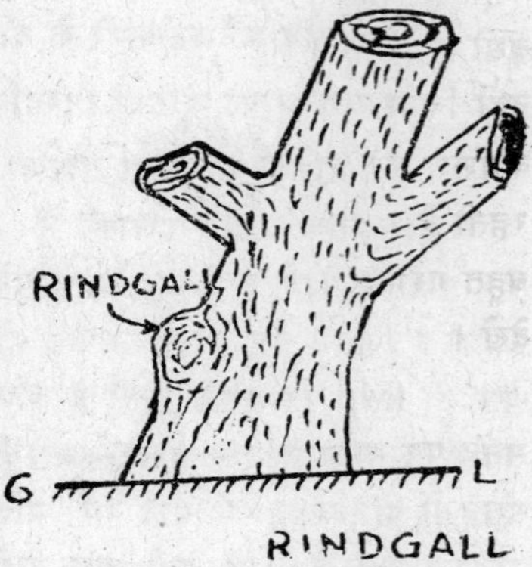

चित्र 11·7 रिंड गाल

(vi) **अप-सेट** (Upsets)—पेड़ की बढ़ोत्तरी के दौरान यदि पेड़ पर कोई चोट लगी हो या पेड़ को कोई धक्का लगा हो जिससे पेड़ के रेशे टूट गए हों, तो पेड़ में अप-सेट (Upset) दोष उत्पन्न हो जाता है। पेड़ की आगे की बढ़ोत्तरी में यह रेशे वापिस नहीं जुड़ते हैं और यह दोष पेड़ में बना रहता है। चित्र 11·8 देखें।

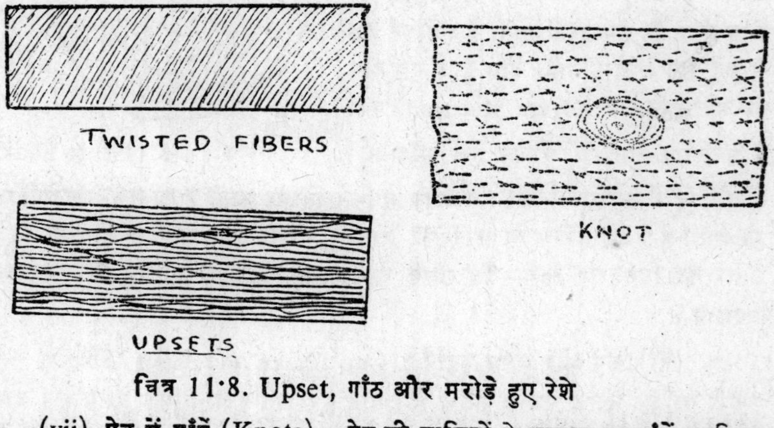

चित्र 11·8. Upset, गाँठ और मरोड़े हुए रेशे

(vii) **पेड़ में गाँठें** (Knots)—पेड़ की डालियों के आधार पर गाँठें उपस्थित होती हैं। जब कोई डाली काटी जाती है तो डाली का आधार तने में ही रहता है जो डाली कटने के कुछ दिनों बाद मर जाता है और पेड़ की बाद में होने वाली बढ़ोत्तरी में दब जाता है। यही भाग गाँठ कहलाती है। गाँठ पेड़ का कमजोर भाग दर्शित करती है। गाँठें दो तरह की होती हैं :

1. ढीली या मरी हुई गाँठ (Dead or Loose Knot)

2. बंधी हुई गाँठ (Live or Sound Knot)

लकड़ी में से गाँठ जब निकाली जा सकती है तो इसे मरी हुई या ढीली गाँठ कहते हैं। लकड़ी की चिराई करते समय ही ढीली गाँठ पाटे में से निकल सकती है। बंधी हुई गाँठ लकड़ी के साथ अच्छी तरह बंधी होती है और इसे लकड़ी से अलग नहीं किया जा सकता। बंधी हुई गाँठ पर रन्दा नहीं लगाया जा सकता और यदि कोशिश करके रन्दा किया भी जाय तो इसकी सतह समतल नहीं होती, खुरदरी ही रहती है। बंधी गाँठ भी लकड़ी की सामर्थ्यता को प्रभावित करती है, लेकिन यह बहुत गम्भीर दोष नहीं है। मरी हुई गाँठ की कोई सामर्थ्य नहीं होती। चित्र 11·8 देखें।

(viii) **हवा द्वारा उत्पन्न दरारें** (Wind Cracks)—बिना कटे पेड़ की बाहरी सतह पर वायुमण्डलीय प्रभावों से सिकुड़न होती है, जिससे लकड़ी की केवल बाहरी सतह में दरारें पड़ जाती हैं। यह दरारें लकड़ी के ऊपरी भाग में ही होती हैं।

(b) **पेड़ काटने के बाद उत्पन्न होने वाले दोष** (Defects)—पेड़ काटने के तुरन्त बाद इसकी चिराई की व्यवस्था की जाती है। इसलिए चिराई के बाद जो भी लकड़ी में त्रुटियाँ उत्पन्न हो सकती हैं, वह पेड़ काटने के बाद उत्पन्न होने वाली त्रुटियाँ कही जा सकती हैं।

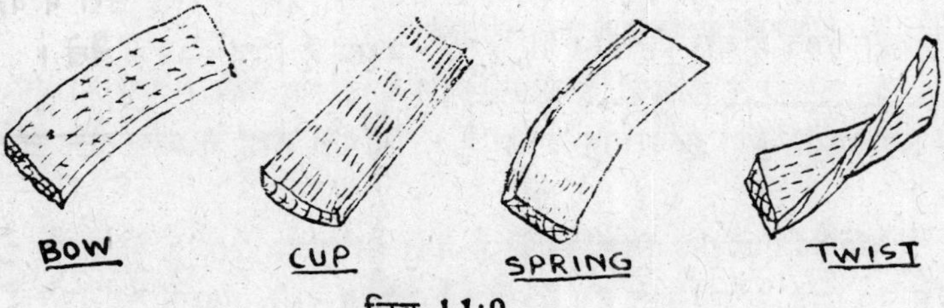

चित्र 11·9

(i) **झुकाव** (Bow)—लकड़ी की लम्बाई में उत्पन्न वक्रता को बो या झुकाव (Bow) कहते हैं। चित्र 11·9 देखें)

(ii) **कप** (Cup)—यह लकड़ी के पाटों की लम्बाई में नहीं बल्कि चौड़ाई में वक्रता है। चित्र 11·9 देखें।

(iii) **मरोड़** (Twist)—लकड़ी की लम्बाई में उत्पन्न हुए घुमाव को मरोड़ (Twist) कहते हैं। यह सब दोष चित्र 11·9 में दिखाए हुए हैं।

(iv) **केस हार्डनिंग** (Case Hardening)—लकड़ी की बाहरी व अन्दरूनी सतहों में बराबर सिकुड़न न होने के कारण बाहरी सतह में संपीडन उत्पन्न हो जाती है, जबकि अन्दरूनी सतहों में तनाव होता है। लकड़ी के उपचार के लिए लगे भारी स्टैक के निचले भागों में प्रायः यह अवस्था होती है। इस अवस्था से उत्पन्न संपीडन और तनाव को Case Hardening कहते हैं।

(v) **Honey Combing**—लकड़ी के अन्दरूनी भागों में लकड़ी के सूखने के कारण उत्पन्न प्रतिबलों से लकड़ी के रेशों में अलगाव (Separation) उत्पन्न हो जाता है, जिसे Honey Combing कहते हैं।

इसके इलावा Split, Chipped Grains, Chip Marks इत्यादि जैसे दोष भी पाटों में उत्पन्न हो जाते हैं।

11·11. लकड़ी में धब्बे उत्पन्न होना (Stains in Timber)

लकड़ी की सतह पर कई बार हल्के रंग के धब्बे पड़ जाते हैं। यह हल्के रंग के धब्बे लकड़ी में खासतौर पर बहुत जल्दी उत्पन्न हो जाते हैं। इन्हें निम्नलिखित भागों में विभाजित किया जा सकता है :

1. Mould Fungus **और** Sap Staining Fungus **जैसी अहानिकारक फुंगी द्वारा उत्पन्न धब्बे**। फुंगी बहुत बारीक धागों जैसे पौधे होते हैं जो नंगी आँख से नहीं देखे जा सकते। पौधे जब एक ही जगह इकट्ठे हो जाते हैं तो यह दिखाई देते हैं।

2. लकड़ी गलाने वाली फुंगी से उत्पन्न धब्बे। इनके प्रभाव को Dote कहते हैं। यह लकड़ी का प्रारम्भिक गलन दर्शित करता है।

3. पेड़ की बढ़ोत्तरी के दौरान उत्पन्न धब्बे। यह धब्बे मिट्टी की किस्म और तुषार क्रिया (Frost Action) से उत्पन्न होते हैं।

4. रासायनिक दूषण से उत्पन्न धब्बे।

5. लकड़ी के केशिकों के आक्सीकरण से उत्पन्न धब्बे। सूर्य की धूप से रंग गहरा पड़ सकता है या हलका पड़ सकता है। विभिन्न तरह के धब्बे नीचे बताए हुए हैं।

Mould Fungi—जिस लकड़ी में नमी की मात्रा 20% से अधिक होती है उसी में यह धब्बे उत्पन्न होते हैं। यह पेड़ के भोजन वाले पदार्थों पर रहते हैं। यह लकड़ी के केशिकाओं की दीवारों पर न कोई आक्रमण करते हैं और न ही इसे तोड़ते हैं। इसलिए इससे लकड़ी की सामर्थ्यता प्रभावित नहीं होती। यह हरे, भूरे और कई बार सफेद रंग के धब्बे होते हैं। यह धब्बे रंदे से या ब्रुश से या सैंड पेपर से रगड़ कर हटाए जा सकते हैं।

सैप स्टैन फूंगी (Sap Stain Fungi)—27 से 30% नमी वाली लकड़ी पर यह धब्बे होते हैं। धब्बे नर्म लकड़ी पर हल्के नीले, व गहरे नीले रंग के होते हैं, जबकि कठोर लकड़ी पर यह धूसर (Grey) रंग के होते हैं। यह फुंगी भी लकड़ी पर आक्रमण नहीं करती है।

डोटे (Dote)—यह धब्बे भूरे, लाल या धूसर रंग के होते हैं। इन धब्बों का तब तक कोई महत्त्व नहीं होता जब तक कि इनके उत्पन्न होने का सम्बन्ध नमी और

उचित संवातन के न होने से हो। यदि इसका सम्बन्ध असंवातन और नमी से है तो यह लकड़ी को बुरी तरह प्रभावित करता है।

खनिज धब्बे (Mineral Stain)—यह धब्बे प्राय: कठोर किस्म की लकड़ियों में उत्पन्न होते हैं। इन धब्बों का रंग धूसर या भूरा होता है। यह धब्बे विरंजन (Bleaching) क्रिया से हटाए जाते हैं। इनसे भी प्राय: लकड़ी की सामर्थ्य प्रभावित नहीं होती।

रासायनिक दूषण (Chemical Contamination)—प्रयोगशालाओं में काम आने वाले टेबलों व बैंचों पर यह धब्बे उत्पन्न होते हैं। अम्लीय प्रभाव से लाल या गुलाबी रंग के और क्षारीय प्रभावों से हरे या पीले रंग के धब्बे उत्पन्न होते हैं।

Iron Stains—यह एक विशेष तरह के रासायनिक दूषणता से उत्पन्न होते हैं। लकड़ी में उपस्थित टैनिन (Tannin) पदार्थ से यह धब्बे उत्पन्न होते हैं। लेकिन बहुत कम लकड़ियों में टैनिन काफी मात्रा में होता है।

11·12. लकड़ी का गलना (Decay of Timber)

लकड़ी का गलना (Decay), किसी रसायनिक क्रिया के कारण या सैप के किण्वन (Fermentation) के कारण नहीं होता बल्कि फफूंदी (Fungi) नामक वनस्पतियों की क्रिया के कारण होता है। इसलिए यदि लकड़ी को फफूंदी (Fungi) कीट (Insects) या जलीय छेदकों (Marine Borers) से दूर रक्खा जाए तो इसकी आयु बहुत अधिक बढ़ाई जा सकती है। लकड़ी के क्षयन (Decay) के मुख्य कारण निम्नलिखित होते हैं :

1. सैप और नमी का लकड़ी में उपस्थित होना।
2. लकड़ी का कभी सूखना तथा कभी गीला होना।
3. नमी और गर्मी का एक साथ होना।
4. उचित संवातन न होना (Lack of Ventilation)।

लकड़ी पर फफूंदी का आक्रमण (Fungal Attack on Wood)—लकड़ी का गलना (Rot) एक किस्म का इसका क्षयन (Decay) है। इसमें लकड़ी का विघटन और सड़ांद के साथ-साथ हाईड्रोजन और कार्बन डाइऑक्साइड जैसी गैसें भी निकलती हैं। लकड़ी का गलना दो तरह का होता है।

1. शुष्क गलना (Dry Rot) और
2. गीला गलना (Wet Rot)

1. **शुष्क गलना** (Dry Rot)—लकड़ी का शुष्क गलन केवल कटी हुई लकड़ी में ही होता है। इसके होने का मुख्य कारण उचित संवातन न होने से फफूंदी की

बढ़ावा मिलता है और यदि उचित संवातन के साथ-साथ गर्मी और नमी दोनों हो तो फफूंदी बहुत जल्दी उत्पन्न होती है। शुष्क गलन सबसे पहले सैप वुड में होता है। फफूंदी लकड़ी को खाती है और इसे भंगुर बनाकर इसके रेशों की आपस में पकड़ कमजोर कर देती है, और अंत में लकड़ी को पाउडर शक्ल में परिवर्तित कर देती है। शुष्क गलन करने वाली फफूंदी लकड़ी के सेल्यूलोज टिशू (Cellulose Tissue) पर धावा करती है। इस फफूंदी को मरुलियस लकरीमानस (Merulius Lechrymans) कहते हैं। यह नम तथा जहाँ उचित संवातन न हो वहाँ बहुत जल्दी बढ़ती है। सूखी लकड़ी में फफूंदी अपना कार्य नहीं कर सकती। वास्तव में शुष्क गलक (Dry Rot) नाम सही नहीं है। यह नाम फफूंदी द्वारा नष्ट लकड़ी से लिया गया है क्योंकि इससे नष्ट लकड़ी पाउडर शक्ल में बिल्कुल सूखी होती है।

2. **गीला गलना** (Wet Rot)—लकड़ी के कभी गीले होने तथा कभी सूखने से लकड़ी का गीला गलन (Wet Rot) होता है। इसमें फफूंदी वगैरह का कोई धावा नहीं होता है। गीला गलन रोकने के लिए लकड़ी ऐसे लगानी चाहिए जहाँ या तो यह स्थाई रूप से गीली रहे या सूखी रहे।

11·13. लकड़ी पर कीटों का आक्रमण (Attack of Insects on Wood)

लकड़ी पर कई तरह के कीटों (Insects) का अक्रमण होता है जिससे लकड़ी नष्ट हो जाती है। दीमक (White ant or Termites) और बीटलज बोरर (Beetles Borer) इनमें मुख्य कीट हैं।

दीमक (White ant or Termites)—भारत जैसे गर्म देश में दीमक, लकड़ी के लिए बहुत ही गम्भीर समस्या है। बहुत अच्छी तरह उपचारित लकड़ियाँ भी यदि उचित ध्यान न रक्खा गया तो इसका शिकार हो जाती हैं। दीमक के कीट सूर्य की रोशनी में बाहर नहीं रहते। यह मिट्टी की सुरंगें बनाकर उनमें रहते हैं और अन्दर-ही-अन्दर इसे खाते जाते हैं।

दीमक भी अपनी कालोनी बनाकर रहती है, जिनमें एक रानी होती है। रानी दूसरे कीटों से जरा बड़ी होती है और यही केवल अंडे देती हैं। रानी की आयु लगभग दस साल होती हैं और इस दौरान यह लाखों अण्डे देती है।

आम जैसी नर्म किस्म की लकड़ियों पर इनका धावा बहुत तीव्र होता है। कठोर लकड़ियों में कुछ रसायन होते हैं जिनकी वजह से दीमक का हमला कुछ देर के लिए रुक जाता है।

बोरर बीटलज (Borer Beetles)—इस कीट के प्रभाव व गुण सारणी 11·1 में बताए हुए हैं।

सारिणी 11·1

गुण	बोरर बीटलज की किस्में				
	Death-watch	Powder Post	Common furniture	House longhorn	Ambrosia
आयु	3-4 साल	1-2 साल या इसके अधिक	2 साल या इससे अधिक	2-11 साल या इससे अधिक	6-12 हफ्ते
अधिकतम प्रणाली	April-July	May-Sept.	June-August	July-Sept.	सारा साल
अंडे देने की क्षमता एक ऋतु में	70 तक	30-50	20-40	20-200	—
धावा कहाँ होता है	क्षय लकड़ी	पेड़ काटने वाली जगह आरा मशीन वाली जगह	पुराने फर्नीचर में	छत पर लगी लकड़ी	पेड़ काटने वाली जगह आरा मशीन वाली जगह
नष्ट लकड़ी की उत्पन्न मिट्टी	अंडाकार गोलियों के रूप में कणदार	बारीक आटे की तरह का पाउडर	बेलनाकार गोलियाँ जिनमें बारीक कण होते हैं	बेलनाकार गोलियों युक्त बारीक पाउडर	No dust in tunnels

जलीय छेदकों (Marine Borers) **का लकड़ी पर आक्रमण**—गर्म क्षेत्रों में समुद्री पानी पर यह छेदक जीवित रहते हैं तथा फलते-फूलते हैं। टेरडो (Teredo), बैंकशिया (Banksia) और मारटेशिया (Martesia) इसकी मुख्य किस्में हैं। इनका शरीर बहुत नर्म होता है और यह रेंगने वाले कीड़े होते हैं। इनकी लम्बाई कुछ सेंटीमीटर से लेकर 3 मीटर तक होती है। सबसे अधिक खतरनाक छेदक टेरेडो नावलिस (Teredo Navlis) होता है। जलीय छेदक किसी भी लकड़ी पर धावा कर सकते हैं। यह लकड़ी में छेद करते हैं लेकिन लकड़ी खाते नहीं हैं। इन द्वारा खोदे छेद 2 cm व्यास और 5 से 8 cm तक गहरे होते हैं।

लिमनोरिया (Limnoria) नामक छेदक लकड़ी को काटने के साथ-साथ खाता भी है। यह लकड़ी के अन्दर सुरंगें बना देता है जिससे अंततः लकड़ी की संरचना नष्ट हो जाती है। यह कीट लकड़ी पर धावा नहीं कर सकता। ताजे पानी या रेत के अंदर यह जीवित नहीं रह सकता।

11.14. लकड़ी का परिरक्षण (Preservation of Timber)

ऊपर बताए गए सभी तत्त्वों से जिनसे लकड़ी की सामर्थ्य व जीवन प्रभावित होते हैं, लकड़ी को बचाना, इसका परिरक्षण कहलाता है।

उचित उपचार लकड़ी का सबसे बड़ा परिरक्षक है। लकड़ी का उपयोग ऐसे

करना चाहिए कि या तो यह लगातार पानी में डूबी रहे या फिर यह निरंतर सूखी बनी रहे। पानी से बाहर लगाई गई लकड़ी का उचित संवातन होना चाहिए। पानी के अन्दर लकड़ी काम लेने से इसका क्षयन तो नहीं होता लेकिन गीली होकर कमजोर जरूर हो जाती है। भवनों में जहाँ भी लकड़ी काम ली गई हो, सील रोधक अस्तर जरूर लगा होना चाहिए और उचित संवातन होना चाहिए। लेकिन जब यह सब परिस्थितियाँ उपब्ध नहीं होती हैं तो कृत्रिम परिरक्षक लगाकर लकड़ी की रक्षा की जा सकती है। लेकिन परिरक्षक लगाने से पहले लकड़ी का उपचार अच्छी तरह से करना बहुत आवश्यक है। यदि बिना उचित उपचार किए परिरक्षक लगा दिया जाता है तो लकड़ी के अन्दर नमी बन्द होकर रह जाती है जिससे लकड़ी का क्षयन हो जाता है। चिनाई में काम लेते समय लकड़ी का चूने के साथ सम्पर्क जहाँ तक हो सके नहीं होने देना चाहिए। परिरक्षण की विधियाँ नीचे बताई हुई हैं।

1. **झुलसाना** (Charring)—कीटों तथा शुष्क गलन से बचाने के लिए, लकड़ी के पोस्टों के निचले सिरे आग से झुलसा (Charring) दिए जाते हैं। आग से लगभग 1·5 cm गहराई तक लकड़ी को झुलसा देने के बाद इसे पानी में डुबो दिया जाता है।

2. **टार का लेप** (Tarring)—इस विधि में लकड़ी पर टार या टार को पिच (Pitch) में मिलाकर एक लेप लगा दिया जाता है। लकड़ी के दबे हुए सिरों पर, जैसे दरवाजों व खिड़कियों की चौखटों के सिरे, बैंटन और धरनों इत्यादि के सिरों पर टार या लुक की लेप लगाई जाती हैं। लकड़ी का जो भाग दिखता है उस पर लुक का लेप नहीं किया जाता क्योंकि काला रंग होने के कारण यह भद्दा लगता है।

3. **पेंटिंग** (Painting)—पेंट लगाने से लकड़ी दिखने में सुन्दर ही नहीं होती बल्कि यह परिरक्षित भी होती है। लेकिन इसके लिए लकड़ी का अच्छी तरह उपचारित होना बहुत आवश्यक है। M/s Solignin Ltd. की सालिगनम पेंट के नाम से कई पेंटें बाजार में मिलती हैं, जिनके उपयोग से लकड़ी दीमक के प्रकोप से बचाई जा सकती है।

4. **क्रियोसोटिंग** (Creosoting)—यह गहरा भूरे रंग का गाढ़ा तेल का घोल होता है। अच्छी तरह से उपचारित लकड़ी पर क्रियोसोट लगाकर 24 घण्टे तक सूखने दिया जाता है; जिसके बाद इसे एक बन्द चेम्बर में रखा जाता है। इस चेम्बर से हवा बाहर खींच ली जाती है और क्रियोसोट तेल 50°C पर $0{\cdot}9 N/mm^2$ दबाव पर अन्दर पम्प कर दिया जाता है। इससे लकड़ी, क्रियोसोट से अच्छी तरह तर हो जाती है। उपचारित लकड़ी चेम्बर से बाहर निकालकर काम ली जाती है। क्रियोसोट लकड़ी को दीमक और गलन से बचाता है। लेकिन इसका उपयोग भी बहुत कम होता है क्योंकि क्रियोसोट लगी सतह का रंग व गंध दिखने में अच्छे नहीं लगते हैं तथा इस पर पेंट नहीं किया जा सकता।

5. **वोलमैन का लवण** (Wolman's Salt)—यह लवण, क्रियोसोट और सोडियम फ्लोराइड का मिश्रण होता है। पानी में यह घुलनशील है। यह गंध रहित होता है और यह लकड़ी पर कोई धब्बे वगैरह नहीं छोड़ता। इससे उपचार के बाद लकड़ी की सतह पर पेंट या वार्निश की जा सकती है। कई तरह की फफूंदी को यह लवण नष्ट कर देता हैं। यह लकड़ी को अग्निसह बना देता है। जिंक क्लोराइड, सोडियम फ्लोराइड मैग्नेशियम, सिलिको-फ्लोराइड या नीला थोथा का लेप देने से भी लकड़ी फफूंदी के प्रभाव से परिरक्षित की जा सकती है। सूखने पर इस लकड़ी पर पेंट की जा सकती है।

6. **एस्कू उपचार** (Ascu Treatment)—Forest-Research Institute देहरादून द्वारा एस्कू (Ascu) नामक परिरक्षक निकाला गया है। यह पाउडर शकल में उपलब्ध है तथा नीचे दिए तीन तत्त्वों को मिलाकर बनाया जाता है।

1. Hydrated Arsenic Pentoxide ($As_2O_52H_2O$) 1 भाग
2. नीला थोथा ($CuSO_4 \cdot 5H_2O$) 3 भाग
3. पोटाशियम डाइक्रोमेट ($K_2Cr_2O_7 \cdot 2H_2O$) 4 भाग

इस पाउडर के 6 भाग पानी के 100 भागों में मिलाकर Ascu घोल तैयार किया जाता है। यह घोल स्प्रे करके दो लेपों में लकड़ी की सतह पर लगाया जाता है। अधिक अच्छे परिणाम प्राप्त करने के लिए लकड़ी घोल में डुबोई जा सकती है। घोल लगाने के बाद 3-6 हफ्तों तक लकड़ी सूखने देनी चाहिए। इस उपचार से लकड़ी पर दीमक का प्रभाव नहीं होता। यह घोल गन्ध रहित होता है तथा इससे उपचारित लकड़ी पर पेंट, वार्निश व पॉलिश की जा सकती है।

11·15. लकड़ी का अग्नि-सह बनाना (Fire Proofing of Timber)

लकड़ी बिल्कुल अग्नि-सह नहीं बनाई जा सकती। लेकिन निम्नलिखित उपचारों से अग्नि प्रभाव कम किया जा सकता है।

अमोनियम सल्फेट, अमोनियम क्लोराइड, अमोनियम फॉस्फेट, सोडियम आर-स्नेट, जिंक क्लोराइड इत्यादि में लकड़ी डुबोने से या सोडियम सिलिकेट, पोटेशियम सिलिकेट या अमोनियम फॉस्फेट इत्यादि से लकड़ी स्प्रे कर देने से लकड़ी में अग्नि-सह गुण उत्पन्न किए जा सकते हैं।

Abel's **विधि**—सबसे पहले लकड़ी पर सोडियम सिलिकेट (Na_2SiO_3) के घोल का पेंट किया जाता है और फिर इस पर बुझे चूने की क्रीम की एक कोट लगा दी जाती है। सबसे बाद में सोडियम सिलिकेट के सान्द्र घोल का कोट लगाया जाता है। इस उपचार से लकड़ी में अग्नि-सह गुण उत्पन्न हो जाते हैं।

11·16. लकड़ी का पकाना या उपचार (Seasoning of Timber)

लकड़ी में से फालतू नमी सुखाने को लकड़ी का पकाना या उपचार कहते हैं। लकड़ी में से नमी इस स्तर तक सुखा दी जाती है कि लकड़ी में केवल उतनी ही नमी हो, जितनी कि वहाँ के वायुमण्डल में उपस्थित है। इससे वायुमण्डल से लकड़ी में या

लकड़ी से वायुमण्डल में नमी निकलने में सन्तुलन रहता है। एक बहुत अच्छी तरह उपचारित लकड़ी में औसतन 10-12% तक नमी होती है। इसी नमी से देश के प्रायः सभी भागों में लकड़ी से वायुमण्डल में नमी व वायुमण्डल से लकड़ी में नमी जाने में सन्तुलन रहता है। न उपचारित लकड़ी में सिकुड़न, दरारें फटना तथा मरोड़ उत्पन्न हो जाता है। लकड़ी उपचारण में यह भी ध्यान रक्खा जाता है कि लकड़ी के प्रत्येक भाग से बराबर दर से नमी सूखे। इससे लकड़ी में आन्तरिक प्रतिबल वगैरह उत्पन्न नहीं होते हैं और लकड़ी में दरारें वगैरह नहीं फटती हैं।

लकड़ी उपचारण के उद्देश्य

1. गीली लकड़ी पर फफूंदी, छेदकों व दीमक का प्रभाव जल्दी होता है। उपचारण से लकड़ी का विघटन नहीं होता है।
2. उपचारण से लकड़ी हल्की हो जाती है।
3. उपचारित लकड़ी पर पॉलिश व पेंट करना आसान होता है।
4. उपचारित लकड़ी पर परिरक्षक लगाना आसान होता है।
5. उपचारित लकड़ी अधिक स्थाई और मजबूत होती है।

लकड़ी उपचारण की विधियाँ—पेड़ काटने के तुरन्त बाद इसकी छाल उतार दी जाती है और लकड़ी की जल्दी-से-जल्दी चिराई की व्यवस्था की जाती है। तुरन्त चिराई इसलिए की जाती है ताकि लकड़ी में उपस्थित नमी के वाष्पन के लिए अधिक से अधिक लकड़ी की सतह प्रस्तुत की जा सके। कटी लकड़ी के सिरों से अधिक वाष्पन होने की सम्भावना होती है जिससे लकड़ी सिरों पर से फट सकती है। यह सम्भावना समाप्त करने के लिए सिरों से लकड़ी किसी पेंट, टार या दूसरी कोट से ढक दी जाती है। लकड़ी प्राकृतिक विधि से या कृत्रिम विधि से उपचारित की जा सकती है।

चित्र 11·10. (लकड़ी का स्टैक उपचारण के लिए)

1. उपचारण की प्राकृतिक विधि—पेड़ काटने के तुरन्त बाद इसकी चिराई करके इसे पाटों, इत्यादि में परिवर्तित कर दिया जाता है। परिवर्तित लकड़ी का छायादार जगह स्टैक लगा दिया जाता है। स्टैक वाली जगह पानी वगैरह नहीं आना चाहिए। स्टैक लगाते समय प्रत्येक बैटन या पाटे में थोड़ी जगह छोड़कर लगाना चाहिए ताकि ताजी हवा का इनके चारों तरफ आवागमन हो सके। नीचे से स्टैक में नमी न चढ़े, इसके लिए स्टैक जमीन से कुछ सेन्टीमीटर ऊपर उठाकर लगाना चाहिए। उपचारण के लिए बड़े शेड बनाए हुए होते हैं, जिनमें छाया बनी रहती है तथा बाहरी पानी लकड़ी के सम्पर्क में नहीं आ सकता। चित्र 11·10 में स्टैक दिखाया हुआ है।

उपचारण की यह विधि सबसे अच्छी रहती है क्योंकि इससे प्राप्त लकड़ी बहुत मजबूत और स्थाई होती हैं। लेकिन यह क्रिया बहुत समय लेती है। इस विधि से 2-3 साल का समय लकड़ी के उपचारण में लग जाता है।

1. लकड़ी के उपचार की कृत्रिम विधियाँ (Artificial Seasoning)—लकड़ी के प्राकृतिक उपचार में जैसा ऊपर बताया जा चुका है, बहुत समय लगता है। इसलिए जल्दी उपचार करने के लिए कृत्रिम विधियाँ अपनाई जाती हैं।

(i) **पानी से उपचार करना** (Water Seasoning)—कृत्रिम-विधि में से सबसे आसान यही विधि है। पेड़ काट कर और छाल उतार देने के बाद इसे पानी में डाल दिया जाता है। लकड़ी पानी में डुबोए रखने के लिए, लकड़ी पर भार वगैरह रक्खा जा सकता है। लेकिन लगभग दो हफ्ते से अधिक समय के लिए लकड़ी पानी में डूबी नहीं रखनी चाहिए अन्यथा इसकी सामर्थ्यता प्रभावित हो जाती है। इसके बाद लकड़ी बाहर निकालकर प्राकृतिक उपचार की तरह इसे सुखा दिया जाता है। इस विधि से काफी कम समय में उपचार हो जाता है। लकड़ी कम सिकुड़ती है और कम मरोड़ खाती है।

(ii) **उबालने से लकड़ी का उपचार**—लकड़ी लगभग 4 घण्टे तक उबाली जाती हैं या भाप के सम्पर्क में लाई जाती हैं। उबालने या भाप में रखने के बाद लकड़ी धीरे-धीरे ठंडी होने देनी चाहिए। इस विधि से और भी जल्दी लकड़ी उपचारित होती है लेकिन इसकी सामर्थ्यता और स्थायित्व काफी प्रभावित हो जाता है।

(iii) **भट्टे में लकड़ी का उपचार** (Kiln Seasoning)—सभी कृत्रिम विधियों में से सबसे सफल और कम समय लेने वाली यही विधि है। इस विधि में लकड़ी एक बन्द चेम्बर में स्टैक कर दी जाती है। चेम्बर में नियन्त्रण बनाए रखते हुए गर्म हवा काफी दबाव में पम्प की जाती है। चेम्बर में हवा का तापक्रम, लकड़ी की किस्म तथा लकड़ी की शकल व नाम पर निर्भर करता है। कठोर किस्म की लकड़ी यदि बड़े नापों में है तो 30 से 40°C का तापक्रम काफी होता है। नर्म किस्म की लकड़ियाँ 50 से 90°C तक गर्म हवा में उपचारित की जाती हैं। गर्म हवा से लकड़ी में से सैप और नमी दोनों हट जाती हैं। चेम्बर में यह तापक्रम 2 से 7 दिनों तक बनाए रखा जाता है।

11.17. भारत में पाई जाने वाली कुछ लकड़ियों के गुण

1. **बबूल** (Babul)—यह काँटेदार पेड़ है जिसके पत्ते बहुत छोटे होते हैं और उसके फूल पीले रंग के होते हैं। यह भारत में प्रायः हर जगह पाया जाता है। यह बहुत रेतीले इलाकों में बहुत कम नमी में भी हो जाता है। इसके गुण—

(i) इसकी लकड़ी कठोर, दृढ़ और प्रत्यास्थ होती है।

(ii) यह काफी स्थाई है लेकिन इस पर कार्य करना कठिन होता है।

(iii) यह अधिक लंबाइयों में बहुत कम मिलती है।

(iv) इसका गठन काफी मजबूत होता है।

(v) रंग गुलाबी-सफेद होता है जो खुले में रहने से लाल-भूरे में परिवर्तित हो जाता है।

(vi) इस पर पॉलिस अच्छी चढ़ती है।

(vii) इसका भार 8800 N/m^3 होता है।

इसका प्रयोग बैलगाड़ियों व इनके पहिये बनाने में होता है। विभिन्न औजारों के हैंडल, कृषि-ओजारों इत्यादि में इनका बहुत उपयोग होता है। कुएँ के कर्ब में भी इसका प्रयोग किया जाता है।

2. **चीड़** (Chir)—500 से 2500 m ऊँचाई पर हिमालय पर यह पाई जाती हैं। घटिया किस्म के निर्माण कार्यों में इसे उपयोग में लाया जा सकता है। बाहर खुली परिस्थितियों में इसका उपयोग कभी नहीं करना चाहिए। रेलवे स्लीपरों में यह बहुत काम आती है।

गुण—(i) यह हल्की लकड़ी है और इसका भार केवल 5600 N/m^3 होता है।

(ii) इसका उपचार व इस पर कार्य दोनों बड़ी आसानी से किए जा सकते हैं।

(iii) इसका रंग लाल, भूरा या पीला होता है।

(iv) यह देवदार से मिलती-जुलती है लेकिन हल्की और नर्म है। सभी तरह में यह देवदार से निम्न श्रेणी की है।

3. **देवदार** (Deodar, Diar)—यह सीधा व बहुत लम्बा पेड़ होता है। इसकी पत्तियाँ नोकीली होती हैं। यह 1000 से 3000 मीटर ऊँचाई पर हिमालय में मिलता है। यह भारत की महत्त्वपूर्ण लकड़ियों में से एक है। उसका उपयोग निर्माण कार्यों, रेलवे स्लीपरों, पुलों व पाइलों इत्यादि में होता है।

गुण—(i) इसका भार 5600 N/m^3 होता है।

(ii) यह बहुत मजबूत व स्थाई किस्म की लकड़ी है।

(iii) इसका रग पीला होता है लेकिन बाहर खुले में यह गहरा हो जाता है।

(iv) इस पर आसानी से कार्य किया जा सकता है।

(v) रन्दा करने और वार्निश करने पर यह बहुत सुन्दर दिखती है ।

(vi) इसमें से सुगन्ध आती है और इसकी लकड़ी ऐसी होती है जैसे इस पर तेल लगाया गया हो ।

(vii) यह सघन तथा कठोर होती है ।

4. **साल** (Sal)—यह मध्य प्रदेश और हिमालय की तलहटी में पाई जाती है । यह भी बहुत अच्छी किस्म की लकड़ी है तथा इसे किसी भी काम लिया जा सकता है । इसकी सतह पर सफाई अच्छी नहीं आती इसलिए इसे सजावटी कामों में काम नहीं लिया जाता । नींव की पाइलें इसकी बनी हुई हो सकती हैं ।

गुण—(i) इसका रंग हलका पीला या भूरा होता है जो बाहर खुला छोड़ने पर गहरा हो जाता है ।

(ii) यह कठोर और भारी होती है तथा इसके रेशे बहुत सघन होते हैं ।

(iii) यह बहुत मजबूत और स्थाई किस्म की लकड़ी है ।

(iv) इस पर कार्य करना कठिन है तथा इस पर अच्छी पॉलिश नहीं की जा सकती ।

(v) वहुत तीखे रन्दे से इसकी सतह समतल की जा सकती है ।

(vi) इसके तनों का आम नाप $2\frac{1}{2}$ Metre girth में और 25 m लम्बा होता है ।

(vii) इसका उपचार बहुत धीमी गति से होता है ।

5. **टीक** (Teak)—यह मध्य प्रदेश और दक्षिणी भारत में बहुत होती है । इसकी पत्तियाँ चौड़ी होती हैं । इसका उपयोग समुद्री जहाज बनाने, रेलवे स्लीपर, फर्नीचर, गाड़ी के डिब्बे व सभी तरह के निर्माण कार्यों में किया जाता है । यह लकड़ी बहुत महँगी है । इसलिए इसका उपयोग बहुत कीमती कार्यों में ही किया जाता है ।

गुण—(i) इसका उपचार आसानी से होता है तथा यह बहुत कम सिकुड़ती है ।

(ii) इसका भार 7700 N/m^3 होता है ।

(iii) इसका रंग सुनहरी पीले से गहरे भूरे तक होता है । खुला छोड़ने से इसका रंग गहरा हो जाता है, जो अन्त में काला हो जाता है ।

(iv) सभी वायुमण्डलीय परिस्थितियों में यह स्थाई और मजबूत लकड़ी है ।

(v) इस पर काम करना आसान है तथा पॉलिश बहुत अच्छी की जा सकती है ।

(vi) सिकुड़ने से इसमें मरोड़ उत्पन्न नहीं होती ।

(vii) इसके रेशे सीधे व सामान्य होते हैं ।

(viii) इसमें रेजिन पदार्थ होते हैं जो लकड़ी को सभी बीमारियों से बचाते हैं। इसमें से सुगन्ध भी आती है।

(ix) यह अग्निसह, अम्ली-क्रियासह और दीमकसह होती है।

6. **शीशम, टाली या सिसू** (Shisham, Tali or Sissu)—यह उत्तरी भारत और मध्य प्रदेश में बहुत मिलती है। देवदार की भाँति यह भी भारत की अच्छी किस्म की लकड़ियों में से एक है।

बहुत उच्च कोटि की मेज-कुर्सियाँ, धरन, व निर्माण के दूसरे महत्त्वपूर्ण कार्यों में यह काम ली जाती है। शिल्पी कार्यों में भी इसका बहुत उपयोग होता है।

गुण—(i) इसका रंग गहरा भूरा होता है जिसमें सुनहरी और गहरे भूरे रंग की धारियाँ होती हैं। खुला छोड़ने पर रंग और अधिक गहरा हो जाता है।

(ii) यह सघन और बहुत कठोर किस्म की लकड़ी है।

(iii) इसका उपचारण आसानी से किया जा सकता है।

(iv) इस पर बहुत उच्च कोटि की पॉलिश की का सकती है।

(v) इसका भार 8800 N/m^3 होता है।

7. **आम की लकड़ी** (Mango)—यह बहुत मशहूर फल का पेड़ है जो पूरे भारत में होता है। ताँगा बनाने, पैकिंग केस बनाने, खिलौने व दूसरे सस्ते व गौण कार्यों में इसका उपयोग होता है। सस्ते किस्म की मेज-कुर्सियों व भवन निर्माण में भी इसे काम लिया जा सकता है।

गुण—(i) इसका रंग गहरा धूसर (Deep Grey) होता है।

(ii) इसके रेशे मोटे व खुले होते हैं।

(iii) इसे यदि जल्दी से न सुखाया जाय तो इसमें विकृति उत्पन्न हो सकती है। लेकिन इसका उपचार आसानी से किया जा सकता है।

(iv) इस पर कार्य करना बड़ा आसान है।

(v) इसका भार 6500 N/m^3 होता है।

8. **अखरोट की लकड़ी** (Walnut)—ऊपरी बर्मा व हिमालय क्षेत्र में यह पेड़ बहुत होते हैं। प्लाई वुड के लिए, उच्चकोटि की मेज-कुर्सियाँ बनाने के लिए, यह बहुत ही अच्छी किस्म की लकड़ी होती है। शिल्पी कार्यों के लिए भी यह लकड़ी बहुत अच्छी होती है। जब सस्ती व काफी मात्रा में उपलब्ध हो तो इसके घर भी बनाए जा सकते हैं।

गुण—(i) इसका भार 6500 N/m^3 होता है।

(ii) इसका उपचार बहुत धीरे होता है और उपचारण में इसमें सिकुड़न उत्पन्न होती है।

(iii) इसका रंग हल्के धूसर भूरे से गहरे भूरे तक होता है। सुनहरी लाल या काले रंग में भी यह लकड़ी मिलती है।

(iv) यह मजबूत, कठोर, दृढ़ और प्रत्यास्थ होती है।

(v) इसका गठन एक सार (Uniform Texture) होता है और इस पर पॉलिस अच्छी होती है।

(vi) इस पर कार्य आसानी से किया जा सकता है तथा यह फटती नहीं है।

(vii) उपचारित रूप में यह स्थाई है, लेकिन इस पर कीड़ों का धावा बहुत जल्दी होता है।

9. **कैल** (Kail)—हिमालय में भूटान से लेकर अफगानिस्तान तक 2000 से 4000 मीटर की ऊँचाई पर यह लकड़ी बहुत पाई जाती है। इसके पेड़ हमेशा हरे रहते हैं। रेलवे स्लीपर बनाने, मकान बनाने, इत्यादि में इसका उपयोग होता है। माचिस की तिल्लियाँ व माचिस की डब्बियाँ इससे बनाई जाती हैं।

गुण—(i) इसका रंग हल्का भूरा होता है।

(ii) इसका उपचार आसानी से किया जा सकता है तथा यह स्थाई और अच्छी तरह बंधे रेशों वाली लकड़ी है।

(iii) इसमें देवदार की तरह तेल वगैरह नहीं होता।

10. **महोगनी** (Mohogany)—पश्चिमी घाटों पर यह लकड़ी बहुत मिलती है। इसका उपयोग अलमारियाँ बनाने, मेज-कुर्सियाँ बनाने, पैट्रन (Pattern) बनाने इत्यादि में बहुत किया जाता है। भवनों में भी यह लकड़ी काम लाई जा सकती है।

गुण—(i) इसका भार 6900 N/m^3 होता है।

(ii) यह कठोर लकड़ी है लेकिन इस पर आसानी से कार्य किया जा सकता है।

(iii) कीड़ों के प्रकोप से बचाए रखने के लिए इसमें रेजिन तेल होता है।

(iv) इस पर अच्छी पॉलिश की जा सकती है।

(v) यह सामान्य कठोर और स्थाई है।

(vi) इसका रंग लाल भूरा होता है।

11. **बांस** (Bamboo)—यह लकड़ी तराई वाले क्षेत्रों तथा पहाड़ों में सारे भारत में पाई जाती है। इसका उपयोग अस्थाई पुल बनाने, भवनों के निर्माण के लिए झूला (Scaffolding) बनाने, इत्यादि में किया जाता है। कच्चे मकानों में छप्पर डालने इत्यादि में भी यह बहुत काम आते हैं। हल्की चारपाईयाँ इससे बहुत बनाई जाती हैं। गर्मियों के लिए टाटें इन्हीं से बाँधे जाते हैं।

गुण—(i) यह लचीला होता है तथा काफी मजबूत व स्थाई होता है।

(ii) कम व्यास वाले बांस जिसमें बहुत बारीक छेद होता है, बड़े छेद वाले बड़े व्यास बाँसों से अधिक मजबूत होते हैं।

12. **मलबरी** (Mulberry)—यह लकड़ी पंजाब में उत्पन्न होती है। इसका उपयोग खेल-कूद का सामान बनाने में होता है। क्रिकिट बैट, हॉकी, बैडमिंटन रैकिट, टैनिस रैकिट इत्यादि इसी से बनते हैं। बाहर से मंगाई Asb नामक लकड़ी की जगह यह बहुत अच्छी तरह काम आती है।

गुण—(i) इसका भार 6700 N/m^3 होता है।

(ii) आसानी से इस पर कार्य किया जा सकता है और रंदे से बहुत अच्छी सतह मिलती है।

(iii) यह आसानी से मोड़ा जा सकता है।

(iv) यह मजबूत, दृढ़ और प्रत्यास्थ है।

(v) इसका रंग भूरा होता है और इसका उपचारण आसानी से किया जा सकता है।

13. **जैक** (Jack)—यह भी हमेशा हरा रहने वाला पेड़ है। यह देश के पश्चिमी घाटों में लगभग 1000m की ऊँचाई पर मिलता है। देश के अपेक्षाकृत अधिक गर्म भागों में भी बहुत पाया जाता है। संगीत के यन्त्र बनाने, मेज-कुर्सियाँ बनाने और कुओं के कब बनाने में यह प्रायः काम आती है। बैलगाड़ियाँ व इनके पहिए इत्यादि इसी से बनाए जाते हैं।

गुण—(i) इसका रंग चमकदार पीला होता है जो खुला रहने पर गहरा हो जाता है।

(ii) सूखने पर यह बहुत कठोर नहीं होती लेकिन भंगुर हो जाती है।

(iii) इसका उपचार आसानी से किया जा सकता है तथा सिकुड़न बहुत कम होती है।

(iv) इसका भार 5900 N/m^3 होता है।

(v) इसके रेशे मोटे होते हैं। इस पर रंदे से अच्छी तरह कार्य किया जा सकता है।

14. **टून** (Toon)—यह पेड़ भी हिमालय की तलहटी में पश्चिमी घाटी में पाया जाता है। इसका अधिकतर उपयोग दरवाजों के पैनल बनाने व फर्नीचर बनाने में होता है।

गुण—(i) इसका रंग मंद लाल होता है।

(ii) यह हल्की होती है और मजबूत नहीं होती।

(iii) इसका उपचार आसानी से हो जाता है और दीमक का इस पर कोई प्रभाव नहीं होता।

(iv) इस पर भी कार्य आसानी से किया जा सकता है।

(v) इसका भार 5500 N/m^3 होता है।

(vi) तापमान और नमी में परिवर्तन होने से इसके सिकुड़ने, फूलने, फटने इत्यादि की सम्भावना रहती है।

15. **हालडू** (Haldu)—यह चौड़ी पत्तियों वाला पेड़ है। इसका उपयोग, फर्नीचर बनाने, खेती के औजार बनाने इत्यादि में होता है। सजावटी कार्य व अलमारियाँ भी इसकी बनाई जाती हैं।

गुण—(i) इसका रंग पीला होता है जो समय के साथ-साथ धूसर (Grey) हो जाता है।

(ii) यह बहुत सख्त लकड़ी नहीं है।

(iii) इसके रेशे सम्मित होते हैं तथा इस पर कार्य आसानी से किया जा सकता है।

(iv) इसका भार 6700 N/m^3 होता है।

(v) यह स्थाई है और इसका उपचार आसानी से किया जा सकता है।

11·18. लकड़ी का नाप (Measurement of Wood)

लकड़ी के लॉगों का अनुमानित ज्ञात करने के लिए निम्नलिखित सूत्रों का उपयोग किया जा सकता है :—

पहली विधि : गोल लॉग के लिए (Round Logs)—गर्थ (Girth) नाप कर या लॉग की तीन जगह परिसीमा (Circumference) नाप कर (दिनों सिरों पर और मध्य में) लकड़ी का आयतन ज्ञात किया जा सकता है।

$$\text{लकड़ी का आयतन } (m)^3 = \left(\frac{g_1 + g_2 + g_3}{3}\right)^2 \frac{1}{4\pi}$$

यहाँ g_1, g_2, g_3 = मीटरों में गर्थ का नाप है

l = मीटरों में लॉग की लम्बाई

दूसरी विधि : वर्गाकार लॉग (Square Log)—लॉग के मध्य में गर्थ नाप कर लकड़ी का आयतन निम्न सूत्र अनुसार ज्ञात किया जा सकता है।

$$\text{आयतन } m^2 = \left(\frac{g}{4}\right) \times 1$$

यहाँ g = लॉग के मध्य में गर्थ नाप है।

11·19. वीनियर या पर्त (Veneers)

वीनियर लकड़ी की बहुत पतली चद्दरे या परतें होती हैं जो किसी कलात्मक रेशों वाली लकड़ी या किसी भी सुन्दर लगने वाली लकड़ी को छील कर या आरी से काट कर प्राप्त की जाती है। वीनियर लकड़ी के लॉगों से, वीनियर काटने वाली मशीनों से काटे जाते हैं। वीनियर चद्दर की मोटाई 1 से 6 mm तक होती है। यह वीनियर चद्दरें घटियाँ किस्म की लकड़ी की सतह पर गलू द्वारा लगा देने से लकड़ी वैसी ही लगती है, जैसे यह वीनियर वाली लकड़ी की ही बनी हो। लेकिन उपयोग में लाने से

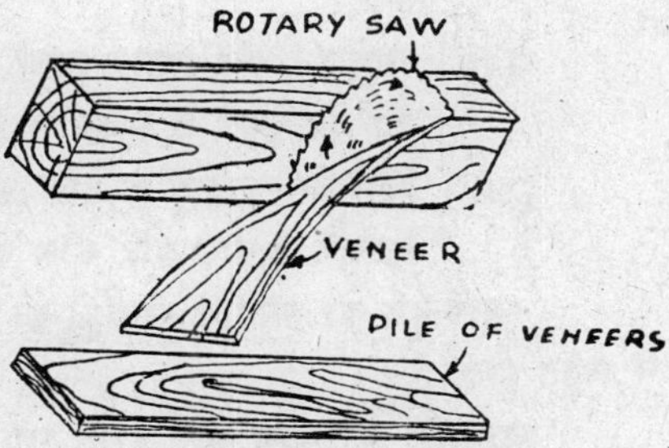

चित्र 11·11 वीनियर काटना

पहले वीनियर अच्छी तरह सुखा लेने चाहिए । प्लाई वुड, लैमिन बोर्ड, बैटन बोर्ड इत्यादि बनाने में वीनियरों का ही उपयोग किया जाता है ।

11·20. प्लाईवुड (Plywood)

प्लाईवुड बनाने के लिए काम आने वाले वीनियरों को प्लाई (Plies) कहते हैं । प्लाईयों को गलू द्वारा जोड़कर बनी लकड़ी को प्लाईवुड (Plywood) कहते हैं । प्लाई-वुड में प्लाईयाँ हमेशा विषम संख्या में होती हैं । प्लाईयों में गलू लगाकर और इन्हें 1·1 से 1·4N/mm^2 का दाब लगाकर प्लाई-वुड बनाई जाती है । प्लाई-वुड कम से कम 3 प्लाईयों की बनी होती है । 3 प्लाई, 5 प्लाई, 7 प्लाई इत्यादि में यह बाजार में मिलती है । 3 प्लाई से अधिक प्लाईयों वाली प्लाई वुड को बहु-प्लाई (Multi-Plies) कहत है ।

दोनो बाहरी प्लाईयाँ फलक प्लाई (Face Plies) या केवल Face कहलाती हैं । प्लाई इस तरह से लगाई जाती हैं कि प्लाई के रेशे इसके ऊपर व नीचे लगी प्लाईयों के रेशो के समकोण पर रहें । प्लाईयां या वीनियर जितने पतले होंगे, प्लाई-वुड उतनी ही प्रत्यास्थ होगी । अच्छी किस्म का गलू काम लेने से लकड़ी की सामर्थ्य बढ़ती है । Blood Glue सबसे अच्छा रहता है । प्लाईवुड 1·5 m चोड़ी और 4·3 m लम्बी चादरो मे मिलती है । प्लाई-वुड की मोटाई 3 mm से 6 mm तक होती है । प्लाई-वुड न फटती है और न ही इसमें दरारें आती हैं ।

प्लाई-वुड के कुछ लाभ

(i) यह दिखने में बहुत सुन्दर लगती है ।

(ii) यह मजबूत होती है । उदाहरण के लिए तीन प्लाई वाली लकड़ी की सामर्थ्य, उसी मोटाई की ठोस लकड़ी की सामर्थ्य की तीन गुनी होती है ।

(iii) इसे किसी भी शकल में आसानी से मोड़ा जा सकता है ।

(iv) यह प्रत्यास्थ होती है और वायुमण्डलीय तत्त्वों का इस पर कोई प्रभाव नही होता ।

(v) सभी दिशाओं में इसकी तनाव क्षमता एक जैसी होती है ।

(vi) यह बड़े मापों में मिलती है । इतने बड़े माप में ठोस लकड़ी नहीं मिलती है ।

(vii) सिकुड़न और प्रसार इसमें प्रायः नगण्य होता है । विभिन्न प्लाईयों के रेशे एक-दूसरे के समकोण होने के कारण ही ऐसा होता है ।

(viii) विभिन्न प्लाईयों के रेशे समकोण पर होने के कारण, प्लाई-वुड के किनारे के पास यदि कील गाड़ी जाएँ तो भी लकड़ी फटती नहीं है ।

प्लाई-वुड का उपयोग दीवारों को ढकने, दरवाजों व फर्नीचर इत्यादि को ढकने में बहुत होता है ।

आमतौर पर काम आने वाली प्लाई वुड तीन ग्रेडों (Grades) में मिलती है । लकड़ी का श्रेणीकरण प्लाई वुड में काम लिए चिपकने वाले पदार्थ पर निर्भर करता

है । इन श्रेणियों को इनके बाहरी फलक की किस्म अनुसार कुल 6 भागों में विभाजित किया जा सकता है । उदाहरण के लिए AA, AB, AC, BB, BC, CC, श्रेणियाँ प्लाई-वुड की विभिन्न श्रेणियाँ हैं ।

प्लाई-वुड के नाप (Dimension)—प्लाई-वुड बोर्ड निम्न नाप में आते हैं : 240 × 120, 240 × 90, 210 × 120, 210 × 90, 180 × 120, 180 × 90, 150 × 120, 150 × 90, 120 × 120, 90 × 90 सेमी० । सभी नाप सेण्टीमीटरों में हैं । पहली संख्या लम्बाई और दूसरी संख्या चौड़ाई बताती है ।

प्लाई बोर्डों की मोटाईयाँ नीचे दी हुई हैं ।

सारिणी 11.2

बोर्ड में प्लाई की संख्या	मोटाई
तीन प्लाई	3, 4, 5 और 6 mm
पाँच प्लाई	5, 6, 8 और 9 mm
सात प्लाई	9, 13, और 1 mm
9 प्लाई	13, 16 और 19 mm
11 प्लाई	19, 22 और 25 mm
11 प्लाई से अधिक	जैसे order हो

11.21. लेमिन बोर्ड (Lamin Board)

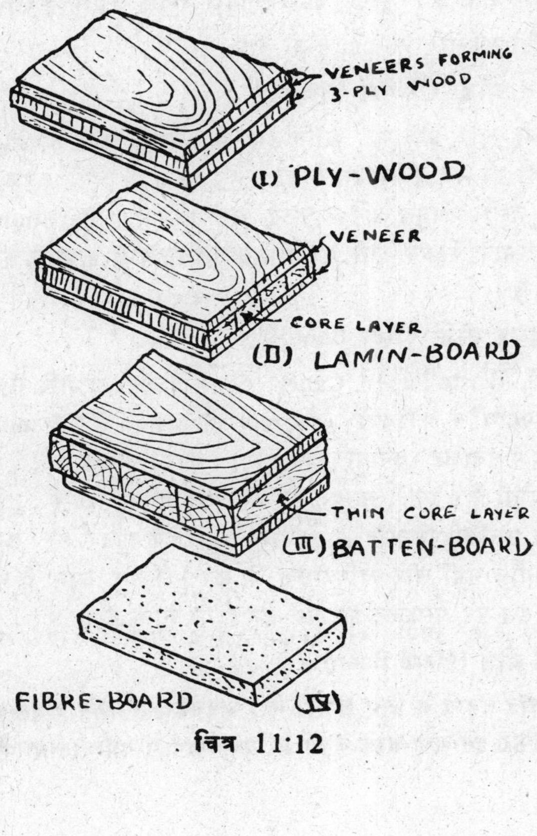

चित्र 11.12

लेमिन बोर्ड के दो भाग होते हैं, कोर (Core) और प्लाई। कोर (Core) मध्य भाग में होता है जो दोनों तरफ से प्लाई वुड की चद्दर से ढका होता है।

8 mm मोटे और जितना मोटा लेमिन बोर्ड बनाना है उसके अनुसार गहरी लकड़ी की छोटी-छोटी पट्टियाँ लो और उन्हें आपस में गलू द्वारा जोड़ दो। इससे लकड़ी की एक स्लैब सी बन जाती है। इसे आवश्यक सजावट देने के लिए इसके दोनों फलकों पर प्लाई वुड लगा दी जाती है। लेमिन बोर्ड चित्र 11·12 (II) में दिखाया हुआ है। यह बोर्ड 1·5 m चौड़े और 2·5 से 3 मीटर लम्बाई में मिलते हैं। इनका उपयोग Partition wall, पैंकिंग केस, छतों के अन्दर की तरफ सीलिंग लगाने, दरवाजे व फर्नीचर बनाने में होता है।

11·22. ब्लॉक बोर्ड (Block Board)

यह भी लेमिन बोर्ड की तरह ही होते हैं। इनमें कोर भाग 1·5 cm × 2cm ब्लॉकों को गलू करके बनाया जाता है जिसके दोनों तरफ प्लाई वुड लगा दी जाती है। यह लेमिन बोर्ड से सस्ते होते हैं। इनका उपयोग दरवाजे बनाने, Partition बनाने में होता है। यह बोर्ड 12, 16, 20, 25, 30,32, 35, 40, 45 और 50 mm मोटाई के बनाए जाते हैं। इनकी लम्बाई 240, 210, 180, 150 और 120 cm जबकि चौड़ाई 120 और 90 cm होती है।

11·23. बैटन बोर्ड ((Batten Board)

यह भी ब्लॉक बोर्ड की भाँति होते हैं। इनकी कोर 8 cm चौड़े और 2-3 cm मोटे बैटनों को गल् करके बनाई जाती है। इनके भी दोनों तरफ प्लाई-वुड लगी होती है। यह हल्के, मजबूत और न फटने वाले होते हैं। Partition Wall छतों के निचली तरफ लगाने, पैंकिग केसों, दरवाजों और खिड़कियों इत्यादि के बनाने में इसका उपयोग होता है।

11·24. फाइबर बोर्ड (Fibre Board)

लकड़ी, Waste Paper, Cane, Corn Stalks इत्यादि से यह बोर्ड बनाए जाते हैं। इन पदार्थों के फाइबरों (Fibres) को 6 mm से 25 mm या इससे भी अधिक मोटाई में दबाकर बनाया जाता है। इनकी चौड़ाई 1·25 m और लम्बाई 3·5 m तक होती है। इनकी सतह पर भी प्लाई वगैरह लगाई हुई हो सकती है। इनका उपयोग छतों की निचली सतह पर, दीवारों के अन्दर की तरफ किया जाता है। इनका उपयोग गर्मी और ध्वनिरोधक के रूप में किया जाता है। नमी से बचाए रखने के लिए इस पर अस्फाल्ट का लेप कर दिया जाता है।

11·25. हार्ड बोर्ड (Hard Board)

हार्ड बोर्ड बनाने के लिए लकड़ी के फाइबरों को पहले अलग-अलग कर दिया जाता है और फिर इसे गर्म करके बहुत अधिक दबाव में दबाया जाता है जिससे कठोर,

सघन अपारगम्य बोर्ड बन जाते हैं। बोर्ड के गुण में पारवर्तन के लिए, दबाने से पहले लकड़ी की लुगदी में अन्य पदार्थ भी मिलाए जा सकते हैं। यह 1·25 m से 1·75 m चौड़ाई तक तथा 4·75 m लम्बाई तक मिलते हैं। इनकी मोटाई 2mm से 20mm तक होती है। मैसोनाइट (Mesonite), सैलोटेक्स (Celotex), इसैक्स (Essex), जोली (Jolly) बोर्ड इत्यादि इनके व्यापारिक नाम हैं। इनका उपयोग अन्दर से छत ढकने, मेज बनाने इत्यादि में किया जाता है।

हार्ड बोर्ड बनाते समय इसमें कुछ रसायन डालकर और फिर इसका तापक्रम से उपचार कर इसकी सामर्थ्य बढ़ाई जा सकती है। इस तरह उपचारित बोर्ड को Tempered Hard Board कहते हैं।

प्रश्नावली

1. बहिर्जात (Exogenous) पेड़ की बढ़ोत्तरी व संरचना लिखो।
2. (a) अच्छी लकड़ी के गुण लिखो।
   (b) लकड़ी में होने वाली त्रुटियों या दोषों के बारे में लिखो।
3. लकड़ी के उपचार से क्या तात्पर्य है? लकड़ी का उपचार क्यों आवश्यक है? लकड़ी के उपचार की विभिन्न विधियाँ लिखो।
4. निम्नलिखित पर नोट लिखो:
   (i) गीला गलन (Wet Rot),
   (ii) शुष्क गलन (Dry Rot),
   (iii) दीमक (White Ants)
   (iv) जलीय छेदक (Marine Borers)।
5. एक पेड़ काटने की पूर्ण विधि लिखो। जब तक लकड़ी की चिराई व उपचार नहीं हो जाता तब तक आप किन-किन बातों का ध्यान रखेंगे?
6. भारत में पाये जाने वाले लकड़ी के पेड़ों के नाम व इनसे प्राप्त लकड़ी के विशेष गुण लिखो।
7. लकड़ी की चिराई की विभिन्न विधियों का सचित्र वर्णन करो।
8. लकड़ी में उत्पन्न होने वाली बीमारियों से लकड़ी को बचाए रखने के लिए आप क्या करेंगे?
9. निम्नलिखित कार्यों में आप कौन-सी लकड़ी काम लेंगे?
   (i) दरवाजे पर खिड़कियों की चौखट
   (ii) दरवाजे, खिड़कियों के तख्ते बनाने के लिए
   (iii) रेलवे स्लीपरों के लिए
   (iv) फर्नीचर के लिए

(v) खेती के औजारों के लिए
(vi) बैलगाड़ी के पहियों के लिए।

10. निम्नलिखित पर नोट लिखो :

(i) प्लाई-वुड (Ply-Wood),
(ii) लेमिन बोर्ड (Lamin Board),
(iii) ब्लॉक बोर्ड (Block Board),
(iv) फाइबर बोर्ड (Fibre Board),
(v) बैटन बोर्ड (Batten Board),
(vi) हार्ड बोर्ड (Hard Board)।

11. Star Shake, Heart Shake, Cup Shake. Twisted Fibres, Rind Galls और गाँठों के चित्र बनाओ और लिखो कि लकड़ी में यह दोष कब और क्यों उत्पन्न होते हैं ?

12

लोहा तथा इस्पात
[IRON AND STEEL]

12·1. परिचय (Introduction)

धातुएँ और मिश्र धातुएँ, सभी, इंजीनियरी कार्यों के लिए बहुत महत्त्वपूर्ण होती हैं। प्रत्येक धातु इंजीनियरी कार्यों में किसी-न-किसी रूप में काम ली जाती हैं। सभी धातुओं को दो भागों में बाँटा जा सकता है :

1. लोह धातुएँ (Ferrous Metals)
2. अलोह धातुएं (Non-Ferrous Metals)

ढलवाँ लोहा (Cast Iron), पिटवाँ लोहा और विभिन्न तरह के इस्पात लोह धातुओं के अन्तर्गत आते हैं जबकि अलुमीनियम, ताँबा, जस्ता, सीसा (Lead) और टिन इत्यादि सब अलोह धातुएँ हैं।

12·2. लोहे की उपस्थिति (Occurrence)

प्रकृति में लोहा बहुत मिलता है। पृथ्वी की सतह के लगभग 5% भाग में लोहा है। मुक्तावस्था में यह बहुत कम पाया जाता है लेकिन ऑक्साइड्स, सल्फाइड्स और कार्बोनेटों के रूप में यह बहुत पाया जाता है। लोहे के मुख्य अयस्क (Ores) निम्न हैं :

(i) **मैग्नेटाइट** (Fe_3O_4)—इसमें लोहा 70 से 75% होता है। यह काला होता है तथा S.G. 4·90 से 5·9 तक होती है। यह भारत में मद्रास में उपलब्ध है।

(ii) **हैमेटाइट** (Fe_3O_3)—इसमें लोहा लगभग 70% होता है। यह अयस्क M.P. तथा मैसूर में मिलता है। इसका रंग भी काला व भूरा होता है।

(iii) **आयरन पाईराइट** (FeS_2)—इसमें लोहे की मात्रा 47% तक होती है लेकिन इसमें गन्धक की मात्रा अधिक होने के कारण लोहा निकालने के लिए इसका उपयोग नहीं किया जाता है। गंधक से लोहा भंगुर हो जाता है। इसका रंग पीला होता है।

(iv) **साइडराइट** ($FeCO_3$)—इसमें लोहे की मात्रा 40% होती है। इसका रंग पीला या भूरा होता है। भारत में यह रानीगंज तथा बंगाल में मिलता है।

मैग्नेटाइट में लोहा सबसे अधिक होता लेकिन फिर भी लोहा निकालने में इसका उपयोग नहीं किया जाता क्योंकि इससे लोहा निकालना बड़ा ही कठिन होता है। आयरन पाइराइट में गन्धक होने की वजह से बहुत घटिया किस्म का लोहा उत्पन्न

करता है, इसलिए लोहा निकालने में इसका भी उपयोग नहीं किया जाता। साइडराइट में वैसे ही लोहे की मात्रा बहुत कम होती है, इसलिए इसे भी काम में नहीं लिया जाता। इन सब अयस्कों में से हेमाटाइट सबसे अधिक काम लिया जाता है क्योंकि इसमें से लोहा अलग करना बहुत आसान है। भारत में मयूरकुँज, मैसूर, बिहार और उड़ीसा में यह अयस्क सबसे अधिक मिलता है, इसलिए इनके कारखाने भी इन्हीं क्षेत्रों में स्थापित किए गए हैं।

(v) **लिमोनाईट** (Limonite)—यह भूरा हेमेटाइट होता है जिसमें लगभग 60% लोहा होता है। भारत में यह जमशेदपुर के पास मिलता है।

व्यापारिक दृष्टि से लोहा चार तरह का होता है :

(a) पिग लोहा (Pig Iron)

(b) ढलवाँ लोहा Cast Iron)

(c) पिटवाँ लोहा (Wrought or Malleable Iron)

(d) इस्पात (Steel)

लोहे की तीन किस्मों में मुख्य अन्तर इसमें उपस्थित कार्बन की मात्रा है। ढलवाँ या पिग लोहे में कार्बन की मात्रा 2—5% तक, इस्पात में 0·15—1·5% तक और पिटवाँ इस्पात में 0·12 से 0·25% तक होती हैं। ढलवाँ लोहा, पिटवाँ लोहा और इस्पात बनाने के लिए सबसे पहला चरण, पिग लोहे का निर्माण करना होता है।

12·3. पिग लोहा बनाना (Extraction of Pig Iron)

जैसा कि ऊपर बताया जा चुका है, हेमाटाइट अयस्क से लोहा निकाला जाता है। पृथ्वी से प्राप्त इन अयस्कों में चिकनी मिट्टी जैसी कई अशुद्धियाँ होती हैं। लोहे का विगलन या प्रद्रावण करने से पहले इसमें से अशुद्धियाँ हटाई जाती हैं। अयस्क के प्रद्रावण (Smelting) के बाद प्राप्त लोहा, पिग लोहा (Pig Iron) कहलाता है। पिग लोहे के निष्कर्षण (Extraction) में निम्नलिखित क्रियाएँ अपनानी होती हैं। ढलवां लोहा, पिटवाँ लोहा तथा इस्पात तीनों के लिए पिग लोहा आधारभूत पदार्थ होता है।

(i) **अयस्कों को साफ करना** (Dressing of Ores)—2·5 cm से 5 cm नाप में अयस्क तोड़े जाते हैं। बालू, चिकनी मिट्टी व दूसरी अशुद्धियाँ जो अयस्क भाटों से चिपकी हुई होती है, पानी से धोकर साफ कर दी जाती हैं। धुले हुए अयस्क को सान्द्रित अयस्क (Concentrated ore) कहते हैं।

(ii) **निस्तापन या जारण** (Calcination or Roasting)—धुले हुए सांद्रित अयस्क मे, थोड़ा कोयला मिला कर उथली भट्टी मे, वायु की अधिकता में गर्म किया जाता है। गर्म करने से आयस्क में से नमी, कार्बन डाई-ऑक्साइड गैस, गन्धक और संखिया (Arsenic) सब उड़ जाते हैं। फैरस ऑक्साइड (Ferrous Oxide) फैरिक

ऑक्साइड (Ferric Oxide) में परिवर्ति हो जाता है जो एक रन्ध्र पदार्थ होता है। फैरिक ऑक्साइड, फैरस ऑक्साइड से कम तापक्रम पर गलाया जा सकता है।

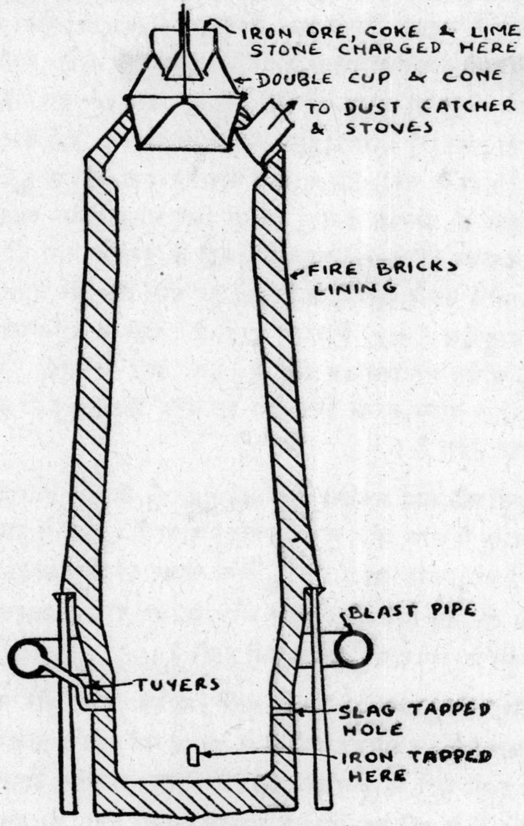

चित्र 12·1. वात भट्टी

(iii) **सिन्टरिंग** (Sintering)—यदि निस्तापित (Calcined) अयस्क पाउडर शक्ल में है तो इसका सिन्टरिंग (Sintering) करना होता है। सिन्टरिंग क्रिया में निस्तापित अयस्क एक जाली पर डाला जाता है और जाली के नीचे से हवा का जोरदार झोंका दिया जाता है। इस क्रिया से अयस्क में से गन्धक तत्व कम हो जाता है।

(iv) **प्रद्रावण या विगलन** (Smelting)—निस्तापित आयस्क का प्रद्रावण या विगलन (Smelting) किया जाता है। प्रद्रावण क्रिया से निस्तापित अयस्क में कार्बन की मात्रा कम की जाती है। प्रद्रावण क्रिया वात भट्टी में की जाती है।

(v) **वात भट्टी** (Blaet Furnace)—चित्र 12·1 में वात भट्टी का चित्र दिखाया हुआ है। यह एक ऊँची मिनार की तरह की संरचना होती है। यह लोहे की चादरें जड़कर बनाई जाती हैं, और इसके अन्दर की तरफ ऊष्मासह ईंटों से लाइनिंग

की हुई होती है। यह लगभग 27 m ऊँची होती है तथा सबसे चौड़े भाग पर इसका व्यास लगभग 7·5m होता है। भट्टी के ऊपरी व निचले सिरों का व्यास सबसे चौड़े भाग से कम होता है। इसके निचले भाग में चूल्हा (Hearth) होता है जबकि ऊपरी सिरे पर कप और कोन व्यवस्था लगी होती है। कप और कोन व्यवस्था एक ऐसी प्रणाली है जिससे भट्टी की अन्दर की गैसें बाहर न जाने देते हुए भी, अयस्क मिश्रण भट्टी में डाला जा सकता है। ऊपरी सिरे के पास ही फालतू गैसें बाहर निकलने का रास्ता होता है। भट्टी के चूल्हे वाले भाग से जरा ऊपर करके कुछ नल लगे हुए होते हैं जिनमें से गर्म हवा को, मिश्रण में से गुजरने के लिए बाध्य किया जाता है। इन नलों या पाइपों को टवायर (Tuyers) कहते हैं। भट्टी के चूल्हे के पास दो निकास नलियाँ लगी होती हैं। नीचे वाली नली में से पिघली हुई धातु निकाली जाती है जबकि ऊपर वाली नली से धातु मैल (Slag) निकाली जाती है। भट्टी में से निकलने वाली गैसों में लगभग 25% कार्बन मोनोक्साइड होती है। इन गैसों से हवा गर्म की जाती है जो टवायर पम्पों से बाध्य करनी होती है। इस तरह Waiste गैसों को बार-बार गर्म करके काम लिया जाता है।

वात भट्टी की कार्य प्रणाली (Working of Blast Furnace)—भट्टी में डालने वाले अयस्क में कोक और चूना मिलाया जाता है। चार्ज में प्रायः 60% हेमाटाइट अयस्क, 25% कोक और 15% चूना पत्थर या डोलोमाइट पत्थर का चूर्ण मिला होता है। एक टन पिग लोहा प्राप्त करने के लिए दो टन अयस्क, 0·9 टन कोक और 0·4 टन चूने के पत्थर की आवश्यकता होती है।

कप और कोन व्यवस्था से तैयार चार्ज (अयस्क कोक और चूने का मिश्रण) भट्टी में डाला जाता है। टवायर पाइपों में से आ रहे गर्म हवा के झोंके से कोयला जलने लग जाता है। इससे भट्टी में लगभग 1550°C का तापमान उत्पन्न हो जाता है। ध्यान रहे टवायर में से गर्म हवा से कोक जलता है तथा भट्टी का तापक्रम बढ़ता है। कोक जलने से कार्बन मोनो-ऑक्साइड गैस उत्पन्न होती है जिससे लगभग 1500°C का तापक्रम भट्टी में उत्पन्न हो जाता है।

भट्टी के निचले सिरे पर तापक्रम 1550°C होता है जो भट्टी की ऊँचाई के साथ-साथ कम होता जाता है। ऊपरी सिरे पर यह तापक्रम लगभग 300°C तक गिर जाता है।

भट्टी में होने वाली क्रियाएँ :

भट्टी के विभिन्न भागों में होने वाली क्रियाएँ निम्नलिखित हैं :

1. **संगलन क्षेत्र** (Zone of Fusion)—यह भट्टी का निचला भाग होता है जहाँ तापक्रम लगभग 1550°C होता है। इस क्षेत्र में कोक जलता है और CO_2 बनती है। यह क्रिया ऊष्मा क्षेपक (Exothermic) होती है।

इस क्षेत्र से थोड़ा ऊपर तापक्रम लगभग 1200—1300°C होता है। ऊपरी भाग से नीचे खिसकता हुआ लोहा यहाँ पिघल जाता है। यदि लोहे में कोई ऑक्साइड मिला हो तो इस क्षेत्र में कोक उसे भी अवकृत कर देता है।

2. **ऊष्मा शोषक भाग** (Zone of Heat Absorption)—यह भट्टी का मध्य-भाग होता है, जहाँ तापक्रम 800—1000°C तक होता है। यहाँ ऊपरी उठती हुई CO_2, CO में अवकृत हो जाती है। चूने का पत्थर भी यहाँ विघटित हो जाता है। यहाँ चूना अपद्रव के रूप में उपस्थित सिलका के साथ मिलकर कैल्शियम सिलिकेट का गलनीय धातु मैल बनाता है।

3. **अवकरण क्षेत्र** (Zone of Reduction)—यह भट्टी का ऊपरी भाग होता है जहाँ तापक्रम 400°—700°C तक होता है। यहाँ CO लोहे के अयस्क को अवकृत करके उसे सांद्र बना देती है। अवकरण क्रिया तीन पदों में होती हैं।

$$3Fe_2O_3 + C \rightarrow 2Fe_3O_4 + CO$$
$$Fe_3O_4 + 4C \rightarrow 3Fe + 4CO$$
$$3Fe_2O_3 + CO \rightarrow 2Fe_3O_4 + CO_2$$
$$Fe_3O_4 + 4CO \rightarrow 3Fe + 4CO_2$$

इन सब क्रियाओं का फल यह होता है कि लोहे का अयस्क ऊष्मा के अवकरण क्षेत्र से नीचे वाले संगलन क्षेत्र तक क्रमशः खिसकते और परिवर्तित होते रहने के कारण भट्टी के पैंदे में लोहा इकट्ठा हो जाता है और इसके ऊपर धातु मैल तैरने लगती है। इस धातु मैल के कारण लोहा ऑक्सीकरण से बच जाता है। पिघले हुए लोहे को इसके लिए लगी निकास नली से बाहर निकाल लिया जाता है। इस लोहे को पिग लोहा कहते हैं। पिग लोहे में 92—94% तक लोहा, 2—5% तक कार्बन, 1·3% सिलिका, 1·2% मैंगनीज, और गन्धक तथा फॉस्फोरस लगभग 1% होते हैं।

धमन भट्टी से प्राप्त स्लैग में लगभग 45% चूना, 35% सिलिका, 12% अल्यूमिना तथा बाकी बचा भाग मैगनेशिया, कैल्शियम सल्फेट, मैंगनीज ऑक्साइड जैसी अशुद्धियाँ होती हैं। यह स्लैग या तो फैंकी जा सकती है या इसका उपयोग निम्न कार्यों में किया जा सकता है :

(a) सीमेंट कंक्रीट में मोटे ऐग्रीगेट के रूप में।
(b) सड़क की गिट्टी के रूप में।
(c) रेलवे के वालास्ट के रूप में।
(d) धमन भट्टी सीमेंट बनाने के लिए।

12·4. पिग लोहे की किस्में (Types of Pig Iron)

पिग लोहा निम्न किस्म का होता है।

1. बैसमर पिग लोहा (Bessemer Pig Iron)
2. धूसर पिग लोहा (Grey Pig Iron)

3. सफेद पिग (White Pig Iron)

4. मोटलड पिग लोहा (Mottled Pig Iron)

1. **बैसमर पिग लोहा** (Bessemer Pig Iron)—यह हेमेटाईम अयस्क से प्राप्त किया जाता हैं। यह ताँबे, फास्फोरस तथा गन्धक से स्वतन्त्र होना चाहिए। सिलिकन तथा मैंगनीज की थोड़ी मात्रा पिग लोहे की किस्म को सुधारती है। इसका उपयोग इस्पात बनाने के लिए किया जाता है।

2. **धूसर पिग लोहा** (Grey Pig Iron)—इसे फाऊण्डरी पिग लोहा भी कहते हैं। यह बहुत ऊँचे तापमान पर प्राप्त किया जाता है। कार्बन की मात्रा अनुसार इसे कई ग्रेडों में वर्गीकृत किया जा सकता है। इसका उपयोग ढलवाँ लोहा बनाने के लिए किया जाता है। यह नर्म किस्म का पिग लोहा है।

3. **सफेद पिग लोहा**—इसे फोरज (Forge) पिग भी कहते हैं। जब धमन भट्टी में पदार्थ कम तापमान पर जलाए जाते हैं, तो यह लोहा मिलता है। इसमें गंधक की मात्रा अधिक होती है। यह कुछ घटिया किस्म का लोहा है तथा इसमें कार्बन की अधिक मात्रा होती है। यह सख्त तथा मजबूत होता है लेकिन उच्च कोटि की कास्टिंग में इसका उपयोग नहीं किया जा सकता। यह आसानी से पिघलाया जा सकता है तथा इसका उपयोग पिटवाँ लोहा बनाने में किया जाता है।

4. **मोटल्ड पिग लोहा** (Mottled Pig Iron)—यह सफेद तथा धूसर किस्म के पिग लोहे के बीच की किस्म का पिग लोहा है। इसका उपयोग भारी कास्टिंग बनाने में किया जाता है।

12·5. पिग लोहा बनाने की कुछ अन्य विधियाँ

ऊपर बताई विधि पिग लोहा बनाने की सर्वमान्य तथा मानक विधि है। आधुनिक युग में इसके अलावा अन्य विधियों का भी विकास किया जा रहा है। इनमें से कुछ विधियों के नाम नीचे दिए हुए हैं।

1. **Electric Reduction भट्टी**—इसका उपयोग ऐसी जगह किया जाता हैं जहाँ बिजली आसानी से उपलब्ध होती है। पर इस प्रारम्भिक लागत तथा रखरखाव पर अधिक खर्च होता है।

2. **Low Shaft धमन भट्टी**—इसमें सांद्रित ऑक्सीजन का उपयोग कर भट्टी गर्म की जाती है।

3. **Sponge Iron प्रक्रिया**—इसमें से प्राप्त लोहा Sponge Iron कहलाता है। यह सांद्रित लोहे में कुछ स्लैग युक्त रन्ध्र पदार्थ होता है।

12·6. ढलवाँ लोहा (Cast Iron)

ब्लास्ट भट्टी से प्राप्त पिग लोहे को कूपला भट्टी (Cupola) में शोधन करके ढलवाँ इस्पात बनाया जाता है। कूपला भट्टी भी उसी सिद्धांत पर कार्य करती है जिस

पर कि ब्लास्ट भट्टी । अन्तर केवल इतना होता है कि कूपला भट्टी में लोहे में कोई मुख्य रासायनिक परिवर्तन नहीं होता । लोहे का कुछ ऑक्सीकरण हो सकता है या फिर कोक से कुछ गन्धक तत्त्व कम हो सकता है ।

कूपला भटटी चित्र 12·2 में दिखाई हुई है । यह 1·0 m से 2·5 m तक व्यास की होती है जबकि ऊंचाई 4 m से 12·5 m तक होती है । एक मीटर व्यास और 3·5 m ऊँचाई वाली कूपला भट्टी एक घण्टे में लगभग 2 t लोहा गला सकती है ।

कूपला भट्टी की कार्य-प्रणाली—कूपला भट्टी में कोक और पिग लोहा एक के बाद एक परतों में भरा होता है । पिग लोहे में चूने के पत्थर की भी कुछ मात्रा मिला दी जाती है । कूपला भट्टी की ईंधन व गर्म करने की व्यवस्था बिल्कुल ब्लास्ट भट्टी की तरह होती है । पिग लोहे में Steel Scrap की उचित मात्रा डाल दी जाती है । चूने का पत्थर फ्लक्स का कार्य करता है । चूना, पिग लोहे से निकली अशुद्धियों के साथ मिलकर धातु मैल या स्लैग (Slag) बना देता है और पिघला हुआ लोहा कूपला के नीचे से निकाल कर विभिन्न साँचों में भर कर आवश्यकता अनुसार ढाल दिया जाता है । यही ढलवाँ लोहा है ।

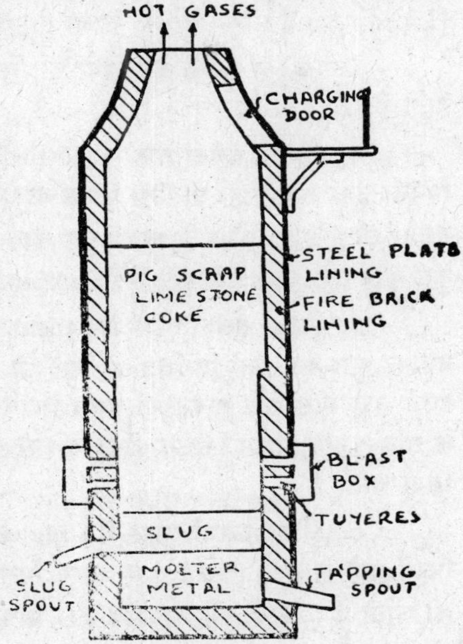

चित्र 12·2 कूपला भट्टी

ढलवाँ लोहे की किस्में—ढलवाँ लोहे की संरचना अनुसार, इसे छः किस्मों में बाँटा जा सकता है । प्रत्येक किस्म के ढलवाँ लोहे के गुण नीचे दिए हुए हैं ।

1. **धूसर ढलवाँ लोहा** (Grey Cast Iron)—ग्रेफाइट की पपड़ियों की उपस्थिति के कारण इसका रंग धूसर होता है । ग्रेफाइट के कारण ही यह नर्म भी होता है । इस पर आसानी से कार्य किया जा सकता है और इंजीनियरी कार्यों में यह काफी महत्त्वपूर्ण है । यह सस्ता होता है और इसका पिघलन तापक्रम अपेक्षाकृत कम होता है । इसकी तनाव क्षमता 2 से $2{\cdot}5 t/cm^2$ होती है । यह संपीडन में काफी मजबूत होता है । यह भंगुर पदार्थ है और संघटन से टूट जाता है । इसमें जंग नहीं लगता । इसलिए इसकी ऐसी वस्तुएँ बनाई जाती हैं जो नमीदार वायुमण्डल में खुली रहती हैं । इसे पिघलाकर जोड़ा नहीं जा सकता । कूपला से निकले पिघले हुए पिग लोहे को धीरे-धीरे ठण्डा करने से यह ढलवाँ लोहा बनता है ।

2. **सफेद ढलवाँ लोहा** (White Cast Iron)—पिघले हुए पिग लोहे को जल्दी-जल्दी ठण्डा करने से, इस किस्म का लोहा प्राप्त होता है। इसमें कार्बन, लोहे के कारबाईड के रूप में उपस्थित होती है। यह मजबूत और कठोर होता है लेकिन बहुत भंगुर होता है। इसकी तनाव क्षमता 3 से 2·5 kg/mm^2 होती है।

3. **चिल्ड ढलवाँ लोहा** (Chilled Cast Iron)—इसमें साँचे लोहे से लाइन्ड (Lined) होते हैं और साँचे में पिघला पिग लोहा जल्दी-जल्दी ठण्डा किया जाता है।

रेलगाड़ी के डिब्बों के पहियों की घिसने वाली सतह इसी ढलवाँ लोहे की बनी होती है।

4. **मोटल्ड ढलवाँ लोहा** (Mottled Cast Iron)—जब कूपला से निकला पिघला हुआ पिग लोहा सामान्य दर से ठण्डा होने दिया जाता है तो इसी किस्म का ढलवाँ लोहा प्राप्त होता है। इसमें कुछ कार्बन ग्रेफाइट के रूप में (Uncomined) और कुछ कार्बन कारबाइड के रूप में (Combined) उपस्थित होती है।

5. **पिटवाँ ढलवाँ लोहा** (Malleable Cast Iron)—इस ढलवें इस्पात की बनावट कुछ इस तरह समजित की जाती है कि यह Malleable हो जाती है। ऐसा ढलवें लोहे में से कुछ कार्बन की मात्रा घटाकर किया जाता है। इसका उपयोग रेलवे के साज-समान, पाईप फिटिंग, खेती के औजारों, तथा दरवाजों आदि की फिटिंग्स में किया जाता है।

6. **चीपड़ ढलवाँ लोहा** (Toughened Cast Iron)—ढलवाँ लोहे को पिटवें लोहे के स्क्रेप (Scrap) के साथ मिलाकर तथा पिघलाकर यह किस्म प्राप्त की जाती है। पिटवें लोहे के स्क्रेप की मात्रा ढलवें लोहे की मात्रा का $\frac{1}{4}$ से $\frac{1}{7}$ तक होती है।

ढलवें लोहे की बनावट (Composition) :

ढलवें लोहे में 2 से 4% तक कार्बन होती है। इसके अलावा इसमें मैंगनीज, फास्फोरस, सिलिकन तथा गंधक अशुद्धियों के रूप में उपस्थित होती है। मैंगनीज की मात्रा 0·75% से कम होती है। इससे लोहा कठोर और भंगुर हो जाता है। फास्फोरस की मात्रा जब 0·3% से बढ़ जाती है तो ढलवाँ इस्पात चीपड़ नहीं रहता। कई बार बहुत पतली कास्टिंग बनाने के लिए फास्फोरस की मात्रा 1 से 1·5% तक बढ़ा दी जाती है। गंधक की मात्रा 0·1% से कम तथा सिलिकन की मात्रा 2·5% से कम रखनी चाहिए।

ढलवें लोहे के गुण (Properties of C.I.) :

1. नमकीन पानी में रखने से यह नर्म हो जाता है।

2. गर्म करके तुरन्त ठंडा करने से इसे कठोर (Harden) बनाया जा सकता है, लेकिन इसका टैम्परिंग नहीं किया जा सकता।

3. इसे चुम्बक नहीं बनाया जा सकता।

4. इसे जंग नहीं लगता ।

5. इसे पिघलाया जा सकता है ।

6. यह कठोर है तथा भंगुर (Brittle) है ।

7. यह तन्य (ductile) नहीं होता और इसलिए इसका उपयोग संघटन खींचने के लिए नहीं किया जा सकता ।

8. यह 1250°C पर पिघलता है ।

9. यह ठण्डा होने पर सिकुड़ता है । फाऊंड्री में कास्टिंग करते समय इस तथ्य का ध्यान रखना चाहिए ।

10. इसकी संरचना Granular तथा Crystalline होती हैं ।

11. यह तनाव में कमजोर, लेकिन दबाव में मजबूत होता है ।

12. वैल्डिंग से या रिवेटों से ढलवें लोहे के दो भाग नहीं जोड़े जा सकते । बोल्टों से इन्हें जोड़ा जाता है ।

ढलवें लोहे के उपयोग (Uses) :

1. पानी की टटियों के सिस्टरन, पानी के पाईप, गैस पाईप, सीवर; मैनहोल के ढक्कन आदि बनाए जाते हैं ।

2. लैम्प पोस्ट, ब्रेकट, गेट आदि बनाए जाते हैं ।

3. संपीडक अवयव के रूप में ।

4. गाड़ियों के पहिए, रेल की कुर्सियाँ आदि बनाने के लिए ।

5. भारी संघटन भार जहाँ न आता हो वहाँ मशीनों के भाग के रूप में ।

6. मशीनों की कास्टिंग के रूप में ।

12·7. पिटवां लोहा (Wrought Iron)

यह सबसे शुद्ध लोहा है । इसमें कार्बन की मात्रा 0·15% के लगभग होती है । गन्धक, फॉस्फोरस, सिलिका इत्यादि सब अशुद्धियों की मात्रा 0·5% से अधिक नहीं होती है ।

पिटवाँ लोहा नीचे दी दो विधियों से प्राप्त किया जाता है :

1. पडलिंग विधि (Puddling Process) ।

2. अस्टन विधि (Aston Process) ।

1. पडलिंग विधि (Puddling Process)—इस विधि से पिटवाँ इस्पात का उत्पादन करने के लिए चित्र 12·3 में दिखाई परावर्तन भट्टी (Reverberatory Furnace) का उपयोग किया जाता है । इसकी धारिता 150 से 700 kg होती है । परावर्तन भट्टी में ऐसी व्यवस्था होती है जिससे

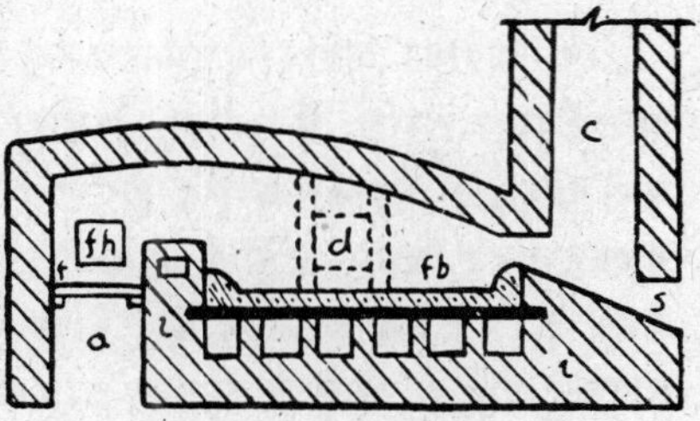

चित्र 12·3. परावर्तन भट्टी

जलती आग भट्टी के चूल्हे के ऊपरी भाग से टकराकर एक तरफ झुक जाती है और भट्टी के टब में रक्खे चार्ज (Charge) (पिग लोहा कुछ स्लैक और लोहे का ऑक्साइड का मिश्रण) के सम्पर्क में आकर इसे गर्म करती हुई चिमनी में से बाहर निकल जाती है। पिग लोहे में फ्लक्स (Flux) के रूप में चूना पत्थर भी थोड़ा मिला दिया जाता है।

पर्डलिंग क्रिया में पिग लोहे की संरचना में परिवर्तन होते हैं। सिलिकन, मैंगनीज, फॉस्फोरस और कार्बन का ऑक्सीकरण हो जाता है और पिग लोहा साफ होता जाता है। लगभग 1200°C तापक्रम पर भट्टी में डला चार्ज पिघल जाता है। लोहे का ऑक्साइड (Fe_2O_3) पिघली हुई धातु में मिल जाता है जिससे ऑक्सीजन निकलती है जो सिलिकन, मैंगनीज और फॉस्फोरस के साथ क्रिया कर स्लैग बनाती है। अब कार्बन, कार्बन मोनोक्साइड में परिवर्तित हो जाती है। लोहे का कुछ भाग ऑक्सीकृत होकर लोहे के ऑक्साइड में बदल जाता है और स्लैग बनाता है।

कार्बन की मात्रा जब कम हो जाती है तो धातु का पिघलन तापक्रम 1535°C तक बढ़ जाता है। क्योंकि भट्टी में तापक्रम 1535°C से कम होता है, इसलिए पिघली हुई धातु कुछ जम जाती है जिसे 50 से 70 kg तक गोले बनाकर भट्टी से बाहर निकाल लिया जाता है। इन गोलों में कुछ स्लैग होती है जो इन गोलों को दबाकर निचोड़ दी जाती है। इस तरह प्राप्त लोहा ही पिटवाँ लोहा होता है, जिसे रोलिंग मिलों से छड़ों में, चद्दरों में या दूसरे खण्डों में रोल कर दिया जाता है। स्लैग निचोड़ने के बाद जो पिटवाँ लोहा बचता है, उसे बलूम (Bloom) कहते हैं। बलूम अभी भी लाल गर्म होते हैं।

2. **अस्टन विधि** (Aston Process)—इस विधि के लिए चित्र 12·4 में दिखाई परावर्तन भट्टी काम में ली जाती है। इसमें एक ड्रम होता है जिसे क्षैतिज अक्ष पर चारों तरफ घुमाया जा सकता है। ड्रम के निचले सिरे पर कई सुराख होते हैं, जिन्हें टवायर (Tuyers) सुराख कहते हैं। इन्हीं सुराखों में से हवा भट्टी में भेजी जाती है। 1·5 t धारिता की भट्टी के नाप 2·5 m व्यास और 4·5 m ऊँचाई होती है।

ऊर्ध्वाधर स्थिति में ड्रम रखकर, पिघला हुआ पिग लोहा इसमें डाला जाता है और टवायर सुराखों में से हवा, इसमें से गुजारी जाती है। हवा गुजारने के कारण सभी अशुद्धियाँ जलकर समाप्त हो जाती हैं। इसके बाद कार्बन से कार्बन मोनोक्साइड बनकर बाहर निकल जाती है और भट्टी में शुद्ध पिघला हुआ लोहा तथा कुछ गैसें रह जाती हैं। यह गैसें हटाने के लिए पिघला हुआ शुद्ध लोहा, पिघली स्लैग में जिसका तापक्रम लोहे के जमने के तापक्रम से काफी कम होता है, डाल दिया जाता है। तापक्रम के एक दम से कम होने से इसमें विस्फोट होते हैं जिससे लोहा छोटे भागों में बँट जाता है और गैसें लोहे से निकल जाती हैं। लोहे के इन छोटे भागों पर स्लैग की

परत चढ़ जाती है और सारा लोहा Sponge की तरह के पदार्थ के रूप में नीचे बैठ जाता है। स्लैग, लोहे में से बाद में निचोड़ दी जाती है और लोहे को विभिन्न व्यापारिक खण्डों में रोल कर दिया जाता है।

यह लोहा कभी ढलाया नहीं जाता। दबाकर, या हथौड़े से पीटकर, इसे विभिन्न खण्डों में परिवर्तित किया जाता है। इस पर जंग न लगने के कारण पाइप, बायलर प्लेटें, ट्यूब, जालियाँ, चद्दरें इत्यादि बनाई जाती हैं।

पिटवें लोहे के गुण (Properties of Wrought Iron)—पिटवें लोहे के गुण निम्न होते हैं :

1. सफेद गर्म करने पर यह बहुत नर्म हो जाता है तथा इसे आसानी से फोरज (Forge) या Weld, किया जा सकता है।
2. यह मुश्किल से पिघलता है इसलिए कास्टिग (Catsting) बनाने के लिए इसका उपयोग नहीं किया जा सकता।
3. यह तन्य (Ductile), आघातवर्ध्य (Malleable) और चीमड़ पदार्थ है।
4. यह मध्यम वर्ग का प्रत्यास्थ पदार्थ है।
5. इस पर जंग नहीं लगता।
6. इसकी ताजा टूटी हुई सतह नीले रंग की चमक देती है। टूटी सतह में रेशेदार संरचना (Fibrous) होती है।
7. इसका पिघलन तापमान लगभग 1500°C होती है।
8. इसका अपेक्षित घनत्व 7·8 होता है।
9. इसकी चरम सम्पीडन सामर्थ्य 200 N/mm^2 होता है।
10. इसकी चरम तनाव सामर्थ्य 400 N/mm^2 होती है।
11. इसमें कार्बन तत्त्व 0·15% से अधिक नहीं होती।

पिटवें लोहे के दोष (Defects of Wrought Iron)—जो पिटवाँ लोहा खराब हो गया है यह या तो Cold Short होता है या Red Short होता है।

Cold Short पिटवाँ लोहा जब ठण्डा होता है तो लोहा बहुत भंगुर होता है, मोड़ने पर यह Crack हो जाता है।

इस पर काफी ऊँचे तापमान पर भी काम किया जा सकता है। यह त्रुटि तब उत्पन्न होती है जब फास्फोरस की अधिक मात्रा लोहे में उपस्थित होती है।

Cold Short त्रुटि तब होती है जब पिटवें लोहे में गंधक की मात्रा अधिक होती है। यह पिटवाँ लोहा मोड़ने पर फट जाता है। इसको वैल्डिंग करना बेकार होता है।

पिटवें लोहे के उपयोग (Uses of Wrought Iron)—आजकल पिटवें लोहे

का स्थान बहुत कुछ मृदु इस्पात (Mild Steel) ने ले लिया है। अतः इसका निर्माण बहुत कम किया जाता है। आजकल रिवेट, चेन, रेलवे कपलिंग, पानी तथा भाप के पाईप आदि इसी लोहे से बनाए जाते हैं। इस्पात बनाने के लिए कच्चे माल के रूप में भी इसका उपयोग किया जाता है। बोल्ट, नट, हैंड रेलें तथा लकड़ी की कैंचियों के स्ट्रैप (Straps) भी इसी लोहे के बनाए जाते हैं।

12·8. इस्पात (Steel)

इस्पात, लोहे तथा कार्बन की मिश्र धातु है। इस्पात में कार्बन की अधिकतम मात्रा 1·7% होती है। कार्बन की मात्रा अनुसार इस्पात निम्न किस्म के हो सकते हैं।

क्रम सं०	इस्पात	कार्बन % में
1.	बहुत कम कार्बन वाला इस्पात (Very Low Carbon Steel) इसे मृदु इस्पात (Mild Steel) भी कहते हैं।	0·05 से 0·15
2.	कम कार्बन वाला इस्पात (Low Carbon Steel) इसे भी मृदु इस्पात (Mild Steel) कहते हैं।	0·15 से 0·30
3.	मध्यवर्गी कार्बन वाला इस्पात (Medium Carbon Steel)	0·30 से 0·60
4.	अति कार्बन इस्पात (High Carbon Steel)	0·60 से 0 90
5.	अत्याधिक कार्बन इस्पात (Very High Carbon Steel)	0·90 से 1·70

0·15 से 0·30% कार्बन वाले लोहों को मृदु इस्पात (Mild Steel) कहते हैं। 0·05 से 0·15% तक कार्बन युक्त लोहे को Dead Mild Steel कहते हैं। 0·3 से 0·9% वाले लोहे को Medium Carban Steel और 0·9 से 1·70% वाले लोहे को High Carbon Steel कहते हैं। 1% या इससे अधिक कार्बन वाले इस्पात को Cast Steel (या Carbon Tool Steel) भी कहते हैं। इस्पात निम्नलिखित विधियों से बनाया जाता है :

1. बैसीमर परिवर्तक (Bessemer Converter)
2. ओपन हर्थ विधि (Open Hearth Process)
3. ऐल-डी विधि (L.D. Process)
4. विद्युत् विधि (Electtic Process)
5. Cementation Process
6. Crucible Steel Process
7. Duplex Process.

1. **बैसीमर परिवर्तक विधि** (Bessement Converter Method)—बैसीमर विधि सन् 1885 में हैनरी बैसीमर ने इजाद की थी। जब पिघले हुए ढलवाँ लोहे में हवा प्रवाहित की जाती है तो कार्बन तथा गंधक अशुद्धियाँ ऑक्सीकृत हो जाती हैं और शुद्ध लोहा शेष रह जाता है। इसमें आवश्यक मात्रा में कार्बन मिलाकर इस्पात प्राप्त किया जाता है।

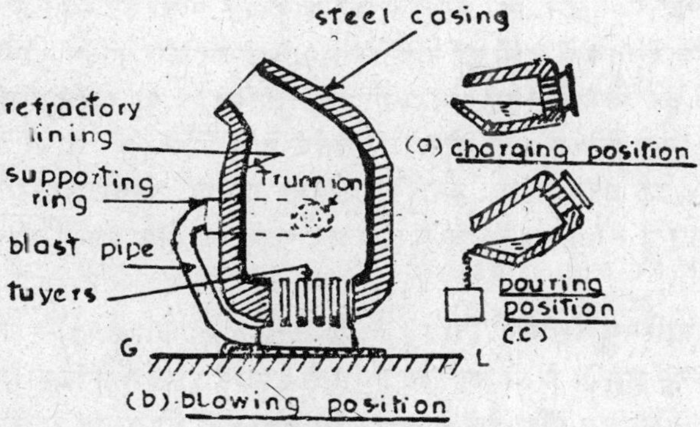

चित्र 12·4. बैसीमर परिवर्तक भट्टी

यह लोहे का एक अण्डाकार बर्तन होता है जिसके अन्दर की तरफ ऊष्मासह ईंटों की लाइनिंग की होती है। बर्तन के पैंदे में छोटे-छोटे सुराख (Tuyer) होते हैं जिनमें से काफी दबाब में हवा बर्तन के अन्दर प्रवाहित की जाती है। बैसीमर विधि दो प्रकार की होती है :

(i) अम्लीय बैसीमर विधि (Acidic Bessemer Process)

(ii) भास्मिक बैसीमर विधि (Basic Bessemer Process)

(i) **अम्लीय बैसीमर विधि**—इस विधि में परिवर्तक की भीतरी सतह पर सिलिका ईंटों का लाइनिंग किया होता है। ब्लास्ट या कूपला भट्टी से निकला पिघला ढलवाँ लोहा इनमें भर दिया जाता है और टवायर सुराखों में से तेज हवा का प्रवाह किया जाता है। इससे अशुद्धियाँ आक्सीकृत हो जाती हैं। मैंगनीज और सिलिकन आक्सीकृत होकर मैंगनीज सिलिकेट बन जाते हैं तथा धातु मैल के रूप में अलग हो जाती हैं।

$$2Mn + O \longrightarrow 2MnO$$

$$MnO + SiO_2 \longrightarrow Mn.SiO_3 \text{ (धातु मैल)}$$

गंधक, सल्फर डाइ-ऑक्साइड गैस बनाती है जो बाहर निकल जाती है। कार्बन आक्सीकृत होकर कार्बन मोनो ऑक्साइड बनाता है जो परिवर्तक के मुंह पर नीली लौ से जलती है।

$$S+O_2 \longrightarrow SO_2$$
$$2C+O_2 \longrightarrow 2CO$$

जब CO का जलना बन्द हो जाता है ता परवर्तक में वायु का प्रवाह कर दिया जाता है और इसमें स्पीगेलसन (Spiegalusen) मिला दिया जाता है। स्पीगेलसन में लोहा, मैंगनीज (5-15%) और कार्बन (6%) की मिश्र धातु होती है। स्पीगेलसन मिला देने से लोहे में कार्बन तथा मैंगनीज की आवश्यक मात्रा उपस्थित हो जाती है। इस प्रकार प्राप्त इस्पात में घुली हुई नाइट्रोजन, ऑक्सीजन और कार्बन मोनोऑक्साइड होती हैं, जिन्हें, दूर करने के लिए थोड़ा-सा अल्यूमीनियम या फेरोसिलिकिन मिला दिया जाता है। अब पिघला हुआ लोहा परिवर्तक में से उँडेल कर साँचों में ठंडा कर लिया जाता है। इस तरह प्राप्त ठंडा किया हुआ इस्पात इनगॉट इस्पात (Ingot Steel) कहलाता है। Ingots का आगे उपचार करके बाजारू रूप में इस्पात तैयार किया जाता है।

(ii) **भास्मिक बैसीमर विधि** (Basic Bessemer Process)—यदि ढलवाँ लोहे में फॉस्फोरस अशुद्धि है तो उपरोक्त विधि से इस्पात प्राप्त नहीं किया जा सकता। फॉस्फोरस हटाने के लिए परिवर्तक के अन्दर सिलिका ईंटों की बजाय भास्मिक पदार्थों (Basic Materials) की लाइनिंग लगाई जाती है। भास्मिक पदार्थ की लाइनिंग प्रायः चूना तथा मैंगनीशियम के मिश्रण की होती है।

फॉस्फोरस ऑक्सीजन से संयोग कर P_2O_5 बनाता है। चूना, P_2O_5 से मिल कर कैल्शियम फास्फोरस (धातु मैल) बनाता है, जिसे अलग कर दिया जाता है। इसे थोमस स्लैग कहते हैं और यह खाद के काम आता है।

$$4P+5O_2 \longrightarrow 2P_2O_5$$
$$3CaO+P_2O_5 \longrightarrow Ca_3(PO_4)_2$$

अब स्पीगेलसन के रूप में आवश्यक कार्बन और मैंगनीज मिला दी जाती है जिसमें इस्पात प्राप्त होता है।

भास्मिक विधि में पिघले ढलवाँ लोहे में थोड़ा चूना भी मिला दिया जाता है। टवायर में से आ रहे हवा के प्रवाह से सिलिकन, मैंगनीज और कार्बन जैसा कि अम्लीय विधि में बताया जा चुका है, ऑक्सीकृत हो जाते हैं और स्लैग तथा गैसों के रूप में लोहे में से हट जाते हैं। फॉस्फोरस का भी आक्सीकरण होता है जो P_2O_5 में परिवर्तित हो जाता है। P_2O_5 और चूने में आपस में क्रिया होती है जिससे थॉमस स्लैग बन जाती है। स्लैग समय-समय पर हटा ली जाती है और इनगॉट इस्पात (Ingot Steel) आवश्यकता अनुसार प्राप्त होता है। इसे आगे बाजारू शक्लों में परवर्तित कर बाजार में भेजा जाता है।

2. **ओपन-हर्थ विधि** ()Open Hearth Process)—इस विधि की कुछ बातें निम्न हैं :

(i) ढलवें लोहे में उपस्थित अशुद्धियों का ऑक्सीकरण हवा के प्रवाह से नहीं बल्कि लोहे का हेमेटाइट अयस्क डालकर किया जाता है। ऑक्सीकरण के लिए आवश्यक ऑक्सीजन गर्म किए हेमाटाइट अयस्क से प्राप्त होती है।

(ii) कार्बन और सिलिकन की मात्रा निकालने के लिए, घटिया किस्म का लोहा (Scrap Steel) और इस्पात छीलन डाली जाती है।

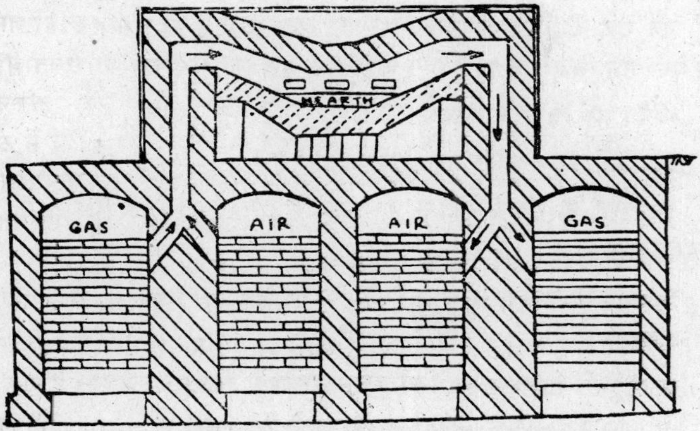

चित्र 12·5. (Open Hearth Process)

(iii) ऊष्मा की हानि बचाने के लिए पुनरुत्पादन प्रकम (Regenerative Principle) का प्रयोग करके ऊष्मा का गर्म गैस के रूप में बेकार निकल जाना रोक कर उच्च ताप प्राप्त किया जाता है। इस विधि में एक ही गैस को बार-बार गर्म करके भट्टी गर्म की जाती है, जिससे ईंधन का खर्च बहुत कम हो जाता है।

विधि—इस्पात बनाने की यह विधि सबसे अधिक आधुनिक व प्रचलित विधि है। इसमें खुले तल की भट्टी का उपयोग किया जाता है। भट्टी में सिलिका या चूने की लाईनिंग की जाती है। यदि लोहे में फास्फोरस अशुद्धि की मात्रा अधिक है तो लाईनिंग क्षारीय प्रवृत्ति की होनी चाहिए, अन्यथा सिलिकन लाईनिग ही की जाती है।

इस भट्टी को प्रोडूसर गैस जलाकर गर्म करते हैं। भट्टी का तापक्रम लगभग 1800°C तक होता है।

भट्टी के काफी गर्म हो जाने के बाद 70-80% ढलवाँ लोहा, 20-30% लोहे की छीलन व हेमेटाइट अयस्क मिलाकर इसमें डाल देते हैं। हेमेटाइट ढलवाँ लोहे में उपस्थित अशुद्धियों का ऑक्सीकरण करता है। जब भट्टी को गर्म करते हैं तो अशुद्धियाँ ऑक्सीकृत हो जाती हैं और गैसें तथा धातु मैल बनकर दूर हो जाती है।

$$C + Fe_2O_3 \longrightarrow 2Fe + 3CO$$

$$3Mn + Fe_2O_3 \longrightarrow 3MnO + 2Fe$$

$$MnO + SiO_2 \longrightarrow Mn.SiO_3$$

गंधक, सिलिकन तथा फॉस्फोरस जलकर ऑक्साइड बनाती है जो चूने की लाइनिंग से क्रिया कर अलग हो जाती है।

$$2Fe_2O_3 + 3S \rightarrow 3SO_2 + 4Fe$$
$$CaO + SO_2 \rightarrow CaSO_3$$
$$3CaO + P_2O_5 \rightarrow Ca_3(PO_4)_2$$

जब सब अशुद्धियाँ उपरोक्त अनुसार हट जाती हैं तो बैसीमर विधि की भाँति इसमें स्पीगैलसन मिलाकर इस्पात में आवश्यक गुण उत्पन्न किए जा सकते हैं।

ओपन हर्थ विधि के लाभ

1. इसमें उच्च कोटि का इस्पात बनता है।

2. स्लैग में यदि फॉस्फोरस की मात्रा है तो इसे पीसकर खाद के रूप में काम लिया जा सकता है।

3. वायु के सम्पर्क में न आने के कारण बहुत कम लोहा, धातु मैल के रूप में व्यर्थ जाता है।

4. भट्टी के तापक्रम पर नियन्त्रण सुगमता से किया जा सकता है।

5. लोहे की छीलन, घटिया ढलवाँ लोहा तथा लोहे के अयस्क सीधे ही इस्पात में परिवर्तित किए जा सकते हैं।

6. इस्पात का संगठन भली-भाँति नियन्त्रित हो जाता है।

7. पुनरुत्पादन प्रक्रिया से यह विधि बहुत सस्ती बनाई जा सकती है।

3. **एल-डी विधि** (L.D. Process)—इस्पात निर्माण की यह सबसे आधुनिक विधि है। इस विधि से बना इस्पात सस्ता उच्च कोटि का होता है। एल-डी परवर्तक में यह क्रिया अपनाई जाती है। यह बैसीमर परवर्तक की तरह ही होती है लेकिन इसके पैंदे में बैसीमर परवर्तक की तरह हवा के लिए सुराख नहीं होते हैं। ब्लास्ट भट्टी से निकला पिघला हुआ लोहा इसमें भरा जाता है। पिघले लोहे के ऊपर से पानी में ठण्डे किए नलों के माध्यम से, काफी दबाव में ऑक्सीजन भेजी जाती है। ऑक्सीजन से पिग लोहे में उपस्थित सभी अशुद्धियों का ऑक्सीकरण हो जाता है: ऑक्सीजन गुजारते समय थोड़ा चूना भी, पिघले लोहे में डाल दिया जाता है। आवश्यक गुणों का इस्पात प्राप्त करने के लिए उसमें स्पीगेलन मिला दिया जाता है। बैसीमर विधि से यह विधि अधिक प्रभावी और सस्ती है। रोरकीला (Rourkela) लोहे के कारखाने में इस विधि का कुछ हद तक उपयोग किया गया है। इस विधि के लिए शुद्ध ऑक्सीजन बनाने का प्लांट चाहिए। यह विधि सभी किस्म के पिग लोहे का उपचार नहीं कर सकती तथा इसमें तापमान पर सही नियन्त्रण नहीं रहता।

4. **विद्युत विधि** (Electric Process)—इस विधि में बहुत ही उच्च कोटि का इस्पात बनाया जाता है। चाय की केटली की शक्ल की भट्टी में यह क्रिया की

जाती है। यह भट्टी लोहे की बनी होती है जिसके अन्दर ऊष्मासह ईंटों की लाईनिंग की होती है। भट्टी में, ब्लास्ट भट्टी से निकला चार्ज डाल दिया जाता है और इसमें दो कार्बन इलैक्ट्रोड डुबो कर लगाए जाते हैं। इलैक्ट्रोड्स में से जब विद्युत धारा प्रवाहित की जाती है तो विद्युत चाप उत्पन्न हो जाता है जिससे भट्टी का तापक्रम बहुत जल्दी 2000°C तक पहुँच जाता है। गर्मी से भट्टी का चार्ज पिघल जाता है। भट्टी का चार्ज घटिया किस्म का लोहा (Scrapped Steel), ढलवाँ लोहा और

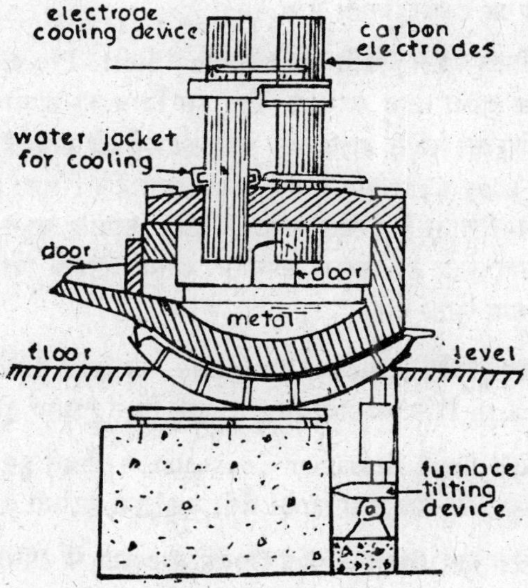

चित्र 12.6

हेमेटाईट अयस्क का मिश्रण होता है। अशुद्धियों का इसमें ऑक्सीकरण हो जाता है जिससे स्लैग उत्पन्न होती है, जिसे अलग कर इस्पात प्राप्त किया जाता है। यदि इस्पात में कोई विशेष गुण उत्पन्न करने हों तो इसमें कोई दूसरी धातु मिलाई जा सकती है।

इस विधि में पिग लोहे से इस्पात प्राप्त करना कुछ महँगा पड़ता है। इसलिए विद्युत भट्टियों का उपयोग बैसीमर या ओपन हर्थ विधि से प्राप्त लोहों को ही शुद्ध करने के लिए किया जाता है। हवाई जहाजों में काम आने वाला, इंजनों में, टूल वगैरह बनाने के लिए आवश्यक लोहा इसी विधि से प्राप्त किया जाता है। Stainless steel और मिश्रण-इस्पात इसी विधि से उत्पादित किए जाते हैं।

5. **Cementation विधि**—पहले इस्पात निर्माण में इसी विधि का उपयोग किया जाता था । यह अपेक्षाकृत महँगा है तथा आजकल नहीं अपनाया जाता । इसके अन्तर्गत पिग लोहे को पहले पिटवें लोहे में बदला जाता है । और फिर इसमें कार्बन की मात्रा का समंजन कर आवश्यक ग्रेड का इस्पात बनाया जाता है । इस विधि में Cementation नामक भट्टी का उपयोग किया जाता है । शुद्ध पिटवें लोहे की छड़ें पाऊडर चारकोल से दबा दी जाती हैं तथा भट्टी गर्म करके छड़ों को गर्म किया जाता है । छड़ों का गर्म करना 5 से 15 दिन तक चलता रहता है । इस दौरान पिटवाँ लोहा कुछ कार्बन के साथ क्रिया कर लेता है तथा इस्पात बन जाता है । इस इस्पात की सतह पर फफोले बहुत होते हैं और इसलिए इसे Blister steel कहते हैं । इस विधि से घटिया किस्म का इस्पात बनता है ।

6. **क्रूसीबल स्टील विधि** (Crucible Steel Process)—कम मात्रा में High Carbon Steel प्राप्त करने के लिए इस विधि का उपयोग किया जाता है । इस विधि में बलिस्टर स्टील या पिटवें लोहे की छड़ें ली जाती हैं तथा चारकोल में मिलाकर Fire Clay Crucible मे गर्म किया जाता है । पिघला हुआ इस्पात उचित साँचों में ढाल दिया जाता है, जिसे कास्ट (Cast) इस्पात कहते हैं । यहाँ इस्पात सख्त तथा एकसार होता है । इसका उपयोग रेतियाँ बनाने, डाक्टरी समान बनाने आदि में बहुत किया जाता है ।

7. **डूप्लैक्स विधि** (Duplex Process)—यह विधि Acid Bessemer विधि तथा Open hearth विधि का संयोजन है । इसमें निम्न क्रियाएँ होती हैं :

(a) Acid lined Bessemer Converter में पिघले हुए पिग लोहे का उपचार कर सिलिका, मैंगनीज तथा कार्बन जैसी अशुद्धियाँ हटा दी जाती हैं ।

(b) इसके बाद Basic Lined Open Hearth में उपचार किया जाता है तथा इसमें गन्धक फॉस्फोरस जैसी अशुद्धियाँ हटाई जाती हैं ।

अतः इस विधि में बैसीमर तथा Open hearth दोनों ही विधियों का उपयोग किया गया है । यह विधि काफी सस्ती सिद्ध हुई है तथा इसमे समय भी कम लगता है ।

इस्पात के उपयोग (Uses of Steel) :

कार्बन की मात्रा अनुसार इस्पात, मृदु इस्पात (Mild Steel) मध्यम वर्ग का कार्बन इस्पात (Medium Carbon Steel) या उच्च कार्बन इस्पात वर्गों में बाँटा जा सकता है । इस्पात के विभिन्न उपयोगों पर नियन्त्रण इसमें कार्बन की मात्रा पर निर्भर करता है । विभिन्न किस्म के इस्पात के उपयोग आगे सारिणी में दिए हुए हैं ।

इस्पात का नाम	कार्बन की मात्रा प्रतिशत में	उपयोग (Uses)
मृदु इस्पात (Mild Stee)	0·10% तक 0·25% तक	मोटर Body, शीट मैटल, Tin Platc etc. बोयलर प्लेटें, संरचनात्मक इस्पात
मध्यम कार्बन इस्पात (Medium Carbon Steel)	0·45% तक 0·60% तक	रेलस, टायर इत्यादि हथौड़, Pressing dies तथा Large Stamping Pieces
उच्च कार्बन इस्पात या कठोर इस्पात (High Carbon Steel or Hard Steel)	0·75% तक 0·90% तक 1·0 % तक 1·10% तक	स्प्रिंग, स्लैज, हथौड़े, Stamping dies, खानों के ड्रिल, लुहार के औजार, पत्थर की चिनाई के हथियार, छैनी, हथौड़े, आरियाँ, लकड़ी हर काम करने वाले औजार, ड्रिल, चाकू, गेथी, पंच, काँटे छुरी आदि।

जब कार्बन की मात्रा 0·10% से भी कम होती है तो इस इस्पात को Dead Steel या Very Low कार्बन इस्पात भी कहते हैं।

12·9. इस्पात के भौतिक गुणों को प्रभावित करने वाले तत्त्व

तन्यता (Ductility), प्रत्यास्थता (Elasticity) तथा सामर्थ्य जैसे भौतिक गुण निम्न तीन तत्त्वो द्वारा नियन्त्रित होते हैं :

1. कार्बन की मात्रा
2. अशुद्धियों की उपस्थिति
3. ताप उपचार (Heat Treatment Process)

1. **कार्बन की मात्रा** (Carbon Content)—कार्बन की मात्रा में परिवर्तन करके कई तरह का इस्पात बनाया जा सकता है। कार्बन की अधिकता से इस्पात की कठोरता (Hardness) तथा सामर्थ्य बढ़ाने में मदद मिलती है लेकिन साथ-साथ इससे इस्पात की तन्यता कम होती जाती है। 0·10 प्रतिशत से 0·25 प्रतिशत कार्बन वाला मृदु इस्पात (Mild Steel) संरचनात्मक कार्यो में बहुत काम में लिया जाता है।

लोहे कार्बन का प्रतिशत	उपयोग
0·05 से 0·1	तारे बनाने, कीलें, पाईप, टयूबे बनाने, वैल्डिंग स्टॉक, नर्म चदरों तथा पट्टियों के रूप काम लिया जाता है ।
0·1 से 0·2	रिवटे, स्क्रू, पाईप, ट्यूबस, चदरें, पटिटयाँ, छड़ें, तारें बनाने के काम आता है । सभी तरह की मशीनों फिटिंगस तथा विभिन्न शकलों के लोहे खंड इसी लोहे से बनाए जाते हैं ।
0·2 से 0·3	बूयालर की प्लेटें, गियर, लोहे के खंड, मशीन फिटिंग, शाफ्ट बनाने के काम आता है ।
0·3 से 0·4	गियर, चाबियाँ, एक्सल, कनैक्टिंग छड़ें, फोरज तथा ठंडे कुटाई के मशीन के भाग बनाने के काम आता है ।
0·4 से 0·5	स्प्रिंग-तारे, गियर, शाफ्ट, एक्सल बनाने के काम आता है ।
0·6 से 0·7	स्क्रू-ड्राईवर, रेलस, भाप इंजन के भाग इत्यादि ।
0·7 से 0·8	कलच्च प्लेटें, स्प्रिंग, हथौड़े, छैनियाँ. गेथियाँ, शीयर बलेड इत्यादि के काम आता है ।
0·8 से 0·9	हैड टूल, छैनियाँ, डाई, सूबे, गर्म शियर के बलेड इत्यादि के काम आता है ।
0·9 से 1·0	ड्रिल, कुलहाड़ी, स्प्रिंग, डाई, बड़े टरनिंग टूल इत्यादि के काम आता है ।
1·0 से 1·1	लेथ, ड्रिल, स्प्रिंग, रंदों तथा अन्य तीखे टूलों में काम आता है ।
1·1 से 1·2	चूड़ियाँ काटने वाली डाई, बढ़ई के टूल, लेथ के टूल इत्यादि के काम आता है ।
1·2 से 1·3	फाईल बनाने, बहुत कठोर लकड़ी के लिए रंदे, छेद काटने वाले टूल, चाकू, रेजर, ड्रिल इत्यादि बनाने के काम आता है ।
1·3 से 1·4	ड्रिल, फाईल, रेजर बलेड, टर्निंग टूल, पत्थर काटने वाले टूल तथा तार खींचने वाली डाई इत्यादि बनाने के काम आता है ।

2. **अशुद्धियों की उपस्थिति** (Presence of Impurities)—सिलिकन, गंधक, फॉस्फोरस तथा मैंगनीज कुछ इस्पात की सामान्य अशुद्धियाँ होती हैं। 0·20% तक सिलिकन का लोहे के भौतिक गुणों पर कोई प्रभाव नहीं होता, लेकिन यदि सिलिकन की मात्रा 0·3 से 0·4 प्रतिशत बढ़ा दी जाती है तो इस्पात की तन्यता को अधिक प्रभावित किए बगैर इस्पात की सामर्थ्य तथा प्रत्यास्थता बहुत बढ़ाई जा सकती है।

0·02 से 0·1 प्रतिशत तक गन्धक से इस्पात के गुणों में कोई विशेष प्रभाव नहीं होता। लेकिन इससे गर्म इस्पात की अघातवर्ध्य तथा वैल्डिंग क्षमता कम हो जाती है। गन्धक की अधिक मात्रा के कारण सामर्थ्य तथा तन्यता घट जाती है।

फॉस्फोरस का भी इस्पात पर बुरा प्रभाव होता है। इसकी मात्रा 0·12 प्रतिशत से कम रखने का प्रयास करना चाहिए। इसकी अधिक मात्रा से इस्पात सामर्थ्य तन्यता तथा सगठन का प्रतिरोध कम हो जाता है।

मैंगनीज के कारण मृदु इस्पात (Mild Steel) की सामर्थ्य में सुधार होता है। इसकी उचित मात्रा 0·3 से 1·0 प्रतिशत तक होती है। जब इसको मात्रा 1·5 प्रतिशत से बढ़ जाती है तो इस्पात भंगुर हो जाता है तथा इसका सरचनात्मक उपयोग कम हो जाता है।

12·7. लोहे का ऊष्मा उपचार (Heat Treatment of Steel)

लोहे में कुछ विशेष तरह के गुण उत्पन्न करने के लिए इसका ऊष्मा-उपचार किया जाता है। कुछ महत्त्वपूर्ण ऊष्मा-उपचार नीचे एक-एक करके बताए हुए हैं।

1. **अनीलिंग या तापानुशीतन** (Annealing)—लोहे को साँचों में ढालते समय हुई सिकुड़न अथवा लोहे पर कार्य करने में लोहे में आन्तरिक प्रतिबल उत्पन्न हो जाते हैं। तापानुशीतन ऐसी क्रिया है जिससे लोहा मृदु या नरम किया जाता है और इसमें कोई आन्तरिक प्रतिबल नहीं रहता है।

तापानुशीतन में लोहे को 800 से 1000°C तक धीरे-धीरे गर्म किया जाता है। यही तापक्रम काफी समय के लिए बनाए रखा जाता है ताकि लोहे में कोई आन्तरिक परिवर्तन होना है तो हो जाए। इसके बाद इसे धीरे-धीरे ठंडा किया जाता है। गर्म लोहे को धीरे-धीरे ठण्डा करने के लिए बालू, राख या चूने में दबा दिया जाता है।

2. **सामान्य बनाना** (Normalizing)—इस्पात को सामान्य बनाने की क्रिया भी तापानुशीतन (Annealing) क्रिया की भाँति होती है। अन्तर केवल इतना होता है कि गर्म लोहा, बालू या राख में न ठण्डा कर, हवा में ही ठण्डा होने दिया जाता है। ठण्डे लोहे पर कार्य करते समय यदि लोहे में विकृति वगैरह उत्पन्न हो गई है तो इस क्रिया से विकृति का प्रभाव हटाया जाता है। लोहा 1000°C तक गर्म किया जाता है और फिर सामान्य हवा में इसे ठण्डा होने दिया जाता है।

3. **दृढ़ीकरण या कठोरीकरण** (Hardening)—इस क्रिया में लोहा बहुत ऊँचे तापक्रम तक गर्म करके पानी या उबलते पानी के टब में एकदम ठण्डा होने के लिए डुबो दिया जाता है। इस क्रिया को Quenching भी कहते हैं। कठोरीकरण क्रिया से लोहा बहुत कठोर और भंगुर हो जाता है। लोहे की कठोरता, गर्म लोहा डुबोए जाने वाले द्रव के माध्यम और गर्म लोहे की ठण्डा होने की दर पर निर्भर करती है। यह क्रिया अनीलिंग के उल्टी है। अनीलिंग मे लोहा नर्म बनाया जाता है जबकि कठोरीकरण में कठोर बनाया जाता है।

4. **मृदुकरण** (Tempering)—इस क्रिया से कठोर किए इस्पात की कठोरता कम होती है जबकि दृढ़ता (Toughness) बढ़ जाती है। कठोरीकरण किस तापक्रम पर करना चाहिए, यह उद्देश्य पर निर्भर करता है। जब धातु मृदुकरण तापक्रम तक गर्म हो जाती है तो इसे टब में डुबोकर या सामान्य हवा में ठण्डा होने दिया जाता है। इस क्रिया में लोहे को क्रांतिक तापक्रम से काफी कम तापक्रम तक गर्म किया जाता है, जिससे लोहे में आंशिक रूपान्तरण (Partial Trans formation) होता है और लोहे की कठोरता कम हो जाती है। यह क्रिया प्राय: कठोर किए इस्पात पर ही की जाती है।

5. **सतही कठोरीकरण** (Core Hardening)—इस विधि में लोहा पूरी गहराई तक कठोर नहीं बनाया जाता। लोहे की लगभग 1·5 mm गहरी सतही परत ही कठोर बनाई जाती है। सतही कठोरीकरण क्रिया दो चरणों में की जाती है।

(i) बाहरी सतह को अति कार्बन इस्पात (High Carbon Steel) में परिवर्तित करना।

(ii) बाहरी सतह का कठोरीकरण तथा कोर का शुद्धिकरण करना।

इस्पात की सतह पर कार्बन तत्त्व बढ़ाने के लिए, इस्पात अवयव को ढलवां लोहा या दूसरे ऐसे पदार्थों में दबा दिया जाता है, जिनमें कार्बन तत्त्व अधिक हों। इसके बाद इसे 900 से 950°C तक गर्म किया जाता है। इस तापक्रम पर इस्पात की सतह में कार्बन तत्त्व घुस जाता है और इसे High Carbon Steel में बदल देता है। यह प्रभाव कितनी गहराई तक होगा यह गर्म करने के समय पर निर्भर करता है। सतही कठोरीकरण के पहले चरण में लगभग 4-6 घण्टों तक लोहा कार्बनयुक्त पदार्थ में रखकर गर्म रखा जाता है। लोहे को ठण्डा धीरे-धीरे होने दिया जाता है। ऐसा देखा गया है कि गर्म रखने का समय यदि 10 घण्टे है तो सतही कठोरीकरण की गहराई 0·4 से 1 mm. तक होती है। यदि गर्म रखने का समय 18 घण्टे तक बढ़ा दिया जाता है तो सतही कठोरीकरण की गहराई 3 mm. तक हो जाती है।

12·8. मृदु इस्पात के गुण (Properties of Mild Steel)

1. इसे स्थाई रूप से चुम्बकीय बनाया जा सकता है।
2. इसे आसानी से फोरज तथा वैल्ड किया जा सकता है।

3. इसे आसानी से कठोर तथा मृदु Tempered) नहीं बनाया जा सकता ।
4. इसकी बनावट रेशेदार होती है ।
5. यह तन्य तथा घातवर्ध्य होता है ।
6. नमकीन पानी इसे आसानी से प्रभावित नहीं कर सकता ।
7. यह पिटवें लोहे से अधिक प्रत्यास्थ तथा चीमड़ होता है ।
8. इसका उपयोग सभी किस्म की संरचनाओं में होता है ।
9. इस पर बहुत जल्दी जंग लगता है ।
10. यह 1400°C पर पिघल जाता है ।
11. इसका अपेक्षित घनत्व 7·8 होता है ।
12. इसकी चरम सम्पीडन सामर्थ्य 800 से 1200 N/mm^2 होती है ।
13. इसकी चरम तनाव सामर्थ्य 600 से 800 N/mm^2 होती है ।

कठोर इस्पात के गुण (Properties of Hard Steel)

1. इसे आसानी से कठोर (Hardened) तथा मृदु (Temperd) किया जा सकता है ।
2. इसे स्थाई तौर पर चुम्बक बनाया जा सकता है ।
3. इसे आसानी से फोरज तथा वैल्ड किया जा सकता है ।
4. इसकी संरचना रेशेदार होती है ।
5. नमकीन पानी का आसानी से कोई प्रभाव नहीं होता ।
6. यह मृदु इस्पात से अधिक प्रत्यास्थ तथा चीमड़ होता है ।
7. इसे झटकों या कम्पन वाली जगह उपयोग किया जा सकता है । खाने-पीने के छुरी-काँटे इससे बनाए जाते हैं ।
8. यह आसानी से जंग पकड़ लेता है ।
9. इसका पिघलन तापमान 1300°C होता है ।
10. इसका S.G. 7·9 होता है ।
11. इसकी चरम संपीडन सामर्थ्य 1400 से 2000 N/mm^2 होती है ।
12. इसकी चरम तनाव सामर्थ्य 800 से 1100 N/mm^2 होती है ।
13. इसकी चरम कर्तन सामर्थ्य 1000 N/mm^2 होती है ।

12·9. इस्पात का यांत्रिक उपचार (Mechanical Treatment of Steel)

इस्पात को यांत्रिक उपचार देने से अभिप्राय: है कि ingot इस्पात को आवश्यक शक्लों में बदला जाए ताकि यह बाजारू शक्ल में बाजार में उपलब्ध हो सके । यह उपचार गर्म या ठण्डा हो सकता है । गर्म उपचार अधिकतर अपनाया जाता है । लोहे के यांत्रिक उपचार में निम्न क्रियाएँ आ जाती हैं :

1. खींचना (Drawing)

2. फोरजिंग (Forging)

3. दबाना (Pressing)

4. रोलिग (Rolling)

1. **खींचना** (Drawing)—इसके अन्तर्गत लोहे का ingot किसी die में से लम्बाई में खींचा जाता है। खींचने का कार्यक्रम तब तक चलता रहता है जब तक कि आवश्यक व्यास या अनुप्रस्थ की तार नहीं बन जाती।

इस विधि से तारें या छड़ें बनाई जाती हैं।

2. **फोरजिंग** (Forging)—इसमें ingot को क्रांतिक तापमान से अधिक ताप तक गर्म किया जाता है तथा हथोड़े की चोटें लगाई जाती हैं। इससे लोहे का घनत्व वढ़ता है तथा धातु के कण के नाप में सुधार होता है। रिवेटे लगाना फोरजिंग का ही उदाहरण है। इसका उपयोग बोल्ट व क्रैंम आदि बनाने के लिए किया जाता है।

3. **दबाना** (Pressing)—इस विधि में एक die और एक मैंडरिल होता है। die तथा मैंडरिल आवश्यक शकल मे लिए जाने चाहिए ताकि आवश्यक शकल में सामान बन सके। इससे गर्म धातु die में रख दी जाती है और इस पर मैंडरिल बहुत भारी दाब में रक्खा जाता है। इसमें धातु die तथा मैंडरिल में दब जाती है और आवश्यक शकल का सामान प्राप्त हो जाता है। यह विधि तब उपयोगी होती है जब कि एक ही तरह का काफी सामान बनाना हो।

4. **रोलिग** (Rolling)—यह क्रिया विशेष रोलिग मिलों में की जाती है। लाल गर्म ingot इस्पात, क्रमिक रूप से विभिन्न नाप के रोलरों में से गुजारा जाता है तथा वांच्छित शक्ल का सामान प्राप्त किया जाता है। Angle, चैनल, Flat, गर्डर रेलें आदि रोलिग क्रिया से ही प्राप्त किए जाते हैं।

12.10. इस्पात में त्रुटियाँ (Defect in Steel)

इस्पात में निम्न त्रुटियाँ पाई जाती हैं।

1. **बलो होल** (Blow Holes)—यह त्रुटि तब उत्पन्न होती है, जब पिघले हुए इस्पात में दबी हुई गैस बाहर निकलती है।

2. **Cold Shortness**—इस इस्पात पर जब ठण्डे पर काम किया जाता है तो इसमें Crack उत्पन्न हो जाते हैं। यह त्रुटि फॉस्फोरस की अधिकता के कारण होती है।

3. **Red Shortness**—इस लोहे को जब गर्म स्थिति में पीटा जाता है तो Crack हो जाता है। यह त्रुटि लोहे में गन्धक की अधिकता के कारण होती है।

4. **पृथकीकरण** (Segregation)—लोहे के कुछ तत्त्व जल्दी ठोस हो जाते हैं और यह मुख्य mass से अलग हो जाते हैं। इसे पृथकीकरण (Segregation) कहते हैं। यह त्रुटि ingot की या कास्टिग की सतह पर देखने को मिलती है।

12·11. जंग लगने से इस्पात को बचाना

इस्पात पर जंग लगने से रोकने के निम्न उपाय हैं :

1. कोलतार की परत लगाकर।

2. बिजली की धारा से क्रोमियम, तांबे या निकल या टिन की इलैक्ट्रो-प्लेटिंग विधि से परत चढ़ाकर।

3. पिघले जस्त की परत चढ़ाकर या गैल्वेनाईज करके।

4. सीमेंट कंक्रीट में दबाकर।

5. लोहे की सतह पर पिघले हुए उपयुक्त फलक्सिग (Fluxing) पदार्थ की परत चढ़ाकर या दूसरे शब्दों में इनैमलिंग (enamelling) करके।

6. **शरारडाईजिंग** (Sherardising)—इसमें सतह पर जस्त की परत चढ़ाकर 250 से 450°C तक गर्म किया जाता है। इससे पिघले हुए जस्ते की धातु के साथ क्रिया हो जाती है और एक संरक्षक परत बन जाती है। इस सतह को आसानी से पॉलिश किया जा सकता है।

पेंटिंग करके।

12·12. इस्पात के रोल्ड या बेलित संरचनात्मक खंड (Rolled Structural Steel Sections)

गर्म इस्पात को रोलिंग मिलों में से गुजार कर कई शक्लों में परिवर्तित किया जा सकता है। निर्माण कार्यों में इन्हीं खंडों का उपयोग किया जाता है। कई बार विशेष परिस्थितियों के लिए कुछ विशेष शक्ल के खण्ड रोलिंग मिलों में बनाए जाते हैं। आमतौर पर निम्न किस्मों के खंड रोलिंग मिलों में बनाए जाते हैं :

1. बेलित इस्पाती I-खड या धरन खंड।
2. बेलित चेनल खण्ड।
3. बेलित T-खण्ड।
4. बेलित एगल खण्ड (L-Section)।
5. बेलित इस्पाती प्लेटें।
6. बेलित इस्पाती छड़ें।
7. बेलित इस्पाती ट्यूबें।
8. बेलित इस्पाती चद्दरें।
9. बेलित इस्पाती पट्टियाँ (Flats)।

1. **बेलित इस्पाती I-खण्ड**—यह धरन खण्ड I शक्ल में होते हैं। इनके ऊपरी तथा निचली तरफ एक-एक फ्लैंज होता है और फ्लैंजों को जोड़ता हुआ भाग वेब कहलाता है। यह धरन खण्ड निम्न किस्मों के होते हैं।

I. S. J. B.—Indian Standard Junior Beam.

I. S. L. B.—Indian Standard Light Beam.

I. S.M.B.—Indian Standard Medium Weight Beam.

I.S W.B.—Indian Standard Wide flange Beam.

I.S.H.B.—Indian Standard H. Beam.

बेलित I-धरन खण्ड जिस वर्ग का है वह वर्ग, खण्ड की मिलीमीटरों में गहराई तथा प्रति मीटर लम्बाई के लिए न्यूटन में भार से निर्देशित किया जाता है।

I. S. W. B. 450, 794 N में I. S. W. B. धरन वर्ग हैं। 450 इसकी मिली मीटरों में गहराई है तथा 794 N प्रति मीटर लम्बाई के लिए इसका भार है।

2. **बेलित चेनल खंड**—इनका उपयोग धरनों, स्तम्भों, छत की कैंचियों के अवयवों व लोहे के पुलों में किया जाता है। इनका वर्गीकरण I. S. I. ने निम्नानुसार किया है।

I. S. J. C.=Indian Standara Junior Channels.

I. S. L.C.= ,, ,, Light Channels.

I. S.M.C.= ,, ,, Medium Weight Channels.

I. S. S.C.= ,, ,, Special Channels.

3. **T-खंड**—इनकी शक्ल अंग्रेजी के T-अक्षर की तरह होती है। इसका नामकरण इसके कुल नाप तथा मोटाई से किया जाता है। इस खंड का उपयोग लोहे की कैंचियों में तथा जोड़ बनाने में बहुत किया जाता है।

4. **एंगल आयरन (L-खंड)**—इस खण्ड की दो टाँगें होती हैं। दोनों टाँगें बराबर भी होती हैं तथा बराबर नहीं भी होती। इसका नामकरण टाँगों की मिलीमीटरों में कुल लम्बाई तथा टाँगों की मोटाई से किया जाता है। I. S. A. 200 mm × 100 mm × 10 mm एंगल खंड से मतलब है कि इसकी एक टाँग 200 mm., दूसरी 100 mm. है तथा टाँगों को मोटाई 10 mm. है। इस खड का उपयोग भी लोहे की कैंचियों व जोड़ बनाने में बहुत होता है।

5. **बेलित इस्पाती पट्टियाँ** (Flats)—भारतीय मानक अनुसार बेलित पट्टियों को I. S. F. से अंकित किया जाता है। पट्टी की चौड़ाई I. S. F. से पहले तथा मोटाई बाद में मिलीमीटरों में अंकित की जाती है। 60 I. S. F. 8 से मतलब है पट्टी 60 mm. चौड़ी तथा 8 mm. मोटी है। इनका उपयोग संरचनात्मक कार्यों में बहुत होता है।

6. **बेलित इस्पाती प्लेटें** (Rolled Steel Plates)—इन्हें I. S. P. L. से अंकित किया जाता है। I. S. L. P. 1500 × 1000 × 6 से मतलब है कि यह 1500 mm. लम्बी, 1000 mm. चौड़ी और 6 mm. मोटी प्लेट है। इसका निर्माण लोहे की पानी की टंकियों, चिमनियों आदि के निर्माण में बहुत होता है।

7. **बेलित लोहे की छड़**—गोल छड़ों को ISRO से तथा वर्गाकार छड़ों को I. S. S. Q. से लिखा जाता है। साथ में छड़ का व्यास या एक भुजा का मान भी mm में दिया होता है।

8. **बेलित इस्पाती ट्यूब**—इसका उपयोग ट्यूबलर अवयवों की छत की कैंचियाँ बनाने में बहुत किया जाता है। इसका उपयोग संपीडन तथा तनाव दोनों किस्म के अवयवों में किया जाता है।

9. रोल्ड इस्पाती चद्दर को I. S. S. H. से तथा पत्तियों को I. S. S. T. से अंकित किया जाता है। इनका नाप लम्बाई, चौड़ाई तथा मोटाई मिलीमीटरों में इनके नाम के बाद अंकित कर दी जाती है। उदाहरण के लिए

I. S. S. H. 1800 mm × 600 mm × 6 mm

I. S. S. T. 250 mm × 2 mm.

10. **एक्सपेन्डिड मैटल** (Exdanped Metal)—यह कई शक्लों में तथा नापों में मिलती है। यह लोहे की चादरों में कट देकर तथा इन्हें खींचकर बनाई जाती है। इस जाली का उपयोग नीवों, सड़कों, फर्शों तथा पुलों आदि के प्रबलन में बहुत किया जाता है। इनका उपयोग विभाजक दीवारों पर लेथिन पदार्थ के रूप में भी किया जाता है।

11. **लहरिए दार चद्दरें** (Corrugated Sheets)—इन चद्दरों का निर्माण चपटी चद्दरों को ग्रुवों में से गुजार कर किया जाता है। ग्रुवों में चद्दर मुड़ जाती है तथा चद्दर में सतत नालियाँ बन जाती हैं। यह चद्दरें प्रायः गेलवेनाईज की होती है, इसलिए इन्हें G. I. चद्दरें भी कहते हैं। इनका उपयोग नत छतों पर, ढकने वाले पदार्थ के रूप में बहुत किया जाता है।

12·13. इस्पात की मिस्त्र धातुएँ (Steel Alloys)

1. **क्रोम-मोलिबडीनम इस्पात** (Chrom-molybdenum Steel)—इस मिस्त्र धातु में 0·2 से 0·5% कार्बन युक्त इस्पात (Steel) में क्रोमियम तथा मोलिबडीनम डाले हुए होते हैं। क्रोमियम की मात्रा 0·4 से 1·1% तथा मोलिबडीनम की मात्रा 0·2 से 0·4% के लगभग होती है। यह मिश्र धातु बहुत मजबूत तथा चीमड़ (Tough) होती है। इसका उपयोग हवाई जहाज उद्योग तथा तेल उद्योग द्वारा बहुत किया जाता है।

2. **क्रोम निकल** (Stainless Steel)—इस मिश्र धातु में 18 से 20% तक क्रोमियम तथा 8 से 12% तक निकल होता है। इस पर जंग नहीं लगता। इसे कास्ट किया जा सकता है तथा दबाया जा सकता है। इस पर मशीन से काम किया जा सकता है। तेजाब से भी यह प्रभावित नहीं होती। इसका उपयोग घर के बर्तनों अम्लों को स्टोर करने वाले बर्तनों तथा डेयरी प्लांट के साज-सामान के रूप में अधिकतर किया जाता है।

3. **तांबा इस्पात** (Copper Steel)—इस्पात की इस मिश्र धातु में 0·15% से 0·25% तक तांबा मिला होता है। यह सामान्य कार्बन इस्पात से अधिक प्रभावी ढंग से वायुमण्डलीय प्रभाव को रोक सकता है। इस गुण के अलावा इसके गुण इस्पात के गुण ही बने रहते हैं।

4. **निकल मोलिबडीनम इस्पात** (Nickel-Molybdenum Steel)—इसमें निकल की मात्रा 1·65 से 3·75% तक तथा Molybdenum की मात्रा 0·2 से 0·3% तक होती है। यह मिश्र धातु 0·17 से 0·23% कार्बन युक्त इस्पात के साथ बनाई जाती है। इस पर ताप उपचार आसानी से किया जा सकता है। इसका उपयोग भी हवाई जहाज तथा पैट्रोलियम उद्योगों में अधिकतर किया जाता है।

5. **निकल-क्रोम मोलिबडीनम इस्पात**—इसमें निकल की मात्रा 0·4% से 2 प्रतिशत, क्रोमियम 0·4 प्रतिशत से 0·9 प्रतिशत तथा मोलिबडीनम की मात्रा 0·15 से 0·30 प्रतिशत तक होती है। इस मिश्र धातु में काम लिए गए इस्पात में कार्बन की मात्रा 0·28 से 0·40 प्रतिशत तक होती है। इसे आसानी से वैल्ड नहीं किया जा सकता। बहुत उच्च तापमान पर भी यह नर्म नहीं होती तथा यह गतिज प्रतिबलों को सहन कर सकती है। इसका उपयोग Die-Casting, Dredgers के Bucket, teeth आदि बनाने में किया जाता है। इस मिश्र धातु में निकल, क्रोमियम तथा मोलिबडीनम के अलावा मैंगनीज, फॉस्फोरस, सिलिकन और गन्धक भी मामूली मात्रा में उपस्थित होतीं हैं।

6. **विनाडियम इस्पात** (Vanadium Steel)—इस मिश्र धातु में विनाडियम लगभग 0·2 प्रतिशत मात्रा में उपस्थित होता है। इस मिश्र धातु का उपयोग स्प्रिंग तथा मोटरकारों के भाग बनाने में किया जाता है। यह इस्पात से मजबूत होती है।

7. **टगस्टन इस्पात** (Tungusten Steel)—इस मिश्र धातु में 5% से 7% टंगस्टन होती है। यह कठोर होती है, तथा काफी ऊँचे तापमान पर भी काटने वाले किनारों को तीखा तथा सुदृढ़ बनाए रखती है। इसका उपयोग ड्रिल, लेथ पर काम आने वाले कटिंग टूट आदि बनाने में किया जाता है। इसमें कार्बन की मात्रा 0·5 से 1·0% तक होती है।

8. **निकल इस्पात** (Nickel Steel)—इस इस्पात में 3% से 3·5% तक निकल होती है तथा कार्बन की इस्पात में मात्रा 0·15 से 0·5 प्रतिशत तक होती है। यह कठोर, तन्य तथा जंग प्रतिरोधी होती है। प्रोपेलर शाफ्ट, बायलर प्लेटों, संरचनात्मक इस्पात आदि के लिए इसका उपयोग किया जाता है।

जब निकल की मात्रा 18 से 40 प्रतिशत हो जाती है तो इसे High-Nickel Steel कहते हैं। इनवार High Nickel Steel Alloy का ही उदाहरण है जिसमें निकल 36 प्रतिशत होती है। इस मिश्र धातु का प्रसार गुणांक बहुत कम होता है। इसका उपयोग घड़ियों के पेन्डूलम तथा अन्य शुद्ध संयंत्रों में होता है।

9. **मोलिबडीनम इस्पात** (Molybdenum Steel)—इस मिश्र धातु में मैंगनीज तथा मोलिबडीनम दोनो उपस्थित होते हैं। मोलिबडीनम की मात्रा 0·20 प्रतिशत से 0·0 प्रतिशत तथा मैंगनीज की मात्रा 0·70 प्रतिशत से 1 प्रतिशत तक होती है। यह कठोर तथा मजबूत होती है। यह सघटन भार को अच्छी तरह सहन कर सकती है। काफी उच्च तापमान पर भी यह अपने गुण बनाए रखती है। यह आसानी से वैल्ड की जा सकती है। धुरे, स्प्रिंग, बोल्ट तथा स्क्रेपर के ब्लेड आदि में इसका उपयोग किया जाता है। 9 प्रतिशत मोलिबडीनम युक्त इस्पात High Speed Tools बनाने के काम आता है।

10. **मैंगनीज इस्पात** (Manganese Steel)—इसमें मैंगनीज की मात्रा 1·60 प्रतिशत से 1·9 प्रतिशत तक होती है। इस्पात में कार्बन की मात्रा 0·30% से 0·50% तक होती है। यह कठोर तथा मजबूत होती है। यह सामान्य रूप से तन्य (ductile) होती है तथा रगड़ प्रभाव को बड़ी अच्छी तरह प्रतिरोधित करती है। इसका प्रसार गुणांक बहुत कम होता है। यह मिश्र धातु, रेलवे के पारक तथा काटों में, गियरो में तथा स्प्रिंग्स में बहुत काम लिया जाता है।

11. **कोबाल्ट इस्पात** (Cobalt Steel)—High Carbon Steel में कोबाल्ट डालकर यह मिश्र धातु बनाई जाती है। इसमें चुम्बकीय गुण बहुत होते हैं। High Carbon Steel में लगभग 35 प्रतिशत कोबाल्ट डालकर बहुत शक्तिशाली स्थाई चुम्बक बनाए जाते हैं। 5 प्रतिशत से 12 प्रतिशत कोबाल्ट युक्त इस्पात High Speed Cutting Tools के रूप में बहुत काम लिया जाता है।

12. **क्रोम-वानाडियम इस्पात** (Chrome-Vanadium Steel)—इस मिश्र धातु में 0·70 प्रतिशत से 0·90 प्रतिशत तक क्रोमियम और 0·10 प्रतिशत से 0·15 प्रतिशत तक वानाडियम मिलाया हुआ होता है। इस्पात में कार्बन की मात्रा 0·17 प्रतिशत से 0·55 प्रतिशत तक होती है। यह मिश्र धातु बहुत तन्य होती है और इस पर आसानी से काम किया जा सकता है। इसे आसानी से वैल्ड किया जा सकता है तथा इसकी तनाव क्षमता बहुत अधिक होती है। इसकी बनावट या संरचना बहुत बारीक कणों की बनी होती है। भाप इंजनों के स्प्रिंग बनाने, पिस्टन बनाने, समुद्री जहाजों के इंजन बनाने आदि के लिए इसका उपयोग किया जाता है।

13. **क्रोम इस्पात** (Chrome Steel)—इसमें 0·70 प्रतिशत से 1·20 प्रतिशत क्रोमियम होता है। इस्पात में कार्बन की मात्रा 0·17 प्रतिशत से 0·55 प्रतिशत तक होती है। इसकी प्रत्यास्थ सीमा बहुत ऊँची होती है। यह संघटन, कंपन तथा रगड़ को बहुत अच्छी तरह बहन कर सकती है। रेतियाँ (Files), स्प्रिंग, लेथ के कटिंग टूल, बाल बियरिंग आदि इसी से बनाए जाते हैं।

14. **क्रोम निकल इस्पात** (Chrome-Nickel Steel)—इस मिश्र धातु में 0·55% से 1·75% क्रोमियम और 1·10% से 3·75% निकल डला होता है। इस्पात में कार्बन की मात्रा 0·17% से 0·43% के लगभग होती है। यह मिश्र धातु दृढ़

तथा तन्य (Ductile) होती है। इसकी तनाव सामर्थ्य तथा प्रत्यास्थ सीमा बहुत ऊँची होती है। यह गतिज प्रतिबलों के प्रति बहुत प्रतिरोधी होती है। इसका उपयोग हवाई जहाजों, इंजनों के भागों, बियरिंगों, ड्रिलों, गियरों आदि में बहुत किया जाता है।

15. **सिलिकन इस्पात** (Silicon Steel)—4% सिलिकन डालकर यह इस्पात बनाया जाता है। इससे इस्पात दृढ़ हो जाता है। 3·5% सिलिकन युक्त इस्पात की छड़े 90° तक मोड़ी जा सकती हैं। 4% से अधिक मात्रा से लोहे में भंगुरता उत्पन्न हो जाती है। यह आसानी से चुम्बकीय बनाया जा सकता है और आसानी से इसका चुम्बकीय प्रभाव हटाया जा सकता है। यही कारण है कि यह इस्पात ट्रांसफारमर की कोर बनाने में बहुत काम में लिया जाता है।

प्रश्नावली

1. लोहे के मुख्य गुण, उपयोग तथा विशेषताएँ लिखो।
2. ढलवाँ लोहा, पिटवाँ लोहा तथा इस्पात में क्या अन्तर है? इनके उपयोगों का वर्णन करो और बताओ कि एक को दूसरे की अपेक्षा क्यों अधिक उपयोगी समझा जाता है?
3. वात या बलास्ट भट्टी का एक साफ चित्र बनाओ। पिग लोहे का निर्माण करते समय वात भट्टी में होने वाली रासायनिक क्रियाओं का वर्णन करो तथा समीकरणें लिखो।
4. मिश्र धातु क्या है? विभिन्न लोह मिश्र धातुओं का वर्णन करो।

13

अलौह धातुएँ

(NON FERROUS METALS AND THEIR ALLOYS)

13·1. प्रस्तावना (Introduction)

वैसे तो अलौह धातुएँ बहुत हैं, लेकिन हम यहाँ पर उन्हीं धातुओं का वर्णन करेंगे जिनका इंजीनियरी में बहुत महत्त्व है। एल्यूमीनियम, तांबा, जस्ता, सीसा (Lead), कोबाल्ट, निकल और टिन (Tin) आदि कुछ ऐसी धातुएँ हैं जिनका इंजीनियरी कार्यों में कहीं न कहीं उपयोग होता है। इसलिए इन्हीं धातुओं के गुण यहाँ बताए गए हैं।

13·2. एल्युमीनियम (Aluminium)

बॉक्साइट ($Al_2O_32H_2O$) अयस्क से एल्युमीनियम निकाला जाता है। छोटा नागपुर, मद्रास, जबलपुर, भोपाल के पास यह अयस्क बहुत मिलता है।

एल्युमीनियम दो चरणों में निकाला जाता है :—

(i) बॉक्साइट का शुद्धीकरण करके अलुमिना (Al_2O_3) प्राप्त करना।

(ii) एल्युमीनियम प्राप्त करने के लिए अलुमिना का विद्युत् विश्लेषण करना।

(i) **पहला चरण—बॉक्साइट का शुद्धीकरण करके शुद्ध अलुमिना प्राप्त करना—**

(a) **Halt's Process**—इस विधि का प्रयोग तब किया जाता है जब लोहे की अशुद्धियां अयस्क में अधिक होती है। अयस्क गर्म करके पीसा जाता है और फिर इसमें निजर्लीय सोडियम कार्बोनेट और थोड़ा कोक मिला दिया जाता है। मिश्रण को घूमने वाली भट्टी में 1100°C पर 4-5 घण्टे तक गर्म किया जाता है। एल्युमीनियम आक्साइड और सोडियम कार्बोनेट आपस में क्रिया करते हैं जिससे सोडियम एल्युमीनेट बन जाता है जबकि लोहे का ऑक्साइड अप्रभावित रहता है।

अब सोडियम एल्युमीनेट को पानी में घोलकर अलग कर दिया जाता है जब कि सिलिका, लोहे का आक्साइड जैसी अघुलनशील अशुद्धियाँ पीछे रह जाती हैं। घोल में से अब कार्बन डाई-ऑक्साइड गैस गुजारी जाती है जिससे एल्युमीनियम हाईड्रॉक्साइड प्राप्त होता है। एल्युमीनियम हाईड्रॉक्साइड फिल्टर किया जाता है और 1500°C पर गर्म किया जाता है, जिससे शुद्ध अलुमिना प्राप्त होता है।

(b) **बायर विधि (Bueyer's Process)**—पिसे हुए बॉक्साइट को गर्म करके

इसमें सोडियम हाईड्रॉक्साइड मिलाया जाता है। अलुमिना सोडियम हाईड्रॉक्साइड से क्रिया करता है जिससे सोडियम अल्युमीनेट बन जाता है, जिसे पानी में घोलकर अलग कर लिया जाता है जबकि अघुलनशील अशुद्धियाँ अलग रह जाती हैं। अब सोडियम अल्युमीनेट के घोल में अल्युमीनियम हाईड्रॉक्साइड घोला जाता है। इससे सोडियम अल्युमीनेट में अल्युमीनियम, पानी के साथ हाईड्रॉक्साइड के रूप में नीचे बैठ जाता है। अल्युमीनियम हाईड्रॉक्साइड को गर्म करके शुद्ध अलुमिना प्राप्त किया जाता है। अल्युमीनियम बनाने में इसी विधि का अधिकतर उपयोग होता है।

(c) **सरपेक विधि** (Serpeck's Method)—जब अयस्क में सिलिका अशुद्धि अधिक होती है तो इस विधि का उपयोग किया जाता है। पाउडर बॉक्साइड में कार्बन मिलाकर 1800°C तक गर्म किया जाता है और नाईट्रोजन इसमें से गुजारी जाती है जिससे अल्युमीनियम नाईट्राइड बनता है। अल्युमीनियम नाईट्राइड में पानी मिलाने से अल्युमीनियम हाईड्रॉक्साइड बनता है जिसे गर्म करके शुद्ध अलुमिना प्राप्त किया जाता है।

(ii) **शुद्ध अलुमिना का विद्युत विश्लेषण** (Electrolysls)

शुद्ध अलुमिना विद्युत् का कुचालक होता है तथा इसका गलनांक 2000°C होता है जो कि अल्युमीनियम के क्वथनांक (1800°C) से भी बहुत ऊँचा है। ऊँचे तापक्रम वाली कठिनाई अलुमिना में क्रायोलाइट और फ्लोर-स्पार मिलाने से दूर हो जाती है। इससे मिश्रण का गलनांक करीब 868°C तक कम हो जाता है। यह क्रिया लोहे के आयताकार सैल में की जाती है जिसके अन्दर गैस कार्बन का अस्तर लगा होता है। इससे कैथोड (Cathode) बनाते हैं। बर्तन में कार्बन की कई छड़ें लगाकर एनोड (Anode) बनाया जाता है। कार्बन छड़ें पेंदे के गैस कार्बन अस्तर के निकट तक लटकी होती हैं लेकिन इसे छूती नहीं हैं।

सबसे पहले विद्युत् धारा से क्रायोलाइट को पिघला लिया जाता है और इसमें एल्युमिना धीरे-धीरे डाला जाता है, अब तापमान 900 से 950°C रक्खा जाता है जो विद्युत् प्रवाहन से ही प्राप्त होता रहता है। विद्युत् धारा प्रवाहित करने पर एल्युमीनियम धातु कैथोड पर इकट्ठा होता रहता है, जिसे थोड़ी-थोड़ी देर बाद बाहर निकाल लिया जाता है। इस प्रकार प्राप्त एल्युमीनियम 99 से 99·5% तक शुद्ध होता है। यदि आवश्यक हो तो इसका आगे और शोधन किया जा सकता है।

भौतिक गुण—यह नीले रंग का श्वेत धातु है। यह बहुत हल्का होता है। इसका आपेक्षिक घनत्व 2·7, द्रवणांक 658°C और क्वथनांक 1800°C है। 100 से 150°C पर इनकी तारें खींची जा सकती हैं। यह ऊष्मा और विद्युत् का सुचालक है। इसकी तनाव क्षमता 100 से 150 N/mm^2 होती है। यह नमक के अम्ल (HCl) में आसानी से घुल जाती है। यह जंग प्रतिरोधी है।

उपयोग—विद्युत् केबल बनाने, हवाई जहाजों में इंजनों के कई पुर्जों में इसका

बहुत उपयोग होता है। एल्युमीनियम की पेंट, सिक्के इत्यादि बनाने में भी इसका उपयोग होता है। दरवाजों व खिड़कियों के फ्रेम तथा अन्त सजावटी कार्यों में इसका बहुत उपयोग होने लगा है।

13·3. ताँबा (Copper]

कॉपर पाइराइट (Cu.ƎeS$_2$) से ताँबा निकाला जाता है। इसमें लगभग 30% ताँबा होता है। भारत में बिहार, राजस्थान (खेतड़ी), तथा उड़ीसा में यह अयस्क पाया जाता है।

अयस्क पहले तोड़ा व पीसा जाता है और फिर प्लवन क्रिया (Floatation) Process) द्वारा सांद्रण किया जाता है। सांद्रित अयस्क को Reverberatory भट्टी में जलाया जाता है जिससे अशुद्धियाँ हट जाती हैं। अयस्क को हवा की उपस्थिति में गर्म किया जाता है। Arsenic और Antimony जैसी अशुद्धियाँ ऑक्साइड बन कर हवा में उड़ जाती हैं। गंधक, सल्फर डाई-ऑक्साइड गैस के रूप अयस्क में से हट जाती है।

जलाए हुए अयस्क में कोक, सिलिका और चूना मिलाकर ब्लास्ट भट्टी में गलाया जाता है। पहली Roast क्रिया में उत्पन्न ताँबे का ऑक्साइड लोहे के सल्फाइड से क्रिया करता है जिससे लोहे का ऑक्साइड और ताँबे के सल्फाइड उत्पन्न होते हैं। फैरस ऑक्साइड सिलिका से क्रिया कर स्लैग बनाता है। भट्टी के निचले सिरे पर इकट्ठी हुई धातु फैरस और ताँबे के सल्फाइड का मिश्रण होता है। इस मिश्रण को बैसिमर परिवर्तक में जिसमें चूने और मैगनेशियम ऑक्साइड की लाईनिंग होती है, डालकर ऑक्सीकरण करते हैं। इससे उत्पन्न पदार्थ को बलिस्टर ताँबा (Blistered Copper) कहते हैं। बलिस्टर ताँबा Reverberatory भट्टी में फिर गर्म किया जाता है और गले हुए धातु को हरी लकड़ी के पोल से हिलाया जाता है। इससे प्राप्त धातु लगभग 95% शुद्ध होती है। विद्युत् विश्लेषण से बिल्कुल 100% शुद्ध ताँबा प्राप्त किया जा सकता है।

गुण—यह रंग में लाल भूरी और नर्म धातु है। इसकी बनावट मणिभिकरण (Crystalline) होती है। यह नर्म, पिटवीं और तन्य होती है। इसका आपेक्षिक घनत्व 8·9, पिघलन तापक्रम 1083°C और क्वथनांक तापक्रम (Boiling Point) 2320°C होता है। यह विद्युत एवं ऊष्मा की अच्छी संचालक है। दूसरी धातुओं से यह महत्त्वपूर्ण मिश्र धातुएँ बनाती है। इसकी तनाव क्षमता 300 से 450 N/mm^2 होती है। पानी का इस पर कोई प्रभाव नहीं होता। पिघलन तापक्रम से जरा कम ताप पर यह भंगुर हो जाती है। इस पर ठंडी व गर्म दोनों अवस्थाओं में काम किया जा सकता है।

उपयोग—पीतल, ब्रांज और गन धातु जैसी महत्त्वपूर्ण मिश्र धातुएँ इससे बनाई जाती हैं। विद्युत् केवल electric transmission तारें और विद्युत् मशीनों के

कई भाग बनाने में यह धातु बहुत काम आती है। भाप के पाइप, ताँबे की प्लेटिंग इत्यादि में भी इसका बहुत उपयोग होता है। घरेलू बर्तन भी काफी बनाए जाते हैं।

13·4. जस्ता या जिंक (Zinc]

Zinc blende (ZnS) ओर कालामाइन (calamine) ($ZnCO_3$) अयस्कों से जिंक निकाला जाता है। जिंक प्रकृति में स्वतन्त्र रूप में नहीं मिलता है।

अयस्क पहले तोड़ा व पीसा जाता है और फिर यदि zinc blende हो तो प्लवन क्रिया से, और यदि कालामाइन ($ZnCO_3$) हो तो गुरुत्व क्रिया से इसका सांद्रण किया जाता है। सान्द्रित अयस्क खुली हवा में खूब गर्म किया जाता है जिससे यह zine oxide में परिवर्तित हो जाता है। जिंक ऑक्साइड में अपने भार के आधे भार के बराबर कार्बन डालकर, प्रोड्यूसर गैस से गर्म किया जाता है। इससे जिंक ऑक्साइड, जिंक धातु में बदल जाता है जो वाष्प (Vapours) के रूप में होता है। धातु के यह वाष्प condenser में ठण्डे कर लिए जाते हैं। यह धातु लगभग 98% तक शुद्ध होती है।

गुण—यह नीली सफेद कणदार धातु है। सामान्य तापक्रम पर यह भंगुर होती है, लेकिन 100 से 150°C के बीच यह पिरवी और तन्य होती है। इसे यदि और आगे गर्म किया जाता है तो यह दोबारा भंगुर हो जाती है। यह ऊष्मा और विद्युत् की अच्छी संचालक होती है। इसका आपेक्षिक घनत्व 6·86 और पिघलन तापमान 419°C होता है। इससे भी कई मिश्र धातुएँ बनती हैं।

उपयोग—लोहे की चद्दरों को गेलवेनाइज करने के लिए इसका उपयोग किया जाता है। इससे जिंक पेंट भी बनती हैं। कई मिश्र धातुओं में भी इसका उपयोग होता है।

13·5. टिन [Tin)

टिन पत्थर (SnO_2) से टिन प्राप्त किया जाता है। पाउडर किए हुए अयस्क को पहले धोया जाता है ताकि हल्की अशुद्धियाँ इसमें से धो दी जाएँ। अयस्क को गर्म करके इसमें से गन्धक और Arsenic उड़ा दी जाती हैं। अब इसमें कोयला और चूना मिला कर Reverberatory भट्टी में 1200°C से 1300°C पर गर्म किया जाता है। इससे टिन ऑक्साइड, टिन धातु में परिवर्तित हो जाता है जबकि अशुद्धियाँ स्लैग के रूप में हटा दी जाती हैं। पिघला हुआ टिन धातु, साँचों में भर कर टिन इनगॉट (Tin Ingots) बना लिए जाते हैं। इस तरह प्राप्त टिन लगभग 99·50% शुद्ध होता है।

इसे और शुद्ध करने के लिए Reverberatory भट्टी में Ingots को फिर पिघलाया जाता है। पिघली धातु को हरी लकड़ी के पोल से हिलाया जाता है। इससे अशुद्धियाँ स्कम के रूप में ऊपर आ जाती है और शुद्ध टिन नीचे से अलग कर दिया जाता है।

गुण—यह चाँदी की तरह सफेद, पिटवीं और तन्य धातु है। आपेक्षिक घनत्व 7·3 ओर पिघलन तापक्रम 232°C होता है। 200°C पर यह भगुर हो जाता है। यह ऊष्मा और विद्युत का अच्छा संचालक है। दूसरी धातुओं से मिलकर यह कई मिश्र धातुएँ बनाता है। टिन की छड़ को जब मोड़ा जाता है तो एक आवाज होती है जिसे Cry of tin कहते हैं। शुद्ध पानी तथा हवा से यह प्रभावित नहीं होती है।

उपयोग—सोल्डरिंग (Soldering) के लिए यह बहुत काम आती है। लोहे और इस्पात की चद्दरों पर इसकी परत चढ़ाई हुई होती है, ताकि इन्हें बाहरी प्रभावों से बचाया जा सके। घरेलू साज-सामान, डिब्बे बनाने आदि में इसका बहुत उपयोग किया जाता है।

13·6. सीसा [Lead]

गेलिना (PbS) अयस्क से यह धातु निकाली जाती है। अयस्क को तोड़कर पहले छान लिया जाता है और फिर प्लवन क्रिया द्वारा इसका सांद्रण किया जाता है। सांद्रित अयस्क, Reverberatory भट्टी में खुली हवा में गलाया जाता है, जिससे अयस्क का ऑक्सीजन हो जाता है। इससे धातु के सल्फेट और ऑक्साइड बन जाते हैं।

$$PbS + 2O_2 \longrightarrow PbSO_4$$

$$2PbS + 3O_2 \longrightarrow 2PbO + 2SO_2$$

अब हवा का भट्टी में आना बन्द कर दिया जाता है और तापक्रम बढ़ा कर लाल कर दिया जाता है। इस समय इसमें थोड़ा चूना और लेड सल्फाइड डाल दिया जाता है। लेड ऑक्साइड और लेड सल्फेट दोनों लेड सल्फाइड से क्रिया करके लेड धातु बना देते हैं।

गुण—यह नर्म नीला धूसर धातु है जिसे चाकू से काटा जा सकता है। इसका आपेक्षिक घनत्व 11·36, पिघलन तापक्रम 32°C ओर क्वथनांक तापक्रम 1150°C होता है। यह पिटवीं व तन्य धातु है जो ऊष्मा और विद्युत की अच्छी संचालक है। यह कागज पर निशान कर देती है। जब इसे हवा या ऑक्सीजन की उपस्थिति में खूब गर्म किया जाता है तो इससे मुरदा संख (Litharge) बन जाता है।

उपयोग—इसका उपयोग छतों पर, पानी के पाइपों में व मिलटरी में बन्दूक की गोलियाँ बनाने में बहुत होता है। गन्धक का तेजाब बनाने के लिए इस धातु के चैम्बर बनाए जाते हैं। पाइप फिटिंग में कई जोड़ इसी धातु से बनाए जाते हैं। पेंट बनाने, D. P. C. तथा संरचनाओं को जलसह बनाने में भी इसका किसी न किसी रूप में उपयोग होता है।

13·7. मेंगनेशियम [Magnesium]

प्रकृति में स्वतन्त्र रूप से यह धातु नहीं मिलती। इसके मुख्य अयस्क मैंगनेसाईट

साईट ($MgCO_3$), डोलोमाइट ($CaCO_3$, $MgCO_3$), कैरसाईट ($MgSO_4H_2O$) और करनालाईट ($MgCl_2$, KCl, $6H_2O$) होते हैं।

उत्पादन—छोटे पैमाने पर प्राप्त करने के लिए मैगनेशियम क्लोराईट को सोडियम के साथ कोयले की गैस की उपस्थिति में गर्म किया जाता है। बड़े पैमाने पर प्राप्त करने के लिए करनालाईट (Carnallite) ($MgCl_2$, KCl, $6H_2O$) का विद्युत विश्लेषण किया जाता है।

गुण—हवा में गर्म करने पर यह बहुत सफेद प्रकाश देता हुआ जलता है। यह आसानी से गर्म हो जाता है। इसे यदि बहुत गर्म किया जाए तो यह भाप का भी विघटन कर सकता है। यह सिलवर की तरह सफेद धातु है जिसका पिघलन ताप 651°C है। यह क्षारों से प्रभावित नहीं होता। यह तन्य तथा अघातवर्ध्य धातु है। इसका प्रसार गुणांक काफी अधिक होता है।

उपयोग—इसका उपयोग आतिशबाजी, फोटोग्राफी तथा मिलटरी में संकेतों के लिए बहुत किया जाता है। यह अकेला संरचनात्मक कार्यों में काम नहीं लिया जा सकता। लेकिन इसकी कुछ मिश्र धातुएँ संरचनात्मक कार्यों में उपयोग में लाई जा सकती हैं।

13·8. निकल (Nickel)

स्वतन्त्र रूप में यह Meteorites के रूप में तथा संयुक्त रूप में मुख्यतया सल्फाईड तथा सिलिकेटों के रूप में पाई जाती है।

उत्पादन—यह प्रायः सल्फाईड अयस्क से प्राप्त की जाती है। अयस्कों को पहले धोकर साफ कर दिया जाता है तथा फिर इनका Roasting किया जाता है। Roasted अयस्क, कुछ चूना पत्थर, क्वार्ट्ज और कोक, सब मिलाकर धमन भट्टी में डाल दिया जाता है। निकल तथा ताँबे के सल्फाईड का पिघला हुआ मिश्रण भट्टी के पेंदे पर इकट्ठा हो जाता है। यह मिश्रण क्षारीय लाइनिंग वाली बैसीमर परिवर्तन भट्टी में डाल दिया जाता है जहाँ से बार-बार Smelting तथा विद्युत विश्लेषण (Electrolysis) से निकल धातु प्राप्त की जाती है।

गुण—लाल गर्म स्थिति में यह भाप को विघटित कर देती है। पिसे रूप में यह अपने आयतन का लगभग 17 गुना आयन हाइड्रोजन अपने में सोख लेती है। इस पर बहुत उच्च कोटि की पॉलिश की जा सकती है। यह वायुमंडलीय प्रभावों की अच्छी प्रतिरोधी है। यह कठोर अघातवर्ध्य तथा चुम्बकीय धातु है। इसका S.G. 8·9 है और यह जंग की भी प्रतिरोधी है। क्षारों का इस पर कोई असर नहीं होता।

उपयोग—इसका उपयोग कई मिश्र धातुओं में किया जाता है। इसकी परत सुरक्षक के रूप में भी काम करती है।

13·9. कोबाल्ट (Cobalt)

Meteorites में यह स्वतन्त्र स्थिति में मिलता है । आरसेनाईट (Arsenide) तथा सल्फरसैनाईड (Sulphoursanide) दो महत्त्वपूर्ण अयस्क हैं जिनसे यह प्राप्त की जाती है ।

उत्पादन—अयस्क धोकर वात भट्टी में डाल दिए जाते हैं । चूना पत्थर या रेत, भट्टी में डालकर भट्टी को गर्म किया जाता है । इससे अशुद्ध कोबाल्ट का ऑक्साइड प्राप्त होता है । इस ऑक्साईड में से अशुद्धियाँ विभिन्न विधियों से हटा दी जाती हैं और शुद्ध कोबाल्ट प्राप्त किया जाता है ।

गुण—यह भी लाल गर्म स्थिति में भाप का विघटन कर सकती है । बारीक पाऊडर रूप में यह आयतन का 150 गुना हाईड्रोजन सोख सकती है । यह तन्य तथा अघातवर्ध्य धातु है । सामान्य तापमान पर यह प्रभावित नहीं होती । इसकी S.G. 8·80 होती है तथा यह क्षारीय क्रिया से प्रभावित नहीं होती ।

उपयोग—चीनी के सामान (Ceramic), टैलीविजन के सामान, में इस धातु का बहुत उपयोग होता है । इस्पात की मिश्र धातुओं में भी इसका बहुत उपयोग किया जाता है ।

13·10. अलौह धातुओं की मिश्र धातु (Alloys)

1. **ब्रांज** (Bronze)—इस मिश्र धातु में तांबा 88·96% और टिन 4·12% तक होता है । इसका उपयोग प्रतिमाएँ, सिक्के और गहने बनाने में होता है । ब्रांज मिश्र धातुएँ भी कई तरह की होती हैं ।

(a) **फास्फर ब्रांज**—इसमें 85% तांबा, 13% टिन और 2% फास्फोरस होता है । यह बहुत मजबूत, कठोर, प्रत्यास्थ मिश्र धातु है । इसका उपयोग बियरिंग वाल्वों इत्यादि में बहुत होता है ।

(b) **मैंगनीज ब्रांज**—इसमें 60% तांबा, 1% मैंगनीज और 39% जस्ता होता है । इसका उपयोग समुद्री जहाजों के प्रोपेलर व मशीनों के हिस्से, पुर्जे बनाने में होता है । इसमें मैंगनीज 1%, अल्यूमीनियम 0·05 से 1%, शीशा (Lead) 0·4% तथा लोहा 0·4 से 1% तक भी डाला हुआ होता है । इससे जंग नहीं लगता ।

(c) **अल्यूमीनियम ब्रांज**—इसमें 81-90% तांबा, 7-12% अल्यूमीनियम और 0·5% टिन होता है । यह कठोर, हल्की पीले-भूरे रंग की मिश्रधातु है । इस पर जंग नहीं लगता ।

2. **Bell Metal**—इसमें 80% तांबा और 20% टिन होता है । इसकी घंटियाँ बनाई जाती हैं । यह कठोर तथा भंगुर मिश्र धातु है ।

3. **पीतल** (Brass)—वास्तव में पीतल, तांबा और जस्ता की मिश्र धातु है । लेकिन यदि इसमें दूसरी धातुएँ भी मिला दी जाएँ तो भी इन्हें पीतल ही कहते

हैं। सामान्य पीतल में 70-80% ताँबा और 20-30% जस्ता होता है। जस्ते की जितनी मात्रा अधिक होती है, पीतल उतना ही कठोर होता है। पीतल के बर्तन विश्व भर मे काम आते हैं। इसकी कई पानी की फिटिंग बनी होती है। वाल्व, पाइप, व इंजनों के कई पुर्जे वगैरह इसके बने होते हैं। ताँबे और जस्ते के साथ अन्य धातु मिलाकर बनी कुछ मिश्र धातुएँ नीचे दी हुई हैं। इन दोनों धातुओं के मिश्रण की आपस में मात्राएँ बदलकर कई तरह के पीतल बनाए जा सकते हैं। कुछ यहाँ दिए हुए हैं।

(a) **डच मैटल** (Dutch Metal)—यह सामान्य पीतल ही है जिसमें ताँबा 80% और जस्ता 20% होता है। इसका रंग सुनहरा होता है। सस्ते गहने वगैरह इसके बनाए जाते हैं।

(b) **मुंज मैटल** (Muntz Metal)—इसमें 60% ताँबा और 40% जस्ता होता है। यह बहुत मजबूत होती है। इसका उपयोग कास्टिंग तथा Condenser Tube आदि बनाने में किया जाता है।

(c) **डेल्टा मैटल** (Delta Metal)—इसमें 60% ताँबा, 37% जस्ता और 3% लोहा होता है। इस पर जंग नहीं लगता। इसका उपयोग मृदु इस्पात की जगह जंग रोकने के लिए किया जाता है।

4. **गन मैटल** (Gun Metal)—88% ताँबा, 10% टिन और 2 से 4% जस्ते से यह धातु बनती है। पहले यह मिश्र धातु तोपें बनाने के काम आती थी लेकिन अब इसके गियर व बियरिंग खूब बनाए जाते है। अच्छे कास्टिंग बनाने मे भी इसका बहुत उपयोग किया जाता है।

5. **मोनल मैटल** (Monel Metal)—यह ताँबा और निकल की मिश्र धातु है। ताँबा लगभग 27%, निकल 70% और 2-3% लोहा इसमें होता है। इसकी तनाव क्षमता बहुत अधिक होती है और इस पर जंग नहीं लगता। क्षारीय व अम्लीय प्रभाव भी इस पर बहुत कम होता है। कास्टिक सोडा बनाने वाले संयंत्रों में इसका बहुत उपयोग होता है।

6. **जर्मन सिल्वर** (German Silver)—यह सफेद रंग की मिश्र धातु है जिसमें ताँबा, जस्ता और निकल तीनों तत्त्व होते हैं। ताँबा 50-80% तक, जस्ता 10-35% तक और निकल 5-30% तक उपस्थित होता है। यह चाँदी की नकल के गहने बनाने, रोधक Coils तथा बर्तन इत्यादि बनाने में काम आती है। इसकी तनाव क्षमता भी बहुत होती है तथा इस पर जंग नहीं लगता। इसे निकल सिल्वर भी कहते हैं।

7. **डूरालूमिन** (Duralumin)—इस मिश्र धातु में 95% अल्यूमीनियम, 4% ताँबा, 0·5% मैगनेशिया और 0·5% मैंगनीज होता है। यह मृदु इस्पात का केवल एक तिहाई भार में होता है जबकि सामर्थ्य उसके बराबर होती है। जब इसका

ऊष्मा उपचार किया जाता है तो इसकी तनाव क्षमता बढ़ जाती है। यह मिश्र धातु हवाई जहाजों के निर्माण में बहुत उपयोग में लाई जाती है।

8. **मैगनालियम** (Magnalium)—इसमें 90-98% अल्यूमीनियम और 2-10% मैगनालियम होता है। यह शुद्ध अल्यूमीनियम से हल्की होती है जबकि सामर्थ्य इससे अधिक होती है।

9. **बियरिंग मैटल** (Bearing Metal)—इसमें 82% टिन, 14% एण्टीमनी (Antimony) और 4% ताँबा होता है। लोकोमोटिवों में यह मिश्र धातु बहुत काम लाई जाती है।

10. **ब्रिटानिया मैटल**—93% टिन, 5% Antimony और 2% ताँबे से यह मिश्र धातु बनती है।

11. **डाई-कास्टिंग मिश्र धातुएँ** (Die-Casting Alloys)—यह सफेद रंग की मिश्र धातुएँ हैं जिनमें जस्ता, ताँबा, टिन, अल्यूमीनियम, मैगनेशियम और निकल धातुएँ होती हैं। बहुत ही शुद्ध कॉस्टिंग के साँचे इन्हीं से बनाए जाते हैं। जस्ते में 4% अल्यूमीनियम, 3·5% ताँबा और 0·05% मैंगनीज के साथ बनी मिश्र धातु डाई-कॉस्टिंग के लिए आमतौर पर काम में ली जाती हैं।

12. **नर्म सोल्डर** (Soft Solders)—यह टिन और सीसे (Lead) की मिश्र धातु होती है। इसका पिघलन तापक्रम 182° से 250°C के बीच में होता है। सीसे (Lead) की मात्रा के बढ़ने के साथ-साथ सोल्डर नर्म होता जाता है। धातुओं के विभिन्न भागों को जोडने के लिए काम लिए गए सोल्डर, यही होते हैं। आमतौर पर टिन का एक भाग और सीसे का एक भाग इस मिश्र धातु में होता है।

टिन तथा शीशे के सोल्डर को नर्म (Soft) सोल्डर भी कहते हैं। यह सोल्डर तीन किस्म का यानि पलम्बर सोल्डर (plumber Solder), वायर मैन्स, सोल्डर (Wireman's Solder) और टिन लाईनर सोल्डर (Tin Liners Solder)। इसमें Flux के रूप में Ammoniac का उपयोग किया जाता है।

13. **कठोर सोल्डर** (Hard Solder)—यह जिंक तथा ताँबे की मिश्र धातु है। यह काफी ऊँचे तापमान पर पिघलती है। पीतल, ताँबे, लोहे आदि को जोड़ने के लिए इसका उपयोग किया जाता है। यह Solder, Brazing Solder तथा Silver Solder दो किस्म का होता है। इसमें बोरैक्स का उपयोग फलक्सिग पदार्थ के रूप में होता है।

14. Y-**मिश्र** धातु (Y-Alloy)—यह मिश्र धातु ड्यूरालूमिन की भांति मुख्यतया एल्यूमीनियम की मिश्र धातु है। इसमें एल्यूमीनियम 92%, ताँबा 1% निकल 2% और मैगनेशिया 1·5% होता है। यह ऊष्मा की अच्छी संचालक है तथा उच्च तापमानों पर भी इसकी तनाव क्षमता बहुत होती है। सिलिंडर हैड, पिस्टन, गियर बॉक्स, प्रोपेलर ब्लेड आदि बनाने में इसका उपयोग किया जाता है।

प्रश्नावली

1. मिश्र इस्पात क्या है ? विभिन्न लौह मिश्र धातुओं का वर्णन करो ।
2. एल्यूमीनियम के निष्कर्षण, गुणों तथा उपयोगों का वर्णन करो । एल्यूमीनियम के मुख्य खनिज कौन-कौन से हैं ?
3. निम्नलिखित धातुओं से प्राप्त करने की क्रिया, गुण और उपयोग संक्षेप में लिखो ।
   (i) लेड या सीसा (Lead)
   (ii) एल्यूमीनियम (Aluminium)
   (iii) ताँबा (Copper)
   (iv) जस्ता (Zinc)
4. निम्नलिखित अलौह मिश्र धातुओं की बनावट लिखो :
   (i) मैगनालियम (Magnalium)
   (ii) गन मैटल (Gun Metal)
   (iii) ब्रांज (Bronze)
   (iv) पीतल (Brass)
   (v) जर्मन सिल्वर (German Silver)
   (vi) डूरालूमिन (Duralumin)
   (vii) मोनल मैटल (Monel Metal)

14

प्लास्टिक

[PLASTICS]

14·1 परिचय (Introduction)

प्लास्टिक एक आधुनिक इंजीनियरी पदार्थ है जिसका आविष्कार सन् 1840 के आस-पास हुआ है। यह पदार्थ सम्पूर्ण दुनिया के सभी बाजारों में बहुत बड़े पैमाने पर मिलता है। सन् 1865 में स्कॉट रसायन विशेषज्ञ श्री अलैकजैन्डर पार्कस ने नाईट्रो-सेल्यूलोज के साथ कैम्फर (Camphor) और अल्कोहल (Alcohal) मिलाकर एक सख्त प्लास्टिक पदार्थ तैयार किया था। इस पदार्थ को पार्क साईट (Parkesite) कहा जाता था। इस शताब्दी के प्रारम्भिक 20 वर्षों में प्लास्टिक के ऊपर काफी काम हुआ। एक बैल्जियम वैज्ञानिक श्री L-Baekeland ने एक प्लास्टिक पदार्थ बनाया था जिसका आज भी उपयोग हो रहा है। इस पदार्थ को बैकेलाईट (Bakelite) नाम से जाना जाता है। यह पदार्थ काफी सख्त, मजबूत, व अच्छा ऊष्मारोधी होता है। दूसरे महायुद्ध के समय इस पदार्थ पर बहुत काम हुआ। इस दौरान प्लास्टिक ऐसा पदार्थ बन गया है कि इसे अपनी आवश्यकताओं अनुसार जैसा चाहें बनाया जा सकता है।

14·2. प्लास्टिक की बनावट (Composition)

प्लास्टिक एक कार्बनिक पदार्थ है। इसमें मुख्यतः प्राकृतिक या कृत्रिम रेजिन (Resin) या बाइन्डर (Binders) होते हैं। Moulding Compound भी रेजिन पदार्थों में मिले हो सकते हैं। विभिन्न तरह के रेजिन पदार्थों तथा Moulding Compounds का वर्णन आगे अलग से किया हुआ है। मोटे तौर पर कहा जा सकता है कि प्लास्टिक कार्बन के हाईड्रोजन, नाईड्रोजन और ऑक्सीजन के साथ बने यौगिक होते है। कार्बन अपने आप के साथ तथा अन्य पदार्थों में मिलकर अधिक जटिल यौगिक बनाता है और प्राप्त पदार्थ दृढ़ तथा स्थाई प्लास्टिक होता है। प्लास्टिक पर दबाव लगाकर या ताप द्वारा पिघलाया जा सकता है तथा इसे साँचों में भर कर किसी भी शक्ल में ढाला जा सकता है।

14·3. बहुलकीकरण (Polymerization)

मुख्य रसायन युक्त पदार्थों को Monoliths या Monomers कहते हैं। इन पदार्थों में अन्य पदार्थ मिलाकर Polymer बनाए जाते हैं और इस क्रिया को बहुलकीकरण (Polymerization) कहत हैं। बहुलकीकरण से प्लास्टिक में मजबूती

सामर्थ्य, दृढ़ता तथा लचीलापन उत्पन्न हो जाता है। इससे कई अन्य तरह के प्लास्टिक पदार्थ बनाए जा सकते हैं। Polymerization की निम्न दो विधियाँ हैं :

1. Addition of Polymerization
2. Polymerization का Condensation करना

1. **Addition of Polymerization**—इस विधि में एक ही किस्म के या भिन्न किस्म के अणु (Molecular) मिलते हैं। इस तरह नये बने पदार्थ जिसे Polymer कहते हैं, का अणु भार, दोनों मिलने वाले पदार्थों के अणु भारों के योग के बराबर हो जाता है। इस विधि में किसी पदार्थ की कोई हानि नहीं होती। इस विधि द्वारा प्राप्त Polymers निम्न हैं—Polythylene, polypropylene Polyvinyl Chloride, Polystyrene, Polyacrylates इत्यादि।

2. **Condensation Polymerization**—इस विधि में एक ही किस्म के कई पदार्थ या भिन्न किस्म के कई पदार्थों से बनी High-molecular पदार्थ में से Low-Molecular पदार्थ हटा दिए जाते हैं। इस क्रिया के दौरान अमोनिया, हाइड्रोजन क्लोराइड और इसी तरह के अन्य न्यून अणु पदार्थ (Low-Molecular substances) निकलते हैं। फिनोल-फोरमएण्डीहाईड, कारबामाईड (Carbamide) मेलामाईन-फोरमएल्डीहाईड (Melamine-Formaldehyde) इत्यादि के कुछ इसी तरह के Polymer पदार्थ हैं।

14·4. प्लास्टिक का वर्गीकरण (Classification of Plastics)

प्लास्टिक का वर्गीकरण निम्नानुसार किया जाता है :

1. ताप के प्रति प्लास्टिक का व्यवहार (Behavior with respect to heat)
2. संरचना (Structures)
3. भौतिक तथा यान्त्रिक गुणों अनुसार (Physical and Mechanical Properties)

1. **ताप के प्रति प्लास्टिक का व्यवहार**—इस वर्गीकरण अनुसार प्लास्टिक निम्न दो वर्गों में बाँटे जा सकते हैं :

(i) थरमो-प्लास्टिक (Thermo Plastic) और
(ii) थरमो-सैटिंग प्लास्टिक (Thermo-Setting Plastic)

थरमो-प्लास्टिक गर्म करने पर नर्म और ठण्डा होने पर सख्त हो जाते हैं। गर्म तथा ठण्डा करने की क्रिया कितनी भी बार दोहराई जा सकती है। गर्म तथा ठण्डा करने की प्रक्रिया से इसकी रसायनिक बनावट में कोई परिवर्तन नहीं होता।

थरमो-सेटिंग प्लास्टिक पर दबाव डालने से तथा तापमान से, स्थाई रूप से सैट हो जाता है। इसे दोबारा गर्म करके वापिस नर्म नहीं बनाया जा सकता। यह प्लास्टिक

मूल रूप में पहले Thermo-Plastic Stage में से गुजरता है। जब यह 127°C से 177°C के बीच किसी तापमान तक गर्म किए जाते हैं तो यह स्थाई रूप से सैट हो जाता है। इसके बाद यदि इसे फिर गर्म किया जाता है तो यह बिलकुल नर्म नहीं होता और न ही पिघलता है। थरमो-सैटिंग प्लास्टिक जब थरमो-प्लास्टिक चरण में होते हैं तो Alcohole तथा कुछ अन्य कार्बनिक घोलकों में घुल जाते हैं। इस गुण के कारण प्लास्टिक की पैंट तथा वार्निश बनाई जाती है। यह प्लास्टिक स्थाई, मजबूत तथा दृढ़ होते हैं तथा अनेक सुन्दर रंगों में मिलते हैं। इंजीनियरी कार्यों में मुख्यतया इसी प्लास्टिक का उपयोग किया जाता है।

2. **सरचना के आधार पर वर्गीकरण** (Based on Structure)—इस वर्गीकरण में प्लास्टिक निम्न दो किस्म के हो सकते हैं :

(i) एकसार प्लास्टिक (Homogeneous Plastic)

(ii) न एकसार प्लास्टिक (Hetrogeneous Plastic)

Homogeneous Plastic में केवल एक ही पदार्थ कार्बन के परमाणुओं की चेन होती है। Hetrogencous Plastic की चेन में कार्बन, ऑक्सीजन, नाइट्रोजन तथा अन्य तत्त्वों के परमाणु भी होते हैं।

3. **भौतिक तथा यांत्रिक गुणों अनुसार वर्गीकरण** (Based on Physical and mechanical Properties)—इस वर्गीकरण अनुसार प्लास्टिक को चार वर्गों में बांटा जा सकता है :

(i) **दृढ़ प्लास्टिक** (Rigid Plastic)—इस प्लास्टिक का प्रत्यास्थता गुणांक काफी अधिक होता है। बाहरी प्रतिबलों के सामने भी यह अपनी शकल बनाए रखते हैं।

(ii) **अर्ध-दृढ़ प्लास्टिक** (Semi-Rigid Plastic)—इन प्लास्टिकों का प्रत्यास्थता गुणांक मध्यम वर्ग का होता है। बाहरी प्रतिबल हटाने पर इसमें उत्पन्न विकृति पूरी तरह विलोपित हो जाती है।

(iii) **नर्म प्लास्टिक** (Soft Plastic)—इनका प्रत्यास्थता गुणांक बहुत कम होता है और बाहरी प्रतिबल हटाने पर इनकी विकृति धीरे-धीरे विलोपित हो जाती है।

(iv) **Elastomers**—यह प्लास्टिक नर्म होते हैं और इनका प्रत्यास्थता गुणांक बहुत कम होता है। तनाव में इनमें काफी विकृति उत्पन्न हो जाती है जो तनाव हटाते ही तुरन्त समाप्त हो जाती है।

14·5. रेजिन (Resins)

प्लास्टिक को उनके ताप के प्रति व्यवहार अनुसार जैसे दो वर्गों में बाँटा गया है उसी तरह रेजिन या वाइन्डरों को भी निम्न दो वर्गों में बाँटा गया है :

1. थरमो-प्लास्टिक रेजिन (Thermo Plastic Resins)

2. थरमो-सैटिंग रेजिन (Thermo Setting Resins)

1. **थरमो-प्लास्टिक रेजिन**—इस वर्ग के अन्तर्गत निम्न थरमो प्लास्टिक रेजिन आ जाते हैं :

(a) **एल्काईड** (Alkyd)—यह रेजिन गलैसरीन और फथालिक अनहाईड-राईड (Phthalic Anhydride) से बनाए जाते हैं। इनकी रासायनिक बनावट सूखने वाले तेलों से समंजित की जाती है। यह धीरे-धीरे ठंडे होते हैं तथा इनमें विद्युत् रोकने के गुण होते हैं। इनका उपयोग प्लास्टिक की बहुत पतली परत बनाने के लिए किया जाता है।

(b) **सैल्यूलोज** (Cellulose)—यह रेजिन Cellulose Acetate, Cellulose Nitrate, Cellulose Ester आदि से प्राप्त किए जाते हैं। इनसे बने प्लास्टिक काँच की तरह साफ तथा पारदर्शी होते हैं। यह चीमड़ तथा मजबूत होते हैं। यह विद्युत-रोधी हैं तथा इन्हें कई सुन्दर रंगों में प्राप्त किया जा सकता है।

(c) **क्यूमरान-इनडैनी** (Cumarone Indene)—तापक्रम के बहुत थोड़े प्रास में यह रेजिन नर्म हो जाते हैं। नमी से इनके विद्युत सम्बन्धी गुणों में कोई परिवर्तन नहीं होता। यह भंगुर होते हैं तथा इनका उपयोग फर्श, फाइलें तथा रबर आदि बनाने में किया जाता है।

(d) **मिथाइल-मिथाक्रीलेट** (Methyl Methacrylate)—इस रेजिन को Acrylic भी कहते हैं। यह पानी तथा पैट्रोलियम से बड़ी जटिल क्रिया द्वारा प्राप्त किया जाता है। यह हल्का होता है तथा प्रकाश की Ultra-Violet किरणें इनमें से गुजर सकती हैं। यह काटा, चीरा व मरोड़ा जा सकता है। यह बहुत अच्छा प्रकाशीय गुणों वाला पदार्थ होता है। यह विद्युत का अच्छा प्रतिरोधी होता है। संघटन से जब यह टूटता है तो यह फट जाता है और काँच की तरह बिखरता नहीं है इस रेजिन से बने प्लास्टिक सुरक्षा साँचों के रूप में, रंगदार तथा कृत्रिम गहनों के रूप में, छत की लाईट के रूप में, स्नान टब व सिंक के रूप में काम लिए जाते हैं।

(e) **स्टीरीन** (Styrene)—यह रेजिन पैट्रोलियम से प्राप्त Ethylene से बनाया जाता है। यह हल्के तथा विद्युत के अच्छे प्रतिरोधी होते हैं। Ultra-Violet प्रकाश की किरणें इनमें से गुजर सकती हैं। रसायन इन पर आसानी से कोई प्रभाव नहीं डालते तथा इसकी पानी सोखने की क्षमता बहुत कम होती है। इस प्लास्टिक को Insulator के रूप में बेतार के तार तथा टेलीविजन उद्योग में बहुत काम लिया जाता है।

(f) **विनाईल** (Vinyle)—इस किस्म के रेजिन के कई ग्रुप होते हैं। Acetic-acid में से Acetylene गैस गुजार कर या सूखे हाइड्रोजन क्लोराईड में से Acetylene गैस गुजार कर विनाईल (Vinyle) बनाए जाते हैं। लेकिन यह प्रक्रिया नियंत्रित ताप, दाब और प्रकाश में की जाती है। इस रेजिन से प्राप्त प्लास्टिक गन्ध रहित

पारदर्शी तथा रंगरहित होते हैं। विनाईल क्लोराईड का उपयोग बिजली की तारों व केबलों को ढकने के लिए किया जाता है। Polyvinyl butyral एक विनाईल रेजिन की ही किस्म है जिसका उपयोग Safety Glass में किया जाता है। Polythylene भी इसी वर्ग का प्लास्टिक है जिसका उपयोग भी केबलों आदि को ढकने के लिए किया जाता है।

2. **थरमो-सेटिंग रेजिन** (Thermo-Setting Resins)—निम्न प्रकार के थरमो-सेटिंग रेजिन अधिकतर काम में लिए जाते हैं :

(a) **केसिन** (Casein)—यह फॉस्फर प्रोटीन होता है जो अम्ल की मदद से दूध को फटाकर प्राप्त किया जाता है। यह नमी सोखता है तथा अधिक मजबूत नहीं होता। इस पर आसानी से कार्य किया जा सकता है तथा यह देखने में बहुत सुन्दर लगता है। इस रेजिन से प्राप्त प्लास्टिक, बटन व बकल आदि बनाने में काम लिए जाते हैं।

(b) **मैलामाईन-फारमएल्डीहाईड** (Melamine-formaldehyde)—मैलामाइन कैल्शियम कारबाईड से प्राप्त किया जाता है। फारमएल्डीहाइड, मीथेन से कृत्रिम विधियों से बनाई जाती हैं। मैलामाईन जब फारम-एल्डीहाईड से क्रिया करती है तो यह रेजिन बनता है। यह पानी तथा बिजली के प्रतिपूर्ण रोधी होते हैं। बिजली के Insulators, कांच से प्रबलित प्लास्टिक भीगी स्थिति में काफी सामर्थ्य रखने वाले कागज आदि इसी रेजिन के प्लास्टिक से बनाए जाते हैं। छतों तथा दीवारों पर हल्के रंगों के सुन्दर पैनल भी इसी प्लास्टिक के बनाए जाते हैं।

(c) **फिनोल-फॉरमएल्डीहाईड** (Phenol-formaldehyde)—कारबोलिक अम्ल फिनोल होता है। यह बैंजीन या कोलटार से प्राप्त किया जाता है। जब फिनोल फौरमएल्डीहाईड से क्रिया करती है तो यह रेजिन बनता है। यह ताप तथा बिजली का अच्छा प्रतिरोधी है तथा इसकी सामर्थ्य काफी होती है। पानी, हल्के अम्लों कार्बनिक अम्लों, तेलों, हल्के क्षारों आदि का इन पर कोई प्रभाव नहीं होता। इस रेजिन से बने प्लास्टिकों का उपयोग पेंट, वार्निश, बिजली का सामान, W.C. seats, आदि बनाने में बहुत किया जाता है। प्लाईवुड में पानी रोधी चिपकने वाले पदार्थ भी इसी प्लास्टिक के होते हैं।

(d) **फिनोल-फरफरएल्डीहाईड** (Phenole-furfuraldehyde)—उत्प्रेरक की उपस्थिति में, चावल की भूसी, मूंगफली के छिलके आदि पर गंधक के तेजाब से जो Vapours बनते हैं उन्हें फरफरएल्डीहाईड कहते हैं। यह Vapours जब फिनोल के साथ क्रिया करते हैं तो फिनोल-फरफरएल्डीहाईड रेजिन बनता है। यह काला होता है तथा काफी ऊँचे तापमान को सहन कर सकता है।

(e) **यूरिया-फोरमएल्डीहाईड** (Urea-formaldehyde)—कैल्शियम साईनामाईड (Calcium Cyanamide) से या कार्बन डाई-ऑक्साईड और द्रव अमोनिया के

मिश्रण को दाब में गर्म करने से, यूरिया (Urea) प्राप्त किया जाता है। यूरिया जब फोरमएल्डीहाईड से क्रिया करता है तो यह रेजिन प्राप्त होता है। यह अच्छा विद्युत् प्रतिरोधी है तथा सान्द्र अम्ल, तेल, रसायन या पानी आदि का इस पर कोई प्रभाव नहीं होता। इस रेजिन से लकड़ी में काम आने वाले चिपकने वाले पदार्थ (Adhesives) बहुत बनाए जाते हैं। बिजली की फिटिंग तथा Reflectors आदि के रूप में भी इस रेजिन का बहुत उपयोग किया जाता है।

14·6. MOULDING COMPOUNDS

प्लास्टिक के पदार्थों में वांछित गुण उत्पन्न करने के लिए इनमें कुछ Moulding Compounds मिलाने होते हैं। Moulding Compounds निम्न हो सकते हैं :

1. उत्प्रेरक (Catalysts)
2. फिलर पदार्थ (Fillers)
3. कठोरता प्रदान करने वाले तत्त्व (Hardeners)
4. स्नेहक (Lubricants)
5. पिगमेंट (pigments)
6. प्लास्टीसाईजर (plasticizers)
7. घोलक (Solvents)

1. **उत्प्रेरक** (Catalysts)—रेजिन पदार्थों की कठोर होने की प्रक्रिया को तेज करने के लिए इनमें उत्प्रेरक पदार्थ मिलाये जाते हैं। उदाहरण के लिए यूरिया फोरमएल्डीहाईड में Easter उत्प्रेरक के रूप में मिलाया जाता है।

2. **फिलर पदार्थ** (Fillers)—ये उदासीन पदार्थ होते हैं जो प्लास्टिक में सामर्थ्य, कठोरता तथा अन्य आवश्यक गुण उत्पन्न करते हैं। फिलर पदार्थ का चुनाव ध्यान से करना चाहिए। फिलर पदार्थ ऐसा होना चाहिए कि यह प्लास्टिक के अन्य गुणों में किसी तरह की कठिनाई उत्पन्न न करें। फिलर पदार्थ निम्न तीन किस्म के होते हैं :

(a) **रेशेदार फिलर पदार्थ**—यह पदार्थ मिलाने से प्लास्टिक की ताप रोधी क्षमता तथा संघटन भार के प्रति सामर्थ्य बढ़ जाती है। इनसे प्लास्टिक का तन्यता गुण कम हो जाता है। अस्बैस्टोज, लकड़ी तथा कांच, अधिकतर रेशेदार फिलर पदार्थ के रूप में काम लिए जाते हैं।

(b) **लेमीनेटिड** (Lamineted) **फिलर पदार्थ**—कागज, लकड़ी के वीनियर, तथा कार्ड बोर्ड, कुछ पदार्थ हैं जिनका फिलर पदार्थ के रूप में उपयोग किया जाता है। इनसे प्लास्टिक बहुत मजबूत बन जाता है।

(c) **पाउडर फिलर**—क्वार्ट्ज पाउडर, चाक, लकड़ी का बुरादा आदि कुछ

इसी तरह के फिलर पदार्थ हैं। जलरोधी, अम्लरोधी जैसे महत्त्वपूर्ण गुण इन्हीं फिलरों के कारण प्लास्टिक में उत्पन्न होते हैं। इनसे प्लास्टिक की कठोरता, आयु आदि में भी बढ़ोत्तरी होती है।

3. **कठोरता प्रदान करने वाले पदार्थ**—रेजिन की कठोरता बढ़ाने के लिए यह पदार्थ डाले जाते हैं। Hexamothylene tetramine एक ऐसा ही पदार्थ है जिसका उपयोग phenol Formaldehyde के साथ किया जाता है।

4. **स्नेहक** (Lubricants)—प्लास्टिक पदार्थ साँचों के साथ चिपक न जाए इसके लिए साँचों में स्नेहक लगाए जाते हैं। पैराफिन, मोम, ग्रेफाइट आदि कुछ पदार्थ हैं जिनका उपयोग स्नेहक के रूप में किया जाता है।

5. **पिगमेंट** (pigments)—पिगमेंट दो काम करता है एक तो यह फिलर के रूप में काम करता है और दूसरा प्लास्टिक को वांछित रंग प्रदान करता है। जिंक ऑक्साइड, बरेट आदि कुछ पदार्थ हैं, जो पिगमेंट के रूप में काम लिए जाते हैं।

6. **प्लास्टीसाईजर** (plasticizers)—प्लास्टिक को नर्म बनाने तथा प्लास्टिक को अधिक प्लास्टिक बनाने के लिए यह पदार्थ डाले जाते हैं। यह पदार्थ जहरीले नहीं होने चाहिए तथा रसायनिक रूप में उदासीन होने चाहिए। कैम्फोर (Camphore) triacetin Tributyle phosphate कुछ आम काम आने वाले plasticizer पदार्थ हैं। इन पदार्थों की मात्रा 10% से अधिक नहीं होनी चाहिए।

7. **घोलक** (Solvents)—इनका उपयोग प्लास्टिक में डाले प्लास्टीसाईजर को घोलने के लिए किया जाता है। Cellulose Nitrate प्लास्टिक में Camphore घोलने के लिए, Alcohol का उपयोग घोलक के रूप में किया जाता है।

14·7. प्लास्टिक पदार्थ बनाना

प्लास्टिक पदार्थ बनाने में निम्न क्रियाएँ करनी होती हैं :

1. **बलोईंग** (Blowing)—प्लास्टिक बनाने की यह विधि लगभग वैसी ही है जैसी कि काँच के निर्माण में अपनाई जाती है। प्लास्टिक पदार्थ का एक गोला लिया जाता है और बलोईंग (Blowing) विधि से इसे खिलौने, बोतल, जार आदि जैसे तत्त्वों में बदल दिया जाता है।

2. **कैलेंडरिंग** (Calendering)—इस विधि से प्लास्टिक की चद्दरें बनाई जाती हैं। इसमें प्लास्टिक पदार्थ बेलनाकार रोलरों में से गुजारा जाता है। इसमें पास-पास लगे चार घूमने वाले बेलन होते हैं। पहले तीन बेलन गर्म किए होते हैं जबकि अंतिम चौथा बेलन ठंडा होता है। पहले तीन बेलनों में से गुजरने पर प्लास्टिक पतली चद्दरों में परिवर्तित हो जाता है। चौथे बेलन में से गुजारकर इसे ठंडा कर दिया जाता है। यदि किसी कपड़े पर प्लास्टिक की परत चढ़ानी है तो प्लास्टिक पदार्थ के साथ ही कपड़ा भी दूसरे तथा तीसरे गर्म रोलर में डाल दिया जाता है। प्लास्टिक पर

सुन्दर Designs उत्पन्न करने के लिए रोलरों पर ही इसी तरह के Design बना दिए जाते हैं।

3. **कास्टिंग** (Casting)—यह विधि धातुओं के ढालने जैसी ही है। रेजन गर्म किया जाता है और जब यह बहने की स्थिति में होता है तो इसे सांचों में डाल दिया जाता है। इसके बाद पदार्थ की ताप से तथा थोड़ा दबाव बढ़ाकर तराई की जाती है। यह क्रिया Cellculose प्लास्टिस में अपनाई जाती है और इससे सुन्दर रंगों में प्लास्टिक का सामान बनाया जाता है।

4. **लेमीनेटिंग** (Laminating)—इस विधि में प्लास्टिक लेमीनेट (Plastic Laminates) बनाने के लिए कागज या एसबैस्टॉस की चद्दरों पर थरमो-सेटिंग रेजन लगाए जाते हैं। चद्दरों की मोटाई 0·12 से 0·15 mm तक होती है। यह चद्दरें बहुत कुछ विद्युत् तथा यांत्रिक गुण रखती हैं। बहुत सुन्दर रंगों में उपलब्ध होने के कारण इसका उपयोग सजावटी उद्देश्यों में बहुत किया जाता है।

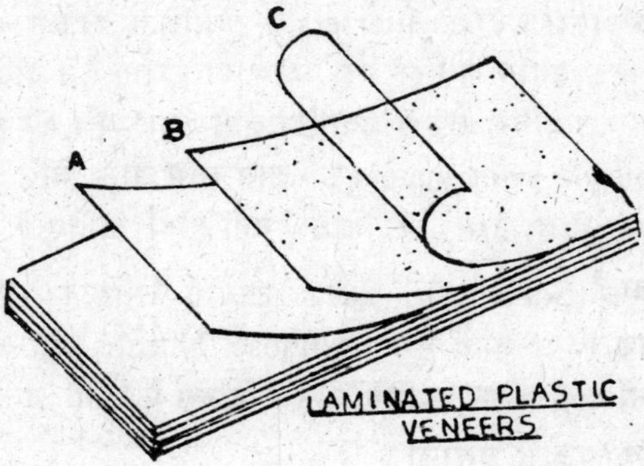

चित्र 14·1

5. **मोल्डिग** (Moulding)—प्लास्टिक बनाने की यह सबसे अधिक काम ली जाने वाली विधि है। इनमें कच्चा प्लास्टिक सांचों में डालकर गर्म किया जाता है। Mouldnig की कई विधियां हैं जिनका संक्षिप्त वर्णन यहां दिया हुआ है।

(i) **दबाव मोल्डिग** (Compression Moulding)—इस विधि से मोल्ड में प्लास्टिक पदार्थ डालकर 10 से 50 N/mm^2 दबाव में 100°C से 200°C तक गर्म किया जाता है। ताप तथा दाब के कारण प्लास्टिक मोल्ड की शक्ल ले लेता है। थरमो-प्लास्टिक में प्लास्टिक का पदार्थ बाहर निकालने से पहले मोल्ड ठंडा करना होता है। लेकिन थरमो-सेटिंग किस्म के प्लास्टिक में मोल्ड को ठंडा करने की आवश्यकता नहीं होती क्योंकि यह पदार्थ रसायनिक क्रिया द्वारा जमते हैं।

(ii) Extrusion **मोल्डिग**—इस विधि में रेजिन पाउडर घूम रहे स्क्रू नुमा मशीन के हॉपर सिरे पर डाला जाता है। मशीन के एक सिरे पर नोजल लगी होती

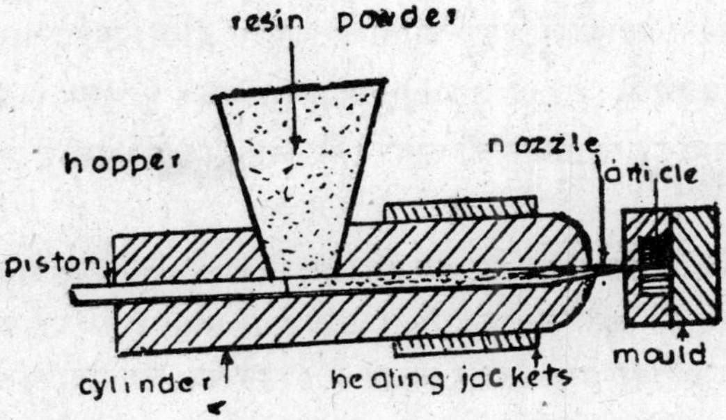

चित्र 14·2 एक्स्ट्रूशन मोल्डिंग

है तथा वहीं प्लास्टिक को गर्म करने की व्यवस्था लगी होती है। नोज़ल मे से निकल रहा गर्म प्लास्टिक पदार्थ साँचों में डाला जाता है तथा ठण्डा कर लिया जाता है। इस विधि का उपयोग थरमो-प्लास्टिक रेजनों में किया जाता है। पतले रिबन या पतली चद्दर बनाने में इस विधि का उपयोग किया जाता है।

(iii) Injection **मोल्डिंग**—इस विधि में प्लास्टिक पदार्थ मशीन में डाला जाता है तथा गर्म किया जाता है तथा अन्त में साँचों में डाला जाता है। चित्र 14·3 अनुसार रेजिन पाऊडर हॉपर में से लिया जाता है जिसे पिस्टन द्वारा गर्म सिलिंडर में डाल दिया जाता है। गर्म पिघला हुआ पदार्थ लगभग 160 N/mm^2 के दबाव में नोजल में से निकाला जाता है तथा ठंडे साँचों में भर दिया जाता है। यह विधि थरमो-प्लास्टिक रेजिनों के लिए बहुत उपयुक्त है। सम्पूर्ण विधि स्वयं चालित है तथा साँचा भरने में 10 सेकेण्ड से एक मिनट का समय लगता है। बड़े पैमाने पर प्लास्टिक का छोटा-छोटा सामान बनाने में इस विधि का ही अधिकतर उपयोग किया जाता है।

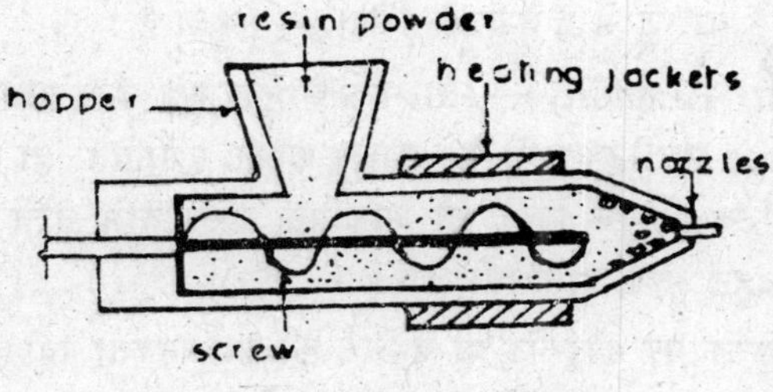

चित्र 14·3 इन्जेक्शन मोल्डिंग

(iv) **विस्थापन मोल्डिंग** (Transfer Moulding)—यह विधि थरमो-प्लास्टिक्स के लिए ही अपनाई जाती है। प्लास्टिक रेजिन मशीन में गर्म किए जाते हैं, तथा गर्म किए हुए साँचों में डाल दिया जाता है। साँचों पर उचित दाब बनाए रखा जाता है ताकि रसायनिक क्रिया होकर प्लास्टिक जम जाएँ।

14·8. प्लास्टिक के गुण (Properties of Plastics)

प्लास्टिक पदार्थों के गुणों का संक्षिप्त वर्णन नीचे दिया हुआ है।

1. **दिखने में** (Apperance)—कुछ प्लास्टिक पूर्ण रूप से पारदर्शी होते हैं। कुछ पिगमेंट डालकर प्लास्टिक को अपारदर्शी, अर्ध पारदर्शी, स्थाई व सुन्दर बनाया जा सकता है।

2. **रसायनिक क्रिया के प्रति प्रतिरोध** (Chemical Resistance)—घोलकों, रसायनों व पानी के प्रति प्लास्टिक बहुत प्रतिरोधी होता है। यह प्रतिरोध प्लास्टिक की रसायनिक बनावट पर निर्भर करता है। इन पर जंग नहीं लगता तथा इनका उपयोग रसायन ढोने वाले पाईपों आदि के रूप में किया जाता है।

3. प्लास्टिक में तन्यता (Ductility) बहुत कम होती है और यह बिना किसी पूर्व सूचना के टूट सकते हैं।

4. प्लास्टिक सतह काफी सख्त होती है। थरमो-प्लास्टिक किस्म पर कीड़ों व दीमक का प्रभाव हो सकता है लेकिन इसकी भी सम्भावना नहीं होती क्योंकि प्लास्टिक में इनके भोजन की कोई वस्तु उपस्थित नहीं होती।

5. सभी प्लास्टिक विद्युत् धारा के अच्छे प्रतिरोधी होते हैं।

6. सतही फिनिशिंग जैसी चाहे प्राप्त की जा सकती है।

7. सभी प्लास्टिक ज्वलनशील होते हैं। अतः प्लास्टिक अग्नि के सम्पर्क में नहीं आना चाहिए। वैसे काफी ऊँचे तापमान तक इनमें वस्तुएँ रक्खी जा सकती हैं। Cellulose Acetate प्लास्टिक धीरे-धीरे जलते हैं। P.V.C. प्लास्टिक नहीं जलते हैं तथा Phenol और Urea Formaldehyde अग्निरोधी होते हैं तथा अग्निरोधी पदार्थ के रूप में काम लिए जाते हैं।

8. प्लास्टिक बड़ी आसानी से अपनी जगह फिक्श किए जा सकते हैं। बोल्ट, कलैम्प, स्क्रू आदि से या ग्लू से इन्हें फिक्स किया जा सकता है।

9. **आर्द्रता** (Humidity)—प्लास्टिक के कुछ गुण आर्द्रता पर बहुत निर्भर करते हैं। Cellulose प्लास्टिक नमी के कारण काफी प्रभावित हो जाते हैं। इसके विपरीत ऐसे प्लास्टिक जिनमें पानी को आकर्षित करने वाले तत्त्व नहीं होते जैसे P.V.C., नमी के बहुत अच्छे प्रतिरोधी होते हैं।

10. प्लास्टिक पर कोई पेंट या वार्निश की आवश्यकता नहीं होती।

11. **गलनांक** (Melting Point)—प्लास्टिकों का गलनांक प्रायः बहुत कम होता है। कुछ का गलनांक तो मात्र 50°C होता है। अतः इनका उपयोग उच्च तापमान वालो जगहों पर नहीं किया जा सकता। थरमो-सेटिंग प्लास्टिक तापमान को अधिक अच्छी तरह सहन कर सकते हैं। प्लास्टिक को उच्च तापमान के लिए उपयोगी बनाने के लिए इसमें काँच का प्रबलन लगाया जा सकता है।

12. फिनोल रेजिन में Fibre Glass के बोर्ड डुबोकर Acoustical बोर्ड बनाए जाते हैं। इस पदार्थ का ध्वनि शोषण गुणांक 0·67 होता है।

13. प्लास्टिक बहुत हल्के होते हैं। इनकी S.G. 1·30 से 1·40 होती हैं।

14. प्लास्टिक का उपयोग बाहरी परिस्थितियों में बहुत कम किया जाता है। फिनोल रेजिन से बने प्लास्टिक वायुमण्डलीय प्रभावों को प्रतिरोधित कर सकते हैं अन्य नहीं। कुछ प्लास्टिक सूर्य के प्रकाश की Ultra Violet किरणों से भी प्रभावित हो जाते हैं। लेकिन प्लास्टिक में फिलर, पिगमेंट आदि डाल देने से इसे प्रकाश के प्रति सुरक्षित बनाया जा सकता है। अत: प्लास्टिक का अच्छा उपयोग आन्तरिक परिस्थितियों के लिए ही है।

15. ऊष्मा संचारन के गुण लकड़ी के समान ही होते हैं। फोम्ड या Expanded प्लास्टिक अच्छे तापरोधी पदार्थ हैं।

16. **सामर्थ्य**—प्लास्टिक काफी मजबूत होते हैं। इनमें कुछ उपजात मिलाकर इनकी सामर्थ्य काफी बढ़ाई जा सकती है। इनका उपयोग तनाव में किया जा सकता है। कुछ संरचनात्मक अवयव प्लास्टिक के बनने लगे हैं। लेकिन निम्न गुणों के कारण प्लास्टिक का उपयोग संरचनात्मक रूप में नहीं हुआ है।

(i) यह महँगे हैं।

(ii) निरन्तर भार में प्लास्टिक में काफी सरकन (Creep) उत्पन्न हो जाती है।

(iii) ताप परिवर्तन में प्लास्टिक के गुण बदल जाते हैं।

(iv) प्लास्टिक दृढ़ (Stiff) नहीं होता।

(v) इसका प्रसार गुणांक बहुत अधिक होता है। यह 25×10^{-6} से 120×10^{-6} तक होता है जबकि लोहे का गुणांक 11×10^{-6} ही होता है।

14·9. प्लास्टिक के उपयोग (Uses of Plastics)

1. स्नान टब व सिंक बनाने के लिए।
2. सिस्टरन, बाल फ्लोट, बनाने के लिए।
3. लहरियेदार तथा सादी चद्दरें बनाने के लिए।
4. सुन्दर Laminates तथा मोल्डिंग बनाने के लिए।
5. बिजली के Conduits के रूप में।
6. बिजली के Insulator के रूप में।
7. जल रोधी, नमी रोधी, फिल्में बनाने के लिए।
8. फर्श की टाइलों के लिए।
9. Foams for Thermal Insulation.
10. बिना जोड़ों के फर्श बनाने के लिए।

11. बिजली की फिटिंग्स के लिए ।
12. पेंट तथा वार्निश के लिए ।
13. ठण्डे पानी के पाईप के लिए।
14. Safety Glass के रूप में ।
15. नमी रोधी Adhesives के रूप में ।

इसके अलावा भी प्लास्टिक का उपयोग बहुत होने लगा है । यहाँ तक कि मोटर कारों की Body भी प्लास्टिक की बनने लगी हैं ।

14·10. प्रमुख थरमो प्लास्टिक

इस प्लास्टिक में सेटिंग होते समय कोई रसायनिक क्रिया नहीं होती । यह गर्म करने (140°C से 150°C) पर नर्म हो जाता है तथा ठण्डा होने पर कठोर हो जाता है । इसे गर्म करके किसी भी शक्ल में ढाला जा सकता है । पौलीविनाइल क्लोराइड (Polyvinyl chloride P.V.C.), सैल्यूलोज नाइट्रेट तथा ऐसीटेट (Cellulose Nitrate and acetate), पौलीस्टाइरीन (Polystyenes), पौलीमिथाइल मीथ क्राइ-लेटर्स (परसपेक्स) [Polymethyl Methacrylaters (perspex)] इत्यादि इसकी कुछ मुख्य किस्में हैं ।

सैल्यूलोज नाइट्रेट (Cellulose Nitrate)—सल्फ्यूरिक तथा नाइट्रिक अम्ल की रुई पर क्रिया कराने से यह प्राप्त किया जाता है । इसे बड़ी आसानी से छीला, चीरा व काटा जा सकता है । पेन, स्लाइड रूल, सैटस्कवायर व खिलौने वगैरह बनाने में इसका उपयोग किया जाता है ।

सैल्यूलोज ऐसीटेट (Cellulose Acetote)—रुई के बिनौले पर रखी रुई के रेशों पर सल्फ्यूरिक अम्ल की उपस्थिति में ऐसीटिक अम्ल तथा ऐसीटिक अनहाइड्राइड के घोल में डुबाने से यह प्राप्त किया जाता है । यह सैल्यूलोज नाइट्रेट की तुलना में कम ज्वलनशील है । सान्द्र अम्लों का तो इस पर कोई प्रभाव नहीं होता । इसका सबसे बड़ा दोष नमी के कारण घुल जाना है। यह एक अच्छा विद्युत् पृथक्कारी (Insulator) है तथा इसका उपयोग तारों के पृथक्कीरण में किया जाता है । इसका उपयोग मशीनों के पुर्जों के प्रतिरूप बनाने में किया जाता है ।

पौलीस्टाइरीन (Polystyrne)—एल्यूमीनियम क्लोराइड की उपस्थिति में इथाइलीन की बेन्जीन के साथ क्रिया कराने से यह प्राप्त किया जाता है । यह अच्छा विद्युत अवरोधी पदार्थ है तथा रसायनों का भी इस पर कोई प्रभाव नहीं होता। इसका उपयोग रेडियो, टेलीविजन, रेफ्रीजिरेटर व लैंस इन्डस्ट्रीज में किया जाता है ।

परसपेक्स (Perspex)—यह अमीनो प्लास्टिक है, जो चद्दरों के रूप के बाजार में मिलती है । यह चीमड़ (Tough), पारदर्शक व हल्की होती है । इसे बड़ी आसानी से चीरा व छीला जा सकता है । यह विभिन्न रंगों में मिलती है तथा आसानी से टूटती

नहीं है। A.C. या G.I. चद्दरों की भाँति लहरिएदार चद्दरों के रूप में भी यह मिलती है तथा इनका उपयोग फैक्ट्री इत्यादि में छतों में किया जा सकता है। प्रकाश इनमें से गुजर सकता है तथा वातावरण का इन पर कोई प्रभाव नहीं होता। इस पर आसानी से खरोंच डाली जा सकती है तथा यह अग्निसह नहीं है।

पौलीविनाईल क्लोराइड (P. V. C.)—विनाईल क्लोराइड के बहुलीकरण (Polymerisation) से यह पदार्थ बनता है। हल्के अम्ल, नमी, हल्के क्षार व तेलों इत्यादि का इस पर कोई प्रभाव नहीं होता। यह हल्का तथा मजबूत होता है। अग्नि के सीधे सम्पर्क में आने पर यह जल जाता हैं अन्यथा नहीं। इसका उपयोग पानी के नल बनाने, बिजली के तारों के नल बनाने, खिलौने तथा ग्रामोफोन रेकार्ड में किया जाता है। फर्शों को ढकने के लिए भी इसका उपयोग किया जाता है।

14.11. थरमोसैटिंग प्लास्टिक

इस प्लास्टिक की सैटिंग के दौरान रसायनिक क्रिया होती है, अतः इसे बार-बार गर्म करके पिघलाया व वापिस साँचों में भर कर उपयोग में नहीं लिया जा सकता। इस प्लास्टिक की कुछ मुख्य किस्में निम्न हैं :

1. **फिनोल फॉरमएल्डीहाइड** (Phenol Formaldehyde)—किसी उत्प्रेरक की उपस्थिति में फिनोल और फॉरमएल्डीहाइड की क्रिया कराने से यह पदार्थ प्राप्त होता है।

फॉरमएल्डीएहाइड एक गैस है जिसे काष्ठ कोयला तथा हवा को गर्म प्लेटिनम या ताँबे पर से गुजारने से प्राप्त किया जाता है। फिनौल एक कार्बोनिक अम्ल है जो कोयले के आसवन से प्राप्त होता है। कृत्रिम रूप से बेन्जीन और हवा से भी फिनौल बनाया जा सकता है।

प्रतिक्रिया पूर्ण होने पर ऊपर से निथरा पानी निथार कर अलग कर दिया जाता है तथा बचा हुआ पदार्थ एक चिपचिपा रेजिन प्राप्त होता है जिसे ठण्डा करके सुखाकर पीस लिया जाता है। इसका उपयोग कागज, कनवास, प्लाईवुड, पेंट तथा वार्निश बनाने में किया जाता है।

2. **यूरिया फॉरमएल्डीहाइड** (Urea Formaldehyde)—यह भी एक रेंजिन है जिसे यूरिया तथा फोरमएल्डीहाइड की किसी उत्प्रेरक की उपस्थिति में क्रिया कराकर बनाया जाता है। यूरिया प्राप्त करने के कई साधन हैं। अमोनिया गैस तथा कार्बन डाइ-ऑक्साइड से या खाद से प्राप्त किया जा सकता है। यूरिया रेजिन को **अमीनों रेजिन** भी कहते हैं और यह सफेद रवेदार पदार्थ होता है। इनमें से गुजरने पर प्रकाश तीव्रता में बहुत कम कमी होती है इसलिए इसका उपयोग प्रकाश के उपकरण, लैंस, लैम्प, रिफ्लेक्टर इत्यादि बनाने में बहुत होता है। यह उच्च विद्युतधारा प्रतिरोधी होता है तथा कई विभिन्न आकर्षक रंगों व डिजाइनों में ढाला जा सकता है। इसका भार काँच के भार का एक चौथाई होता है।

3. **फिनोल फर-फर एल्डीहाइड** (Phenol Fer-FerAldehyde)—गन्ने का रस निकालने के बाद बचा सूखा तत्त्व, धान की भूसी, मूँगफली के सूखे छिल्के व जई इत्यादि कृषि के बेकार पदार्थों की सल्फ्यूरिक अम्ल के साथ क्रिया कराकर फर-फर एल्डीहाइड प्राप्त किया जाता है। किसी उत्प्रेरक की उपस्थिति में फिनोल के साथ इसकी क्रिया कराकर फिनोल फर-फर एल्डीहाइड काले रंग का पदार्थ प्राप्त किया जाता है। यह उच्च तापमान सहन कर सकता है।

14.12. बाजारू रूप (Marketable Forms)

उपयोगी बजारू सामान बनाने के लिए प्लास्टिक के कच्चे माल को पहले बड़े-बड़े कारखानों में तैयार किया जाता है। यह कच्चा माल पाऊडर (Powder), द्रव (Liquid), कणिका (Granules) या फिर पैलेट (Pallets) शक्ल में हो सकता है। इस तैयार कच्चे माल को प्लास्टिक इन्डस्ट्रीज में भेजा जाता है, जहाँ इससे विभिन्न प्रकार की प्लास्टिक वस्तुएँ बनाई जाती हैं। कच्चा माल चाहे वह पाऊडर, द्रव व पैलेट शक्ल में हों, सब रेजिन ही होते हैं।

14.13. प्लास्टिक के कुछ विशिष्ट उत्पाद

1. **धूप काँच** (Sun Glass)—प्लास्टिक की कुछ किस्में ऐसी होती हैं जो पारदर्शक होती हैं। यह इतनी पारदर्शक होती हैं कि शीशे के बराबर या इससे भी अधिक प्रकाश इसमें से गुजर जाता है। ऐसे प्लास्टिक के काँच, धूप काँच, शीशे की तुलना में अधिक उपयोगी रहते हैं। इनमें झटका व आघात सहने की सामर्थ्य होती है। यह टूटकर काँच के शीशे की तरह बिखरते नहीं हैं, केवल क्रैक होकर रह जाते हैं। यह हल्के, लचीले, चीमड़ व मजबूत होते हैं तथा काँच की तुलना में लगभग आधे हल्के होते हैं। एक्रेलिक प्लास्टिक इसके लिए सबसे अधिक काम में लाया जाता है। काँच में से 88% प्रकाश गुजरता है जबकि एक्रेलिक प्लास्टिक में से 92% प्रकाश गुजर जाता है। एक्रेलिक प्लास्टिक काँच का उपयोग हवाई जहाजों व मोटर कारों के सुरक्षित काँच बनाने व लैंस बनाने के काम आता है। परसपेक्स किस्म के प्लास्टिक भी पारदर्शी होते हैं। परसपेक्स की बनी लहरियेदार चद्दरें गैरजों व कारखानों की छतों में काम ली जाती हैं। स्टाइरीन रेजन में से भी प्रकाश गुजरता है लेकिन यह दूसरे प्लास्टिकों की तुलना में अधिक महँगा होता है। इसका उपयोग भी लैंस बनाने में किया जाता है।

2. **पोलीथीन** (Polythene)—यह क्षारों व अम्लों से प्रभावित नहीं होते। यह हल्का, चिकना, जलसह, चीमड़ तथा पारदर्शक लचीला पदार्थ होता है। इससे पाईप व चद्दरें बनाई जाती हैं। इसकी चद्दरों का उपयोग छत, नहर, जलाशय इत्यादि को जलसह बनाने, खाद्य सामग्री के पैकेट, संक्षारण प्रतिरोधी अस्तर, तारों के ढकने तथा पृथक्कारी पदार्थ (Insulating Material) के लिए किया जाता है। पाईप पानी अथवा द्रव रसायन ढोने के काम आते हैं।

60°C पर इसका पिघल जाना इसका सबसे बड़ा दोष है। अतः यह आवश्यक है कि इसकी बनी वस्तुओं को इस तापक्रम से कम ताप में ही रक्खा जाए।

3. **थरमोकोल** (Thermocole)—यह पदार्थ सामर्थ्यवान, टिकाऊ और नमी रोधक होता है। यह बहुत हल्का, कोशकीय पदार्थ है जो कि एक अच्छा पृथक्कारी (Insulator) भी है। गर्मी से इसका विघटन नहीं होता तथा प्रसार व सिकुड़न से इसकी सामर्थ्य पर कोई दुष्प्रभाव नहीं पड़ता। थरमोकोल इण्डोप्लास्ट कम्पनी जो कि बम्बई में स्थापित है, इसका निर्माण करती है। यह इतना मुलायम होता है कि इसे नाखूनों से तोड़ा जा सकता है। आमतौर पर यह सफेद रंग में मिलता है लेकिन इसे किसी भी रंग में तैयार किया जा सकता है।

इसका उपयोग प्रशीतन (Refrigeration), वातानुकूलन (Air-Conditioning), शीतगार (Cold storage), दीवारों व फर्शों तथा मकानों की छतों में पृथक्कारी पदार्थ के रूप में बहुत किया जाता है। ध्वनि उपचार के लिए भी इसका उपयोग किया जाता है।

4. **प्लास्टिक चढ़ा कागज** (Plastic Coated Paper)—कागज बनाते समय इसके रिक्त स्थानों को जब विशेष तरह के प्लास्टिक पदार्थ से ढक दिया जाता है तो इस प्रकार तैयार हुआ कागज प्लास्टिक चढ़ा कागज कहलाता है। इस क्रिया से कागज की सतह चिकनी व जलसह बन जाती है तथा कागज बहुत मजबूत हो जाता है। इसके लिए उपयोग में लाए जाने वाले प्लास्टिक पदार्थ एमीनो-रेजन (Amino-resine) है। ऐसे कागज का उपयोग बहुत महत्त्वपूर्ण कार्यों में किया जाता है।

5. **प्लास्टिक ब्लॉक**—बाजार में प्लास्टिक के खंड आ गए हैं जिनका उपयोग विभाजक दीवारों, छत को नीचे से ढकने, केबिन बनाने इत्यादि के काम लिया जाता है। इन ब्लॉकों पर वैसे ही काम किया जा सकता है जैसे की लकड़ी पर। इन ब्लॉकों को लकड़ी के फ्रेम या एल्यूमीनियम के फ्रेम में लगाया जाता है।

6. **प्लास्टिक की पानी की टंकियाँ**—घरों में पानी इकटठा रखने के लिए प्लास्टिक के one piece moulded टंकियाँ बाजार में प्रायः मिलती हैं। इन टंकियों ने R.C.C. तथा सीमेंट कंक्रीट की टंकियों की जगह ले ली है।

15
काँच
[GLASS]

15.1. परिचय (Introduction)

पुराने जमाने से ही कांच एक महत्त्वपूर्ण इंजीनियरी पदार्थ रहा है और आज भी है। आज कांच में बहुत सारे नए-नए अनुसंधान हो जाने के कारण यह पदार्थ और भी महत्त्वपूर्ण हो गया है। आज अपनी आवश्यकताओं के लिए किसी भी किस्म का कांच बनाया जा सकता है।

15.2. कांच का वर्गीकरण (Classification of Glass)

कई धातुओं के सिलिकेट के मिश्रण से कांच बनता है। लेकिन सिलिकेटों में कम-से-कम एक क्षारीय धातु (Alkali Metal) का सिलिकेट होता है। कांच रवा रहित, पारदर्शी व अर्ध-पारदर्शी पदार्थ होता है। वर्गीकरण के लिए कांच चार भागों मे बांटा जा सकता है :

1. सोडा-चूना कांच (Soda-Lime Glass)
2. पोटाश-चूना कांच (Potash-Time Glass)
3. पोटाश-शीशा कांच (Potash-Lead Glass)
4. सामान्य कांच (Common Glass)

1. सोडा-चूना कांच (Soda-Lime Glass)—इसे **सोडा कांच** या **नर्म कांच** भी कहते हैं। यह मोटे रूप में सोडियम सिलिकेट तथा कैल्शियम सिलिकेट का मिश्रण होता है। इसका रासायनिक सूत्र Na_2O CaO $6SiO_2$ होता है। यह काँच सस्ता, साफ, तथा अपेक्षाकृत कम तापमान पर आसानी से बुझने वाला (Fusible) होता है। इस काँच को आसानी से Blow किया जा सकता है तथा गर्म करके इसके तत्त्वों को वैल्ड किया जा सकता है। इसका उपयोग कांच की नलियाँ तथा अन्य प्रयोगशाला का सामान बनाने में किया जाता है। खिड़की के कांच, प्लेट कांच (Plate Glass) इसी के बने होते हैं।

2. **पोटाश-चूना कांच** (Potash-Lime Glass)—इसे कठोर कांच (Hard Glass) या बोहिमन-कांच (Bohemian-Glass) भी कहते हैं। यह मुख्यतया पोटाशियम का सिलिकेट तथा कैल्शियम का सिलिकेट का मिश्रण होता है। इसका रसायनिक सूत्र K_2O, CaO $6SiO_2$ होता है। यह आसानी से नहीं पिघलता तथा काफी ऊँचे तापमान पर Fuse होता है। पानी व अन्य घोलकों का इस पर कोई प्रभाव नहीं

होता है । यह काँच ऐसी जगह उपयोग में लिया जाता है जहाँ इसे काफी ऊँचे तापमान सहन करने हों ।

3. **पोटाश-शीशा काँच** (Potash-Lead Glass)—इसे फलिंट काँच भी कहते हैं । यह मुख्यतया पोटाशियम सिलिकेट तथा लेड सिलिकेट का मिश्रण होता है । इसका रसायनिक सूत्र K_2O, PbO, $6SiO_2$ होता है । यह बड़ी आसानी से पिघल जाता है। पानी के घोलों द्वारा यह आसानी से प्रभावित हो जाता है । यह चमकदार होता है तथा इसकी अपवर्तन शक्ति बहुत होती है । इसका आपेक्षित घनत्व 3 से 3·3 होता है । गर्म करने के दौरान यदि भट्टियों की गैसें इसके सम्पर्क में आती हैं तो यह काला तथा अपारदर्शी हो जाता है । इसका उपयोग कृत्रिम हीरे, बिजली के बल्ब, लैंस, प्रिज्म आदि बनाने में किया जाता है ।

4. **सामान्य काँच** (Common Glass)—इसे बोतल काँच (Bottle Glass) भी कहते हैं । इसका निर्माण सस्ते कच्चे पदार्थों से किया जाता है । सोडियम सिलिकेट, कैल्शियम सिलिकेट और लोहे के सिलिकेट के मिश्रण से बनाया जाता है । दवाइयों की बोतलें बनाने में इस काँच का उपयोग किया जाता है । यह काफी कठिनाई से पिघलता है । यह रंग में भूरा, पीला या हरा होता है । अम्लों से यह आसानी से प्रभावित हो जाता है ।

15 3. काँच का निर्माण (Manufacture of Glass)

काँच के निर्माण को निम्न पाँच चरणों मे विभाजित किया जा सकता है :

1. कच्ची सामग्रियों को इकट्ठा करना ।
2. कच्ची सामग्रियों का मिश्रण या बैच तैयार करना ।
3. भट्टी में पिघलाना ।
4. काँच को विभिन्न शक्लों में परिवर्तित करना (Fabrication) ।
5. अनीलिंग करना (Annealing) ।

1. **कच्ची सामग्रियों को इकट्ठा करना**—काँच की किस्म अनुसार सबसे पहले कच्ची सामग्रियाँ इकट्ठी की जाती हैं । प्रत्येक काँच के लिए कच्ची सामग्रियाँ निम्नानुसार होती हैं ।

काँच की किस्म	**कच्चे पदार्थ** (Raw Material)
सोडा-चूना काँच	चॉक, सोडे की राख तथा साफ रेत ।
पोटाश-चूना काँच	चॉक, पोटाशियम कार्बोनेट (K_2CO_3) तथा साफ रेत ।
पोटाश-लेड काँच	लिर्थाज (PbO) या Lead Sequioxide (Pb_3O_4) पोटाशियम कार्बोनेट तथा शुद्ध रेत ।
सामान्य काँच	चॉक, कोक, सामान्य रेत तथा सोडियम सल्फेट (Na_2SO_4)

इन सामग्रियों के अलावा पुराना टूटा काँच तथा रंग हटाने वाले पदार्थ (Decolourizer) भी मिश्रण में डाले जाते हैं। पुराने टूटे काँच के टुकड़ों को कलैट (Cullet) कहते हैं। कलैट डालने से कांच के मिश्रण का पिघलने का तापमान काफी कम हो जाता है।

उपरोक्त मुख्य कच्चे पदार्थों के अलावा बहुत थोड़ी मात्रा में फैरस ऑक्साइड तथा फैरिक ऑक्साइड भी उपस्थित होते हैं। फैरस ऑक्साइड से हरा तथा फैरिक ऑक्साइड से पीला रंग काँच में उत्पन्न होता है। फैरस तथा फैरिक ऑक्साइड़ों के प्रभाव को हटाने के लिए रंग हटाने वाले पदार्थ (Decolourizer) डाले जाते हैं। Antimony Oxide (Sb_2O_3), Arsenic Oxide (As_2O_3), कोबाल्ड ऑक्साइड (CoO), मैंगनीज डाई-ऑक्साइड (MnO_2) और निकल ऑक्साइड (NiO) कुछ Decolourizer पदार्थ हैं जिनका सामान्यतया उपयोग किया जाता है।

2. **बैच का मिश्रण तैयार करना**—सभी कच्चे पदार्थ, कलैट तथा Decolourizer पदार्थ पीस कर बारीक कर लिए जाते हैं तथा सभी को उचित अनुपात में मिला लिया जाता है। यह मिश्रण ही कच्चे पदार्थों का बैच (Batch) है।

3. **भट्टियों में पिघलाना** (Melting in Furnaces)—तैयार बैच पॉट भट्टी या टैंक भट्टी में गर्म करके पिघलाया जाता है। मिश्रण का गर्म करना तब तक चालू रक्खा जाता है जब तक कि CO_2, O_2, SO_2 तथा अन्य गैसें निकलनी बन्द नहीं हो जातीं।

पॉट भट्टी—यह भट्टी चित्र 15·1 में दिखाई हुई है। इसमें एक विशेष शक्ल का बर्तन होता है जो Fire Clay का बना होता है। भट्टी में विशेष रूप से बनाए गए छेदों में Fire Clay के बर्तन रख दिये जाते हैं। भट्टी के दरवाजे थोड़े आगे बढ़े हुए बनाए जाते हैं ताकि कच्चे मिश्रण को डालने तथा पिघले हुए मिश्रण को बाहर निकालने में कोई कठिनाई न हो। कच्चा मिश्रण पोटों में भरा जाता है तथा भट्टी में रखा जाता है। प्रोड्यूसर गैस का उपयोग कर भट्टी गर्म की जाती है। अतः इसमें पॉटों में कच्चा मिश्रण समय-समय पर डालकर भट्टी में रखते रहते हैं तथा पिघले हुए मिश्रण वाले पॉटों को समय पर बाहर निकालते रहते हैं।

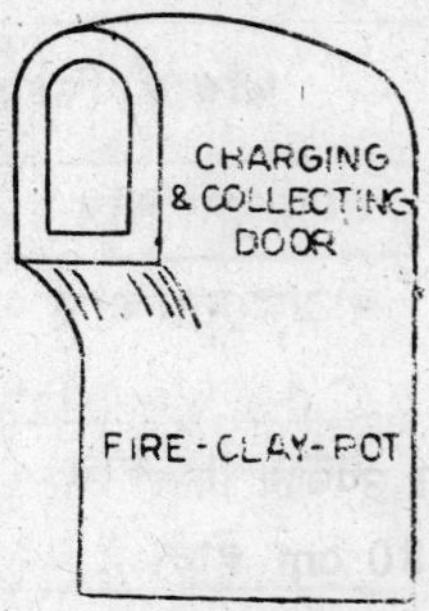

चित्र 15·1.
पॉट भट्टी

टैंक भट्टी (Tank Furnace)—यह भट्टी पिटवें लोहे में अपनाई गई पुडलिंग (Puddling) भट्टी की किस्म की होती है। यह R.C.C. की बनी होती है जिसकी छत को विशेष शक्ल दी होती है ताकि गर्म गैसों को मोड़ा जा सके। पूर्व गर्म की हुई प्रोड्यूसर गैस के प्रवेश के लिए पोर्ट (Ports) बने होते हैं। कच्चा मिश्रण भट्टी में डालने तथा पिघला हुआ तैयार

कांच बाहर निकालने के लिए दरवाजे बने होते हैं। भट्टी के दो भाग होते हैं—एक छोटा तथा एक बड़ा। दोनों भाग एक पुल से अलग किए हुए रहते हैं लेकिन निचली सतह के पास आपस में सम्बद्ध होते हैं। कच्चा चार्ज बड़े भाग में गर्म किया जाता है। चार्ज में उपस्थित अशुद्धियाँ पिघलने पर ऊपर तैरने लग जाती हैं जिन्हें समय-समय पर ऊपर से हटाते रहते हैं। शुद्ध पिघला हुआ कांच नीचे से छोटे भाग में चला जाता है, जहाँ से इसे आगे आवश्यक सामान बनाने के लिए भेज दिया जाता है। टैंक की अन्दर वाली सम्पूर्ण सतह पर अग्नि सह लाईनिंग की हुई होती है। इस भट्टी में से पिघला हुआ काँच निरन्तर मिलता रहता है। यह भट्टी वहाँ अपनाई जाती है जहाँ काफी बड़ी मात्रा में काँच तैयार करना हो। इस भट्टी का चित्र **15·2** में दिखाया हुआ है।

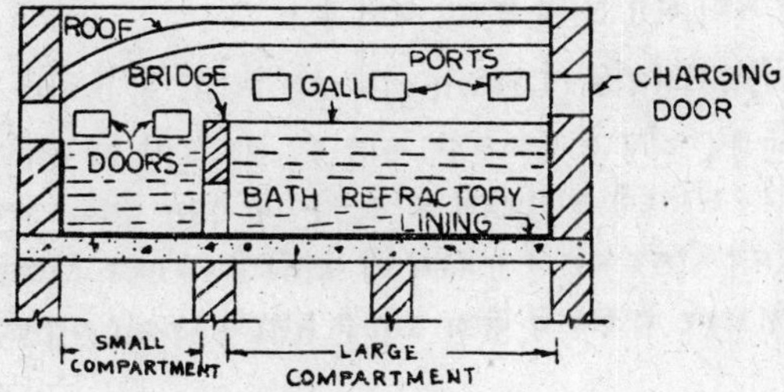

चित्र 15·2. टैंक भट्टी

4. **कांच को विभिन्न शक्लों में परिवर्तित करना** (Fabrication)—पिघले हुए कांच को आवश्यक शक्लों के साज-सामान में ढालने की क्रिया को Fabrication कहते हैं। यह हाथ से या मशीन से की जाती है। इस क्रिया की निम्न विधियाँ हैं :

(i) फूंकनी विधि (Blowing)
(ii) ढालने की विधि (Casting)
(iii) खींचने की विधि (Drawing)
(iv) दबाना विधि (Pressing)
(v) रोलिंग विधि (Rolling)
(vi) घुमाना विधि (Spinning)

(i) **फूंकनी विधि** (Blowing)—इस उद्देश्य के लिए ब्लो पाईप या फूंकनी का उपयोग किया जाता है। इसका व्यास लगभग 12 mm. तथा लम्बाई लगभग 180 cm. होती है। इस पाइप का एक सिरा पिछले कांच में डाला जाता है तथा लगभग 5 kg. कांच का ढेला बाहर निकाल लिया जाता है। कांच का यह ढेला अपने ही भार में, लम्बाई में कुछ लम्बा हो जाता है। अब Compresser की मदद से

फूंकनी पाईप में से हवा गुजारने के कारण पिघला हुआ काँच एक सिलिंडर की शक्ल धारण कर लेता है। इसे फिर कुछ सैकिंड तक गर्म किया जाता है तथा फिर फूंकनी से हवा गुजारी जाती है। गर्म करना तथा फूंकनी से हवा गुजारने का क्रम चलता रहता है जब तक कि आवश्यक नाप का सिलिंडर नहीं बन जाता। इसके बाद इसे लोहे की प्लेट पर रक्खा जाता है तथा फूंकनी पाईप बाहर खींच लिया जाता है। इसके बाद हीरे (Diamond) से सिलिंडर को ऊर्ध्वाधर काट दिया जाता है। इससे यह गुरुत्व बल से ही पतली प्लेट में गिर जाता है। इस विधि से शीट काँच (Sheet Glass) का निर्माण किया जाता है।

(ii) **ढालना विधि** (Casting)—इस विधि में पिघला हुआ काँच साँचों में डाल दिया जाता है तथा इसे धीरे-धीरे ठंडा होने दिया जाता है। साधारण डिजाईन के बड़े नाप के काँच के टुकड़े इसी विधि से बनाए जाते हैं। इसी विधि से घर में मुँह देखने वाले काँच तथा लैंस आदि बनाए जाते हैं।

(iii) **खींचना विधि** (Drawing)—इस विधि के पिघला हुआ काँच खींचा जाता है। पिघले हुए काँच में एक तरफ लोहे की छड़ डुबो दी जाती है। इस छड़ को जब क्षैतिज उठाया जाता है तो पिघले काँच की एक परत इसके साथ पकड़ कर लेती है। यह परत घूमते रोलर पर से गुजरने दी जाती है। रोलर पिघले काँच को समान मोटाई की पतली चद्दर के रूप में फैला देता है तथा काँच की समतल चद्दरें बन जाती हैं।

(iv) **दबाना विधि** (Pressing)—इस विधि में पिघला काँच साँचों में डाल कर दबाया जाता है।

(v) **रोलिंग विधि** (Rolling)—रोलिंग की दो विधियाँ हैं। एक में पिघला हुआ काँच दो भारी रोलरों में से गुजारा जाता है जिससे एकसार मोटाई की काँच की चद्दरें प्राप्त की जाती हैं। दूसरी विधि में पिघला काँच, चपटी लोहे की कास्टिंग मेज पर डाल दिया जाता है तथा भारी रोलर इस पर चलाकर चपटा बना दिया जाता है। प्लेट काँच (Plate Glass) का निर्माण इसी विधि से अधिकतर किया जाता है। यह काँच उच्च कोटि का होता है।

(iv) **घुमाना** (Spinning) **विधि**—इस विधि में पिघला काँच किसी साँचे में डालकर जोर से घुमाया जाता है। इस विधि से बहुत पतला काँच बनाया जा सकता है। इस तरह प्राप्त काँच की तनाव क्षमता मृदु लोहे के लगभग बराबर होती है। यह खराब नहीं होता तथा न ही इनमें सिकुड़न होती है। यह बहुत नर्म तथा लचीला होता है। इसका उपयोग ताप, बिजली तथा ध्वनिरोधी पदार्थ के रूप में बहुत किया जाता है।

5. **एनीलिंग** (Annealing)—गर्म काँच को धीरे-धीरे ठंडा करने की प्रक्रिया

को एनीलिंग (Annealing) कहते हैं। यदि कांच को तुरन्त ठंडा होने दिया जाता है तो इससे इसमें आन्तरिक प्रतिबलों की स्थिति हमेशा बनी रहती है। ऐसे कांच मामूली से झटके से छोटे-छोटे टकड़ों में टूट जाते हैं। कांच का एनीलिंग (Annealing) दो तरह से किया जाता है।

(i) **ओवन भट्टी द्वारा**—काँच का गर्म सामान इसमें डाल दिया जाता है तथा भट्टी का तापमान नियन्त्रित दर से धीरे-धीरे नीचे लाया जाता है। यह विधि छोटे पैमाने पर, जहाँ निर्मित हो रहा हो, ठीक रहती है।

(ii) **फ्लू उपचार** (Flue-treatment)—इसमें एक लम्बा Flue बनाया जाता है जिसका तापमान एक सिरे पर अधिकतम होता है जो धीरे-धीरे घटता हुआ दूसरे सिरे पर सामान्य हो जाता है। गर्म काँच का सामान गर्म सिरे पर फ्लू में प्रवेश करता है तथा धीरे-धीरे ठंडे सिरे की तरफ चलता जाता है। यह विधि वहाँ अपनाई जाती है जहाँ बहुत बड़े पैमाने पर काँच बन रहा हो।

15·4. काँच का उपचार (Treatment of Glass)

कांच के निम्न उपचार किए जा सकते हैं:

(i) **मोड़ना** (Bending) कांच को भट्टी में निर्धारित ताप तक गर्म करके किसी भी वांछित शक्ल में मोड़ा जा सकता है।

(ii) **काटना** (Cutting)—हीरे की मदद से या कठोर बनाए हुए इस्पात के पहिए से काँच निर्धारित नापों में काट जा सकता है।

(iii) **अपारदर्शी बनाना** (Opaque)—काँच की सतह को एमरी (Emery) से रगड़ कर या सतह पर Hydro Fluoric Acid लगाकर अपारदर्शी बनाया जा सकता है।

(iv) **सिल्वरिंग** (Silvering)—काँच की सतह पर टिन की परत चढ़ा दी जाती है। टिन की परत पर चाँदी चढ़ा दी जाती है जिसे सिल्वरिंग (Silvering) कहते हैं। अन्त में इस पर कोई पेंट चढ़ा दी जाती है ताकि इसे वायुमण्डलीय प्रभावों से बचाए रक्खा जा सके।

15·5. काँच को वांछित रंग में बनाना

रंगदार काँच बनाने के लिए कच्ची सामग्रियों का बैच तैयार करते समय रंग-दार पिगमेंट भी डाल दिया जाता है। रंगदार काँच कृत्रिम कीमती पत्थरों, खिड़कियों के पेनलों तथा अन्य सुन्दर साज-सामान के लिए काम में लिया जाता है।

15·6. विशेष किस्म के काँच (Special Varieties of Glass)

काँच में डाले कच्चे पदार्थों की व मूल बनावट को ही बदल कर कांच के सभी गुणों में परिवर्तन लाया जा सकता है। कुछ विशेष किस्म के काँचों का वर्णन यहाँ दिया हुआ है।

(i) **बन्दूक की गोली रोधी काँच** (Bullet-Proof Glass)—यह काँच प्लेटकाँच की कई परतों से बनाया जाता है। प्रत्येक दो काँच की प्लेटों में Vinylresin Plastie की परत जिसे Hi-test Plastic भी कहते हैं, दी हुई होती है। काँच की बाहरी परतें अन्दर की परतों से पतली होती है। बनाने के दौरान विभिन्न परतों को गर्म व ठण्डा करने पर विशेष ध्यान दिया जाता है। इस तरह के काँच की मोटाई 15 mm से 75 mm या इससे भी अधिक हो सकती है। यह काँच बन्दूक की गोली भी अपने में से नहीं निकलने देता। इस काँच में कम से कम चार परतें काँच की तथा उनमें दो तीन परतें Hi-test Plastic की होती हैं।

(ii) **रेशेदार काँच** (Fibre Glass)—इसमें काँच छोटी-छोटी काँच की छड़ों का बना होता है और प्रत्येक छड़ एक तरह से Parent पदार्थ जैसी होती हैं। यह छूने में मुलायम तथा लचीली होती है। यह पानी नहीं सोखता और यह अग्निसह होता है। इसका निर्माण रेशम की तरह सतत धागों के रूप में किया जा सकता है।

(iii) **फोम काँच** (Foamed Glass)—यह काँच आयताकार ब्लाकों के रूप में बनाया जाता है। बारीक पिसा काँच तथा कार्बन, अच्छी तरह मिला दिए जाते हैं तथा मिश्रण को भट्टी में पिघलाया जाता है। पिघलने के दौरान मिश्रण फूलता है तथा काले फोम के रूप में हो जाता है। फोम काँच पानी में तैरता है तथा इसे लकड़ी की तरह काटा जा सकता है। यह अग्निसह, दृढ़ और ऊष्मा का अच्छा रोधक है। इसका वातानुकूल तथा शीतलन जैसे कार्यों में कार्क की जगह उपयोग किया जाता है।

(iv) **सुरक्षा काँच** (Safety Glass)—काँच की दो परतों में सेल्यूलोयड (Celluloid) या अन्य कोई पारदर्शी प्लास्टिक लगा कर बनाया जाता है। सभी परतों को बाँधने के लिए रंगरहित तथा ऊष्मारोधी ग्लू (Glue) का उपयोग किया जाता है। टूटने पर भी इस काँच के स्पलिटर इधर-उधर नहीं फैलते हैं।

(v) **तारयुक्त काँच** (Wired Glass)—काँच के निर्माण में रोलिंग के दौरान लोहे की जाली काँच में डाल दी जाती है। यदि काँच टूट जाता है तो इसके विभिन्न टुकड़े तारों द्वारा आपस में बँधे रहते हैं। यह काँच भी अग्निसह है तथा इसका उपयोग छतों पर रोशनदानों आदि में होता है।

(vi) **शीलडिंग काँच** (Shielding Glass)—यह एक विशेष किस्म का काँच है जिसमें लेड जैसे भारी पदार्थ डले हुए होते हैं। इसका उपयोग ऐसी खिड़कियों में किया जाता है जिसमें Radiation देखी जाती है।

(vii) **छिद्रल काँच** (Perforated Glass)—शीट काँच में निर्माण के दौरान या बाद में छिद्र बना दिए जाते हैं, जिसे छिद्रल काँच कहते हैं। इनका उपयोग रोशन-दानों में पैनल के रूप में किया जाता है।

(viii) **घुलने वाला कांच** (Soluble Glass)—इसमें क्वार्टज रेत को पिघलाया जाता है तथा ठण्डा करके पीस लिया जाता है। पिसे क्वार्टज में सोडे की राख (Soda Ash) तथा सोडियम सल्फेट या पोटेशियम कार्बोनेट अच्छी तरह उचित मात्रा में मिला दिए जाते हैं। इस मिश्रण का 1300°C से 1400°C ताप पर 7 से 10 घण्टे तक पिघलाया जाता है। यह पिघला काँच जो बहने वाला पदार्थ होता है, भट्टी से निकाल कर एकदम से ठण्डा कर दिया जाता है। एकदम से ठण्डा करने के कारण यह छोटे-छोटेटुकड़ों में टूट जाता है जिसे 'Silica Lumps' कहते हैं। सामान्य परिस्थितियों में यह काँच पानी में घुलनशील होता है। इस काँच का घोल ड्रमों तथा बोतलों में भर कर रक्खा जा सकता है, तथा कहीं भी भेजा जा सकता है। इसका उपयोग अम्ल प्रतिरोधी सीमेंट बनाने में किया जाता है।

(ix) **संरचनात्मक कांच** (Structural Glass)—यह काँच ब्लाकों की शक्ल में मिलता है। इन्हें कई बार काँच की ईंटें (Glass Bricks) भी कहते हैं। रोशनी इन ब्लाकों में से गुजर सकती है। इनका उपयोग विभाजक दीवारें, लैन्टरन लाईटो आदि में किया जाता है।

(x) **Ultra-Violet Ray Glass**—यह सूर्य की दिशा के सामने न होते हुए भी रोशनी की Ultra-violet किरणों को प्रभावी रूप से संचारित कर सकता है। इसका उपयोग स्कूलों, हस्पतालों आदि में किया जाता है।

(xi) **ऊष्मा हटाने वाले कांच** (Heat Excluding Glass)—इस कांच को कालोरेक्स (Calorex) भी कहते हैं। इसका रंग हरा होता है तथा यह अपने में से गर्मी को नहीं गुजरने देता। यह Ultra-violet किरणों को गुजरने नहीं देता तथा सूर्य की गर्मी को अपने में से गुजरने नहीं देता। इस काँच का उपयोग कारखानों, हस्पतालों रसोईघरों, खेलने के मैदानों आदि में किया जाता है।

(xii) **Flat Drawn Sheet Glass**—इंजीनियरी कार्यों में यही काँच अधिकतर काम आता है। यह 2, 2·5, 3, 4, 5, 5·5 और 6·5 mm मोटाई में मिलता है।

(xiii) **Fluted Sheet Glass**—इस कांच की एक सतह जरा Fluted बनाई हुई होती है। यह कांच तीन किस्सों में मिलता है :

(a) Ordinary Glazing Quality (O.Q.)—इसका उपयोग ग्लेजिंग के लिए किया जाता है।

(b) Selected Glazing Quality (S.Q.)—यह O.Q. से अच्छी किस्म होती है।

(c) Special Selected Qnality (S.S.Q.)—यह काँच अलमारियों वगैरह के ग्लेजिंग के लिए काम लिया जाता है।

(xiv) **प्लेट** Glass—यह शीट कांच से मजबूत तथा अधिक पारदर्शी होता है। यह 3mm से 32mm तक की मोटाई में बनाया जाता है। यह रगड़ा हुआ (Ground) और पॉलिश किया हुआ हो सकता है। Polished Plate Glass आगे फिर तीन किस्मों का होता है :

(a) G.G. Quality —इसका उपयोग दुकानों के सनान एवं शोकेस आदि बनाने में किया जाता है।

(b) S.G. Quality—Standard Quality Mirrors.

(c) S.Q. Quality—यह स्पेशल उच्च कोटि का कांच होता है।

(xv) **विसंवाहक कांच** (Insulating Glass)—ऊष्मा बाहर न जाने देने के लिए कमरे की खिड़कियों में लगाया जाता है। इसमें दो या दो से अधिक कांच की प्लेटें इस तरह लगाई जाती हैं कि इनमें 6 से 13mm तक खाली जगह रह जाती है।

16

अस्फाल्ट, बिटूमन तथा टार
(ASPHALT, BITUMEN AND TAR)

16·1. परिचय (Introduction)

अस्फाल्ट, बिटूमन तथा टार एक ऐसा पदार्थ है जिसका उपयोग सड़कें बनाने, सील रोक रद्दा लगाने, छतो को पानी से चूने से बचाने आदि के लिए किया जाता है।

16·2. अस्फाल्ट (Asphalt)

अस्फाल्ट, सुस्त खनिज पदार्थ तथा बधनकारी पदार्थ बिटूमन का मिश्रण होता है। अलुमिना, चूना, सिलिका आदि का उपयोग सुस्त खनिज पदार्थ के रूप में किया जाता है। अस्फाल्ट का मूल तत्त्व बिटूमन ही होता है। क्रूड पैंट्रोलियम का आंशिक आसवन यदि प्राकृतिक विधि से हुआ है तो बाकी बचा पदार्थ अस्फाल्ट कहलाता है। अस्फाल्ट एक काले या भूरे रंग का अज्वलनशील (Non-flamable) पदार्थ है। 250°C पर यह धूवेदार लाट में जलता है। अस्फाल्ट दो वर्गों में बांटा जा सकता है :

1. प्राकृतिक अस्फाल्ट और
2. कृत्रिम या रिसिड्यूल अस्फाल्ट (Residual Asphalt)

1. **प्राकृतिक अस्फाल्ट**—यह अस्फाल्ट आगे फिर दो भागों में बाँटा जा सकता है :

(i) रॉक अस्फाल्ट (Rock Asphalt)

(ii) लेक-अस्फाल्ट (Lake-Asphalt)

(i) **रॉक अस्फाल्ट** (Rock Asphalt)—यह अस्फाल्ट स्विटजरलैंड, फ्रांस आदि में चिट्टानों के रूप में मिलता है। इसमें 80% से 90% चूने का पत्थर और 10% से 20% शुद्ध बिटूमन होता है। इस अस्फाल्ट का उपयोग सड़कें बनाने के लिए किया जाता है। अस्फाल्ट सड़क पर बिछा दिया जाता है तथा गर्म करके रोल कर दिया जाता है। सड़क तैयार है। फर्श की टाईलें व छतों की चद्दरें आदि बनाने के लिए इस अस्फाल्ट का उपयोग किया जाता है।

(ii) **लेक-अस्फाल्ट** (Lake-Asphalt)—लेक अस्फाल्ट में 48 से 70% तक बिटूमन होता है और करीब 30% पानी होता है। बाकी सब चूना पत्थर, रेत, चिकनी मिट्टी आदि जैसी अशुद्धियाँ होती हैं। लेक-अस्फाल्ट को उबालकर शुद्ध

(Refined Asphalt) किया जा सकता है। गर्म करने पर इसमें से पानी उड़ जाता है तथा अन्य अशुद्धियां ऊपर तैरने लग जाती हैं, जिन्हें हटा दिया जाता है। शुद्धित अस्फाल्ट का उपयोग करके सड़कें बनाई जाती हैं। दक्षिणी अमेरिका में तरीनीडाड (Trinidad) और बरमुज (Bermudez) नामक जगहो पर झीलों के रूप में यह अस्फाल्ट मिलता है और इसीलिए इसे लेक-अस्फाल्ट कहते हैं।

2. **रिसिड्यूअल अस्फाल्ट** (Residual Asphalt)—इसे कृत्रिम अस्फाल्ट भी कहते हैं। अस्फाल्ट युक्त कच्चे पैट्रोलियम तेल का आंशिक आसवन करके यह अस्फाल्ट तैयार किया जाता है। आंशिक आसवन के बाद रिटॉर्ट (Retort) में जो ठोस पदार्थ बचा रह जाता है उसे Residuel Asphalt कहते हैं।

अस्फाल्ट की किस्में (Forms of Asphalt)

1. **अस्फाल्टिक सीमेंट** (Asphaltic Cement)—उच्च तापमान पर पिघले हुए गर्म अस्फाल्ट में से हवा गुजार कर यह अस्फाल्ट तैयार किया जाता है। इससे अस्फाल्ट का ऑक्सीकरण हो जाता है और परिणामी पदार्थ सुघट्य (Plastic) हो जाता है जो वायुमण्डलीय परिवर्तनों को सुगमता से प्रतिरोधित कर सकता है। इसका उपयोग छतों, फर्शों, जोड़ों को जलसह बनाने आदि के लिए किया जाता है।

2. **अस्फाल्ट इमलशन**—1% इमलशीफाइंग तत्त्व (Emulsifying Agent) की मदद से 50 से 60% पानी में अस्फाल्ट घोल कर अस्फाल्ट इमलशन बनाई जाती है। जब पानी वाष्प बनकर उड़ जाता है तो इमलशन टूट जाती है और एक जलसह परत प्राप्त हो जाती है। इसका उपयोग ठंडा ही किया जाता है।

3. **कट-बैक अस्फाल्ड**—यह द्रव किस्म का अस्फाल्ट है। उड़न-शील द्रव में अस्फाल्ट घोल कर यह बनाया जाता है। यह ठण्डा ही या मामूली गर्म करके काम लिया जा सकता है। इसका उपयोग बिटूमन पेंट, छतों की मुरम्मत आदि में किया जाता है।

4. **मैस्टिक अस्फाल्ट**—खनिज फिलर पदार्थ तथा रेत के साथ प्राकृतिक अस्फाल्ट गर्म करके यह पदार्थ प्राप्त किया जाता है। यह पदार्थ अपारगम्य होता है। बनाने के दौरान मैस्टिक अस्फाल्ट की कठोरता तथा पिघलने के तापमान पर नियंत्रण किया जा सकता है। यह ठोस व अर्ध ठोस अवस्था में होता है। लेकिन जब इसे गर्म किया जाता है तो यह काफी पतला द्रव हो जाता है तथा इसे एक सार परत के रूप में बिछाया जा सकता है। इसका उपयोग सील रोक तथा जल-सह पदार्थ के रूप में किया जाता है।

अस्फाल्ट के गुण :

(i) यह जलसह पदार्थ हैं।

(ii) यह ऊष्मा; ध्वनि तथा बिजली का अच्छा विसंवाहक है।

(iii) यह Non-inflammable होता है।

(iv) तेजाबों का इस पर कोई प्रभाव नहीं होता।

अस्फाल्ट के उपयोग

1. सील रोक रद्दे के रूप में काम आता है।
2. पेंट व छत की फेल्ट आदि बनाई जाती है।
3. सड़कें बनाने में काम आता है।

16·3. बिटूमन (Bitumen)

अस्फाल्ट में उपस्थित पदार्थ बंधनकारी पदार्थ बिटूमन ही होता है। यह कच्चे पैट्रोलियम पदार्थों के आंशिक आसवन से प्राप्त होता है। रसायनिक रूप में यह हाइड्रोकार्बन है। यह पानी में नहीं घुलता लेकिन कार्बन डाई सल्फाईड में पूर्ण रूप से घुलजाता है। यह काला या भूरे रंग का ठोस या अर्ध ठोस पदार्थ होता है। इसका उपयोग वही है जो कृत्रिम अस्फाल्ड का। बिटूमन में कार्बन 85%, हाईड्रोजन 12% और ऑक्सीजन 3% होती है। क्रूड पैट्रोलियम का आंशिक आसवन करने से रिटॉर्ट में अंतिम बचा पदार्थ बिटूमन होता है। आंशिक आसवन के दौरान क्रूड पैट्रोलियम के विभिन्न तत्त्व बिना किसी रसायनिक परिवर्तन के अलग-अलग हो जाते हैं। सबसे कम तापमान पर गैसोलीन, इससे अधिक तापमान पर नैफ्था, और इसी क्रम में मिट्टी का तेल, Lubricating Oils आदि अलग हो जाते हैं। बचा हुआ पदार्थ (Residue) पैट्रोलियम बिटूमन कहलाता है।

बिटूमन की किस्में (Forms of Bitumen)

1. **Straight Rua Bitumen**—यह ऐसा बिटूमन है जिसका एक निश्चित श्यानक (Viscosity) और वेधन (Penetration) के लिए आसवन किया गया हो। इसका आगे और कोई उपचार नहीं किया जाता।

2. **Blown बिटूमन**—यह विशेष किस्म का बिटूमन होता है जिसे उच्च तापमान पर Straight Run बिटूमन में से हवा गुजार कर प्राप्त किया जाता है। इसका उपयोग जोड़ भरने, छतों पर सील रोधक पदार्थ के रूप में तथा ऊष्मा विसंवाहक पदार्थ के रूप में किया जाता है।

3. **सुघट्य बिटूमन** (Plastic Bitumen)—यह बिटूमन, तरलक (Thinner) तथा फिलर पदार्थ, तीनों का सम्मिश्रण होता है। सुस्त फिलर पदार्थ की मात्रा 40% से 35% होती है। इसका उपयोग चिनाई व छतों आदि की दरारें भरने के लिए किया जाता है।

4. **Cut-back बिटूमन**—बिटूमन, अस्फाल्ट या कोल टार में क्रूड पैट्रोलियम के आसवन के दौरान निकला कोई भी पदार्थ जब विलायक के रूप में डाला जाता है तो कट-बैक बनता है। कट-बैक बिटूमन पतले घोल के रूप में बना रहता है और इसे ठंडा या मामूली गर्म करके उपयोग में लिया जाता है। कट-बैक बिटूमन में लगभग 80% बिटूमन तथा 20% विलायक डला होता है। तेल के कारखानों में आंशिक आसवन के दौरान निकले पदार्थों को कट (Cut) कहते हैं और रिटार्ट में बचे हुए

पदार्थ बिटूमन में जब कोई कट वापिस मिला दिया जाता है तो इसे कट-बैक बिटूमन कहते हैं।

कट-बैक की विस्कोसिटी (Viscosity) और कठोर होने की दर, बिटूमन में घोल के रूप में लिए कट के गुणों पर निर्भर करती हैं। कट-बैक तीन तरह के होते हैं :

(i) तुरन्त सेट होने वाले कट-बैक (Rapid Curing R.C.)—यह कट-बैक बिटूमन में गैसोलीन व नफथा घोलक के रूप में मिलाकर बनाया जाता है।

(ii) **सामान्य गति से सेट होने वाला कट-बैक** (Medium Curing M.C.)—बिटूमन में मिट्टी का तेल, डीजल आदि घोलक डालकर, यह कट-बैक बनाया जाता है।

(iii) **बहुत धीमी गति से सेट होने वाली कट-बैक** (Slow Curing S.C.)—बिटूमन में Lubricating Oil आदि डालकर जो कट-बैक बनता है, उसे Slow Curing कट-बैक कहते हैं।

R.CI, M.C. तथा S.C. तीन किस्मों की कट-बैक आगे फिर छः-छः ग्रेडों में मिलते हैं।

5. **इमलसन** (Emulsion)—इमलसन में बिटूमन एक इमलसीफाईंग पदार्थ (Emulsifying Agent) से छोटे-छोटे गलोबलों (Globules) में टूट जाता है। साबुन और दूसरे रेशेदार पदार्थ इमलसीफाईंग पदार्थ के रूप में काम में लिए जाते हैं। यह बिना गर्म किए काम ली जा सकती है। इसमें 50% से 60% बिटूमन तथा बाकी पानी होता है।

बिटूमन के परीक्षण—जैसा पहले ही बताया जा चुका है कि बिटूमन और अस्फाल्ट में कोई अन्तर नहीं होता। केवल यह अन्तर है कि अस्फाल्ट में चूना, रेत, आदि मिले होते हैं जबकि बिटूमन में नहीं। अस्फाल्ट में उपस्थित बंधनकारी पदार्थ बिटूमन ही होता है। बिटूमन के निम्न परीक्षण किए जाते हैं। परीक्षणों से बिटूमन की उपयोगिता सिद्ध होती है।

1. **धँसन परीक्षण** (Penetration Test)—इस परीक्षण में एक निर्धारित नाप की सुई कुछ मानक भार अनुसार बिटूमन में धँसने दी जाती है। जितनी सुई बिटूमन में कुछ निर्धारित काल में धँस जाती है, बिटूमन का धँसन बताती है। इस परीक्षण से बिटूमन के मोटेपन का अनुमाम लगाया जाता है।

2. **तन्यता परीक्षण** (Ductility Test)—इस परीक्षण से बिटूमन का तन्यता गुण ज्ञात किया जाता है इसमें एक निर्धारित नाप का ब्रिकट लगाकर मशीन द्वारा मानक दर से खींचा जाता है जब ब्रिकूट टूटता है तो इसकी लम्बाई में बढ़ोतर नाप कर तन्यता का अनुमान लगाया जाता है।

3. **विस्कोसिटी परीक्षण**—इसमें भी बिटूमन के मोटेपन का अनुमान लगाया जाता है।

5. **फ्लोट-परीक्षण**—यह भी बिटूमन की सघनता ज्ञात करने की विधि है।

5. **अपेक्षित घनत्व परीक्षण**—शुद्ध बिटूमन की S.G. 1·01 से 1·3 तक होती है। टार की S.G. 1·01 से 1·25 होती है।

6. **Softening Point परीक्षण**—इस परीक्षण से बिटूमन के नर्म होने का तापमान ज्ञात किया जाता है। सड़क में काम आने वाले बिटूमन का Softening Point 35°C से 70°C के बीच में होता है।

इसी तरह Spot परीक्षण, फ्लैश और अग्नि परीक्षण, गर्म करने पर भार में कमी परीक्षण, घुलने के प्रति परीक्षण, कुछ अन्य परीक्षण हैं जिनसे बिटूमन की उपयोगिता निर्धारित की जाती है।

कोल-टार—(Coal Tar)—यह काले रंग का पदार्थ है और यह मोटे द्रव के रूप में मिलता है। स्रोत अनुसार टार तीन तरह का हो सकता है :

1. **कोल-टार** (Coal Tar)—कोयला गैस के उत्पादन के लिए, कोयले के भंजक आसवन (Distructive Distillation) में यह उप ज्ञात पदार्थ के रूप में मिलता है। इसका उपयोग लकड़ी को सुरक्षित रखने तथा सड़क निर्माण में किया जाता है। IS 216-1961 अनुसार कोलटार चार किस्म का होता है। (a) Soft Pitch (b) Soft Medium Pitch (c) Hard Medium Pitch (d) Hard Pitch.

2. **खनिज टार** (Mineral Tar)—बिटूमन शेल (Bitumionus Shales) के आसवन से यह टार मिलता है। इसमें उड़नशील तत्त्व बहुत कम होता है।

3. **लकड़ी का टार** (Wood Tar)—पाईन लकड़ी व इसी तरह की अन्य रेशेदार लकड़ियों के आसवन से जो टार प्राप्त होता है, उसे लकड़ी का टार (Wood Tar) कहते हैं। इसमें क्रियोसीट तेल बहुत होता है और इसलिए इसके संरक्षक गुण बहुत अच्छे होते हैं।

टार पाँच ग्रेड (RT-1, RT-2, RT-3, RT-4 तथा RT-5) में मिलता है। RT-1 का उपयोग बहुत ठण्डे क्षेत्रों में जबकि RT-5 बहुत गर्म क्षेत्रों में सड़क निर्माण व अन्य कार्यों में किया जाता है। बिटूमन की तरह टार के लिए भी कई परीक्षण किए जाते हैं। अपेक्षित घनत्व, विस्कोसिटी, Softening point, पानी की मात्रा, आयतन अनुसार फिनौल की मात्रा, आदि कुछ परीक्षण हैं जो टार के लिए किए जाते हैं। टार का अपेक्षित घनत्व 1·16 से 1·28 के बीच में होता है।

प्रश्नावली

1. अस्फाल्ट, बिटूमन तथा टार में क्या अन्तर है? स्पष्ट करें।
2. कट-बैक से आप क्या समझते हैं? यह कैसे बनाया जाता है? इसका महत्त्व क्या है?
3. इमलशन क्या है? इसकी उपयोगिता लिखो।

17
रबर
[RUBBER]

17·1. परिचय (Introduction)

किसी भी राष्ट्र के लिए रबर एक बहुत ही महत्त्वपूर्ण इंजीनियरी पदार्थ होता है। इसका सबसे बड़ा उपयोग टायरों के रूप में होता है। वैसे और भी कई क्षेत्र हैं जहाँ इसका उपयोग होता है।

17·2. रबर की किस्में

रबर को दो किस्मों में वर्गीकृत किया जाता है :

1. प्राकृतिक रबर (Natural rubber)
2. कृत्रिम रबर (Synthetic rubber)

1. **प्राकृतिक रबर** (Natural Rubber)—यह रबर, रबर के पेड़ों से प्राप्त की जाती है। रबर के पेड़ नम तथा गर्म देशों में बहुत सुगमता से उगाए जाते हैं। विषुवत रेखा (equator) के दोनों तरफ लगभग 12° पर पड़ने वाले सभी देशों में यह पेड़ बहुत होते हैं। लंका, मलेशिया, मैक्सीको, सिंगापुर, उत्तरी अफ्रीका कुछ ऐसे देश हैं जो इसी तरह के क्षेत्र में आते हैं। इन पेड़ों से दूधिया रंग का रस जिसे लेटैक्स (latex) कहते हैं, प्राप्त किया जाता है। लेटैक्स ही प्राकृतिक रबर है, जिसका उपचार करके विभिन्न कामों के लिए उपयुक्त रबर बनाया जाता है। प्राकृतिक रबर प्राप्त करने में निम्न क्रियाएँ की जाती है :

1. पेड़ लगाना (Plantation)
2. लेटैक्स इकट्ठा करना (Tapping latex)
3. लेटैक्स को साफ करना (Purification)
4. को एगूलेशन करना (Co-agulation)

रबर के पेड़ लगाने से लगभग 5 या 7 वर्ष में यह लेटैक्स देने लायक हो जाते हैं। यह पेड़ लगभग 30 वर्ष तक लेटैक्स देता रहता है। एक पेड़ सामान्य दर से एक वर्ष में 1 से 1·5 kg सूखा रबर देता है।

लेटैक्स प्राप्त करने के लिए पेड़ के तने पर लगभग 1 m ऊँचाई पर लगभग 60 cm लम्बा ऊर्ध्वाधर काट, चाकू से लगा दिया जाता है। काट लगाते समय यह

ध्यान रखना चाहिए कि यह काट पेड़ की कैम्बियम परत (Cambium layer) के नीचे तक न जाए। एक ऊर्ध्वाधर काट को मिलाते हुए कई तिरछे काट भी लगाए हुए होते हैं। काट के निचले सिरे पर एक मिट्टी की हांडी बांध दी जाती है, जिसमें लेटैक्स इकट्ठा होता रहता है। समय-समय पर लेटैक्स हांडियों में से निकाल लिया जाता है।

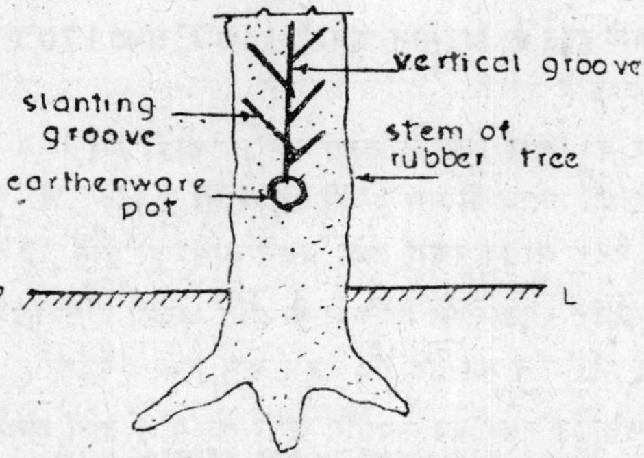

चित्र 17·1. रबर के पेड़ का तना

पेड़ के पत्ते, बालू व अन्य अशुद्धियों से लेटैक्स साफ किया जाता है तथा इसमें हल्का एसिटिक अम्ल (acetic acid) को-एगूलैंड (co-agulant) के रूप में डाल दिया जाता है। co-agulant के कारण लेटैक्स फूल जाता है तथा दही के रूप में परिवर्तित हो जाता है। इसे रोलरों में से गुजार कर पानी हटा दिया जाता है और प्राकृतिक रबर चद्दरों या गलोवूल (globules) की शक्ल में प्राप्त किया जाता है। रबर की माँग बहुत बढ़ जाने के कारण प्राकृतिक विधि से इसे पूरा नहीं किया जा सकता। माँग पूरी करने के लिए कृत्रिम रबर का आविष्कार किया गया है।

2. **कृत्रिम रबर** (Synthetic Rubber)—यह रबर रसायनिक क्रियाओं से प्राप्त की जाती हैं। यह प्रायः एसीटलीन गैस (acetylene grs) से बनाई जाती है और Butyl, Neoprene, silcon जैसे कई ट्रेड नामों में मिलती है। कृत्रिम रबर में कुछ ऐसे विशेष गुण होते हैं जो प्राकृतिक रबर में नहीं होते। कृत्रिम रबर की प्रत्यास्था (elasticity) प्राकृतिक रबर से बहुत अधिक होती है। प्रकाश की किरणें भी कृत्रिम रबर अधिक प्रभावी ढंग से रोकता है। पैट्रो-रसायन उद्योग के विकसित हो जाने के कारण भारत काफी बड़ी मात्रा में कृत्रिम रबर बना रहा है।

17·3. वल्कनाईजेशन (Vulcanization)

कच्चा रबर गर्मियों में नर्म तथा चिपचिपा हो जाता है जबकि सर्दियों में भंगुर तथा कठोर हो जाता है। कच्चा रबर सभी मौसमों के लिए उपयुक्त बनाने के लिए

इसका जो उपचार किया जाता है उसे वल्कनाईजेशन (Vulcanization) कहते हैं। इस क्रिया के लिए गंधक की थोड़ी-सी मात्रा कच्चे रबर में डालकर, मिश्रण को गर्म किया जाता है। इस क्रिया में बड़ी जटिल रसायनिक क्रियाएँ होती हैं, जिससे रबर कठोर तथा तापमान में परिवर्तन प्रभावों को प्रतिशोधित करने में समकक्ष हो जाता है। गन्धक की मात्रा यदि 1% से 5% तक हो तो इसमें नर्म रबर प्राप्त होती है। यदि यही मात्रा 30% तक बढ़ा दी जाती है तो कठोर रबर प्राप्त होती है। नर्म तथा कठोर रबर के गर्म होने के तापमान क्रमशः 130°C तथा 170°C है। वल्कनाईजेशन के निम्न प्रभाव होते हैं :

1. रबर की स्थाई विकृति बहुत कम हो जाती है।
2. रबर की तनाव क्षमता काफी बढ़ जाती है।
3. यह रबर अधिक स्थाई तथा चलने वाली हो जाती है।
4. यह रबर रगड़ तथा घोलकों के प्रति अच्छी प्रतिरोधक बन जाती है।
5. ताप परिवर्तन का इस पर बहुत कम प्रभाव पड़ता है।

नर्म वल्कनाईड रबर का उपयोग जूतों के सोल तथा अन्य सामान्य चीजों में किया जाता है। कठोर वल्कनाईजड रबर, टायर, बैल्ट आदि बनाने में काम ली जाती हैं।

17·4. रबर में मिलाने वाले अन्य यौगिक (Compounding of Rubber)

रबर में आवश्यक गुण उत्पन्न करने के लिए कुछ यौगिक इसमें मिलाने होते हैं। प्राकृतिक तथा कृत्रिम रबर में आमतौर पर मिलाए जाने वाले यौगिक नीचे संक्षेप में दिए हुए हैं।

1. **उत्प्रेरक** (Accelerators)—इससे रबर बनाने का समय-काल कम हो जाता है। जिंक आक्साईड, fatty acids आदि का उपयोग उत्प्रेरक के रूप में किया जाता है। इससे रबर के गुणों में बहुत सुधार होता है।

1. Anti-oxidants—इनके मिलाने से रबर की आक्सीकरण प्रक्रिया को लम्बा खींचा जा सकता है। यह पदार्थ उत्प्रेरक के उल्ट कार्य करते हैं। फिनोल, मोम, फॉस्फेट आदि कुछ Anti oxidant पदार्थ हैं।

3. **फिलर** (Fillers)—यह सुस्त पदार्थ होते हैं और रबर की दृढ़ता तथा सामर्थ्य को काफी बढ़ाते हैं।

4. **कठोरक** (Hardners)—रबर की तनाव क्षमता तथा कठोरता बढ़ाने के लिए यह रबर में मिलाए जाते हैं। यह पदार्थ डालकर रबर का ऊँचे तापमान पर कठोरता उत्पन्न करना सम्भव होता है। बेरियम सल्फेट, कैल्शियम कार्बोनेट, मैगनेशियम कार्बोनेट, sealing wax आदि कुछ कठोरक पदार्थ हैं।

5. **पिगमेंट** (Pigmens)—पिगमेंट रबर में फिलर पदार्थ के रूप में तथा रंग

देने वाले पदार्थ के रूप में कार्य करते हैं। कार्बन ब्लैक, zinc oxide, फैरिक ऑक्साइड, क्रोमियम ऑक्साइड आदि कुछ पिगमेंट हैं, जिनका उपयोग रंगदार पदार्थ के रूप में किया है।

6. प्लास्टीसाईजर (Plasticizers)—रबर को नर्म बनाने तथा प्लास्टीसिटी या सुघट्यता प्रदान करने के लिए इनका उपयोग किया जाता है। मोम, रेजिन, vegetable oils आदि का इस रूप में उपयोग किया जाता है।

7. वल्कनाईजिंग पदार्थ—गंधक का उपयोग इस पदार्थ के रूप में किया जाता है। इसमें रबर के सभी महत्त्वपूर्ण गुणों में सुधार होता है।

17·5. रबर के गुण (Properties of Rubber)

रबर के महत्त्वपूर्ण गुण निम्नलिखित होते हैं :

1. यह संघटन के कारण उत्पन्न झटकों को सोख लेती है।
2. इसके टैंकों में गैस व द्रव दोनों भरे जा सकते हैं।
3. बाहरी बल लगाने पर यह काफी लम्बाई में बढ़ सकती है।
4. यह ऊष्मा की अच्छी संचालक नहीं है।
5. यह प्लास्टिक किस्म का पदार्थ है तथा इसे किसी भी शक्ल में ढाला जा सकता है।
6. वाल्कनाईजिंग तथा अन्य पदार्थ मिलाकर इसके गुणों में काफी परिवर्तन लाया जा सकता है।
7. यह लचीला पदार्थ है।
8. यह रगड़, अच्छी तरह प्रतिरोधित कर सकती है।
9. प्राकृतिक रबर सूर्य के प्रकाश से बचानी चाहिए तथा इसे कार्बनिक द्रवों व तेलों के सम्पर्क में नहीं आने देना चाहिए।
10. इससे काफी लम्बा तार खींचा जा सकता है।
11. कृत्रिम रबर, अम्लों तथा पैट्रोलियम के प्रभाव को अच्छी तरह प्रतिरोधित कर सकती है।

17·6. रबर के उपयोग (Uses of Rubber)

रबर के महत्त्वपूर्ण उपयोग निम्न हैं :

1. दरवाजों, खिड़कियों को हवासह (air tight) बनाने के लिए गास्केट (gasket) के रूप में इसका उपयोग किया जाता है।
2. मशीनों के विभिन्न भागों में जिनमें घर्षण बहुत होती है, इसे लाईनिंग के रूप में काम लिया जाता है।
3. मशीनों तथा वाहनों के टायरों में इसका उपयोग किया जाता है।
4. तारों व रस्सों आदि पर इसका आवरण चढ़ाया जा सकता है।
5. मशीनों की कंपन कम करने के लिए इसका उपयोग किया जाता है।

6. झटकों को जजब (आत्मसात) करने के लिए इसको काम में लिया जाता है।
7. कृत्रिम रबड़ के पाईप बनाकर, मिट्टी का तेल, पैट्रोल, पानी आदि ढोने के काम लिया जा सकता है।
8. विसंवाहक पदार्थ के रूप में इसका उपयोग किया जाता है।

17·7. रबर की विभिन्न किस्में (Forms of Rubber)

रबर की महत्त्वपूर्ण किस्में निम्नलिखित होती हैं :

1. **क्रेप रबर** (Crepe Rubber)—यह कच्चे रबर की एक किस्म है। coagulation के दौरान रबर में कुछ रसायन डाल दिए जाते हैं तथा रबर को कई रोलरों में से गुजारा जाता है। इस रबर की सतह रुक्ष होती है इसलिए इसे क्रेप रबर (crepe rubber) कहते हैं।

2. **फोम रबर** (Foamed Rubber)—द्रव लेटैक्स में गैसें उत्पन्न करने वाले कुछ रसायन मिलाकर मिश्रण को खूब हिलाया जाता है। इसमे फोम बन जाता है। इस पदार्थ को आवश्यक शक्लों में परिवर्तित कर दिया जाता है। पैकिंग पैंड, सिरहानों आदि में यह रबर बहुत काम लिया जाता है।

3. **गयूल रबर** (Guayule Rubber)—यह एक प्राकृतिक रबर है जो U.S.A. में मिलती है। ग्यूल नामक पेड़ की डालियों से यह पदार्थ या रबर बनाई जाती है। इसमें लगभग 70% हाईड्रोकार्बन, 20% रेजन तथा 10% न घुलने वाले पदार्थ जैसे सैल्यूलोज, लिगनिन आदि डाले हुए होते हैं।

4. **गटा पर्चा रबर** (Gutta Percha) Rubber)—यह भी प्राकृतिक रबर है जो dichopsis gutta और palaquium gutta नामक पेड़ों की पत्तियों से बनाया जाता है। यह लगभग 100°C पर गर्म तथा चिपचिपा हो जाता है। अन्य किस्म की रबरों से यह कम पानी सोखती है। पनडुब्बियों की रस्सियाँ बनाने में यह सबसे अच्छा पदार्थ माना जाता है।

5. Smoked **रबर**—यह भी एक किस्म की कच्ची रबर है। को-एगूलेशन के बाद रबर को छोटे-छोटे टुकड़ों में 40°C से 50°C तापक्रम पर, धूआँ भरे कमरे में सुखाया जाता है। क्योंकि सुखाना धुआँ भरे कमरे मे किया जाता है इसलिए इसे smoked रबर कहते हैं।

6. **स्पंज रबर** (Sponge Rubber)—वल्कनाईजेशन क्रिया के दौरान सोडियम बाईकार्बोनेट डालकर यह रबर बनाई जाती है। वाष्पन के दौरान नमी सूख जाती है जिससे sponge रबर तैयार होती है। यह ऊष्मा तथा ध्वनि के प्रति अच्छा विसंवाहक (Insulating) पदार्थ है।

17·8. काम आई पुरानी रबर से नई रबर बनाना (Reclaimed Rubber)

रबर का महत्त्वपूर्ण गुण है कि पुरानी रबर का उपयोग कर इससे नई रबर बनाई जा सकती है। दूसरे शब्दों में इसका स्क्रेप मान (Scrpe value) काफी होता

है। घिसी हुई पुरानी रबर छोटे टुकड़ों में काट कर तथा पीस कर पाऊडर शक्ल में परिवर्तित कर दी जाती है। पाऊडर में से धातुई पदार्थ चुम्बक की मदद से निकाल दिए जाते हैं। इसके बाद पाऊडर में आवश्यक तत्त्व डालकर दोबारा कच्चा रबर तैयार किया जाता है।

दोबारा प्राप्त रबर के लाभ :

1. यह बहुत जल्दी बनाया जा सकता है।
2. यह सस्ता होता है।
3. यह अधिक स्थाई होता है।
4. इसकी बनावट एकसार होती है।
5. इस प्रक्रिया में तापक्रम काफी रखना होता है।

दोबारा प्राप्त रबर की हानियाँ :

1. इसकी तनाव क्षमता घट जाती है।
2. इसका प्रत्यास्थ गुण घट जाता है।
3. इसका रगड़ प्रतिरोधी गुण कम हो जाता है।

दोबारा प्राप्त रबर का उपयोग कम महत्त्व की चीजों में किया जाना चाहिए। वाहनों के टायरों, पहियों आदि में इसका उपयोग किया जा सकता है।

18

कुछ विविध पदार्थ

[SOME MISCELLANEOUS MATERIALS]

18·1. अभिलागी पदार्थ (Adhesive Matters)

अभिलागी पदार्थ ऐसे पदार्थ होते हैं जो कांच, प्लास्टिक, धातु और लकड़ी की सतहों को जोड़ने के काम में आते हैं। अभिलागी पदार्थों को दो भागों में विभाजित किया जा सकता है :

(a) कार्बनिक अभिलागी पदार्थ (Organic adhesives)
(b) कृत्रिम अभिलागी पदार्थ (Synthetic adhesives)

कार्बनिक अभिलागी पदार्थों को चार भागो में बांटा जा सकता है :

(i) जानवरों के प्रोटीन गलू (Animal Protein glues)
(ii) ब्लड Albumin गलू (Blood albumin glues)
(iii) केसीन अभिलागी पदार्थ (Casein adhesives)
(iv) स्टार्च अभिलागी पदार्थ (Starch adhesives)

(i) **जानवरों के प्रोटीन गलू** (Animal Protein Glues)—यह अभिलागी पदार्थ जानवरों की हड्डियो से प्राप्त किया जाता है। यह बहुत मजबूत, कठोर अभिलागी पदार्थ है लेकिन नमी से यह बहुत जल्दी खराब हो जाता है। यह गलू, केक, चपड़ियों, कणों इत्यादि के रूप मे मिलता है। I.S. 852-1957 अनुसार यह गलू तीन श्रेणियों में मिलता है—Grade 1, grade 2 और grade 3।

(ii) ब्लड अलबूमिन गलू कच्चे खून को सुखाने से बनता है। यह भी नमी से प्रभावित होता है।

(iii) **केसीन अभिलागी पदार्थ**—दूध फटाकर यह पदार्थ प्राप्त किया जाता है।

(iv) **स्टार्च अभिलागी पदार्थ**—स्टार्च वनस्पति से यह गलू बनाया जाता है।

कृत्रिम अभिलागी पदार्थ निम्न दो तरह के होते हैं :

(i) थरमो-सेटिंग गलू (Thermo-setting glues)
(ii) थरमो-प्लास्टिक गलू (Thermo-plastic glues)

प्लाई लकड़ी और लकड़ी के दूसरे पदार्थ जिन्हें गलू करके बनाया जाता है, के निर्माण में इन गलुओं ने क्रान्ति-सी ला दी है। यह द्रव व ठोस रूप में काम लिए जा सकते हैं। थरमो-सेटिंग गलुओं के सैट हो जाने से यह स्थाई हो जाता है लेकिन

थरमो-प्लास्टिक किस्म के गलुओं को दोबारा गर्म करके सुघट्य बनाया जा सकता है। यह गलू मजबूत, जल-सह, अग्निसह होते हैं और इनके सैट (Set) होने का समय इनमें कठोरक (Hardner) पदार्थ की मात्रा से नियन्त्रित होता है। कृत्रिम गलू मुख्यतया चार तरह के होते हैं :

1. फिनोलिक रेजिन (Phenolic resins)
2. रिसोरसीनोल रेजिन (Resorcinol resins)
3. यूरिया रेजिन (Urea resins)
4. मेलामीन रेजिन (Melamine resins)

इनके अलावा नाईट्रोसेल्यूलोज, इथाइल सेल्यूलोज (Ethyle cellulose), विनाइल पोलिमर (Vinyl polymers) और एक्रीलिक रेजिन (Acrylic resin) कुछ अन्य अभिलागी पदार्थ हैं। Acrylic और Vinyl गलू काँच की परतों को जोड़ने के काम आते हैं। बाकी सभी पदार्थ प्लाईवुड बनाने व दूसरे कार्यों में काम लिए जाते हैं।

I.S. 851-1957 अनुसार और I.S. 848-1957 अनुसार गलुओं का वर्गीकरण नीचे दिया हुआ है :

I.S. 851-1957 अनुसार	I.S. 848-1957 अनुसार (For Plywood)
WBP—Weather and boil proof	BWP—Boiling water proof
MR—Moisture resistant	BWR—Boiling water resistant
INT—Interior	WWR—Warm water resistant
	CWR—Cold water resistant

18·2. रगड़ने वाले पदार्थ या रेगमाल या अवघर्षक (Abrasive)

यह ऐसे पदार्थ होते हैं जिनसे रगड़कर अन्य नर्म पदार्थों को पोलिश या चिकना बनाया जाता है। इससे नर्म पदार्थ दिखने में बहुत सुन्दर लगता है। यह पदार्थ कठोरतम (Hardest) पदार्थ होते हैं। इनका उपयोग निम्न रूप में किया जाता है :

1. रगड़ने वाले कपड़े या कागज के रूप में।
2. रगड़ने वाले पत्थर के रूप में।
3. तेलों के साथ मिलाकर रगड़ने वाली पेस्ट के रूप में।
4. रगड़ने वाले पहियों के रूप में।
5. अन्य बन्धनकारी पदार्थों के साथ।

रगड़ने वाले पदार्थों को दो भागों में बाँटा जा सकता है :

1. प्राकृतिक (Natural) रेगमाल।
2. कृत्रिम (Artificial) रेगमाल।

प्राकृतिक रेगमाल के रूप में हीरा, गारनेट (Garnet), फ्लिट, इमरी कोरनडम (Corundum), बालू पत्थर आदि हैं।

कृत्रिम रेगमाल पदार्थ के रूप में एल्यूमिनियम कारबाईड, बोरिक अम्ल और सिलिकन हैं। कृत्रिम रेगमाल पदार्थ प्राकृतिक पदार्थों से निम्नानुसार लाभप्रद होता है।

1. कृत्रिम पदार्थों की रगड़ने की क्षमता अधिक तीव्र होती है।

2. कृत्रिम पदार्थ की बनावट एकसार होती है।

3. यह वांछित किस्म या स्तर का बनाया जा सकता है।

18·3. कोक (Cork)

हमेशा हरे रहने वाले ओक (Oak) पेड़ की बाहरी छाल से कोर्क (Cork) बनाता है। इसकी बनावट छिद्रल (Cellular) होती है। इसका आपेक्षिक घनत्व 0·20 होता है। Cork की सीमेंट व बिटूमन के साथ स्लैब बनाई जा सकती है जो बहुत हल्की होती है। यह एक बहुत ही अच्छा विसंवाही पदार्थ (insulating) है जिनका उपयोग Cold storage के निर्माण में और विसंवाही चपटी छतों में बहुत किया जाता है। कोर्क को दबाकर बनाई गई स्लैबों का भार 2100 N/m^3 होता है। कोर्क दबाकर बनी टाईलों से बिल्कुल ध्वनि रहित लचीले, गर्म और दीखने में सुन्दर फर्श बनते हैं।

18·4. अस्बैस्टोज सीमेंट (A.C) पदार्थ

यह एक रेशेदार खनिज पदार्थ है। सीमेंट के साथ मिलाकर इसकी बहुत-सी चीजें बनाई जाती हैं। सीमेंट में अस्बैस्टोज की मात्रा 8% से 15% तक डाली जाती है।

अस्बैस्टोज सीमेंट से फाईबर बोर्ड (Fibre board), वाशरें (washers), छतों की चद्दरें, स्लेट, साधारण पानी निकासी वाले पाईप, गटर, Sanitary fittings, टट्टियों के पाईप इत्यादि सब बनाए जाते हैं। यह बहुत ही महत्त्वपूर्ण संयोजन है। इनके पाइपों पर रेत के कणों की रगड़ का कोई प्रभाव नहीं होता और न ही इन पर कोई परिरक्षक परत चढाने की आवश्यकता होती है।

18·5. जिप्सम और इससे सम्बद्ध पदार्थ

जिप्सम कैल्शियम सल्फेट होता है जिसमें मणिभीकरण जल होता है। यह प्रकृति में शैल रूप में मिलता है। इसका रासायनिक सूत्र ($CaSO_4$, $2H_2O$) होता है। 79·1% $CaSO_4$ तथा 20·9% पानी होता है। यह सफेद मणिभीकरण पदार्थ है। इसकी S.G. 2·3 होती है। यह नर्म पदार्थ है जिसकी कठोरता 2 होती है। बंधनकारी पदार्थ के रूप में यह तुरन्त सेट होकर कठोर हो जाता है। इसका प्रारम्भिक पकन काल लगभग 5 मिनट तथा अन्तिम पकन काल करीब 30 मिनट होता है। यह पानी में बहुत कम घुलता है। यह नमक के अम्ल में घुलता है लेकिन गंधक के अम्ल में नहीं घुलता। यह शुद्ध हालत में कभी नही मिलता। अलूमिना, $CaCO_3$, $MgCO_3$

तथा सिलिका जैसी अशुद्धियां इसमें उपस्थित होती हैं। इसका मुख्य उपयोग सीमेंट निर्माण में पकन काल बढ़ाने के लिए किया जाता है। पैरिस प्लास्टर, जिप्सम बोर्ड आदि बनाने में इसका उपयोग किया जाता है। यह आंध्र प्रदेश (निलौर), गुजरात, जम्मू कश्मीर, मद्रास, राजस्थान, U.P. में पाया जाता है। इसके कुल उत्पादन का लगभग 90% राजस्थान में प्राप्त होता है।

1. **पैरिस प्लास्टर और दीवार का कठोर प्लास्टर**—बारीक पिसी हुई जिप्सम को जब 100-140°C तक गर्म किया जाता है तो लगभग तीन चौथाई मणिभीकरण जल वाष्प बनकर हवा में उड़ जाता है। बाकी बचे पदार्थ को पैरिस प्लास्टर कहते हैं। यदि गर्म किया गया जिप्सम शुद्ध होता है तो पैरिस प्लास्टर बनता है और यदि इसमें कुछ अशुद्धियां हैं तो दीवार का कठोर प्लास्टर (Hard Wall Plaster) का निर्माण होता है। पैरिस प्लास्टर से शिल्पी प्लास्टर कार्य वहुत आसानी से किया जाता है। शुद्ध पैरिस प्लास्टर तीन-चार मिनट में सेट हो जाता है। इसलिए इतने कम समय में इसे साँचों में ढालना व दीवार पर प्लास्टर करना सम्भव नहीं होता है। इसलिए इनमें ग्लू, सोडियम साइट्रेट (Sodium Citrate), जिलैटिन (Gelatine) जैसे पदार्थ मिलाकर इसका सेटिंग समय बढ़ाया जाता है। जिप्सम प्लास्टर में चिकनी मिट्टी या बुझा चूना मिला देने से यह और भी अधिक सुघट्य हो जाता है।

जिप्सम अनहाईड्राईट (Gypsum Anhydrite)—जब जिप्सम को 200°C तक गर्म किया जाता है तो इसका पूर्ण मणिभीकरण जल इसमें से निकल जाता है। इस प्रकार प्राप्त पदार्थ जिप्सम अनहाईड्राईट (Gypsum Anhydrite) कहलाता है। इसे Hard Burnt Plaster भी कहते हैं। कई Hard-Burnt Plaster दुबारा जलाए जाते हैं।

कुछ मुख्य जिप्सम प्लास्टरों के नाम नीचे दिए हुए हैं :

(a) **कीन सीमेंट**)Keen's Cement)—जिप्सम में फिटकरी डालकर जलाने से यह सीमेंट बनता है।

(b) **पारटीना सीमेंट** (Partina Cement)—जिप्सम और बोरैक्स को मिलाकर जलाने से यह सीमेंट बनता है।

(c) **मारटिन सीमेंट** (Martin's Cement)—जिप्सम और समुद्री घोंघे की राख को जलाने से यह सीमेंट बनता है।

(d) **सिरापाईट** (Sirapite)—पैट्रोलियम में गर्म जिप्सम बुझा कर यह पदार्थ बनता है।

(e) **मैक सीमेंट** (Mack's Cement)—ग्लोबर (Glauber) लवण और जिप्सम को जलाने यह पदार्थ बनता है।

यह प्लास्टर भवनों के कोनों पर काम लिए जाते हैं, क्योंकि कठोर होने के कारण यह बाहरी प्रभावों को सहन कर सकते हैं। स्नान गृहों, रसोईघरों व दूसरी ऐसी

परिस्थितियों में जहाँ बिल्कुल जलसह सतहें चाहिए, यह सीमेंट काम में लिए जाते हैं। अन्दर की दीवारों पर बहुत उच्चकोटि की फिनिशिंग देने के लिए भी इनका उपयोग होता है।

प्लास्टर बोर्ड (Plaster Board)—जिप्सम प्लास्टर से दोनों तरफ से लिपी हुई यह एक चद्दर होती है जिसके दोनों तरफ कठोर व दृढ़ किस्म के कागज चिपके होते हैं। सतह पर चिपके कागज की किस्म अनुसार इन्हें दो भागों में वर्गीकृत किया जा सकता है :

(a) **जिप्सम लैथ बोर्ड**— इसकी सतह पर लगा कागज बहुत खुरदरा होता है, जिससे इस पर प्लास्टर फिनिश की जा सकती है।

(b) **प्लास्टर वाल बोर्ड** (Plaster Wall Board)—इसकी सतह पर चिपका कागज बहुत चिकना होता है। इन पर कई बार लकड़ी के वीनियर भी चिपका दिए जाते हैं। यह बोर्ड 9·5 mm. से 12·5 mm. मोटे होते हैं।

18·6. पाईरोसैल (Pyrocell)

जिप्सम को बारीक पीस कर इसमें ऐसा पदार्थ मिला दिया जाता है जिसमें पानी मिलाने से गैस बनती है और मिश्रण 3-4 गुणा फूल जाता है। यह पेस्ट जब सूखती है तो हल्का छिद्रल, अग्निसह पदार्थ बन जाता है। यह पदार्थ विसंवाहक (Insulated) होता है तथा ध्वनि को भी सोखता है।

इनके अलावा जिप्सम के ब्लाक, टाइलें इत्यादि विभिन्न रंगों में बाजार में मिलते हैं।

18.7. लेथ (Lath)

चिनाई को छोड़ जब और किसी सतह पर प्लास्टर करना होता है तो प्लास्टर को अच्छा आधार प्रदान करने के लिए लकड़ी की, धातु की या जिप्सम की जाली पहले प्लास्टर करने वाली सतह पर लगा दी जाती है। इस जाली को लेथ (Lath) कहते हैं। लकड़ी की लेथ या जाली लगभग 32 mm चौड़ी और 5 mm से 8 mm मोटी होती है। लोहे की तारों को वैल्ड करके बनी जालियाँ या एक्सपैंडिड (Expanded) मैटल की जालियाँ धातु लेथ कहलाती हैं।

18·8. लिनोलियम (Linoleum)

बारीक पिसा लकड़ी का बुरादा, कोर्क, पिगमेंट और रंगदार पदार्थों का, अलसी के तेल में मिश्रण बनाकर पेस्ट तैयार की जाती है जिससे लिनोलियम की चद्दरें बनाई जाती हैं। फर्शों को सुन्दर रंगों से ढकने के लिए लिनोलियम काम में लिया जाता है। यह रोलों में मिलता है। इसकी सतह पर विभिन्न रंगों में बेल-बूटे बने हुए होते हैं जिससे यह दिखने में बहुत सुन्दर लगता है। अंग्रेजी नाच वाले कमरों में यह बिछा होता है क्योंकि Twist वगैरह इस पर बहुत अच्छा होता है। इस पर तेलों वगैरह का कोई प्रभाव नहीं होता, लेकिन तेजाबों का थोड़ा प्रभाव होता है। निम्नलिखित गेजों में यह मिलता है।

मोटाई—6·7, 6·0, 4·5, 3·2, 2·0 और 1·6 mm. (I.S.653—1955)

18·9. तारपीन का तेल (Turpentine)

यह पारदर्शी तथा उड़नशील द्रव होता है जो पानी की तरह पतला होता है। Pine पेड़ों से प्राप्त गोंद या रस से यह तैयार किया जाता है। पतझड़ में पाईन पेड़ों से रस इकट्ठा किया जाता है तथा भट्ठियों में गर्म किया जाता है। गर्म करने के दौरान वाष्प इकट्ठा कर लिया जाता है। इस तरह प्राप्त द्रव तारपीन का तेल (Turpentine) होता है। इसका उपयोग पेंटों तथा वार्निशों में घोलक के रूप में अधिकतर किया जाता है। रबड़ को घोलने के लिए तथा स्याही बनाने के लिए भी इसका उपयोग किया जाता है।

18·10. स्नेहक पदार्थ (Lubricant)

मशीन के हरकत करने वाले दो भागों में सीधा सम्पर्क हटाने के लिए स्नेहक पदार्थों का उपयोग किया जाता है। इससे मशीन के भागों में घर्षण नहीं होता तथा घिसाव बहुत कम होता है। मशीन चलाने में बहुत कम शक्ति लगानी पड़ती है। स्नेहकों को निम्नलिखित दो भागों में बांटा जा सकता है :

1. ठोस स्नेहक तथा
2. द्रव स्नेहक।

1. **ठोस स्नेहक** (Solid Lubricants)—ग्रेफाईट, माईका, साबुन युक्त पत्थर (Soap Stone) कुछ इसी किस्म के स्नेहक हैं। इनका उपयोग प्राय: कहीं नहीं किया जाता है। रगड़ने के कारण ठोस स्नेहक धीरे-धीरे पाऊडर बन जाते हैं तथा मशीन के भागों को हानि पहुँचाते हैं।

2. **द्रव स्नेहक** (Liquid Lubricants)—प्राय: सभी परिस्थितियों में द्रव स्नेहक ही उपयोग में लाए जाते हैं। अच्छे स्नेहक के निम्न गुण होते हैं :

(i) ताप में परिवर्तन से इसकी सघनता (Consistency) में परिवर्तन नहीं होना चाहिए।

(ii) यह चिकना (Greasy) होना चाहिए अन्यथा यह दूर फैंक दिया जाता है।

(iii) जहाँ तक हो सके इसका रंग हल्का होना चाहिए।

(iv) इसमें अशुद्धियाँ नहीं होनी चाहिए।

(v) उच्च ताप पर जब यह जल जाता है तो इसे कार्बन अधिक नहीं छोड़नी चाहिए।

(vi) इसे संपर्क में आने वाले भाग को गन्दा नहीं करना चाहिए।

(vii) इसका पिघलन तापमान नीचा, लेकिन इसका क्वथनांक (Boiling Point) ऊँचा होना चाहिए।

(viii) इसकी विस्कोसिटी (Viscocity) उचित होनी चाहिए। यदि विस्कोसिटी आवश्यकता से कम है तो यह अधिक देर तक नहीं रहती और यदि बहुत अधिक है तो घर्षण प्रतिरोध अधिक हो जाता है। तापमान में बढ़ोतरी से विस्कोसिटी में भी बढ़ोतरी होती है।

द्रव स्नेहकों की किस्में—द्रव स्नेहक निम्न किस्म के होते हैं:

1. जानवरों के तेल (Animal Oils)
2. मिश्रित तेलों से बने स्नेहक (Blended Oils)
3. ग्रीसें (Greases)
4. खनिज तेल (Mineral Oils)
5. वनस्पति तेल (Vegetable Oils)

1. **जानवरों के तेल** (Animal Oils)—यह तेल जानवरों की चर्बी से निकाले जाते हैं। Lard तेल, Whale तेल, Tellow तेल कुछ इसी तरह के स्नेहक तेल हैं।

2. **मिश्रित तेलों से बने स्नेहक** (Blended Oils)—खनिज तेलों तथा जानवरों के तेलों आदि को मिलाकर स्नेहक तेल बनाया जाता है। यह मिश्रण सस्ते रहते हैं तथा इससे खनिज तेलों का उड़ना कम हो जाता है।

3. **ग्रीसें** (Greases)—यह मुख्यतया पेट्रोलियम पदार्थ है और इसके गुण साबुन की मात्रा पर निर्भर करते हैं। द्रव तेलों की मात्रा 50% से 98% हो सकती है जबकि साबुन की मात्रा 50% से 2% हो सकती है। ग्रीस निम्न परिस्थितियों में काम ली जाती है:

(a) उच्च दाब या अन्तरायिक उपयोग के कारण जहाँ तेल की परत बनाए रखना सम्भव नहीं होता।

(b) हवा में धूल काफी मात्रा में उपस्थित हो।

(c) बहुत नमीदार परिस्थितियों में भी स्नेहक प्रभाव बनाए रखता हो।

(d) जहाँ तेल का बाहर गिरना अच्छा न लगता हो।

ग्रीस, तेल की अपेक्षा अधिक घर्षण प्रतिरोध प्रस्तुत करती है और अधिक घिसाव भी करती है। ग्रीस के गुणों में भी सुधार के लिए ग्रेफाईट, टाल्क (Talk) और अबरक (Mica) आदि डाला जा सकता है। रेलवे के रोलिंग स्टॉक में इसी से स्नेहक किया जाता है।

4. **खनिज तेल**—क्रूड पेट्रोलियम से यह तेल प्राप्त किए जाते हैं। यह सस्ते, स्थाई तथा कम विस्कोसिटी वाले होते हैं। इनका क्वथनांक प्राय: 300°C तथा S.G. 0·88 से 0·92 के बीच होती है। बहुत अधिक गति पर चलने वाली हल्की बियरिंग्स के स्नेहन के लिए खनिज तेलों का ही उपयोग किया जाता है।

5. **वनस्पति तेल** (Vegetable Oils)—यह तेल वनस्पति से प्राप्त किए जाते हैं। कैस्टर तेल (Castor Oil), सरसों का तेल, ओलिव तेल (Olive Oil) आदि इसी तरह के तेलों के उदाहरण हैं।

स्नेहक लगाने की विधियाँ (Methods of Applying Lubricants)—स्नेहक निम्न विधियों द्वारा लगाया जाता है :

1. **बल द्वारा लगाना** (Force feed Method)—इस विधि में बल या दाब द्वारा निर्धारित बिन्दु पर स्नेहक लगाया जाता है।

2. **गुरुत्व विधि द्वारा** (Gravity feed Method)—इस विधि में गुरुत्व बल द्वारा ही स्नेहक अपने निर्धारित बिन्दु पर लगाया जाता है।

3. **यांत्रिक विधि** (Mechanical feed Method)—इस विधि मे एक चेन, स्नेहक से भरे टब में से गुजरती है और थोड़ा-थोड़ा स्नेहक निर्धारित बिन्दु पर पहुँचाती रहती है।

18·11. ईंधन (Fuels)

यह ऐसे पदार्थ हैं जिनसे ऊर्जा प्राप्त की जाती है। इस ऊर्जा का उपयोग कर कल-कारखाने आदि चलाए जाते हैं। ईंधन तीन किस्म के हो सकते हैं :

1. **ठोस ईंधन** (Solid Fuels)—चार कोल, कोयला, कोक, लकड़ी आदि ठोस ईंधनों के उदाहरण हैं।

2. **द्रव ईंधन** (Liquid Fuels)—विभिन्न तरह के एल्कोहल (Ethyl Alcohol Methyl Alcohol)—जिनका उपयोग मोटरों तथा हवाई जहाजों में किया जाता है। पैट्रोलियम भी द्रव ईंधन है जिसका उपयोग इस समय पूरे विश्व में अधिकतम हो रहा है। यह अरब देशों, ईरान, भारत, चीन, U.S.A. इंगलैंड तथा U.S.S R में पाया जाता है। प्रायः दुनिया के सभी देशों में यह कहीं कम तो कहीं अधिक मात्रा में पाया जाता है।

3. **गैस ईंधन** (Gaseous Fuel)—कोल गैस या कोयला गैस, प्राकृतिक गैस, Producer गैस आदि का गैस ईंधन के रूप में उपयोग होता है। इन्हें रखने के लिए स्टोरेज जगह अधिक होनी चाहिए। जलने पर इस ईंधन से कोई पदार्थ नहीं बनता।

18·12. ध्वनि शोधक पदार्थ (Sound Absorbent Materials)

प्राय: सभी निर्माण सामग्रियाँ कुछ न कुछ ध्वनि शोषण करती हैं। कई बार भवनों में ध्वनि पर नियन्त्रण रखने के लिए कुछ विशेष सामग्रियों का उपयोग किया जाता है जिन्हें ध्वनि अवशोषक पदार्थ कहते हैं। सिनेमा भवनों, जलपान गृहों सभा भवनों, T.V. तथा रेडियों के स्टूडियों में ध्वनि पर नियन्त्रण के लिए इन्हीं पदार्थों का उपयोग किया जाता है। बालों की फेल्ट (Hair Felt), ध्वनिक प्लास्टर (Acoustic

Plaster), ध्वनिक टाईलें, स्ट्रा बोर्ड (Straw Board), पल्प बोर्ड (Pulp Board), दबे हुए रेशेदार बोर्ड, ठिद्रल प्लाई लकड़ी, चटाईयाँ, Quilt आदि कुछ पदार्थ हैं जिनका उपयोग ध्वनि अवशोषकों के रूप में किया जाता है।

18·13. गास्केट (Gasket)

यह जोड़ों को भरने का पदार्थ है। इसे पैकिंग देने के लिए भी काम में लिया जाता है। ग्रीस या तेल में भीगी रुई अस्बैस्टोज की समतल चद्दरें, जूट, सनी आदि को गास्केट के रूप में काम लिया जाता है। पानी के पाइपों के जोड़ों को जलसह बनाने के लिए भी गास्केट दिया जाता है।

प्रश्नावली

1. अभिलागी पदार्थों का वर्गीकरण करें तथा इनके उपयोग लिखें ?
2. जिप्सम कहाँ मिलता है तथा इसके बनाने की विधि तथा उपयोग लिखो।
3. बिटूमन इमलशन, बिटूमन कट-बैक, अस्फाल्ट सीमेंट पर संक्षिप्त नोट लिखो।
4. विभिन्न तरह के अभिलागी पदार्थों के संक्षेप में गुण लिखो।
5. थरमो-प्लास्टिक और थरमो सैटिंग प्लास्टिक में अन्तर लिखो। प्लास्टिक पदार्थ ढालने की विभिन्न विधियाँ संक्षेप में लिखो।
6. निम्नलिखित पर नोट लिखो :
   - (i) कोर्क (Cork)
   - (ii) अस्बैस्टोज पदार्थ (A.C. Products)
   - (iii) पैरिस प्लास्टर (Paris Plaster)
   - (iv) लेथ (Lath)
   - (v) रबर (Rubber)

19

कठोर सामग्री

[HARD WARES]

19·1. परिचय

कठोर सामग्री ऐसा साज-सामान होता है जिसका उपयोग घरों में से गन्दा पानी, टट्टियों का गन्दा पानी इत्यादि बाहर निकालने के लिए किया जाता है। इसके इलावा भी छोटी-मोटी सामग्री है जो कठोर सामग्री के अन्तर्गत ही आ जाती है। कठोर सामग्री की कुछ महत्त्वपूर्ण किस्में निम्न हैं, जिनका एक-एक का वर्णन यहाँ संक्षेप में किया गया है :

1. विभिन्न तरह के पाइप
2. पाइप युक्तियाँ (Pipe Fittings)
3. घर के अन्दर Wash Basin, W.C. Urinal इत्यादि।
4. धातुई चद्दरें (Metal Sheets)
5. तार के कील व दरवाजों की Fittings—यह फिटिंग्स कठोर सामग्री के अन्तर्गत तो कम हों आती है, लेकिन फिर भी इनका वर्णन यहीं कर दिया गया है :

19·2. पाइप (Pipes)

पाईप कई तरह के उपलब्ध हैं।

(i) C.I. पाईप
(ii) लोहे के पाईप
(iii) जस्ता चढ़ा लोहे का पाईप (G.I. Pipe)
(iv) A.C. (Asbestos Cement) Pipe
(v) तांबे का पाईप
(vi) कंडूइट पाईप (Conduit Pipe)
(vii) साधारण सीमेंट कंक्रीट व प्रबलित सीमेंट कंक्रीट पाईप
(viii) Stone Ware Pipe.
(ix) P.V.C. पाईप

1. **ढलवां लोहे का पाईप** (C. I. Pipe)—यह पाईप ढलवां इस्पात का उपयोग कर बनाए जाते हैं। ये भंगुर होते हैं तथा इनका उपयोग ऐसी जगह किया जाता है जहां झटके वगैराह न आते हों। यह बहुत मजबूत और दीर्घ समय तक चलने

वाले पाईप हैं । इन पाईपों को जोड़ने के लिए लेड-कक्कड़ सॉकिट और स्पाईगॉट जोड़ तथा फलैंजदार पाईपों के लिए फलैञ्ड जोड़ बनाए जाते हैं । C.I. पाईपों का निर्माण पिग आयरन (Pig Iron) से किया जाता है और इसके अन्दर जंग वगैराह न लगने देने वाली लाइनिंग जिसे Angus Smith's Solution भी कहते हैं, की परत चढ़ा दी जाती है । इस घोल में 44% अस्फाल्ट या बिटुमन, 55% लुक और लगभग 1% रेजिन होता है ।

स्पाईगॉट और सॉकिट पाईप की मानक लम्बाइयाँ 3·66, 4,4·88, 4 और 5·5m होती है । फलैंजदार C.I. पाईपों की लम्बाइयां 8 cm व्यास तक 1 से 3m और 10 cm से 150 cm व्यास तक 1m से 4m तक आती हैं । फलैंजदार स्पाईगॉट सॉकिट C.I. पाईप के Nominal व्यास एक ही होते हैं जो निम्नानुसार होते हैं । 8, 10, 12·5, 15, 20, 25, 30, 35, 40, 45, 50, 60, 70, 75, 80, 90, 100, 110, 120 और 150 cm व्यास में यह पाईप आते हैं । यह पाईप 1 N/mm^2 तक सुरक्षापूर्वक अंतः दबाव सहन करते हैं । वैसे इन पाईपों का परीक्षण 2·5 से 3 N/mm^2 अतः दबाव के लिए किया हुआ होता है । यह पाईप भी दो श्रेणियों में आते हैं । Class B पाईप Class A से अधिक मजबूत होता है ।

2. **लोहे के पाईप** (Iron Pipe)—यह पाईप लोहे की चद्दरों का उपयोग कर किसी भी व्यास में बनाए जा सकते हैं । यह वैल्डिंग, रिवेटिंग वगैरह से बड़ी आसानी से आपस में जोड़े जा सकते हैं । यह C.I. पाईपों से सस्ते तथा अतः दबाव अधिक सहन कर सकते हैं । यह झटकों वगैरह का प्रभाव सब सहन कर लेते हैं । ताप अनुसार यह Solid drawn, Lap Weld, Butt Weld या रिवेट्स लगाकर बनाए जाते हैं । इनका उपयोग पानी, तेल, भाप व गैस को एक स्थान से दूसरे स्थानों तक ढोने मे किया जाता है । इनका सबसे बड़ा दोष अन्तः शून्यता (Internal Vaccum) से व बाहरी भारी बोझ से चिपक जाना है । इन पाईपों का संग्रहण शुष्क वातावरण में लकड़ी के तख्तों पर होना चाहिए ।

3. **जस्ता चढ़ा लोहे का पाईप** (G. I. Pipe)—यह पाईप साधारण मृदु इस्पात या पिटवां लोहे का बना होता है, जिस पर संक्षारण रोकने के लिए जस्ते का पतला लेप किया होता है । जस्ते का लेपन करने के लिए, लोहे के पाईप का पतले, हल्के गन्धक के तेजाब में धोया जाता है और फिर तुरन्त पिघले हुए जस्ते के टब में डुबो दिया जाता है और तुरन्त निकाल लिया जाता है । इससे जस्त की पतली परत पाईप की सतह पर चिपक जाती है जो पाईप को जंग लगने से बचाए रखती है । यह पाईप काफी मजबूत होते है और घरों मे पानी के नल इसी के होते हैं । इनके सिरों पर चूड़ियां कटी होती हैं । ये 13, 20, 25·4, 50 तथा 150mm व्यास में उपलब्ध होते हैं । यह सब अन्दर के व्यास है तथा पाईप को इसी अतः व्यास से ही पुकारा जाता है । बाजार में यदि 13 mm का पाईप लेना हो तो हम इसे 13 mm G. I. Pipe

के नाम से पुकारना होता। संग्रहण करते समय ध्यान रखें कि एक-दूसरे के टकराने से उनका जस्ता छूट जाए।

4. **तांबे का पाईप** (Copper Pipe)—यह तन्य, चिकने, जंगरोधी पाईप हैं जो बहुत महँगे होते हैं। इन पर हल्के अम्लों का प्रभाव नहीं होता। इन्हें आसानी से मोड़ा व जोड़ा जा सकता है। यह अधिक-से-अधिक 100 mm व्यास तक आता है। भाप इंजनों में भाप पाईप व निकास पाईप के रूप में इन्हीं का उपयोग होता है। डीजल इंजनों में, प्रशीतक (Refrigerators) में भी इसका उपयोग होता है। क्योंकि यह बहुत महँगा होता है। इसलिए इसका उपयोग कुछ विशेष परिस्थितियों में ही करना चाहिए।

5. **अस्बैस्टोज सीमेंट पाईप** (A. C. Pipe)—इन पाइपों का निर्माण सीमेंट और अस्बैस्टोज के मिश्रण से किया जाता है। मिश्रण पहले लोहे की घमती हुई मैन्ड्रिल (Mandrill) पर एक सार मोटाई ग्रहण कर लेता है और फिर लोहे के रोलर से इसे चारों तरफ से दबा दिया जाता है। लोहे के रोलर मिश्रण को खूब दबा देते हैं। यह पाईप हल्के, रंग में भूरे, अग्निसह तथा अपारगम्य (Impervious) होते हैं और सामान्य झटके व कम्पन सहन कर लेते हैं। इनको लकड़ी की तरह आरी से काटा व छिद्रित किया जा सकता है। विभिन्न पाईपों को जोड़ने के लिए सीमेंट मसाले का उपयोग किया जाता है। इन पाईपों का उपयोग मल-मूत्र, बरसाती पानी, भाप व गैस इत्यादि के प्रवाह के लिए किया जाता है। यह पाईप 0·5, 1, 1·5, 2·0 और 3 m लम्बाइयों में बनाए जाते हैं। यह पाईप निम्न अन्तः दबाव सहन कर सकते हैं।

पाईप का व्यास	50	60	80	90	100	125	150
न्यूनतम N/mm^2 में दबाव जो यह सहन कर सकते हैं	2·20	1·85	1·70	1·50	1·35	1·3	1·05

इन पाईपों का वर्गीकरण निम्न परीक्षण दबावों अनुसार भी किया जाता है :

पाईप की श्रेणी	Class 1	Class 2	Class 3	Class 4	Class 5
परीक्षण दबाब N/mm^2	0·5	1·0	1·5	2·0	2·5

यह पाईप निम्न व्यासों में आते हैं। ध्यान रहे व्यास हमेशा अन्तः व्यास होता है।

5, 8, 10, 12·5, 15, 20, 25, 30, 45, 60, 90, 100 cm । 10 cm व्यास तक यह 3m में व इससे बड़े व्यासों के लिए यह 4m लम्बाई में बनाए जाते हैं । इन पाईपों का उपयोग पहले दिए परीक्षण दबावों के आधे से अधिक दबाव पर नहीं करना चाहिए ।

साधारण पाईप बरसाती पानी व मल-मूत्र की निकास नालियों में काम लिए जाते हैं । A.C. Pressure Pipe पानी के प्रवाह इत्यादि के लिए काम लिए जाते हैं। साधारण A.C. पाईप से, A.C. Pressure पाइप अधिक मजबूत बनाया जाता है । A.C. Hume पाईप भी बनाए जाते हैं । इनमें प्रबलन भी किया होता है तथा इनका उपयोग पुलियाँ वगैरह में किया जाता है ।

6. **कंड्यूइट पाईप** (Conduit Pipe)—यह पाईप पिटवाँ लोहे (Wrought Iron) की चद्दर से बनाया जाता है । संक्षारण से बचाने के लिए इन पर काला पेंट किया हुआ होता है । इन पाइपों का उपयोग छतों व दीवारों के अन्दर विद्युत तार बिछाने के लिए किया जाता है । परदा टांगने वाले पेलमेटस पर भी लकड़ी की छड़ की जगह इसी पाइप का उपयोग किया जा सकता है । यह पाइप 12 mm से 25mm तक व्यास के बनाए जाते हैं।

7. **साधारण सीमेंट तथा प्रबलित सीमेंट कंक्रीट पाइप**—सादे सीमेंट कंक्रीट पाईप ऐसी जगह काम में लाए जाते हैं जहाँ पाइप में अन्तर दबाव अधिक नहीं होता। यह पाइप बने बनाए मिलते हैं । इनका निर्माण इस्त्थानिक रूप में भी किया जा सकता है । 60 cm व्यास तक यह सादे कंक्रीट के होते हैं लेकिन इससे अधिक व्यास के लिए इनका प्रबलन करना होता है । इनके निर्माण में प्रायः 1 : 2 : 2 कंक्रीट मिक्स काम में लिया जाता है । पाइपों का प्रबलन वेल्ड की हुई लोहे की प्लेटों पर लिपटी तारों के रूप में किया जाता है । अपकेन्द्री विधि से कारखानों में पाईप बनाए जाते हैं । इनकी आयु लगभग 50 साल होती है और इन पर किसी लाइनिंग की आवश्यकता नहीं होती । आयु बढ़ने के साथ-साथ कंक्रीट की सामर्थ्यता में कोई अन्तर नहीं होता । यह पाईप बहुत भारी होते हैं और इन्हें इधर-उधर ढोना बहुत कठिन होता है । इन्हें जोड़ने के लिए सीमेंट मसालों का उपयोग किया जाता है । I.S. 458-1961 अनुसार कंक्रीट पाईप सारिणी 19·1 अनुसार बनाए जाते हैं । यह पाईप कम-से-कम 8 cm व्यास में बनाए जाते हैं । यह पाईप 8, 10, 15, 25, 30, 35, 40, 45, 50, 60, 70, 80, 90, 100, 110, 120, 140, 160 और 180 cm व्यासों में बनाए जाते हैं। कंक्रीट पाईप NP_1, NP_2, NP_3, P_1, P_2 और P_3 वर्गों में बनाए जाते हैं ।

सारिणी 19·1.

पाईप श्रेणी	वर्णन	परिस्थितियाँ जिनमें यह काम लिया जाता है ।
NP_1	बिना प्रबलन के Non Perssure कंक्रीट पाईप	गंदे पानी की निकासी, सिंचाई इत्यादि कार्यों में काम आता है ।
NP_2	Light duty, Non-pressure प्रबलित कंक्रीट पाईप	हल्के भार सहन करने वाली पुलिया में उपयोग होता है ।
NP_3	Heavy duty, Non-pressure प्रबलित कंक्रीट पाईप	भारतीय सरकार की रेलवे मिनिस्ट्री द्वारा, रेलवे के लिए भारी भारों के लिए पुलियाँ वगैरह में काम लिया जाता है ।
P_1	0·2 N/mm^2 दबाव पर परीक्षित प्रबलित कंक्रीट दबाव पाईप	पानी ले जाने वाली मुख्य लाइनों में जहाँ पानी का अंत: दबाव 0·13 N/mm^2 से अधिक नहीं होता ।
P_2	0·3 N/mm^2 दबाव वाले प्रबलित कंक्रीट दबाव पाईप	पम्पिग लाईनों पर इनका उपयोग होता है जहाँ अन्तर दबाव 2·0 N/mm^2 से अधिक उत्पन्न न हो ।
P_3	0·6 N/mm^2 दबाव पर परीक्षित प्रबलित कंक्रीट दबाव पाईप	—do—

यह सब पाईप 1m, 2m, 2·5 m तथा 3m लम्बाइयों में बनाए जाते हैं ।

8. **स्टोनवेयर पाइप** (Stoneware Pipe) चाईना क्ले या चिकनी मिट्टी से यह पाई प बनाए जाते हैं । इन पाईपों का उपयोग घरों से गंदे पानी की निकासी के लिए किया जाता है । इन पाईपों की अन्दर की सतह चिकनी बनाने के लिए नमक से गलेजिंग (Glazing) किया होता है । यह पाईप कम-से-कम 10 cm व्यास में तथा

अधिक-से-अधिक 60 cm व्यास में बनाए जाते हैं। 10, 15, 20, 25, 30, 35, 40, 45, 50, और 60 cm व्यासों में इन्हें बनाया जाता है।

9. **पूर्व प्रतिबलित कंक्रीट पाईप** (Prestressed Concrete Pipes)—इन पाईपों का निर्माण भी लोहे के प्रबलन तथा सीमेंट कंक्रीट से किया जाता है। इन पाईपों में प्रबलन को कंक्रीटिंग से पहले प्रतिबलित किया होता है जिससे यह पाईप बहुत अधिक अंतः दाब सहन कर सकते हैं। यह पाईप 2 m तथा 2·5 m लम्बाई में व 8, 10, 12·5, 15, 25, 30, 35, 40, 45, 50, 60, 70, 80, 90, 100, 110, 120, 140 और 150 cm व्यासों में बनाए जाते हैं।

10. P.V.C. **पाईप**—यह पाईप पॉली विनाईल क्लोराइड नामक प्लास्टिक तत्त्व से बनाए जाते हैं। यह हल्के जलसह, क्षारसह होते हैं। यह चिकने व मजबूत होते हैं। उन्हें आरी से बड़ी आसानी से काटा जा सकता है। बाहरी वायुमंडल का इन पर कोई प्रभाव नहीं होता। इनका उपयोग पानी, रसायन इत्यादि को लाने, ले जाने में होता है। दीवारों व छतों में विद्युत् तार के लिए यह कंडूइट का काम करता है। यह पाईप छोटे मापों में 13 mm, 20 mm. 25·4 mm में मिलते हैं।

19·3. पाईप फिटिंग या स्पैशलस (Pipe Fitting or Specials)

चित्र 19·1 में पाईप में काम आने वाले स्पैशला या फिटिंगस दिखाए हुई हैं।

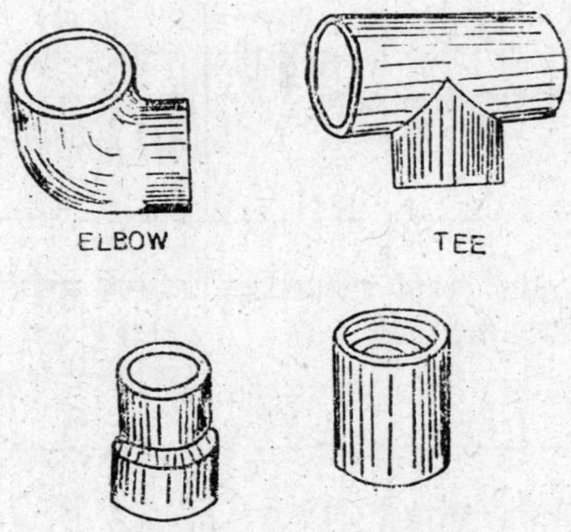

चित्र 19·1. पाईप फिटिंग

इनका निर्माण व्यावसायिक स्तर पर कुछ मानक मापों में किया जाता है। इनके सिरे सॉकिट या फलैंजदार हो सकते हैं। यह सब स्पैशल बाजार में मिलते हैं। पाईप लाईन की दिशा परिवर्तन के लिए बैंड काम लिए जाते हैं। जितने डिग्री पर किसी बैंड से दिशा परिवर्तन करना होता है, उसे उतने ही डिग्री का बैंड कहते हैं। एक पाईप लाइन से दूसरी पाईप लाईन जब 90° पर निकलती है तो वहाँ T-ब्रांच लगाया जाता है।

90° से किसी दूसरे कोण पर जब कोई पाईप लाईन, दूसरी पाईप लाईन से निकलती है तो Y-ब्राँच का उपयोग किया जाता है। यदि दो पाईप नालियाँ एक-दूसरे को क्रास करती हैं तो क्रास पीस (Cross Piece) का उपयोग किया जाता है। बड़ी लाईन को छोटी या छोटी को बड़ी लाईन में बदलने के लिए रिड्यूसर (Reducer) या Enlarger का उपयोग किया जाता है। 90° पर पाईप लाईन मोड़ने के लिए कुहनी (Elbow) लगाई जाती है। पाईप लाईन खोलने में सुविधा के लिए जगह-जगह चेक नट (Check Nut) लगा देने चाहिए। पानी के बहाव पर नियन्त्रण करने के लिए आवश्यक स्थानों पर उपयुक्त वाल्व तथा कॉक लगा देने चाहिए।

G.I. पाईपों को जोड़ने के लिए सॉकिटों का उपयोग किया जाता है। पाईप के सिरे पर चूड़ियाँ कटी होती हैं जिन पर सॉकिट कस दिया जाता है। सॉकिट में दूसरा पाईप फिट कर सॉकिट जोड़ बनाया जाता है। जोड़ जल-सह बनाने के लिए सॉकिट चढ़ाने से पूर्व पाईप सिरे पर बनी चूड़ियों पर सनी या जूट लपेट कर सफेदा लगाकर कसा जाता है। विभिन्न पाईप युक्तियाँ चित्र 19·2 में दिखाई गई है।

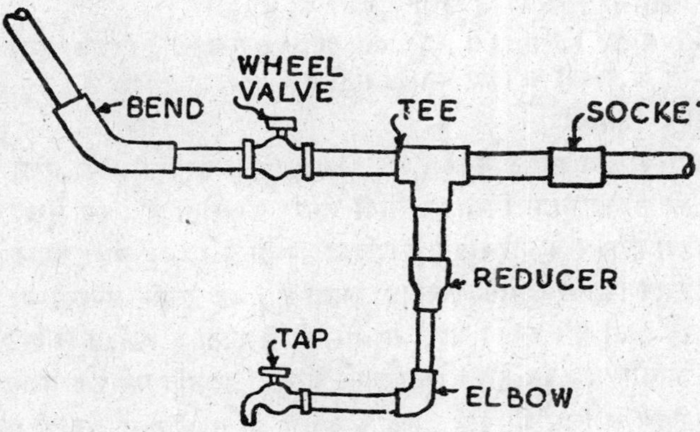

चित्र 19·2· पाईप अन्वायुक्तियाँ

पानी के अतिरिक्त पाईपों को दूसरे द्रवों के लिए भी उपयोग में लिया जाता है। यह द्रव्य किसी भी तापमान पर द्रव अथवा गैस हो सकती है। इनके जोड़ हवा-सह बनाने होते हैं। जोड़ों में पैकिंग देकर हवासह बनाया जाता है। पैकिंग पदार्थों को गास्केट (Gasket) कहते हैं। सीसा ऊन (Lead Wool), पिघला सीसा, जूट, सन, ग्रीस, चमड़ा, कागज, रबड़ इत्यादि का उपयोग गास्केट के रूप में होता है। एस्बैस्टोज़ का उपयोग ऐसे जोड़ों को हवारोधी बनाने के लिए किया जाता है जहाँ ऊष्मा बहुत हो। चमड़ा, कार्क चद्दरें, रबर, तेल में भीगा कागज, पम्प तथा इंजनों में वायु व ऊष्मा-रोधक जोड़ बनाने के काम लिया जाता है।

19.4. पाईप अन्वायुक्तियों की विशिष्टियाँ (Specifications of Pipe Fittings)

जिस पाईप पर इन्हें फिट करना होता है, पाईप फिटिंग की विशिष्टियाँ उसी अनुसार होती हैं। उदाहरण के लिए 13 mm व्यास के पाईप के लिए यदि कोहनी चाहिए तो इसे 13 mm कोहनी ही पुकारा जाएगा। यदि कोहनी का उपयोग दो विभिन्न व्यास के पाईपों के लिए करना हो तो कोहनी को दोनों व्यासों की कोहनी पुकारा जाता है। कुछ फिटिंग की विशिष्टताएँ नीचे दी हुई हैं।

1. **सॉकिट** (Socket)—13, 20, 25·4, 50 mm इत्यादि।

2. Reducing Socket—20 × 13, 25·4 × 13, 50 × 20 mm इत्यादि।

3. **कोहनी** (Elbow)—13 × 13, 13 × 20, 20 × 20, 20 × 25·4 mm इत्यादि।

4. **मोड़** (Bend)— 13 mm 90°, 20 mm 90°, 45° इत्यादि।

5. **टी** (Tee)— 25·4 × 13, 20 × 13, 50 × 20 mm इत्यादि।

6. **क्रॉस** (Cross)—T तथा कोहनी की भाँति।

G.I. पाईप 13 mm से 15 cm व्यास तक बनते हैं। अतः इनकी फिटिंग विभिन्न व्यास के पाईपों के लिए बनाई जाती है।

19.5. चाद्दरें (Sheets)

1. **ऐस्बैस्टोज सीमेंट चद्दरें** (A.C. Sheets)—ऐस्बैस्टोज के रेशों में सीमेंट तथा पानी की उचित मात्रा मिलाकर लुग्दी तैयार की जाती है। इस लुग्दी को कारखानों में चद्दरों के रूप में परिवर्तित कर दिया जाता है। यह चद्दर सपाट (plain) तथा लहरियेदार (Corrugated) बनाई जाती हैं। यह हल्की, अपारगम्य, अग्निसह तथा ऊष्मासह होती हैं। इनको आरी से आसानी से काटा व छिद्रित किया जा सकता है। इनका उपयोग बड़े-बड़े हॉलों, कारखानों के शैडों इत्यादि पर छत में किया जाता है। ध्वनि-शोषण के लिए भी इन्हें छत के अन्दर की तरफ तथा दीवारो पर लगाया जा सकता है। इनसे अस्थाई विभाजक दीवारें भी बनाई जाती हैं। छतों में प्रायः लहरियेदार चद्दरों का ही उपयोग होता है क्योंकि यह मजबूत होती है तथा बरसात का पानी इन पर से बड़ी जल्दी बह जाता है। J-हुक या L-बोल्ट तथा बिटूमन या जस्ती लोहे की चद्दरों की वाशरों की मदद से चद्दरों को पर्लिनों के साथ कसा जाता है। लहर के सबसे ऊपरी भाग पर नट व बोल्ट लगाए जाते हैं। यह चद्दरे दो तरह की मिलती हैं—बिग सिक्स (Big Six) और ट्रैफोर्ड (Trafford)।

बिग सिक्स (Big Six) चद्दरें लहरियेदार होती हैं। इनकी सामान्य मोटाई 7 mm, चौड़ाई 1·053 m तथा लम्बाई 1·52, 1·83, 2·13, 2·44, 2·74 व 3·05 m होती है। ट्रैफोर्ड किस्म की चद्दरें लगातार लहरियेदार नहीं होतीं। इनकी सामान्य मोटाई 7 mm, चौड़ाई 1·093 m तथा लम्बाईयाँ वही आती हैं, जो बिग सिक्स की आती है। इसमें प्रत्येक नाली 34 cm की दूरी पर व 4·5 cm गहरी होती हैं।

2. जस्ता चढ़ी लोहे की चद्दरें (G.I. Sheets)—Galvanized Iron G.I. चद्दरें भी A.C. चद्दरों की भाँति कर्मशालाओं, कारखानों, रेलवे स्टेशन के शैड इत्यादि बनाने के काम ली जाती हैं। यह 18 से 22 गेज की चद्दर से बनाई जाती हैं। यह चद्दरें भी दृढ़ व मजबूत होती हैं लेकिन गर्मियों में बहुत तप जाती हैं। इस चद्दर की जड़ता-घूर्ण या मजबूती बढ़ाने के लिए इनमें नलिकाएँ (Corrugations) बना दी जाती हैं। जंग से बचने के लिए इन्हें गेल्वेनाईज (जस्ता के लेप चढ़ा देना) कर दिया जाता है। लहरियेदार व साधारण प्लाट G.I. चद्दरें निम्न चार श्रेणियों में बनाई जाती हैं :

Class I—Extra heavy zinc Coating
Class II—Heavy Coating zinc
Class III—Medium zinc Coating
Class IV—Light zinc Coating

लहरियेदार चद्दरों में खाई की गहराई 18 mm तथा C/C दूरी 75 mm होती है। एक चद्दर में 8 से 10 लहरें होती हैं। यह चद्दरें निम्न नापों में मिलती हैं :

$1{\cdot}8 \times 0{\cdot}9$ m	$1{\cdot}8 \times 0{\cdot}75$ m
$2{\cdot}2 \times 0{\cdot}9$ m	$2{\cdot}2 \times 0{\cdot}75$ m
$2{\cdot}5 \times 0{\cdot}9$ m	$2{\cdot}5 \times 0{\cdot}75$ m
$2{\cdot}8 \times 0{\cdot}9$ m	$2{\cdot}8 \times 0{\cdot}75$ m
$3{\cdot}2 \times 0{\cdot}9$ m	$3{\cdot}2 \times 0{\cdot}75$ m

A.C. और G.I. चद्दरों की तुलना

A.C. चद्दरें	G.I. चद्दरें
1. हल्की होती है।	1. भारी होती है।
2. तेज हवा में उड़ सकती है।	2. ये भी तेज हवा में उड़ सकती है।
3. गिरने से टूट जाती है।	3. गिरने से टूटती नहीं।
4. गर्मी से तपती नहीं है।	4. गर्मी में बहुत तप जाती है जिससे इसकी छत के नीचे बैठना असम्भव हो जाता है।
5. दिखने में सुन्दर लगती है।	5. इतनी सुन्दर नहीं लगती।
6. यह ध्वनि की विसंवाहक होती है।	6. यह संवाहक होती है।
7. वर्षा की बूंदों की कम आवाज होती है।	7. वर्षा की बूंदों की आवाज बहुत होती है।
8. सुराख ड्रिल से किए जाते हैं।	8. सुराख पंच से किए जाते हैं।
9. संक्षारण जैसी कठिनाई नहीं होती।	9. संक्षारण से बचाने के लिए समय-समय पर पेन्ट करते रहना होता है।

3. **मृदु इस्पात चद्दरें** (Mild Steel Sheets or M.S. Sheets)—मृदु इस्पात को बेल कर यह चद्दरें बनाई जाती हैं। इनकी चद्दरों पर समय-समय पर प्रलेप करते रहना होता है ताकि इन्हें जंग व संक्षारण से बचाया जा सके। यह भी लहरियेदार व सपाट मिलती हैं। लोहे की चद्दरों को अधिक उपयोगी बनाने के लिए लोहे की पतली चद्दरों पर टिन का लेप कर दिया जाता है। टिन लेपित या टिन चद्दरों का खाद्य पदार्थ रखने के डिब्बे बनाने में सबसे अधिक उपयोग होता है। सन्दूक व लोहे के विभिन कार्यों में इन चद्दरों का उपयोग किया जाता है। बिना टिन चढ़ी चद्दरें देखने में हल्की काली होती हैं। यह उन्हीं गेज व विशिष्टियों में बनाई जाती हैं जिनमें कि G.I. चद्दरें। इनका संग्रहण (Storage) नमी रहित स्थान में करना चाहिए।

4 **जंग रहित इस्पात चद्दरें** (Stainless Steel Sheets)—जंग रहित इस्पात, लोहे की एक एलाय है। लोहे में ऐसे तत्त्व मिलाए जाते हैं जिनसे इन पर संक्षारण नहीं होती तथा बाहरी प्रभावों से बचाने के लिए टिन व जस्त इत्यादि के प्रलेपन की आवश्यकता नहीं होती। यह चद्दरें मृदु लोहे की चद्दरों से अधिक कठोर व मजबूत होती हैं और अम्लों का इन पर कोई प्रभाव नहीं होता। घर के बर्तन, बिजली के उपकरण तथा हस्पतालों में काम आने वाले औजार इसी से बनाए जाते हैं। यह चद्दरें भी अलग-अलग गेजों में आती हैं। इनकी झलाई (Soldering), बंकन (Bending) व मोड़ना वैसे ही किया जाता है, जैसे अन्य लोहे की चद्दरों का।

यह तनाव तथा कठोरता में बहुत मजबूत होती है, इसलिए इन पर काम करना सामान्य लोहे की तुलना में कठिन होता है।

5. **एल्यूमीनियम चद्दरें** (Aluminium Sheets)—यह चद्दरें बहुत हल्की होती हैं और यही इनकी सबसे बडी विशेषता है। इनके बाजार में आने से तांबे, पीतल तथा अन्य चद्दरों की उपयोगिता में काफी कमी आ गई है। यह संक्षारण प्रतिरोधी होती हैं तथा बहुत मुलायम व चिकनी होती है। इनके बर्तन वगैरह बहुत बनाए जाते हैं। कुछ धातुएं इनमें मिला देने से इनकी कठोरता बढाई जा सकती है जिसमे इनकी मजबूत चीजें भी बनाई जा सकती हैं। हवाई जहाज के ढांचे भी इन्हीं चद्दरों से बनाए जाते हैं। यह चद्दरें वेल्ड की जा सकती हैं तथा विशेष गलक (Flux) व विशेष ढंग से इन्हें जोड़ा भी जा सकता है। इन चद्दरों की बनी चीजें देखने में सुन्दर लगती हैं।

6. **सीसे की चद्दरें** (Lead Sheets)—सीसे को पिघलाकर तथा बेल कर चद्दरों के रूप में परिवर्तित किया जा सकता है। यह नीले भूरे रंग की होती है तथा भारी होती है। यह कुट्टम (Malleable), तन्य (Ductile) तथा नर्म होती हैं। इन्हें नखून से या चाकू से काटा जा सकता है। इन चद्दरों का उपयोग तेजाब व सल्फेट के यौगिक भरने के लिए किया जाता है। कैंचियों व धरनों के लिए आधार पट के रूप, विद्युत उद्योग में तथा जहां मलमूत्र का सम्पर्क रहता है, ऐसी जगहों में इनका उपयोग

किया जाता है । पीने वाले पानी के सम्पर्क में यह नहीं आनी चाहिए क्योंकि यह पीने वाले पानी को विषैला बना देती हैं । यह चद्दरें काफी भारी होती हैं तथा 0.5, 0·8, 1·0, 1·6, 2·0, 2·5, 3·2, 3·5, 4·0, 4·5, 5·0, 5·5, 6·0, 7·0, 8·0, 9·0, 10·0, 12·0, 14·0, 16·0 mm मोटाई में मिलती हैं ।

7. **तांबे की चद्दरें** (Copper Sheets)—इनका उपयोग कलात्मक वस्तुएँ, घरेलू बर्तन व आभूषणों में किया जाता है । इस पर जंग नहीं लगता तथा यह मजबूत व मुलायम होता है । इस चद्दर पर टिन, क्रोमियम व निकिल इत्यादि की पॉलिश की जा सकती है । रांग का टाँका या पक्का टांका लगाकर इन्हें आसानी से जोड़ा जा सकता है । यह चद्दरें 0·56, 0·60, 0·64, 0·68, 92, 0·76, 0·80, 0·48, 0·88, 0·92, 0·96, 1·0, 1·04, 1·08, 1·12, 1·16, 1·20, 1·28 mm से लेकर 6·40 mm मोटाई तक मिलती है । यह प्राय: 125 × 125 cm, 125 × 90 cm, 125 × 63 cm और 110 × 50 cm में बाजार में मिलती है ।

8. **पीतल की चद्दरें** (Brass Sheets)—यह तांबे का जस्ते के साथ अलाय है । इन चद्दरों पर भी जंग नहीं लगता तथा इन पर निकिल व क्रोमियम प्लेटिंग की जा सकती है । इनसे भी वर्तन व कलात्मक चीजें बनाई जाती हैं ।

19·6. काष्ठ कार्य, कीलक (Wood Working Fasteners and Fixtures]

1. **तार कील** (Wire Nails)—लोहे, पीतल, तांबा, एल्यूमीनियम की तारों से तार के कील बनाए जाते हैं । यह कील गोल होते हैं । इनका निचला सिरा नुकीला तथा ऊपरी सिर चपटा होता है । वैसे कील के निचले सिरे इन विशिष्टियों में भी आते हैं जैसे हीरा (Diamond), सुई नुमा (Needle), लम्बा खुट्टल (Long Binut), छैनीनुमा (Chisel type) इत्यादि । मजबूत कार्यों में लोहे की (Carbon Steel) कीलें जबकि सजागटी कार्यों में पीतल, तांबा व स्टील की कीलें काम ली जाती हैं । तार कील बिना किसी छिद्र निकाले सीधा लकड़ी में हथौड़े से गाढ़ दिया जाता है । तार कील की मुख्य विशिष्टियां इनकी गेज तथा लम्बाई हैं । यह बाजार में तोल से बेची जाती हैं । यह 10, 20, 25, 30, 50, 60, 75, 100, 125 तथा 150mm लम्बाइयों में मिलती हैं । लकड़ी के विभिन्न भागों को जोड़ने के लिए इनका उपयोग किया जाता है ।

2. **काष्ठ पेच** (Wood Screws)—यह मृदु इस्पात, पीतल, तांबा, गन मेटल, एल्यूमीनियम इत्यादि से बनाए जाते हैं । इनका मुख्य उपयोग लकड़ी के विभिन्न ऐसे अवयवों को जोड़ने में किया जाता है जिन्हें फिर वापिस खोलना पड़ सकता हो । यह भी विभिन्न लम्बाइयों में मिलते हैं । ये उन परिस्थितियों में भी लगाए जाते हैं जहां कार्य टुकड़ों में करना हो या कील लगाने में लकड़ी के फटने जा खतरा हो । पेच के निचले कुछ भाग पर चूड़ियां कटी होती हैं तथा इनका ऊपरी सिरा चपटा होता है

तथा उसमें एक झिरी बनी होती है। इस झिरी में पेचकस की मदद से पेच लकड़ी में घुमाकर दबा दिया जाता है। इनकी मुख्य विशिष्टियां, इनकी लम्बाई तथा गेज होती हैं। यह बाजार में 100 या 200 के पैकेटों में मिलते हैं।

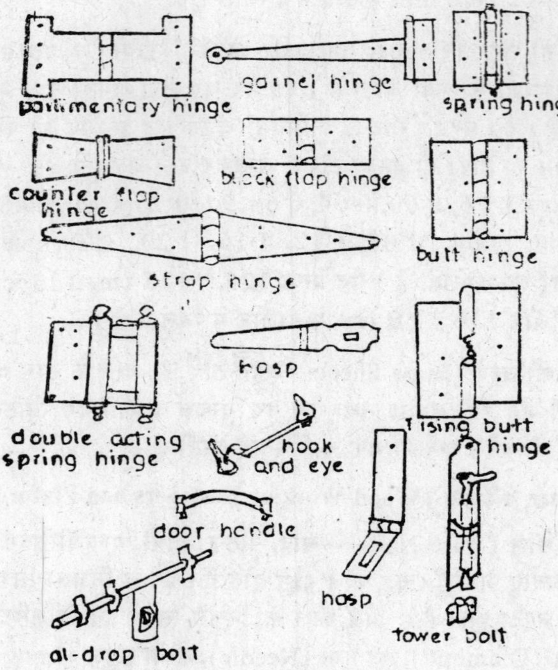

चित्र 19·3. दरवाजे व खिड़कियों में लगने वाला सामान

3. **दरवाजों के कब्जे** (Door Hinges)—दरवाजों, खिड़कियों व लकड़ी की अलमारियों को कब्जे के गाध्यम से ही, चौखट के साथ लगाया जाता है। यह लोहे पीतल व एल्यूमीनियम अलाय के मिलते हैं। पीतल, तांबा तथा एल्यूमीनियम अलाय के कब्जे सजावटी व सुन्दर दिखने वाले कार्यों में काम लिए जाते हैं, लेकिन आम कार्यों में लोहे के ही काम लिए जाते हैं। इनमें धातु की चद्दर के दोनों टुकड़ों का एक-एक लम्बा सिरा एक तार द्वारा सम्बद्ध रहता है। दोनों धातुई चद्दरें एक दूसरे का साथ छोड़े बिना घूम सकती हैं। इनकी विशिष्टियां इनकी लम्बाई तथा चद्दर का गेज होती हैं। यह 12 से 20 गेज चद्दर से बनाए जाते हैं तथा 2·5 cm से 15 cm तक लम्बे आते हैं। यह बाजार में संख्या में मिलते हैं।

दरवाजों की मूंठ (Handles)—दरवाजे व खिड़की खोलते व बन्द करते समय सबसे पहले हमारा हाथ इनमें लगे हैंडल (Handle) पर जाता है। पैचों की मदद से दरवाजों व खिड़कियों के किवाड़ों पर अन्दर व बाहर दोनों तरफ हैंडल लगा दिए जाते हैं।

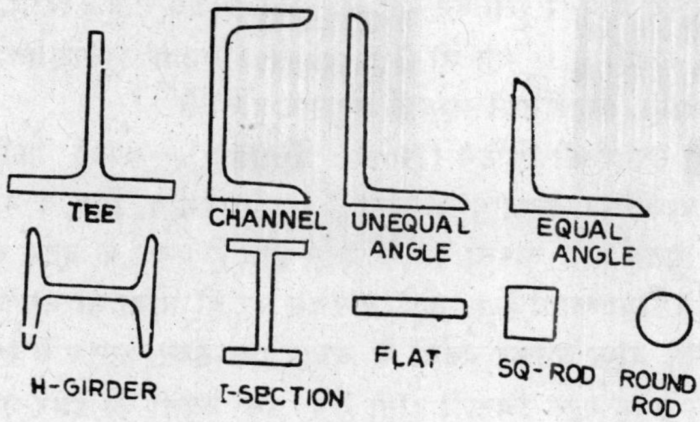

चित्र 19·4. लोहे के Rolled खण्ड

आल-ड्रॉप बोल्ट (All-drop Bolt)— बाहर से दरवाजा बन्द करके ताला इन्हीं पर लगाया जाता है । यह मृदु इस्पात, स्टेनलैस इस्पात, पीतल, एल्यूमीनियम इत्यादि के बने होते हैं । नट व बोल्टों की मदद से इन्हें किवाड़ के साथ लगाया जाता है। इसकी विशिष्टता लम्बाई है । यह 15 cm से 45 cm तक की लम्बाई में आते हैं । इनका क्रय-विक्रय भी इकाईयों या संख्या अनुसार होता है ।

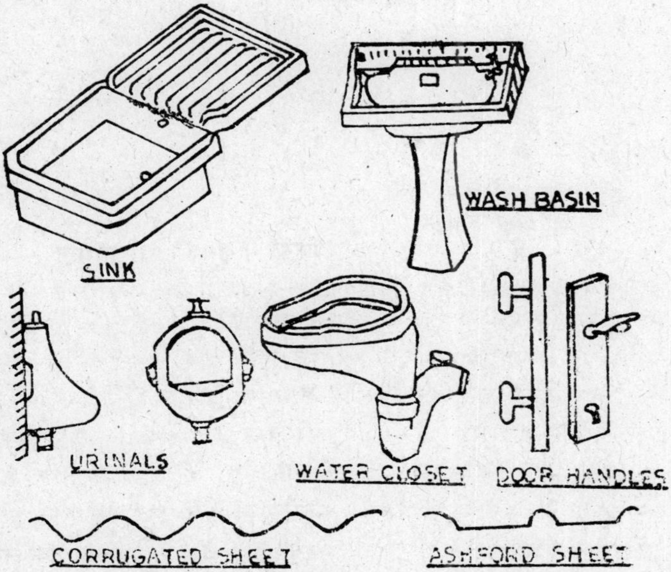

चित्र 19·5

चटकनी (Tower Bolt)—दरवाजे व खिड़की को अन्दर से बन्द करने के लिए इनका उपयोग किया जाता है । इसका स्टैपल टुकड़ा चौखट पर लगा होता है जबकि मुख्य भाग दरवाजे के फाटक पर ठीक स्टैपल की सीध में नीचे या ऊपर लगा

दिया जाता है। मुख्य भाग में स्लाडिंग छड़ की मदद से जब चाहे दरवाजा या खिड़की बन्द व खोली जा सकती है। यह भी 7·5 cm से 60 cm लम्बाई तक मिलते हैं, तथा इसका भाव प्रति इकाई तथा लम्बाई अनुसार होता है।

मकान की सफाई की फिटिंग (House Fitting)—सफाई फिटिंग में टट्टी, पेशाबघर, सिंक, वाशबेसन इत्यादि आ जाते हैं। टट्टी, पेशाब, सिंक व वाशबेसनों के बर्तन, नमक चढ़ी सतह वाले चाइना क्ले के बर्तन होते हैं। क्ले के बर्तन बनाकर इन्हें ऊँचे तापक्रम पर पकाया जाता है। ऊँचे तापक्रम पर ही थोड़ा-सा नमक डाल दिया जाता है जो मुख्यतः वाष्प बनकर बर्तनों के अन्दर एक सख्त अस्तर के रूप मे चिपक जाता है। इनकी सतह बहुत चिकनी होती है। इन बर्तनों को इधर-उधर ले जाते समय सावधानी से उठाना चाहिए। गन्दी हवा घर के अन्दर न घुस जाए, इसके लिए टट्टी व पेशाब बर्तनों का सम्बन्ध निकास नाली से करने से पहले इनमें ट्रैप लगा देना चाहिए। ट्रैप ऐसी व्यवस्था है जिनमें पानी हमेशा भरा रहता है तथा जो निकास नाली की गन्दी गैसों को घर में नहीं घुसने देता।

20

उच्च तापसह, ऊष्मा तथा विद्युत पदार्थ

[REFRACTORY, HEAT AND ELECTRICAL MATERIALS]

20·1. उच्च तापसह पदार्थ (Refractory Materials)

यह पदार्थ बहुत ऊँचे तापक्रम सहन कर सकते हैं। इनका उपयोग भट्टियों (turnaces), भट्टों (kilns), चिमनियों (chimneys), क्रूसीबलों (crucibles), चूल्हों (ovens), बायलरों, स्टोवों, परिवर्तकों (converter) इत्यादि में किया जाता है। उच्च तापसह पदार्थों से भट्टियों वगैरह की अन्दर की सतहों पर अस्तर (lining) लगाया जाता है। तापसह अस्तर पर, उच्च तापसह पदार्थों से ही मोटी लिपाई की जाती है। अग्निसह अस्तरों के लिए अधिकतर अग्नि सह ईंटों का उपयोग किया जाता है। अग्निसह ईंटों का वर्णन ईंटों वाले अध्याय में किया जा चुका है।

साधारण ईंट 2000°F तक का तापक्रम सहन कर सकती है। यदि इससे अधिक तापक्रम उत्पन्न होता है जो अग्निसह ईंटों का उपयोग किया जाता है। उच्च तापसह पदार्थ उच्च तापक्रमों पर विघटित नहीं होने चाहिए तथा इनमें दरारें वगैरह नहीं फटनी चाहिए। इन्हें अचानक तापक्रम परिवर्तनों, गर्म गैसों, धातुमल, चिमनी की धूल आदि के संक्षारी प्रभाव सहन करने में समर्थ होना चाहिए। यह पदार्थ घिसने भी कम चाहिए। धातुओं के आक्साईड, चूना इत्यादि पदार्थ उच्च तापसह पदार्थों में नहीं होने चाहिए। यह पदार्थ फलक्स के रूप में काम करते हैं और उच्च तापसह पदार्थों को कम तापक्रम पर पिघलने में मदद करते हैं।

अग्निसह पदार्थ अधिकतर प्राकृतिक अग्निसह मृतिका (Natural Fire clay) से बनाया जाता है। प्राकृतिक अग्निसह मृतिका में अधिकांश रूप में केओलीन (Al_2O_3 $2SiO_2$ $2H_2O$) तथा सिलिका (SiO_2) होता है। कृत्रिम अग्निसह मृतिका में 50% से 70% सिलिका, 20% से 40% अल्यूमिना (चिकनी मिट्टी) और 10% से कम फलक्स (चूना मगनेशिया आदि) होता है। इस मिश्रण में टूटी-फूटी अग्निसह ईंटों को पीसकर मिला दिया जाता है। इससे पकने पर ईंटों में सिकुड़न नहीं होती। इन ईंटों को साधारण ईंटों की भाँति ही पथा व सुखाया जाता है लेकिन इन्हें साधारण ईंटों से बहुत उच्च तापक्रम पर पकाया जाता है। यह ईंटे हल्की सफेद पीली होती हैं। अच्छी अग्निसह ईंट 1300°C पर कम-से-कम 0·2 N/mm^2 प्रतिबल सहन करने में सामर्थ्य होनी चाहिए तथा 1700°C पर मृदु (mild) नहीं होनी चाहिए। अग्निसह ईंटों का विस्तारपूर्वक वर्णन ईंटों वाले अध्याय में दिया हुआ है।

20·2. ऊष्मारोधी पदार्थ (Heat Insulating Materials)

यह पदार्थ ऊष्मा संचारण में बाधा उत्पन्न करते हैं। इस काम में प्राय: निम्न पदार्थ काम में लिए जाते हैं।

(a) **कार्क** (Cork)—यह पदार्थ ओक पेड़ की छाल से प्राप्त की जाती है। छाल को साफ कर तथा सुखाकर पीसा तथा पकाया जाता है। पकाने से इसमें उपस्थित रेजिन पदार्थ विभिन्न कणों को बाँध लेता है। अब साँचों द्वारा आवश्यक आकृति में परिवर्तित कर लिया जाता है। यह पदार्थ जलसह, ध्वनि अवशोषक, हल्का, सरन्ध्र, ऊष्मा व विद्युत का कुचालक होता है। इस पदार्थ का उपयोग बोतलों व शीशियों के ढक्कन, मशीनों का कम्पन प्रभाव हटाने के लिए, शीतगारों में अस्तर के रूप में तथा ऊष्मा और विद्युत उपकरणों में पथक्कारी पदार्थ के रूप में किया जाता है।

(b) **चीनी मिट्टी या पोर्सिलेन** (China Clay or Porcelain)—केओलीन, फेल्सपार और क्वार्टज, का पानी के साथ मिश्रण बनाकर यह पदार्थ बनाया जाता है। मिश्रण को आवश्यक ढाँचों में ढाल कर सुखाया जाता है और फिर बहुत उच्च तापक्रम पर पकाया जाता है। इससे बना सामान कठोर, मजबूत तथा अपारगम्य होता है। इस साज-सामान पर क्षारों, अम्लों इत्यादि का कोई प्रभाव नहीं होता। इस पदार्थ का उपयोग मिट्टी के बर्तन (Crockery), ऊष्मा वह विद्युत के अवरोधक, तथा विद्युतीय उपयन्त्रों के विभिन्न भाग बनाने में होता है।

(c) **काँच ऊन** (Glass Wool)—काँच ऊन को कई बार काँच की सिल्क या काँच तन्तु भी कहते हैं। पिघले हुए काँच को हवा या भाप के साथ, छोटे-छोटे व्यासों वाले छिद्रों में से फूंककर बनाया जाता है। यह जलसह तथा रासायनिक क्रिया के रूप में निष्क्रिय होती है। इसका मुख्य उपयोग विद्युत, ध्वनि, व ऊष्मा के अवरोधन के लिए भराव पदार्थों के रूप में किया जाता है। अम्लसह व अग्निसह पदार्थों के रूप में भी इसका उपयोग किया जाता है।

(d) **परावर्ती कागज** (Reflecting Paper)—मजबूत कागज के एक ओर एल्यूमीनियम या ताँबे की पन्नी (Foil) बढ़ाकर इसे बनाया जाता है। पन्नी को बाहर की तरफ रक्खा जाता है जिससे कमरे की दीवारें ठण्डी रहती हैं तथा कमरा ठण्डा रहता है।

(e) A.C **चद्दरें तथा रेशा बोर्ड** (A.C. Sheet and Fibre Boards)—इन पदार्थों के बारे में पहले बताया जा चुका है।

(f) **धातुमल ऊन या खनिज ऊन** (Slag Wool or Mineral Wool)—**बलास्ट भट्टी में से निकलती हुई धातुमल की धारा में से वायु फूंकने से यह पदार्थ बनता है। उच्च ताप भट्टियों में ऊष्मारोधी पदार्थ के रूप में इसका उपयोग किया जाता है।**

20·3. विद्यु त इन्जीनियरी पदार्थों का वर्गीकरण (Classification of Electrical Engineering Materials)

विद्युत इन्जीनियरी के पदार्थों को निम्न वर्गों में विभाजित किया जा सकता है :

1. चालक (Conductors)
2. अर्ध-चालक (Semiconductors)
3. विद्युत रोधक (Insulators)

1. **चालक** (Conductors)—यह पदार्थ विद्युत प्रवाह में बहुत कम प्रतिरोध उत्पन्न करते हैं। चाँदी, ताँबा, एल्यूमीमियम, लोहा तथा कुछ मिश्र धातुएँ चालक के रूप में काम ली जाती हैं।

2. **अर्ध-चालक** (Semi-conductors)—यह पदार्थ विद्युत प्रवाह में चालक से अधिक प्रतिरोध प्रस्तुत करते हैं। कार्बन, सिलिकॉन, जरमेनियम आदि कुछ अर्ध-चालक पदार्थ हैं।

3. **विद्युत रोधक** (Insuators)—यह पदार्थ विद्युत प्रवाह को रोक देते हैं।

20·1. **विद्युत रोधी पदार्थ** (Electrical Insulating Materials)—यह वह पदार्थ है जो विद्युत के मार्ग में सबसे अधिक अपेक्षित प्रतिरोध उत्पन्न करते हैं। इन पदार्थों का उपयोग एक संवाहक को दूसरे संवाहक से पृथक् करने या पृथ्वी में विद्युत प्रवाह होने से रोकने के लिए किया जाता है। एक अच्छे विद्युतरोधी पदार्थ में ऊष्मा सुसंवाहकता, विद्युत अपारगम्यता, नम्यता, उच्च विद्युतपारक प्रबलता (High Dielectric Strength) तथा उच्च ताप के प्रभाव का प्रतिरोध इत्यादि गुण होने चाहिए। विद्युतरोधी पदार्थ ठोस, द्रव व गैसीय रूप में हो सकते हैं। सामान्य रूप से उपयोग में आने वाले कुछ पदार्थ नीचे बताए गए हैं :

1. **रबर** (Rubber)—रबर प्राकृतिक व कृत्रिम दो तरह की होती है। रबर के वृक्षों से निकलने वाले सफेद दूध (Latex) से प्राकृतिक रबड़ तैयार होती है जबकि रासायनिक पदार्थों जैसे ऐसीटिलीन से कृत्रिम रबर बनाई जाती है। पेड़ के दूध से प्राप्त रबड़ कच्ची रबर कहलाती है। यह गर्म मौसम में चिपचिपी तथा ठण्डे मौसम में भंगुर हो जाती है। इसका उपयोग पानी व भाप के पाईप के जोड़ों में भरने, जूतों के तले बनाने व विद्युत तथा ऊष्मा अवरोधक पदार्थ बनाने में किया जाता है। रबर का महत्त्वपूर्ण गुण इसमें उपस्थित प्रत्यास्थता का होना है।

कच्चे रबर में 1% से 5% तक गन्धक मिला देने से तथा 135°C से 160°C तक गर्म करने से, इसे और भी लाभकारी बनाया जा सकता है। इस क्रिया को वल्कनीकरण (Vulcanizing) कहते हैं। वल्कनाईज्ड रबर कच्ची रबर की अपेक्षा अधिक मजबूत तथा विद्युत व ऊष्मा की अधिक प्रतिरोधक होती है। यह अपेक्षाकृत

कम घिसती है तथा हल्के अम्लों का इस पर बहुत मामूली प्रभाव होता है। यह तारपीन के तेल, कार्बन-डाई-सल्फाइड, ईथर, पैट्रोल व बेन्जीन में घुलनशील है। वल्कनाईज्ड रबर का उपयोग साइकिल व मोटरों के टायर बनाने, विद्युत तारों पर चढ़ाने इत्यादि में किया जाता है। कच्चे रबर में यदि 30% तक गन्धक मिलाई जाए और 170°C तक गर्म किया जाए तो प्राप्त रबर कठोर रबर या एबोनाइट (Ebonite) कहलाती है।

2. **एबोनाईट** (Ebonite)—कच्चे रबर में 30% गन्धक मिलाकर 170°C पर गर्म करने से कठोर या Edonite प्राप्त होता है। यह रंग में काला या भूरा होता है तथा कठोर व भंगुर होता है। इस पर पालिश की जा सकती है। यह विद्युत का अच्छा पृथक्कारी है और तनाव में काफी मजबूत होता है। Resistance box के ढक्कन बनाने, स्विच के हत्थे, बिजली उपकरणों के हत्थे इत्यादि बनाने में इस पदार्थ का बहुत उपयोग होता है।

3. **अभ्रक** (Micr)—सोडा, पोटाश, मैग्नीशियम तथा एल्यूमीनियम के सिलीकेटों का यह एक खनिज पदार्थ है। यह चीमड़ (Tough), नम्य, पारदर्शक तथा चमकदार पदार्थ है। यह ऊष्मा का अच्छा संचालक नहीं है। यह बहुत पतली परतों में पृथक् किया जा सकता है। यह विद्युत का अच्छा पृथक्कारी है। इसका उपयोग बिजली के सूक्ष्क संयंत्रों के पृथक्कारी पदार्थ के रूप में होता है। अभ्रक की परत की मोटाई एक मिलीमीटर का $\frac{1}{40}$ भाग तक होती है।

4. **माइकानाईट** (Micanite)—यह पदार्थ अभ्रक की पतली-पतली परतों को आपस में किसी उपयुक्त बन्धनकारी (adhesive) पदार्थ द्वारा चिपकाकर बनाया जाता है। यह अभ्रक की चद्दरों से मोटा पदार्थ है। गर्म करके इसे मोड़ा जा सकता है जबकि ठण्डी अवस्था में इस पर मशीनी कार्य किया जा सकता है। अभ्रक की भाँति इसे भी अधिकतर विद्युत यन्त्रों में पृथक्कारी पदार्थ के रूप में काम में लिया जाता है। लेकिन यह अभ्रक से कमजोर होता है।

5. **प्रेसपान कागज** (Presspan Paper)—यह एक विशेष किस्म का मोटा कागज होता है जिसे तेल में भिगो दिए जाने पर एक अच्छे विद्युत पृथक्कारी पदार्थ के रूप में काम में लिया जाता है। तारों तथा विद्युत उपकरणों मे इसका उपयोग पृथक्कारी के रूप में किया जाता है। यह काफी मजबूत होता है।

6. **इम्पायर कपड़ा** (Empire Cloth)—यह पदार्थ कामब्रीक में अलसी का तेल मिलाकर तथा विशेष विधियों का उपयोग कर बनाया जाता है। यह विद्युत का अच्छा पृथक्कारी पदार्थ है और इसका उपयोग विद्युत की नंगी तारों पर लपेटने के लिए किया जाता है।

7. **गट्टा पर्चा** (Gutta Parcha)—गट्टा पर्चा मलाया तथा ईस्ट इन्डीज में पाए जाने वाले गट्टा पर्चा नामक पेड़ से निकलने वाले दूधिया द्रव मे बनाया जाता है। यह रबर की तरह ही होता है, लेकिन अधिक गुणवान होता है। यह विद्युत का

कुचालक है। इसका उपयोग विशेष रूप से समुद्री केबिलों पर पृथक्कारी पदार्थ के रूप में किया जाता है।

8. **बैकेलाईट** (Bakelite)—फार्म एल्डीहाइड तथा फिनोल की समान मात्राओं को किसी उचित आधार की उपस्थिति में गर्म करने से, यह पदार्थ प्राप्त होता है। यह हल्का काला व भूरे रंग का मजबूत तथा चिकना पदार्थ है। यह विद्युत का कुचालक है। इसका मुख्य उपयोग बिजली का सामान बनाने में होता है। प्लास्टिक पेंट, वार्निश व हल्की मशीनों के कलपुर्जे वगैरह बनाने में भी इसका उपयोग होता है।

उपरोक्त पदार्थों के अलावा कांच, प्लास्टिक, चीनी मिट्टी, कांच की रुई, एसबैस्टोज तथा कपास की रुई भी अच्छे विद्युतरोधी पदार्थ हैं। इन सबका वर्णन पहले किया जा चुका है।

20·4. विसंवाही तेल तथा वार्निश (Insulating Oils and Varnishes)

इन पदार्थों का उपयोग स्विच गियरों, परिणामित्रों (Transformers), धारित्रों (Capacitors) तथा धारा नियन्त्रकों (Rheostates) में पृथक्करण के लिए भरने तथा इन्हें ठण्डा रखने के लिए किया जाता है। इन तेलों में उच्च श्यानता (Visosity), रासायनिक स्थाइत्वा, उच्च स्फुरांक (Flash Point) तथा उच्च विद्युतपारक शक्ति (Dielectric strength) होती है। इन तेलों को कच्चे पैट्रोलियम से प्राप्त किया जाता है। आमतौर पर काम आने वाले विसंवाही तेल अच्छी तरह शुद्ध किए हाइड्रोकार्बन खनिज तेल होते हैं। यह तेल संक्षारी नहीं होते और न ही इनका आक्सीकरण होता है। इन तेलों का आपेक्षित घनत्व 0·85 से 0·88 तक होता है। प्रतिरोधकता 2·5 से 40×10^6 Mega ohm/cm^3 तथा पारगम्यता 20 से 2 5 होती है। Copacitors और ट्रांसफारमर (Transformers) में आजकल कृत्रिम तेलों का उपयोग होने लगा है। सामान्य उपयोग में क्लोरीनेटिड डाईफैनिल (Chlorinated Diphenyl) और ट्राइक्लोर-बैन्जीन (Trichlor-Benzene) मिलाकर बनाया जाता है।

विसंवाही वार्निशों का उपयोग सामान्यतया तन्तुमई (Fibrous) विद्युतरोधी पदार्थों को व्यापित (Impregnate) करने के लिए किया जाता है। इससे यह पदार्थ अधिक जल व नमीसह, शक्तिशाली व चिकनी सतह वाले बन जाते हैं। इसके लिए आमतौर पर स्प्रिट वार्निश (Spirit Varnish), फिनौलिक वार्निश (Phenolic Varnish), एलकिड वार्निश (Alkyd Varnish) का उपयोग किया जाता है। कपड़े पर वार्निश लगा देने से, इसका उपयोग विद्युत तारें ढकने के लिए किया जाता है।

20·5. वैद्युत प्रतिरोधी (Electrical Resistance Materials)

विद्युत धारा के मार्ग में बाधा उत्पन्न करने वाले पदार्थ **वैद्युत प्रतिरोधी पदार्थ** कहलाते हैं। इस पदार्थ के उपयोग से विद्युत की मात्रा पर नियन्त्रण रखा जा सकता

है। इन पदार्थों के तारों में विद्युत धारा प्रवाह करके प्रकाश एवं ऊष्मा उत्पन्न की जाती है। विद्युत भट्टियों, पायरोमीटर, मापन उपयन्त्रों (Measuring Instruments), हीटरों, बल्ब इत्यादि में इन पदार्थों का प्रयोग होता है। इन पदार्थों का गलनांक ऊँचा होना चाहिए तथा उच्च तापक्रम पर संक्षारण तथा विघटन नहीं होना चाहिए। इस पदार्थ के रूप में कुछ धातुएँ व मिश्र धातुएँ काम में लाई जाती हैं, जिनके नाम नीचे दिए हुए हैं:

कार्य	प्रतिरोधक उपयोग में ली जाने वाली धातु या मिश्र धातु का नाम
1. Motor Starter, Motor Controllers, absorbing Rheostates	ढलवाँ लोहा व इस्पात के तार।
2. विद्युत् भट्टियों में	निकिल-क्रोमियम तथा निकिल-क्रोमियम लोह मिश्र धातु।
3. पाइरोमीटरों में	इडवांस (ताँबा 55% तथा निकिल 45%)।
4. विद्युत् मापन यन्त्रों में	मैंगेनिन (ताँबा 84%, निकिल 4%, मैंगनीज 12%)।
5. रेडियो वाल्वों व उद्दीप्त लैम्पों में	मैंगनो (निकिल 55% + मैग्नीशियम 45%)।
6. निमंज्जक तापक (Immersinn heater), तथा हीटर में	हाइटेनों (निकिल 50%, लोहा 50%)।

20·6. वैद्युत संगलक पदार्थ (Electrical Fuse Materials)—विद्युत धारा प्रवाह में यह एक ऐसी अवस्था होती है जिससे अधिक विद्युत् धारा या विद्युत् धारा के प्रवाह में एकदम उतार-चढ़ाव के कारण व दूसरी कठिनाइयों के कारण विद्युत् यंत्रों की रक्षा होती है। ज्यों ही विद्युत् धारा प्रवाह में कोई गड़बड़ होती है, या विद्युत् भार बहुत बढ़ जाता है तो फ्यूज जल जाता है जिससे विद्युत् धारा प्रवाह अपने आप कट जाता है तथा विद्युत् यन्त्रों की रक्षा होती है। फ्यूज अपेक्षाकृत कम तापक्रम पर जल जाने वाला पदार्थ होता है। यह तार, धाराओं के विभिन्न उच्चतम मानों के लिए डिजाईन किए जाते हैं उस मान से अधिक धारा प्रवाहित होते ही यह जल जाते हैं

और विद्युत् परिपथ तोड़ देते हैं। यह तार चीनी मिट्टी के फ्यूज धारक में लगे होते हैं जिसे फ्यूज कट आऊट कहते हैं। फ्यूज तार आमतौर पर सीसा (Lead) तथा टिन (Tin) की मिश्र धातु से बनाए जाते हैं। टिन तथा सीसे का अनुपात बहने वाली धारा की शक्ति अनुसार रखा जाता है। 15 Ampere तक की मध्यम शक्ति के लिए केवल सीसा व टिन का मिश्रण होता है जबकि उच्च शक्ति यानि 30 Ampere की धारा के लिए सीसा व टिन के साथ ताँबा या चाँदी थोड़ी मात्रा में मिला दी जाती है। बहुत अधिक शक्ति के लिए ताँबे के मोटे तार या पट्टियाँ काम में ली जाती हैं।

20·7. कुछ अन्य महत्त्वपूर्ण पदार्थ

1. **सनमाईका** (Sunmica)—अभ्रक में सरेस डालकर सनमाईका की चद्दरें बनाई जाती हैं। यह चद्दरें बड़ी सुन्दर, मुलायम, चमकदार व ऊष्मारोधी होती हैं। इन पर सुन्दर डिजाईन भी बने होते हैं। यह चद्दरें गन्दी नहीं होतीं और कपड़े से तुरन्त साफ हो जाती हैं। अलमारियों में, मेजों में तथा दूसरे सजावटी कार्यों में इनका उपयोग होता है।

2. **स्नोसेम** (Snowcem)—यह सीमेंट का ही एक उत्पाद है जिसे सतहों पर प्रलेपन के लिए काम लिया जाता है। ब्रुश अथवा स्प्रे द्वारा, सीमेंट द्वारा प्लास्टर की हुई सतहों पर प्रलेपन किया जाता है। इस प्रलेपन से सीमेंट सतहें सुन्दर, आकर्षक, जलसह तथा आर्द्रतारोधी हो जाती हैं। यह पदार्थ विभिन्न सुन्दर रगों में पाऊडर शक्ल में बड़े डिब्बे तथा पैकटों में मिलता है। इस पदार्थ का आधार सफेद पोर्टलैण्ड सीमेंट होने के कारण यह प्लास्टर की हुई सतहों पर चिपक जाता है। इस पदार्थ का लेप वर्षा, धूल, धूप इत्यादि से प्रभावित नहीं होता। यह सतह अन्य प्रलेपनों से अधिक टिकाऊ होती है तथा इसके रंग की चमक बहुत देर तक चलती है। इस पदार्थ से प्रलेपित सतहों को धोकर साफ किया जा सकता है। पाऊडर पदार्थ को घोलकर तैयार करने के लिए आयतन अनुसार एक भाग स्नोसेम में दो भाग शुद्ध जल मिलाया जाता है। इसका दीवारों पर प्रलेपन करना बड़ा आसान है।

3. **गास्केट** (Gasket)—गास्केट का उपयोग पैंकिग कार्यों तथा वायुरोधक जोड़ बनाने इत्यादि में किया जाता है। गास्केट कोई अलग पदार्थ नहीं है। यह एक ऐसे पदार्थों का समूह है जो वायुरोधी व जलसह जोड़ बनाने तथा स्टफिंग डिब्बों (Stuffing Boxes) में किया जाता है। सीसा, ऊन, पिघला सीसा, एस्बैस्टोज, जूट, सन, ग्रीस, तेल में भीगा सूत व कागज, चमड़ा, कार्क, रबड़, इत्यादि कुछ पदार्थ हैं जिनका उपयोग गास्केट के रूप में किया जाता है। तेल में भीगा कागज, चमड़ा, कार्क रबड़ आदि पम्प तथा इन्जनों में वायु व ऊष्मा-रोधक बनाने के लिए काम लिए जाते हैं, जबकि पिघला सीसा, सन, जूट, हवारोधी व जलरोधी पाईप जोड़ बनाने के लिए काम में लिए जाते हैं।

4. **कार्बन** (Carbon)—प्रकृति में चारों ओर कार्बन किसी-न-किसी रूप में

फैली हुई है। यह दो रूपों में मिलता है। पहला रूप रवेदार तथा शुद्ध रूप है जिसके अंतर्गत हीरा (Diamond) तथा ग्रेफाईट (Graphite) आ जाते हैं। दूसरा बिना रवेदार तथा अशुद्ध रूप है जिसके अन्तर्गत कार्बन गैस, कोक, दीप काजल, काष्ठ चारकोल, तथा जानवर चारकोल आ जाते हैं।

हीरा प्रकृति का सबसे कठोर पदार्थ है। यह पारदर्शक व भंगुर होता है। इसका उपयोग धातु काटने वाले औजारों के अगले हिस्से बनाने तथा कांच काटने की पेंसिल बनाने में किया जाता है। ग्रेफाईट कार्बन का उपयोग कार्बन आर्क बनाने तथा इलैक्ट्रोड के रूप में किया जाता है। यह ऊष्मा तथा विद्युत् दोनों का सुचालक है। यह गहरा कत्थई, रवेदार, चिकना, तथा चमकदार पदार्थ होता है। पेंसिलों के सुरमें ठोस स्नेहक आदि में भी इसका उपयोग होता है।

कोक तथा कोल का उपयोग भट्टियों में जलाने तथा उच्च तापक्रम उत्पन्न करने में किया जाता है। कोक प्राप्त करने के लिए ऑक्सीजन की अनुपस्थिति में कोल जलाया जाता है। कोक रंग में गहरा कत्थई होता है, यह ठोस, चमकदार होता है। काष्ठ चारकोल लकड़ी को भट्टियों में सीमित वायु की उपस्थिति में धीरे-धीरे जलाकर बनाया जाता है। यह नर्म काला तथा सरंध्र होता है। जानवरों की हड्डियाँ जलाकर जानवर चारकोल तैयार किया जाता है। दीप काजल का उपयोग प्रेस की स्याही बनाने, काला प्रलेप, बूट पॉलिश इत्यादि बनाने में किया जाता है। गैस कार्बन काफी शुद्ध तथा कठोर होता है। यह विद्युत् का सुचालक होने के कारण इलैक्ट्रोड बनाने के लिए भी काम आता है।

5. **लोहे के खण्ड** (Steel Sections)—संरचना के विभिन्न कार्यों में काम आने वाले लोहे के विभिन्न तरह के खण्ड बनाए जाते हैं। यह खण्ड गोल छड़, वर्गाकार छड़, पत्ती, एंगल आयरन, T-खण्ड, I-गर्डर, चेनल खण्ड, ट्रफ खंड इत्यादि कुछ महत्त्वपूर्ण खण्ड हैं। इनके अलावा सादी चद्दर, लहरिएदार चद्दरें, बल्ब ऐंगल, जैड़-खण्ड, रेल इत्यादि कुछ खण्ड हैं जो लोहे के बनते हैं तथा उपयुक्त स्थितियों में इनका बहुत उपयोग होता है। इन खण्डों का क्रय-विक्रय खण्ड के प्रति मीटर भार अनुसार होता है। लोहे के ऊपर बताए सभी खण्ड अलग-अलग नापों में आते हैं। भारत में इस्पात कारखाने निम्न हैं।

सरकारी कारखाने निम्न हैं :

1. Bhillai Steel Plant (M. P.)
2. Raurkela Steel Plant (Orissa)
3. Durga Pur Steel Plant (West Bengal)
4. Bokaro Steel Plant (Bihar)

इसके अलावा तीन प्राईवेट कारखाने निम्न हैं :

1. Tata Iron and Steel Co. Ltd. at Jamshedpur Bihar (TISCO)

2. The India Iron and Steel Co. Ltd. at Burnpur and Kulti (West Bengal)

3. The Mysore Iron and Steel Works (MISCO) at Bha dra-vati Mysore

लोहे के रैक वगैरह बनाने के लिए तथा दूसरे कार्यों के लिए झिर्रीदार ऐंगल (Slotted Angle) भी बहुत बनने लगे हैं। इन ऐंगलों में विभिन्न प्रकार के काफी छेद व झिर्रियाँ बनी रहती हैं जिससे इन्हें जैसे चाहे नट बोल्टों से कसा जा सकता है।

6. **मैसोनाईट** (Masonite)—यह एक किस्म का फाईबर बोर्ड होता है जो कठोर, लचीला, हल्का, मजबूत, टिकाऊ, ताप तथा ध्वनिरोधी होता है। तापरोधी होने के कारण इसकी लाईनिंग लगाई जा सकती है, लेकिन इसका मुख्यतया उपयोग विद्युत् कार्यों में होता है।

7. **लेदेराईड** (Leatherold)—यह कृत्रिम चमड़ा है जिसका निर्माण कागज, रबड़ तथा सेंडाराक तीनों की रसायन क्रिया द्वारा किया जाता है। यह हल्का, लचीला तथा टिकाऊ होता है और इसमें से कोई बदबू नहीं आती। इसका थैले, पर्स, बक्स खोल, सूटकेस इत्यादि में बहुत उपयोग होता है। यह पदार्थ प्राकृतिक चमड़े की कमी की पूर्ति करता है।

8. **रेशे** (Fibres)—मुख्य रेशेदार पदार्थ एस्बैस्टोज, काँच तथा सीसा की ऊन, ऊँट के बाल, भेड़ की ऊन, कीड़ों द्वारा उत्पन्न रेशम, जूट, फ्लेक्स, कपास, सनी, नायलोन इत्यादि हैं। इन पदार्थों का उपयोग रस्से, मशीन के पट्टे, कपड़ा बनाने के साथ-साथ भराव पदार्थों (Packing Materials), ध्वनि, विद्युत् तथा ऊष्मारोधी पदार्थों के रूप में भी किया जाता है।

9. **फेल्ट या नमदा** (Felts'—रेशेदार पदार्थों को किसी संयोजी पदार्थ के साथ मिलाकर तथा दबाकर जो चद्दरें बनाई जाती हैं, फेल्ट कहलाती हैं। फेल्ट का मुख्य उपयोग ऊष्मा-रोधक पदार्थ के रूप में किया जाता है। यह जलसह तथा ध्वनि-रोधक भी होती है। यह कम्पन का अवशोषण करती है। इसका उपयोग घर की छतों पर व अन्य स्थानों पर लाईनिंग करने के लिए किया जाता है। बिटूमन फेल्ट इसका एक उदाहरण है।

10. **ध्वनि पृथक्कारी पदार्थ** (Sound Insulators)—इन पदार्थों का उपयोग सिनेमा घरों, थियेटरों, असेम्बली भवनों की अन्दर की दीवार पर लगाने में किया जाता है। यह पदार्थ ध्वनि का शोषण करते हैं। यह पदार्थ ऊष्मारोधी भी होते हैं। कार्क, Rock Wool, फाइबर बोर्ड, सेल्यूलर कंक्रीट, ध्वनिरोधी प्लास्टर तथा Cobat-quilt कुछ इसी तरह के पदार्थ हैं।

11. **लकड़ी की छीलन** (Timber Wool)—यह नर्म लकड़ियों जैसे देवदार,

चीड़, पाईन, अखरोट आदि को छीलकर, पतली, लम्बी, चमकदार चद्दरें बनाई जाती हैं। ऐसपेन, बांस, पोपलर लकड़ी का भी लकड़ो छीलन बनाने में उपयोग होता है। इसके लिए कोई अलग कल-कारखाने स्थापित नहीं किए जाते क्योकि लकड़ी उपयोगों में उपफल (By-Product) के रूप में यह बहुत मिलती है। चीनी मिट्टी, काँच व अन्य टूटने वाले पदार्थों को इधर-उधर भेजने में टूट-फूट से बचाने के लिए, पेकिंग पेटियों में भराव के लिए इस पदार्थ का बहुत उपयोग होता है। लकड़ी की छीलन में कोई बंधक पदार्थ मिलाकर बोर्ड वगैरह भी बनाए जा सकते हैं। इन बोर्डों का उपयोग विभाजक दीवारें बनाने, व अस्तर के लिए किया जाता है।

20·7. स्थाई चुम्बक बनाने वाले पदार्थ (Materials for Permanent Magnets)—चुम्बकत्व गुण अधिक देर तक रखने वाले पदार्थ स्थाई चुम्बक बनाने वाले पदार्थ कहलाते हैं। इस काम के लिए निम्न पदार्थ काम में लिए जाते हैं।

(i) **क्रोमियम-इस्पात**—0·6 से 10% तक कार्बन तथा 1% से 6% क्रोमियम होता है।

(ii) **टंगस्टन इस्पात**—यह लोहे की मिश्र धातु है जिसमें 0·5% से 0·7% कार्बन और 4·5% से 6% टंगस्टन होता है।

(iii) **कोबाल्ट इस्पात**—इस मिश्र धातु में 34% कोबाल्ट, 4%—6% क्रोमियम तथा 3%—6% टंगस्टन होता है।

(iv) **एल्यूमीनियम निकल इस्पात**—इसमें 25% से 30% निकल, 10% से 15% एल्यूमीनियम और 55% से 65% लोहा होता है।

(v) **ताँबा-निकल इस्पात**—इसमें 60% ताँबा, 20% निकल तथा 20% लोहा होता है।

20·8. ट्रांसफोरमर कोर बनाने वाले पदार्थ (Materials for Transformer Core)—ट्रांसफॉरमर की कोर (Core) बनाने के लिए ऐसा पदार्थ होना चाहिए जिसमें उपचालक पारगम्यता (Permeability) हो तथा अधिक विद्युत् प्रतिरोधकता (Electrical Resistivity) वाला हो। इस धातु पर भंवर धारा (Eddy Current) का प्रभाव कम होता है। इसके लिए सिलिकन इस्पात सबसे उपयुक्त पदार्थ माना जाता है। ट्रांसफॉरमर बनाने के लिए सिलिकन इस्पात की बनावट निम्न होती है—सिलिकन 3—5% मैंगनीज 0·1%, फॉस्फोरस 0·02%, कार्बन 0·05%।

वाईडिंग तार (Winding wire)—मोटरों ट्रांसफारमरों संचार संयंत्रों इत्यादि के विद्युत् चुम्बकों (Electro magnets) की वाईडिंग (Winding) के लिए जिन विसंवाही चालकों (Insulated Conductors) का उपयोग किया जाता है उन्हें वाईडिग तार कहते हैं। तांबे की तारों जिन पर इनैमल, वा अन्य कोई परत लगी हुई हो का उपयोग किया जाता है। आमतौर पर तार पर विनाईल ऐसटल रेजिन वार्निश की एक परत चढ़ी हुई होती है जो विसंवाहक पदार्थ के रूप में कार्य करती है। ताँबा

बहुत महँगी धातु होने के कारण इसकी जगह एल्यूमीनियम तारों का उपयोग होने लगा है। लेकिन एल्यूमीनियम तारों का सोलडरिंग करना कठिन होता है तथा यह तार ताँबे की तारों से बहुत कमजोर होती हैं। लेकिन एल्यूमीनियम का किसी अन्य धातु के साथ मिश्र धातु बनाकर तथा विशेष किस्म की फिटिंगस का उपयोग करके इन कठिनाइयों से पार पाया जा चुका है।

भूमिगत H. T. केबल (H.T. Underground Cables)—H. T. का मतलब है High Tension. विद्युत् संभरण में काम आने वाली केबलों पर रबर, PVC, वार्निश, तथा विशेष पदार्थों से ढके कागज का विसंवाही पदार्थ के रूप में उपयोग किया जाता है। विसंवाहक का चयन केबल द्वारा संचारित विद्युत् धारा तथा परिस्थितियों पर निर्भर करता है। 5 KV तक रबर तथा PVC केबलें काम में ली जाती हैं। 15 KV तक PVC केबलें काम ली जा सकती हैं। उच्च वोल्टेज के केबलों के लिए तेल में डूबा कागज काम लिया जाता है। विसंवाहक केबल की प्रत्वेक कोर पर अलग से लगा होता है। केबल को नमी से बचाना चाहिए।

लैम्प फिलामेंट (Lamp Filaments)—फिलामेंट को बहुत उच्च तापक्रम जो लगभग 2000°C होता है पर काम करना होता है। कार्बन टैंटालम (Tantalum) तथा टंगस्टन पदार्थ ही इसके लिए उपयुक्त पाए गए हैं।

पारिभाषिक शब्दावली-हिन्दी से अंग्रेजी

A GLASSORY OF TECHNICAL TERMS

हिन्दी	English	हिन्दी	English
(अ)		**(इ—ई)**	
अवसादी	Sedimentary	ईंट	Brick
अवशोषण	Absorption	ईंधन	Fuel
अग्नि-सह	Fire-Proof	इंसूलेटर	Insulator
अग्निरोधी	Fire-resistant	इस्पात	Steel
अपघर्षण	Abrasion	इंजीनियरी	Engineering
अपघर्षी	Abrasive	**(उ—ऊ)**	
अनबुझा चूना	Quick lime	ऊष्मा	Heat
अक्रिय	Inert	ऊतक	Tissue
अन्तर्जात वृक्ष	Endogenous trees	उपचार	Treatment
अन्त: काष्ठ	Heart wood	**(ए—ऐ)**	
अम्लीय	Acidic	ऐंठना	Twisting
अभ्रक	Mica	एसबैस्टॉस	Asbestos
अंतिम पकन काल	Final setting time	एल्यूमीनियम	Aluminium
अयस्क	Ore	ऐस्फाल्ट	Asphalt
अरीय दरारें	Radial cracks	एक पहिया ठेला	Wheel barrow
अलसी का तेल	Linseed oil	**(ओ—औ)**	
अवशेष	Residue	औजार	Tools
अस्तरित	Unstratified	**(क)**	
अवयव	Constituents	कठोरता	Hardness
अरीय चिराई	Radial sawing	कठोर	Hard
अवमिश्रण	Admixture	करनी	Trowel
अनुपातीकरण	Proportioning	कंपन यंत्र	Vibrator
अपक्षय	Weathering	कृत्रिम	Artificial
(आ)		कण	Particle
आरेख	Diagram	कुटाई	Compactical
आग्नेय	Igneous	कंक्रीट	Concrete
आन्तरायिक	Intermittent	कांच	Glass
असमंजजक पदार्थ	Adhesives	कटाई	Cutting
आर्द्रता	Humidity	कैम्बियम	Cambium
आघात वर्धनीय	Malleable	केसीन	Casein
आरा या आरी	Saw	कार्बोरंडम	Carborundum

कार्बन	Carbon
कॉर्क	Cork
कंडुइट	Conduit
क्रियोसोट	Creosote
कंकड़	Kankar
कालख	Lamp black
काष्ठ	Timber
काचित	Vetrified
कायान्त्रित	Metamorphic
कोलाइडी	Colloidal
क्रांतिक	Critical
(ख)	
खंगराली	Over burnt
खदान	Quarry
खनिज	Mineral
खुली भट्टी	Open hearth
खुरचनी	Scrapping
(ग)	
गाँठ	Kont
गीला मिश्रण	Wet mixing
गुनाईटिंग	Guniting
गीली विधि	Wet process
गड़ाई	Dressing
गठन	Texture
गलनांक	Melting Point
गाढ़ापन	Consistency
(घ)	
घिसाई	Wear
घर्षी	Abrasive
घनत्व	Density
(च)	
चट्टान	Rock
चिनाई	Masonry
चिमनी	Chimney
चूना	Lime
चिराई	Sawing
चूना पत्थर	Lime stone
चौथ चिराई	Quarter sawing
चपटा	Flat
चपड़ी	Shellac
चीनी मिट्टी	China clay
चट्टा	Stack
(छ)	
छाल	Bark
छलनी	Sieve
छिद्र	Pores
छैनी	Chisel
(ज)	
जलरोधी	Water proof
जलीय चूना	Hydraulic lime
जल प्रेरित चूना	Hydraulic lime
जल स्नेही	Hydrophilic
जल विरोधी	Hydrophobic
जल युक्त चूना	Hydrated lime
(झ)	
झामा ईंट	Jhama bricks
(ड)	
डाट	Arch
डम्पर	Damper
डिस्टेम्पर	Distemper
पेड़ की डाली	Branch of a tree
(ढ)	
ढलाई	Moulding
ढालू छतें	Sloped roof
ढलवां लोहा	Cast iron
ढकन	Lid
(त)	
तनाव	Tension
तनाव सामर्थ्य	Tensile strength
तन्य	Ductile
तन्तु	Fibre
तरलता	Fluidity

पेड़ का तना	Stem of a tree
(द)	
दरार	Cracks
दोष	Defect
दीमक	White ant
(ध)	
धरन	Beam
धातु मल	Slag
धूप	Direct sun
(न)	
नल	Pipe
न्यून प्रतिरोधी रेखा	Line of least resistance
नमी	Moisture
न्यूनतम रिक्तता विधि	Minimum voids method
निम्न कोटि	Low grade
निस्तापन	Calcination
नमन	Bending
निवन्त्रक	Dampers
नियन्त्रण	Control
निपीडन	Shingling
(प)	
पटल	Crust
पट्टी	Slab
पिथ	Pith
परीक्षण	Test
पृष्ठ तनाव	Surface tension
प्रत्यास्थ	Elastic
प्रतिबल	Strcss
परिरक्षण	Preservation
पूर्व प्रतिबल	Prestressed
प्रबलित	Reinforced
पतझड़ी	Deciduous
पूर्व ढालित	Pre-cast
प्रक्षेप	Projection
प्रतिरोध	Resistance
पिटवाँ लोहा	Wrought iron
पूरक पदार्थ	Fillers
परिसंचरण	Circulation
पाजावा	Clamp
प्रवाह	Blast
प्रवर्तन भट्टी	Reverberatory furnace
पिंड	Ingot
पीसना	Grinding
प्रदावक	Flux
पच्चड़	Wedge
प्रभावहीन	Unaffected
(फ)	
फर्मा	Form work
फफोले	Blister
(ब)	
बलुआ पत्थर	Sand stone
बहिर्जनित	Exogeneous
बारूद	Explosive
बारूद भरना	Charging with explosive
बुझा चूना	Slaked lime
बे-रवेदार	Non-crystalline
बुझाना	Slaking
बालू का फूलना	Bulking of sand
(भ)	
भट्टा	Kiln
भराई	Stopping
भुजा	Arm
भंगुर	Brittle
भट्टी	Furnace
(म)	
मृणमय	Argillacious
मसाला	Mortar
मेडूलरी-रे	Medullary-ray
मानक	Standard

मृदुकरण Tempering
मिलावा Aggregate
मिश्रण Mixture
मूल संस्तर Original bed
मोटी घड़ाई Rough dressing

(र)

रोगन Paint
रवेदार Crystalline
रसायनिक Chemical
रन्ध्रयुक्त Porous
रेत Sand
रेशे Fibers
रजक Pigment

(ल)

लेप Coat
लवण Salt
लुगदी Pulp
लचकोला Elastic
लट्ठा Log

(व)

वर्गीकरण Classification
वार्निश Varnish
वायुमण्डल Atmosphere
वार्षिक वलय Annual rings
वाहक Vehicle
विन्यास Arrangement
विस्फोटन Blasting
विघटन Disintegration
विशिष्टियाँ Specification
विकृति Distortion
वि ाजक दीवार Partition wall
विसवाहन Insulator
विसंवाहक Insulation
विलायक Solvent
विकिरण Radiation
वल्कनीकरण Vulcanisation

(श)

शुद्ध चूना Fat lime
शंकु Cone
शोषक Drier
शीघ्र जमने वाला सीमेंट Rapid hardening cement
शुष्क Dry
शैल Rock

(स)

सुकार्यता Workability
स्तरमय Stratified
स्तरहीन Unstratified
सघन Dense
सघनता Density
सबल Crow-bar
समाघात Percussion
सम Regular
स्तम्भ Column
सर्पिल Spiral
संपीडन Compression
सफेदी White wash
स्वेच्छ Arbitrary
सामर्थ्य Strength
स्थाईत्व Durability
साँचा Mould
साँचे में ढालना Moulding
सामान्य Normal
सिकुड़ना Shrink
स्नेहक Lubricant
स्थूल Mass
संक्षारण Corrosion
सूक्ष्म Fine

(क्ष)

क्षमता Capacity
क्षारीय Basic